ACCESO GRATIS *a la Lectura en la Nube*

Para visualizar el libro electrónico en la nube de lectura envíe junto a su nombre y apellidos una fotografía del código de barras situado en la contraportada del libro y otra del ticket de compra a la dirección:

ebooktirant@tirant.com

En un máximo de 72 horas laborables le enviaremos el código de acceso con sus instrucciones.

SUJECIÓN IMPOSITIVA DE LAS PERSONAS FÍSICAS EN UN MUNDO GLOBALIZADO

Procedimiento de selección de originales, ver página web:

www.tirant.net/index.php/editorial/procedimiento-de-seleccion-de-originales

SUJECIÓN IMPOSITIVA DE LAS PERSONAS FÍSICAS EN UN MUNDO GLOBALIZADO

GALYA IVANOVA DUSHEVA

tirant lo blanch
Valencia, 2026

En caso de erratas y actualizaciones, la Editorial Tirant lo Blanch publicará la pertinente corrección en la página web www.tirant.com.

La aceptación de la presente obra ha tenido en consideración la evaluación y calificación otorgada por los expertos componentes del tribunal calificador de la tesis doctoral en la que se basa, cumpliendo con el criterio correspondiente de los revisores externos y ofreciendo la calidad debida a la presente edición.

© TIRANT LO BLANCH
EDITA: TIRANT LO BLANCH
C/ Artes Gráficas, 14 - 46010 - Valencia
TELFS.: 96/361 00 48 - 50
FAX: 96/369 41 51
Email:tlb@tirant.com
www.tirant.com
Librería virtual: www.tirant.es
DEPÓSITO LEGAL: V-5066-2025
ISBN: 979-13-7021-386-2

Si tiene alguna queja o sugerencia, envíenos un mail a: *atencioncliente@tirant.com*. En caso de no ser atendida su sugerencia, por favor, lea en *www.tirant.net/index.php/empresa/politicas-de-empresa* nuestro Procedimiento de quejas.

Responsabilidad Social Corporativa: http://www.tirant.net/Docs/RSCTirant.pdf

To my parents, for their endless love,
and to my son, my forever inspiration and pride

ÍNDICE

CAPÍTULO III

LA RESIDENCIA FISCAL DE LAS PERSONAS FÍSICAS EN ESPAÑA

CAPÍTULO IV
VALORACIÓN DEL *STATUS* DE RESIDENTE Y DE LA CONDICIÓN DE CIUDADANO EN EL DERECHO COMPARADO

CONCLUSIONES Y PROPUESTAS DE MEJORA

NOTA PRELIMINAR

El presente trabajo desarrolla los principales resultados de la Tesis Doctoral titulada "Residencia y ciudadanía de las personas físicas: reflexiones sobre los puntos de conexión fiscal", cuya defensa tuvo lugar en la Universidad de Valencia el día 5 de mayo de 2025, obteniendo la calificación Sobresaliente Cum Laude por unanimidad, con mención Internacional y el voto de "Especial relevancia".

Agradezco de forma muy especial a quienes integraron el tribunal evaluador: la Prof. María Teresa Soler Roch (Presidenta), la Prof. Yolanda García Calvente (Secretaria) y el Prof. Antonio Guidara (Vocal), por el estímulo investigador y sus valiosas observaciones que enriquecieron significativamente la versión definitiva de este libro.

Mi agradecimiento más profundo es para la Prof. Aurora Ribes Ribes, codirectora y mentora de este trabajo. Su compromiso, rigor académico y sensibilidad intelectual fueron y siguen constituyendo una fuente invaluable de inspiración. Supo acompañar sin imponer, y orientar sin condicionar, por lo cual le expreso mi más sincero reconocimiento y gratitud.

Galya Ivanova Dusheva

PRÓLOGO

No es posible pensar en un ordenamiento jurídico sin concretar simultáneamente la aplicación de sus normas. Y ello, porque, como es obvio, toda norma jurídica nace con vocación de ser aplicada a la vida social.

Entendida como manifestación de la soberanía fiscal de los Estados, la eficacia de las normas tributarias en el espacio ha concitado desde antaño la atención de los estudiosos. De hecho, partiendo de la integración de los distintos países en una comunidad jurídica como es la Comunidad internacional, cabe colegir que el poder de imperio propio de los Estados no es ilimitado, ni de hecho ni de Derecho; es decir, como indicó UDINA[1], el ordenamiento jurídico que emana de cada Estado no es universal.

Por lo que concierne a la sujeción de las personas físicas al poder tributario estatal, autores como GIANNINI[2] o SAINZ DE BUJANDA[3] destacaron un posible doble fundamento, según se atienda a la concepción del Estado como organización personal o como corporación territorial. Desde el primer ángulo, con arreglo al principio de personalidad, las normas tributarias se proyectan sobre todos aquellos que pertenecen al Estado en calidad de nacionales, con independencia del lugar en el que residan. Por el contrario, desde la segunda perspectiva, conforme al principio de territorialidad, quedan sujetas todas las personas —tanto nacionales como extranjeras— que presenten algún vínculo con dicho Estado, ya sea de carácter personal (domicilio, residencia, etc.) o económico (situación de los bienes que se posean, realización de actividades en dicho territorio, etc.).

Huelga subrayar que, tanto en el pasado como en la actualidad, la mayoría de los Estados soberanos optaron por ordenar el ejercicio de su poder tributario atendiendo al principio de territorialidad. Este principio, como es sabido, es susceptible de albergar, a su vez, dos criterios de sujeción impositiva, en función

---

1 UDINA, M.: *Il diritto internazionale tributario*, Padova, CEDAM, 1949, pp. 57 y 58.

2 GIANNINI, A. D.: *I concetti fondamentali del diritto tributario*, Utet, Torino, 1956, pp. 200 y 201.

3 SAINZ DE BUJANDA, F.: *Lecciones de Derecho Financiero*, Facultad de Derecho de la Universidad Complutense, Madrid, 1991, p. 53.

de que se atienda a su sentido personal o real, dando lugar, a la postre, a los criterios de residencia y territorialidad en sentido estricto[4]. De acuerdo con ello, podríamos afirmar que los criterios de sujeción impositiva, también llamados "puntos de conexión", son los criterios o reglas que ligan los supuestos de hecho reveladores de capacidad económica con la potestad tributaria de un determinado Estado.

Ahora bien, pese a la prevalencia del principio de territorialidad (residencia y fuente) sobre el de personalidad (nacionalidad), no es menos cierto que los Estados pueden decidir tanto aplicar exclusivamente uno de estos principios, como una combinación de los mismos. En el ordenamiento tributario español, como en la mayoría de los sistemas tributarios de los Estados desarrollados, se suele atender a la residencia de la persona física, y no a su nacionalidad o ciudadanía, por lo que respecta al ámbito de la imposición directa. En esta línea, UCKMAR apuntaba, ya en 1956, que "(...) según la moderna doctrina, el elemento determinante del sometimiento al poder tributario de un Estado consiste en la pertenencia económica al mismo, y, por consiguiente, más que el vínculo político —que tanta importancia tuvo en el pasado, incluso a efectos tributarios— adquiere primordial relevancia el vínculo económico. En el fondo, más que ser ciudadano de un Estado, lo decisivo para que surjan las obligaciones tributarias consiste en residir, es decir, en producir o en consumir una renta en el Estado de que se trate"[5].

Con todo, no obstante su pérdida de trascendencia, conviene destacar que la nacionalidad ha conservado la vigencia en Estados Unidos y en Eritrea, perviviendo también en concretos supuestos en otros países donde se atiende primordialmente a la residencia como nexo de gravamen por la renta mundial. En el caso de Estados Unidos, su mantenimiento se basa en las ventajas que sus nacionales obtienen por el hecho de ser ciudadanos de dicho país, gravando también por tanto a los ciudadanos no residentes por su renta mundial. Nótese, sin embargo, que en Estados Unidos la nacionalidad se aplica de forma conjunta con

---

4 Véanse, entre otros: XAVIER, A.: *Direito Tributário Internacional do Brasil*, Editora Resenha Tributária, Sao Paulo, 1977, pp. 4 a 6; FERREIRO LAPATZA, J. J.: "Comentario al art. 4.1", en: *Comentarios a la Ley del Impuesto sobre la Renta de las Personas Físicas*, Civitas, Madrid, 1983, pp. 66 y 67; y, SACCHETTO, C.: "Territorialità (diritto tributario)", en: *Enciclopedia del Diritto*, Vol. XLIV, 1992, p. 320.

5 UCKMAR, V.: "Influencia del domicilio, de la residencia y de la nacionalidad en el Derecho Tributario", en Revista de Derecho Financiero y Hacienda Pública nº 24, 1956, p. 579.

el criterio de la fuente y el de la residencia, en la medida en que no pueden desconocerse los convenios de doble imposición suscritos con otros países, y teniendo en cuenta que los residentes en su territorio, pese a no ser nacionales, tributan asimismo por su renta global.

La resistencia de la nacionalidad a desaparecer se aprecia igualmente a través de su presencia en supuestos específicos contemplados en los ordenamientos tributarios de otros países, como por ejemplo, en el sistema español, en la tributación de los miembros de misiones diplomáticas o consulares y funcionarios (artículo 10.1 LIRPF) y en la cláusula antielusión para desincentivar deslocalizaciones a jurisdicciones no cooperativas (artículo 8.2 LIRPF); en el Derecho de la Unión Europea, donde la nacionalidad permanece enlazada a la prohibición de no discriminación fiscal; y en el plano convencional, al hilo de los convenios para evitar la doble imposición internacional, donde subsiste como elemento secundario para dirimir conflictos de doble residencia y también como parte nuclear del principio de no discriminación que contienen todos los tratados internacionales de esta naturaleza.

En este orden de ideas, se ha de resaltar que aunque la residencia es el punto de conexión más ampliamente observado —en especial por los países miembros de la Organización de Cooperación y Desarrollo Económico (OCDE)—, lo cierto es que no está exento de problemas. Lo mismo ocurre con el criterio del Estado de la fuente (territorialidad en sentido estricto), preferido por los países que siguen el Convenio Modelo de la Organización de las Naciones Unidas (ONU); y con la nacionalidad, que asimismo presentan variadas problemáticas. De ahí que no exista consenso doctrinal acerca de cuál de estos criterios se reputa como idóneo.

A pesar del protagonismo adquirido en los últimos tiempos, debe advertirse, empero, que no estamos ante un mero tema "de moda", sino ante una temática clásica que ha retornado a la primera línea del debate internacional a resultas de distintos factores, entre los que destacan la globalización y la creciente movilidad de las personas físicas. Baste señalar, en este sentido, la pluralidad de estudios[6]

---

[6] Entre otros: BERETTA, G.: "Citizenship and tax", en World Tax Journal vol.11, nº 2, 2019; AVI-YONAH, R. S.: "Taxing Nomads: Reviving Citizenship-Based Taxation for the 21st Century", en: *Taxing People: the next 100 years*, Facultad de Derecho de la Universidad de Michigan, 2022; SOLER ROCH, Mª. T.: "Individuals: the forgotten taxpayers in a BEPS scenario", en: Pistone, P.: *Building Global International Tax Law. Essays in honour of Guglielmo Maisto*, IBFD Publishing, 2022; y, SZUDOCZKY, R. y

científicos publicados recientemente al respecto (BERETTA, AVI-YONAH, SOLER, SZUDOCZKY, etc.) —prueba de su incuestionable trascendencia—, donde los expertos vuelven a replantearse múltiples cuestiones sobre este tema, tratando de encontrar posibles soluciones que se adecúen a la realidad actual, ofreciendo a la par la deseable seguridad jurídica a los contribuyentes y garantizando el ejercicio del poder tributario estatal, frente a simulaciones y fraudes fiscales.

Las líneas que anteceden constituyen tan solo el preludio de la brillante investigación realizada por Galya Ivanova Dusheva en la presente obra, que encuentra su génesis en la Tesis doctoral defendida en la Universitat de València el 5 de mayo de 2025, con el título "Residencia y ciudadanía de las personas físicas: reflexiones sobre los puntos de conexión fiscal", que obtuvo la máxima calificación y la Mención internacional.

Fruto de su consolidada trayectoria profesional, tanto al servicio de la Agencia Nacional de Ingresos de Bulgaria, como en calidad de asesora fiscal en España, la autora analiza con rigor un tema de amplio espectro, sobre el que también proyecta su visión como docente-investigadora, en su condición de Profesora Asociada de Economía Aplicada de la Universitat de València.

Como el lector comprobará, el estudio acometido trasciende el mero examen de los conceptos de residencia y nacionalidad a efectos fiscales, toda vez que tomando como premisa dicho *status quo* profundiza primeramente en la residencia desde la triple óptica nacional, supranacional e internacional, descendiendo a continuación al análisis de las controversias que este criterio de imposición suscita en algunos de los países que lo aplican, con especial atención a los ordenamientos español y británico. Del mismo modo, siendo los Estados Unidos el principal exponente del criterio de la nacionalidad o ciudadanía, la autora efectúa un pormenorizado estudio de este régimen, lo que sin duda aporta un valor añadido, que enriquece los ya de por sí sobresalientes contenidos de la obra.

Sin olvidar su relevante faceta profesional, me gustaría sin embargo resaltar la vertiente docente-investigadora de la Doctora Ivanova Dusheva, que a través del presente trabajo ha demostrado que solo podemos enseñar, si sabemos aprender; y solo podemos aprender, si sabemos investigar. Precisamente por ello, lejos de

---

RODRÍGUEZ PEÑA, C.: "Preferential personal income tax regimes in the European Union: a new form of permitted (harmful) tax competition?", en World Tax Journal vol. 16, nº 2, 2024.

limitarse al análisis de esta compleja temática y de las propuestas apuntadas desde la doctrina, la autora formula sus propias conclusiones, caracterizadas por su carácter sugerente y su honestidad científica, y a través de las cuales coadyuva al progreso de la disciplina jurídico-financiera.

Felicito a la autora por la publicación de este libro, que nace de su firme vocación académica y de su interés por la investigación, al tiempo que recomiendo vivamente su lectura en el convencimiento de que ningún lector quedará defraudado. Tengo por seguro, además, que la Doctora Ivanova Dusheva seguirá reflexionando sobre este y sobre otros temas en el futuro, pues como ella bien sabe, el profesor universitario está siempre en una constante reinvención científica.

Aurora Ribes Ribes
Catedrática de Derecho Financiero y Tributario

Universidad de Alicante
Alicante, 16 de julio de 2025

LISTA DE ABREVIATURAS

AEAT	Agencia Estatal de Administración Tributaria (España)
ALADI	Latin American Integration Association
AN	Audiencia Nacional
BEPS	Base erosion and profit shifting (BEPS Project)
BFH	Bundesfinanzhof (Alemania)
CA	English Court of Appeal
CARICOM	Comunidad del Caribe
CDI	Convenio para evitar la doble imposición
CE	Constitución Española
CJEU	Court of Justice of the EU (anteriormente European Court of Justice (ECJ))
CRA	Canada Revenue Agency (autoridad tributaria de Canadá)
CV	Consulta vinculante (España)
DGT	Dirección General de Tributos (España)
EC	European Commission
EE.UU.	Estados Unidos de América
HMRC	His Majesty's Revenue & Customs (Reino Unido)
IRPF	Impuesto sobre la Renta de las Personas Físicas (España)
IRS	Internal Revenue Service (autoridad tributaria de los EE.UU.)
LGT	Ley General Tributaria
LOB	Limitation of benefits - Limitación de beneficios
MLI	Multilateral instrument - Convenio Multilateral
MC OCDE	Modelo de Convenio de la OCDE
MC ONU	Modelo de Convenio de la Organización de las Naciones Unidas
OCDE	Organización para la Cooperación y el Desarrollo Económico
SDN	Sociedad de las Naciones
SG	Secretaría General
STC	Sentencia del Tribunal Constitucional (España)

STS	Sentencia del Tribunal Supremo (España)
SRT	Statutory residence test (Test legal de residencia fiscal - Reino Unido)
TC	Tribunal Constitucional (España)
TEAC	Tribunal Económico-administrativo Central
TEAR	Tribunal Económico-administrativo Regional
TRLIRNR	Texto refundido de la Ley del Impuesto sobre la Renta de no Residentes
TS	Tribunal Supremo (España)
TSJ	Tribunal Superior de Justicia (España)

INTRODUCCIÓN

"It is the spirit and not the form of law that keeps justice alive".

Earl Warren

1. ANTECEDENTES Y LAGUNAS DE CONOCIMIENTO. RELEVANCIA DE LA INVESTIGACIÓN

1.1. LOS OBSTÁCULOS EN EL ÁMBITO TRIBUTARIO ORIGINADOS POR LA GLOBALIZACIÓN Y LA CRECIENTE MOVILIDAD DE LAS PERSONAS FÍSICAS

Considerando que las reglas vigentes de imposición directa son incoherentes desde el punto de vista de la elevada movilidad de las personas físicas en la actualidad, emprendimos el presente trabajo desde la perspectiva de la necesidad y la urgencia de la actualización de la legislación jurídico-tributaria relacionada con los criterios de sujeción a impuestos de las personas físicas.

El principal problema detectado a nivel internacional y sobre todo a nivel europeo es la incongruencia de los sistemas de tributación directa de los Estados con la globalización y la elevada movilidad de las personas físicas. Como resume Brauner: "Determinar la residencia de las personas en el siglo XXI puede estar lejos de ser simple y directo"[1]. Además, a nivel europeo la libre circulación de personas y el establecimiento deliberado, pero ficticio, de la residencia fiscal con el único objetivo de uso fraudulento de los Convenios de doble imposición internacional (CDI) crea una oportunidad de evasión fiscal que los Estados no han sabido solucionar hasta el momento. La posibilidad de cruzar fronteras sin que se registre dicho movimiento abre un vacío legal utilizado para establecer la residencia fiscal en jurisdicciones con una carga fiscal baja. Algunos inconvenientes adicionales son:

---

1 Brauner, Y. (2024). "Taxing People, Not Residents". Disponible en: http://dx.doi.org/10.2139/ssrn.4723636. p. 24. Última consulta: 31/05/2025.

➢ La posibilidad de manipular el reconocimiento de una persona física como residente fiscal. Los factores de conexión del individuo con el Estado son susceptibles de manipulación a través de una cuidadosa planificación fiscal[2].

➢ La falta de equidad horizontal. La tributación basada en la residencia fiscal, cuando esta se determina en virtud de una serie de requisitos que definen a la persona como residente o no residente, puede crear situación de "falta de asociación con cualquier otro país". En palabras de Elkins: "Independientemente de los criterios que se utilicen y de dónde se trace esa línea, es casi seguro que habrá personas que se sitúen en la línea de un lado o del otro: "los que apenas califican y los que simplemente no califican"[3].

➢ La fiscalidad directa y el propio concepto de residencia fiscal no están armonizados a nivel europeo[4].

---

2 Elkins, D. (2022). "A scalar conception of tax residence". *Virginia tax review* 41.2, p. 177.

3 Elkins relaciona la inequidad horizontal en primer lugar con las consecuencias de la aplicación de la residencia fiscal como determinante para la sujeción a impuestos. En este sentido, una persona podría ser residente dual, o no residente en ningún país. En segundo lugar, analiza un ejemplo en el que un número de horas insignificante podría resultar en una carga fiscal importante: "Para estas personas, un pequeño cambio en las circunstancias puede tener consecuencias fiscales abrumadoramente significativas. Consideremos, por ejemplo, a una persona que no es ni ciudadano ni residente permanente legal de los Estados Unidos, cuyos ingresos provienen de fuentes extranjeras y que no ha estado físicamente presente en los Estados Unidos durante varios años. Si esa persona pasa 183 días en los Estados Unidos durante el año en curso, la totalidad de sus ingresos del año en curso estará sujeta a impuestos estadounidenses a tipos de hasta el 40.8%. Si pasa 182 días en los Estados Unidos durante el año en curso, ninguno de sus ingresos estará sujeto a impuestos estadounidenses. Unas pocas horas de presencia física podrían ser extraordinariamente costosas en términos de responsabilidad fiscal de los Estados Unidos". Elkins, D. (2022). Op. Cit. p. 176.

4 Calderón Carrero, J. M. & Caamaño Anido, M. A. (1997). *La doble imposición internacional en los convenios de doble imposición y en la Unión Europea*. Pamplona: Aranzadi. p. 219. Según los autores, la Comunidad ostenta competencia suficiente como para emanar, en determinadas condiciones, medidas comunes en materia de doble imposición internacional y económica y el marco jurídico no impide que se desplieguen diversas medidas y acciones en este ámbito. "En este sentido, la explicación que cabe dar de la escasa acción llevada a cabo por la Comunidad en relación con las dobles imposiciones no debe reconducirse a una falta de competencia y medios para intervenir en este ámbito. Por el contrario, a nuestro juicio la respuesta a este panorama debe buscarse en motivaciones esencialmente políticas. Los Estados Miembros bien no han podido alcanzar el

➢ Se ha reconocido el trato discriminatorio de residentes y no residentes en la tributación directa[5].

➢ La falta de neutralidad, simetría y proporcionalidad dentro de la UE[6].

➢ La adopción de directivas es un proceso lento y engorroso, sujeto al veto de cualquier Estado miembro.

➢ La falta de igualdad entre los Estados miembros[7]. Las limitaciones que impone la visión del TJUE sobre la no discriminación restringen la capacidad de los Estados miembros de utilizar incentivos para estimular sus propias economías nacionales. En general, las normas europeas limitan o dificultan el uso

---

suficiente consenso para establecer medidas multilaterales en materia de doble imposición, bien consideran que el nivel de neutralidad y obstaculización que estos fenómenos ocasionan en el funcionamiento del mercado interior resulta soportable en esta fase de la integración europea y, por tanto, insuficiente para propiciar una cesión de soberanía fiscal de tal magnitud".

5 Las diferencias entre residentes y no residentes en la UE han sido causa de numerosas sentencias del TJUE, por ejemplo, la sentencia Biehl (STJUE de 8 de mayo de 1990, As.175/88); la sentencia Bachmann (STJCE de 28 enero de 1992, As.204/90), la sentencia Werner (STJCE de 26 enero de 1993, As. 112/91), la sentencia Schumacker, (STJCE de 14 febrero de 1995, As.279/93); Wielockx (STJCE de 11 de agosto de 1995, As. 80/94); la sentencia Asscher (STJCE de 27 de junio de 1996, As.107/94); la sentencia Gerritse (STJUE de 12 de junio de 2003, As.C-234/01); la sentencia Ritter-Coulais (STJC de 21 de febrero de 2006, As.C-152/03); la sentencia Conijn (STJUE de 6 de julio de 2006, As. C-346/04); la sentencia Scorpio (STJUE de 3 de octubre de 2006, As. C-290/04); la sentencia Turpeinen (STJUE de 9 de noviembre de 2006, As. C-520/04); la sentencia Lakebrink (STJUE de 18 de julio de 2007, As.C-182/06); la sentencia X/Staatssecretaris van Financiën (STJCE de 9 de febrero de 2017, asunto C283/15). Véase análisis detallado en Cañal García, F. J., Unión Euroepa: Prohibición de discriminar fiscalmente a los no residentes. Análisis de la Sentencia del Tribunal de Justicia de la Unión Europea, de 9 de febrero de 2017, X/Staatssecretaris van Financiën, asunto C283/15. *Dipòsit Digital de la Universitat de Barcelona.* Disponible en: https://diposit.ub.edu/dspace/handle/2445/169217. Última consulta: 31/05/2025.

6 Véase García Prats, F. A. "Revisiting "Schumacker": Source, Residence and Citizenship in the ECJ Case Law on Direct Taxation", en: Richelle, I., Schön, W. & Traversa, E. (2013). *Allocating Taxing Powers Within the European Union.* Vol. 2. Berlin, Heidelberg: Springer Berlin / Heidelberg. pp. 1-42.

7 Yakova, M. "Analysis of the Tax Systems in the EU Countries". *Ikonomicheska misŭl* (2018): n. pag. Web.; Schaper, M. (2013). *The Structure and Organization of EU Law in the Field of Direct Taxes.* 1st ed. Amsterdam: IBFD Publications USA, Incorporated.

de la política fiscal de los Estados miembros como una forma de responder a las recesiones[8].

➢ La política fiscal de atracción de talento y el nuevo colectivo de nómadas digitales post-COVID comprometen el principio de equidad de la fiscalidad. Debido a la falta de establecimiento de algunas personas físicas (real o ficticio), el criterio del beneficio se vuelve irrelevante y el criterio de capacidad de pago se distorsiona[9].

1.2. TRIBUTACIÓN Y MIGRACIÓN: EFECTOS Y CONSECUENCIAS A NIVEL INTERNACIONAL

La literatura sugiere que la propensión general a migrar en respuesta a los cambios tributarios es baja[10]. Los analistas[11] encuentran poca evidencia de migración inducida fiscalmente, aunque reconocen que, para grandes diferencias en las tasas del impuesto estatal sobre la renta los impactos podrían ser sustanciales. Sin embargo, está demostrado que el comportamiento de los contribuyentes depende de una serie de factores, entre los cuales son especialmente importantes las tasas impositivas marginales[12]. Especialmente interesante resulta el análisis de la "movilidad de la riqueza en respuesta a los impuestos personales"[13] y de las ten-

---

8 Véase Calderón Carrero, J. M. & Caamaño Anido, M. A. (1997). La doble ...Op. Cit.

9 Véase Greggi, M. "Revisiting "Schumacker": The Role of Limited Tax Liability in EU Law", en: Richelle, I., Schön, W. & Traversa. E. (2013) *Allocating Taxing Powers Within the European Union*. Vol. 2. Berlin, Heidelberg: Springer Berlin / Heidelberg. p. 50. Según el autor, analizando los conceptos de fuente o de residencia, estos deben estar asociados a la capacidad de pago, que es un estatus legal de la persona pero que no siempre puede coincidir con el lugar donde reside.

10 Young, C., & Varner, C. (2011). "Millionaire migration and State Taxation of Top Incomes Evidence from a Natural Experiment". *Revista Tributaria Nacional*, 64(2), 255-283. p. 258.

11 Coomes, P. A., & Hoyt, W. H. (2008). Income taxes and the destination of movers to multistate MSAs. *Journal of Urban Economics*, 63(3), 920-937. p. 936.

12 Alm, J., & Wallace, S. (2007). Which elasticity? Estimating the responsiveness of taxpayer reporting decisions. *International Advances in Economic Research*, 13(3), 255-267.

13 Kleven, H. et al., (2020). "Taxation and Migration: Evidence and Policy Implications", *The Journal of Economic Perspectives*, Vol. 34, No. 2 (Spring), pp. 119-142 (24 pages) proporcionan los siguientes datos relacionados con la tributación de contribuyentes co-

dencias de los contribuyentes de rentas altas y ultra-altas de evadir impuestos a través de la migración internacional[14]. La movilidad de las personas está relacionada con la tendencia a moverse para maximizar la utilidad económica mediante la obtención de mayores ganancias en los destinos en relación con sus orígenes[15].

La inestabilidad de la presencia en una jurisdicción concreta conlleva la obtención de rentas —activas y pasivas— generadas en territorios pertenecientes a varios Estados. La facilidad de movimiento y el libre movimiento de personas dentro de la zona Schengen de la UE crea posibilidades de planificación fiscal de la residencia, pero también de elusión y evasión fiscal. Las normas que rigen la tributación directa y la definición y justificación de la residencia fiscal no llegaron a acompañar el vertiginoso crecimiento de la movilidad de las personas físicas en un mundo globalizado. Tanto los contribuyentes como las Administraciones tributarias de los diferentes países tienen que lidiar con las controversias

---

nocidos: "Está claro que las personas de altos ingresos a veces se desplazan a través de las fronteras para evadir impuestos. Los medios de comunicación están llenos de ejemplos de personas famosas que, a menudo como ellos mismos admiten, se involucran en este tipo de comportamiento de evasión fiscal. Los Rolling Stones se fueron de Inglaterra a Francia a principios de la década de 1970 para evitar las tasas impositivas marginales excepcionalmente altas, muy por encima del 90%, en Reino Unido en ese momento. Muchas otras estrellas de rock británicas se mudaron a jurisdicciones con impuestos más bajos, incluidos David Bowie (Suiza), Ringo Starr (Montecarlo), Cat Stevens (Brasil), Rod Stewart (Estados Unidos) y Sting (Irlanda). En años más recientes, el actor Gérard Depardieu se mudó a Bélgica y, finalmente, a Rusia en respuesta al impuesto millonario del 75% en Francia, mientras que un gran número de estrellas del deporte en el tenis, el golf y el automovilismo se han instalado en paraísos fiscales como Montecarlo, Suiza y Dubái". p. 1.

"Hasta 1978, el Reino Unido aplicó una tasa impositiva marginal máxima sobre los ingresos del trabajo del 83% y una tasa impositiva marginal máxima sobre los ingresos del capital que era aún más alta, un sorprendente 98%. Muy pocas personas tenían ingresos lo suficientemente altos como para tener que enfrentarse a estas tasas impositivas, pero las estrellas de rock estaban entre ellas. La canción de los Beatles Taxman ... fue un ataque a los altos niveles de impuestos progresivos bajo los gobiernos de Harold Wilson de las décadas de 1960 y 1970". p. 1.

14 Muñoz, M. (2023). ¿Responden los europeos con mayores ingresos a la tributación a través de la migración?, Documento de trabajo. Cit. en Muñoz, M. (2023). Gravar el trabajo en un mundo globalizado: ¿Qué sabemos y por qué debería importarnos? *Informe IEB* 2. p. 7.

15 Sjaastad, L. A. (1962). "The Costs and Returns of Human Migration". *The journal of political economy* 70.5, Part 2: 80-93. Web. pp. 85-86.

relacionadas con la residencia dual, la doble imposición internacional y el elevado número de procedimientos de mutuo acuerdo. Al mismo tiempo surge la posibilidad, para un grupo de personas que podrían definirse como no-residentes en todos los países con los que tienen alguna conexión, de doble no imposición, mientras que las autoridades fiscales de los países carecen de herramientas que les permitan detectar a estas personas y obligarles a tributar.

2. OBJETIVO Y METODOLOGÍA DE LA INVESTIGACIÓN

La residencia fiscal está ampliamente aceptada como el criterio más apropiado para distribuir el poder tributario entre los Estados[16]. Este trabajo tiene como objetivo analizar y valorar las diferentes reglas de definición de la residencia fiscal de las personas físicas y la sujeción a impuestos directos a través del examen de la legislación jurídico-tributaria en varios Estados, con el fin de desafiar la teoría generalmente aceptada según la cual la residencia fiscal, aplicada por sí sola, es un nexo suficiente, congruente y acertado para la imposición directa de las personas físicas.

El objetivo de nuestra investigación está centrado exclusivamente en el análisis crítico de la residencia fiscal y de las pruebas para la determinación de esta a nivel internacional con el fin de proponer alternativas válidas para los casos cuando este criterio de sujeción causa una doble no imposición que, a nuestro juicio, no es ni debe ser una opción legal al alcance de los contribuyentes.

Para ello, el núcleo de nuestro trabajo consistirá en abordar las características de la residencia fiscal y sus alternativas para el establecimiento de la sujeción a impuestos legítima y justificada. Por tanto, las consideraciones y los comentarios relacionados con cuestiones conexas tales como los principios fundamentales de la imposición, la interpretación de las normas jurídico-tributarias, las herramientas para la resolución de conflictos de doble imposición internacional o el propio funcionamiento del Derecho internacional en su aspecto internacional, serán, en todo caso, asuntos periféricos y supletorios a nuestro objeto de análisis principal.

La investigación se desarrolló en cuatro fases. En la primera base se aplicó una investigación teórica con el fin de obtener conocimientos de índole histórico y

[16] Jalabera Rodríguez, A. (2019). En: Cruz Padial, I. et al. *Cuestiones actuales de planificación fiscal internacional*. Barcelona: Atelier Libros Jurídicos. p. 54.

doctrinal sobre la evolución de la sujeción a impuestos directos de las personas físicas, se planteó el problema, se delimitaron los conceptos a tratar y se trazó el objetivo de la investigación. En segundo lugar, se realizó una investigación aplicada de las normas jurídico-tributarias en su aspecto internacional, examinando los Modelos de Convenio para evitar la doble imposición y su conexión con los sistemas de Derecho tributario de los países soberanos.

Consecutivamente, se realizó un examen de la normativa tributaria nacional de España y su interpretación a través del estudio crítico de la legislación, la doctrina científica, administrativa y jurisprudencial. Por último, concluimos con el análisis de la residencia fiscal desde la perspectiva de la normativa de varios países. Como resultado de la detección de deficiencias significativas relacionadas con la eficacia de la residencia fiscal como criterio para la sujeción a impuestos, se ha prestado especial atención al empleo del principio de ciudadanía como un principio alternativo.

A modo de conclusión, basándonos en las insuficiencias detectadas en cuanto a la validez de la residencia fiscal como criterio para la sujeción a impuestos directos de las personas físicas, detallamos nuestra propuesta para la actualización de las reglas de sujeción a impuestos directos de las personas físicas.

CAPÍTULO I

LA RESIDENCIA FISCAL. DEFINICIÓN TEÓRICA Y EVOLUCIÓN HISTÓRICA

1. ETIMOLOGÍA Y DELIMITACIÓN DEL CONCEPTO EN LOS DIFERENTES ÁMBITOS DE LA LEY

El término "residencia" proviene del verbo "residir", del latín *residere* (permanecer): *resĭdens, -entis* 'residente' (Real Academia Española)[17], formado por el prefijo *re-* (en este caso, se utiliza para amplificar el significado de la palabra) y *sedere* (sentarse), asociado a la acción y al efecto del lugar de residencia o establecimiento en un lugar específico durante un período prolongado de tiempo.

En inglés se refiere al "lugar donde vive alguien, o la condición de vivir en algún lugar o un hogar, o el hecho de vivir en un hogar en particular"[18]. Se considera que la palabra "residencia" entró en el idioma inglés a finales del siglo XIV, y se ha utilizado desde entonces para referirse al lugar donde vive una persona y para definir la conexión legal de un individuo con un sitio en particular.

---

17 RAE. (n.d). Diccionario de la lengua española, RAE. Recuperado 2 de julio, 2024, de https://dle.rae.es/residencia:
A continuación, se transcriben literalmente el contenido de tres de los diez significados de la palabra "residencia" especificados en el RAE: Der. del lat. resĭdens, -entis 'residente': *1. f. Acción y efecto de residir; 2. f. Lugar en que se reside. Sin.: dirección, señas, paradero;3. f. Casa en que se vive. Sin.:casa, vivienda, domicilio, piso, techo, hogar, morada.*
Y de la palabra "residir" (del lat. residēre): *1. intr. Estar establecido en un lugar. Sin.:vivir, habitar, morar, radicar; 2. intr. Dicho de una persona: Asistir personalmente en determinado lugar por razón de su empleo, dignidad o beneficio, ejerciéndolo.*

18 Cambridge University Press & Assessment 2023 (n.d.). Cambridge Dictionary, en Cambridge University Press & Assessment 2023. Recuperado 2 de julio, 2024, de https://dictionary.cambridge.org/es/diccionario/ingles/residence

El plazo y la forma de pagar los impuestos sobre la renta se determina dependiendo de la residencia fiscal de la persona durante el ejercicio fiscal. En primer lugar, es importante subrayar que la residencia fiscal puede coincidir o no con la residencia según la Ley de Extranjeros o el domicilio real de la persona.

En el Derecho español en materia de extranjeros los términos "residencia" y "estancia" tienen significados e implicaciones distintas para aquellas personas que no son ciudadanos españoles y están presentes en España. La principal diferencia entre los dos conceptos claramente diferenciados según la legislación española es la duración del periodo de estancia y la intencionalidad del extranjero de establecer su residencia habitual en territorio español. La residencia implica establecerse de forma continuada que podría ser indefinida a diferencia de la estancia cuya intencionalidad es la presencia temporal y definida en el país con razón de un propósito específico y temporal como pueden ser las estancias para establecer un negocio, estudios, labores humanitarias, estancias turísticas, etc.

En relación con los ciudadanos —nacionales de los Estados miembros de la Unión Europea y de otros Estados, parte en el Acuerdo sobre el Espacio Económico Europeo, dispone el Real Decreto 240/2007, de 16 de febrero, sobre entrada, libre circulación y residencia en España de ciudadanos de los Estados miembros de la Unión Europea y de otros Estados parte en el Acuerdo sobre el Espacio Económico Europeo— una vez superada la estancia temporal de tres meses en territorio español, el extranjero se considera residente en España. Según el artículo 6, párrafo 1 la permanencia en España no se computará a los efectos derivados de la situación de residencia.

En el Derecho internacional, el concepto de residencia tiene dimensiones diferentes. Además, el significado del término "residencia fiscal" o las condiciones en las que una persona se considera residente a efectos fiscales en una jurisdicción concreta puede variar significativamente de un país a otro.

Por otra parte, en el Código Civil se definen los conceptos de domicilio real y legal de una persona. Carrascosa González[19] investiga el concepto de domicilio ("*domicilium*") del Derecho Romano clásico: "como indica la famosa regla de Servio-Ulpiano, "*domicilium est, ubi quis degitet rerum suarum summam constituit eo consilio, ut ibi meneat*" ("el domicilio es el lugar donde uno vive y tiene a

---

19 Carrascosa González, J. (2015). "El concepto de residencia habitual del causante en el Reglamento Sucesorio europeo". *Barataria. Revista Castellano-Manchega de Ciencias sociales.* Núm. 19, p. 21.

voluntad el conjunto de sus cosas, con el fin de permanecer allí")" y "*Domicilium est ubi quis degit rerunmque suarum summam constituit eo consilio, ut ibi maneat*" (Codex de Justiniano, Lib. X, Título XXXIX, Ley 7): "Una casa es donde una persona vive y gana una suma de dinero con la intención de quedarse allí".

En el sistema de Derecho civil español el domicilio se define como la ubicación específica donde reside o se puede encontrar a una persona. El domicilio es importante para fines legales como la jurisdicción, la notificación de documentos legales y otras formalidades. Según el artículo 40 del Código Civil, el domicilio de las personas naturales es el lugar de su residencia habitual, y, en su caso, el que determine la Ley de Enjuiciamiento Civil; el domicilio real es la residencia efectiva de la persona en una localización concreta; se caracteriza por la libre elección de la persona; es una circunstancia cierta que se puede comprobar concluyentemente; la fijación de un domicilio termina los efectos del anterior y lo constituye en la nueva localización específica elegida por la persona.

La CE en su artículo 18 relaciona el concepto de domicilio con un lugar concreto y delimitado. El término "domicilio" se relaciona más con la ubicación concreta donde el individuo se ha establecido, mientras que los conceptos de residencia y estancia conciernen al nexo entre la persona y un territorio específico.

2. CONCEPTOS DE DOMICILIO Y RESIDENCIA

Existen varios documentos legales europeos que tratan la residencia habitual en relación con diferentes ramas del Derecho. El Reglamento (CE) Nº 593/2008 del Parlamento Europeo y del Consejo de 17 de junio de 2008 sobre la ley aplicable a las obligaciones contractuales (Roma I) da una de las definiciones del término "residencia habitual" en su artículo 19, párrafo 1: "La residencia habitual de una persona física que este ejerciendo su actividad profesional será el lugar del establecimiento principal de dicha persona".

El Reglamento (CE) Nº 864/2007 del Parlamento Europeo y del Consejo de 11 de julio de 2007 relativo a la ley aplicable a las obligaciones extracontractuales ("Roma II") define la residencia habitual en su artículo 23 de la siguiente forma: "2. A efectos del presente Reglamento, la residencia habitual de una persona física que esté ejerciendo su actividad profesional será el establecimiento principal de dicha persona".

El Reglamento UE Nº 1259/2010 del Consejo de 20 de diciembre de 2010 por el que se establece una cooperación reforzada en el ámbito de la ley aplicable al divorcio y a la separación judicial, conocido como Roma III, establece en su artículo 14b) que "toda referencia a la residencia habitual en tal Estado se entenderá como una referencia a la residencia habitual en una unidad territorial".

El Reglamento (UE) 2019/1111 del Consejo, de 25 de junio de 2019, relativo a la competencia, el reconocimiento y la ejecución de resoluciones en materia matrimonial y de responsabilidad parental, y sobre la sustracción internacional de menores hace referencia a varias situaciones en base a la residencia habitual del menor y los progenitores, pero no establece ninguna definición al respecto.

El Reglamento (UE) 650/2012 (no aplicable a cuestiones fiscales) es uno de los actos jurídicos a nivel europeo que determina la jurisdicción aplicable, en este caso, en el ámbito sucesorio, en relación con el reconocimiento y la ejecución de las resoluciones, a la aceptación y la ejecución de los documentos públicos en materia de sucesiones mortis causa y a la creación de un certificado sucesorio europeo. Este Reglamento tampoco define el concepto de "residencia habitual", aunque en su artículo 21 indica que la ley aplicable será la del Estado de residencia habitual. En su Considerando 23 ordena que "el presente Reglamento debe establecer como nexo general, a efectos de la determinación tanto de la competencia como de la ley aplicable, la residencia habitual del causante en el momento del fallecimiento... La residencia habitual así determinada debería revelar un vínculo estrecho y estable con el Estado de que se trate teniendo en cuenta los objetivos específicos del presente Reglamento".

Las indicaciones dadas por el legislador europeo para la correcta determinación del concepto son las siguientes: 1) La duración de la estancia o residencia. Sin establecer duración mínima, fija la duración como un factor a considerar; 2) La regularidad de la presencia del causante en el Estado de que se trate; y 3) Las condiciones y los motivos de dicha presencia.

Como indica Carrascosa González, se podrían definir los foros de competencia judicial internacional recogidos en el Reglamento, de la siguiente forma: "1º) Foro de la nacionalidad del causante (art. 7 RES); 2º) Foro de la residencia habitual del causante en el momento de su fallecimiento (art. 4 RES); 3º) Foro del lugar de situación de los bienes de la herencia (art. 10 RES); 4º) Foro de necesidad (art. 11 RES)", representando la residencia habitual el "nexo general" y no "foro prevalente" o "competencia principal"[20].

---

[20] Carrascosa González, J (2015). Op. Cit. p. 17-18; p. 28.

3. PRINCIPIOS DE TRIBUTACIÓN INTERNACIONAL

Dada la circunstancia que una persona puede tener durante el año fiscal varios domicilios situados en el territorio de países diferentes, el domicilio de una persona no define su obligación de pagar impuestos en un Estado concreto, aunque en algunos casos conflictivos puede inclinar la balanza hacia una u otra jurisdicción. El significado del término "residencia fiscal" o las condiciones en las que una persona se considera residente a efectos fiscales en un país determinado es distinto.

En el contexto internacional se podrían diferenciar principios de tributación internacional y atribución de rentas, determinados sobre la base de las rentas sujetas a imposición o las personas sujetas a imposición.

El nacimiento de los principios de tributación vigentes en la actualidad y la obligación fiscal por razón del impuesto sobre la renta se consideran, según Bühler, derivación de la pertenencia a un Estado. De esta forma sitúa el nacimiento del principio de tributación por razón de la ciudadanía en el final del siglo XIX y señalan la ley prusiana "EinkStG" de 1891 según cual "contribuyentes por el impuesto sobre la renta son los súbditos prusianos"[21] y entrelaza la obligación fiscal ilimitada con el nacimiento de un nuevo concepto, que podríamos considerar el nacimiento del principio de residencia, nombrándolo "ciudadanía fiscal". De esta forma el autor relaciona esta evolución con el principio de personalidad del Derecho internacional privado y el desplazamiento de este por el principio de territorialidad, "económicamente mejor fundamentado"[22]. Su fundamento está relacionado con el beneficio[23], por lo cual la consecuencia lógica será el cese de la obligación fiscal en el país de origen como efecto del abandono

---

21 Bühler, O.& Cervera Torrejón, F. (1968). *Principios de Derecho internacional tributario*. Madrid: Editorial de Derecho Financiero., p. 215.

22 Bühler, O.& Cervera Torrejón, F. (1968). Op. Cit. p. 216.

23 Bühler, O.& Cervera Torrejón, F. (1968). Op. Cit. p. 216: "...quien en la economía de un país extraño en el que se ha establecido participa de forma análoga a como lo hacen los nacionales de dicho estado debe quedar sometido al impuesto en la misma medida que dichos nacionales a las leyes aplicables a los sujetos económicos del país y leyes económicas en las que la legislación sobre divisas desempeña una importante función. Si el extranjero se convierte en nacional a efectos de la legislación sobre divisas, se dan los presupuestos para que sea considerado como nacional a efectos fiscales, puesto que si no debe tener un peor trato fiscal tampoco debe tenerlo más favorable".

del domicilio nacional. Lanaspa Sanjuan[24] destaca la naturaleza dual de la residencia fiscal por la "coexistencia de elementos personales y territoriales". Aunque la residencia sea considerada una "cualidad de la persona", otro factor imprescindible es la "territorialidad acentuada", manifestación de la soberanía, la potestad tributaria, y "la determinación del espacio sobre el que la ley produce sus efectos".

Según Arnold[25] los principios de tributación definidos en la teoría realmente tienen una aplicación práctica más diluida.

3.1. PRINCIPIO DE TERRITORIALIDAD[26]

Los países que aplican el principio de territorialidad basan la sujeción a impuestos en la jurisdicción en cuestión en la procedencia de las rentas, por lo cual estos países gravan las rentas obtenidas de fuente en este país. La residencia, la ciudadanía y otras características personales de la persona que obtiene los ingresos, son irrelevantes.

El principio de territorialidad se aplica generalmente en jurisdicciones que han sido calificadas como paraísos fiscales o, sin serlo, son jurisdicciones de tributación baja. La obtención de ingresos públicos, reducidos como resultado de la imposición de las rentas generadas o presuntamente generadas en el territorio de la jurisdicción, suele ser compensada mediante la imposición de otros tipos de ingresos públicos (tasas de establecimiento, tasas administrativas, contribuciones, etc.). Sin embargo, como indica Arnold[27], todos los países que imponen un impuesto sobre la renta aplican el principio de territorialidad o la jurisdicción de origen, gravan las rentas que surgen o tienen su fuente en el país.

El principio de territorialidad actúa como "límite de la competencia" y "consiste en la limitación del poder exclusivo del Estado mismo por su territorio con

---

24 Lanaspa Sanjuán, S. (2017). La prueba de las ausencias no esporádicas en la residencia habitual de las personas físicas. *Crónica Tributaria*, 164(3), p. 37.

25 Arnold, B. J. (2019). *International tax primer* (Fourth edition.). Wolters Kluwer.

26 Arnold, B. J. (2019). Op. Cit. p. 12. Los rendimientos pueden estar sujetos a impuestos según las leyes fiscales de un país porque existe un nexo entre ese país y los ingresos o actividades que generaron los ingresos. De acuerdo con el uso internacional, un Derecho jurisdiccional de exigir impuestos basado en dicho nexo se denomina "jurisdicción de la fuente".

27 Arnold, B. J. (2019). Op. Cit. p. 17.

la consecuencia de que sin su consentimiento no son lícitos los actos de un poder tributario extraño que sujeten a personas o cosas dentro del territorio de dicho estado"[28].

La aplicación del principio de territorialidad deja sin efecto la condición de residente o ciudadano de la persona que obtiene la renta. Falcón y Tella y Pulido recogen en su estudio los casos de Bolivia, Costa Rica, Guatemala, Nicaragua, Panamá, Paraguay, Uruguay, Hong Kong, Macao y Singapur[29].

3.2. PRINCIPIO DE RESIDENCIA[30]

En la actualidad la mayoría de los países aplican el principio de residencia en la sujeción a impuestos directos. De esta forma están sujetos a imposición en la jurisdicción que aplica el principio de residencia los residentes de este Estado por sus rentas mundiales, por lo que también es conocido como "principio de universalidad"[31].

---

28 Bühler, O.& Cervera Torrejón, F. (1968). Op. Cit. p. 217.

29 Falcón y Tella, R., & Pulido Guerra, E. (2010). *Derecho fiscal internacional.* Marcial Pons Ediciones Jurídicas y Sociales. Falcón y Tella y Pulido recogen en su estudio los casos de Bolivia, Costa Rica, Guatemala, Nicaragua, Panamá, Paraguay, Uruguay, Hong Kong, Macao y Singapur. p. 39.

30 Arnold, B. J. (2019). Op. Cit. p. 17. Un país también puede imponer impuestos sobre la renta porque existe un nexo entre el país y la persona que obtiene los ingresos. Este tipo de Derecho jurisdiccional de exigir impuestos sobre los ingresos de una persona se denomina "jurisdicción de residencia". Las personas sujetas a la jurisdicción de residencia de un país generalmente están sujetas a impuestos sobre sus ingresos mundiales, sin referencia a la fuente de los ingresos, es decir, la persona generalmente está sujeta a impuestos tanto sobre los ingresos de fuente nacional como sobre los ingresos de fuente extranjera.

31 Bühler O.& Cervera Torrejón, F. (1968). Op. Cit. p. 220.
"Frente a las limitaciones del poder tributario del Estado que llevan consigo los principios de territorialidad y de nacionalidad existe la necesidad de reconducir la sujeción de la renta y patrimonio mundiales a un principio que no puede denominarse de otra forma que principio de universalidad. Constituye el contrapunto lógico del principio de territorialidad mientras que en caso de aplicación del principio de nacionalidad puede significar la delimitación del alcance material de la obligación tributaria ya establecida por aquél".

En la práctica, los países que aplican el principio de residencia emplean los dos métodos generales de tributación, el principio de territorialidad y el principio de residencia, de forma conjunta[32]. De esta forma, imponen la sujeción a impuestos a los residentes por su renta mundial y la imposición de los no residentes en el país sobre las rentas con fuente de este Estado. Bühler define el nacimiento del principio de universalidad como "una de las principales conquistas de la introducción de los impuestos generales sobre la renta —en lugar o junto a los antiguos impuestos de producto— desde finales del siglo XIX"[33].

Otra forma de aplicar el principio de residencia como calificación supletoria es el entendimiento de la residencia como "presunta[34]" - "*deemed residence*". En

---

32 Arnold, B. J. (2019). Op. Cit. p. 230. Según Arnold la jurisdicción de residencia es el principio de tributación en virtud del cual todas las rentas devengadas por los residentes de un país (rentas mundiales), independientemente de su fuente, están sujetas a impuestos por ese país. Residente: Persona que tiene vínculos lo suficientemente estrechos con un país como para estar sujeto a impuestos en ese país sobre los ingresos mundiales.
Arnold utiliza el concepto "principio" con el fin de definir la norma, razón o fundamento que determina la distribución de rentas entre las diferentes jurisdicciones o de atribución de poder impositivo a un Estado u otro sobre las rentas y/o personas. En este sentido, consideramos que el contenido más acertado de este concepto sería de una norma que rige una determinada conducta, validando, de esta forma, el concepto utilizado por Arnold.

33 Bühler, O. & Cervera Torrejón, F. (1968). Op. Cit.: p. 220.

34 Para los fines de este trabajo el concepto de "*deemed*" —residencia, domicilio o renta— se ha traducido como "presunto/a" en el sentido de que se considera, atribuye o se declara como tal por la Ley. Cabe mencionar que se trata de un tipo de presunción *iuris et de iure* en cuyo caso no cabe prueba en contrario. Falcón y Tella y otros (2010) indican que también existen, en ocasiones, presunciones iuris tantum de residencia, por ejemplo, respecto a quienes tienen la nacionalidad (Alemania, Austria, Venezuela, etc); o en caso de ser residentes el cónyuge e hijos menores. La ley española recoge esta última presunción, p. 42.
Martínez de Morentin Llamas (2007) indica que, "con carácter general, la parte que pretenda impugnar la presunción podrá hacerlo demostrando la inexistencia del hecho base, que es presupuesto de la operación lógica que supone la presunción. Además, cuando se trate de una presunción *iuris tantum*, podrá impugnarla probando la inexistencia del hecho presunto o del enlace o indicio. Ahora bien, en el caso de que se trate de una presunción *iuris et de iure*, no cabe prueba en contra (por lo que se convierten en inalterables), salvo la destinada a probar la inexistencia del hecho base". Martínez de Morentin Llamas, M. L. (2007). *Régimen jurídico de las presunciones*. Dykinson, p. 110.

estos casos algunos países clasifican como residentes fiscales a personas que no son residentes o no tienen domicilio físico en la jurisdicción.

3.3. PRINCIPIO DE LA CIUDADANÍA O NACIONALIDAD

Según Ostaszewska y otros, los principales factores de conexión constituyen la base para que un Estado imponga sus impuestos en escenarios transfronterizos. Los factores de conexión son diferentes en el sistema tributario de obligación de tributación mundial y el sistema tributario territorial. En caso de aplicación del nexo personal, los factores de conexión son la residencia o domicilio y la nacionalidad[35].

En la actualidad, el principio de ciudadanía se aplica en pocos Estados como principio generalizado de tributación[36], aunque anteriormente la tributación por ciudadanía ha sido utilizada de forma generalizada. Cabe mencionar que uno de los países donde más relevancia tiene el principio de ciudadanía, los Estados Unidos de América, aplica la imposición en base a la ciudadanía y hace uso de la cláusula de reserva, que permite al Estado imponer impuestos sobre sus ciudadanos como si los convenios para evitar la doble imposición (CDI) concluidos por el país no se hubiesen suscrito.

Los defensores de este planteamiento justifican sus razones con la prevención de situaciones causantes de la erosión de las bases imponibles a nivel internacional y el uso indebido de los CDI. Estos sostienen que, cuando los contribuyentes

Rifa Soler, M. A. (2001). *Comentarios a la nueva ley de enjuiciamiento civil.* (2001). Consejo General del Poder Judicial: Es significativo...que en el actual Código Civil no exista ningún supuesto de presunción legal absoluta, p. 780.

Mascareñas, C. E., & Pellisé Prats, B. (1950). *Nueva enciclopedia jurídica.* Francisco Seix. Nueva enciclopedia jurídica.

Por lo cual, aunque no forme parte del Código Civil español, para la traducción del concepto de *deemed* —residencia, domicilio o renta— en países como Canadá, el Reino Unido e India, el concepto más adecuado parece exactamente el de la presunción *iuris et de iure*. Como resume Martínez de Morentin Llamas (2007) "En el supuesto de las presunciones legales iuris et de iure...el hecho presunto quedará probado, o no, en función de que se acredite simplemente el hecho base"., p. 121.

35 Ostaszewska, O., & Obuoforibo, B. (2018). *Roy Rohatgi on International Taxation: Volume 1: Principles* (1st ed.). IBFD Publications USA, Incorporated, p. 10.

36 Véase, en el presente trabajo, Capítulo IV. 2.1. Estados Unidos de América.

han actuado de mala fe y han utilizado los CDI con el fin de eludir el pago de impuestos en cualquier Estado en base a la existencia de un CDI que ha facilitado estos fines, el país que aplica el principio de ciudadanía aún dispone de una herramienta adicional que le permite exigir el pago de impuestos a la persona que obtiene rentas que no tributan en ninguna jurisdicción. Durante los últimos años tanto la OCDE como la ONU han introducido medidas con el fin de obtener resultados positivos en el uso justo de los CDI.

3.4. PERSONAL DIPLOMÁTICO, FUNCIONARIOS Y AGENTES DE LA UNIÓN EUROPEA

Según los arts. 34-38 del Convenio de Viena sobre relaciones diplomáticas y sobre relaciones consulares, el personal diplomático (incluido el personal administrativo y técnico y el personal de servicio, sin incluir los cónsules honorarios) no estará sujeto a tributación directa en el Estado receptor. Aunque las normas disponen "la exención tributaria otorgada a los agentes diplomáticos"[37], se considera residente fiscal en el Estado acreditante (es decir, el Estado al que representan), salvo que la persona de que se trate tenga la nacionalidad del Estado receptor, o fuera residente en dicho Estado con anterioridad a su entrada al servicio de la embajada o consulado[38].

Sin embargo, se trata de personas no sujetas al IRPF, teniendo su residencia habitual en España en aplicación del principio de reciprocidad internacional y así lo establece el art. 9.2 de la LIRPF.

Los funcionarios y agentes de la Unión Europea mantienen su residencia en el Estado en que la tuvieran, aunque deban trasladar su residencia a otro Estado miembro como consecuencia de su entrada al servicio de la Unión[39]. Según el Artículo 12 (antiguo artículo 13) de la versión actual del Protocolo nº 7[40] "Los

---

37 Denza, E, (2010). Convención de Viena sobre relaciones diplomáticas, *United Nations Audiovisual Library of International Law,* p. 4.

38 Falcón y Tella, R., & Pulido Guerra, E. (2010). Op. Cit.: pp. 60-61.

39 Véase, ampliamente: Riera Pastor, V. (2024): *El régimen fiscal de los funcionarios y agentes de las instituciones de la Unión Europea*, Aranzadi.

40 El Protocolo nº 7 sobre los Privilegios y las Inmunidades de la Unión Europea, Anexo al TFUE, fue posteriormente publicado el 17 de diciembre de 2007 y vigente desde el 1 de diciembre de 2009.

funcionarios y otros agentes de la Unión estarán sujetos, en beneficio de estas últimas, a un impuesto sobre los sueldos, salarios y emolumentos abonados por ellas en las condiciones y según el procedimiento que establezcan el Parlamento Europeo y el Consejo mediante reglamentos adoptados con arreglo al procedimiento legislativo ordinario y previa consulta a las instituciones interesadas. Los funcionarios y otros agentes de la Unión estarán exentos de los impuestos nacionales sobre los sueldos, salarios y emolumentos abonados por la Unión".

4. DIFERENCIA ENTRE "NACIONALIDAD" Y "CIUDADANÍA"

Para los fines de esta investigación detallamos brevemente la diferencia entre los conceptos "nacionalidad" y "ciudadanía", con el único propósito de destacar la importancia de la obtención precisa de información sobre el estatus legal de una persona en términos de ciudadanía. En algunas ocasiones el concepto de "nacionalidad" se utiliza para describir la identidad nacional como una idea subjetiva relacionada con la autoadhesión de la persona a un país o a una nación. La identidad nacional expresa la auto identificación de la persona en relación con su origen y denomina su percepción de afiliación a una nación, independientemente de su nacionalidad real. Para los fines de este trabajo, hablando de nacionalidad, nos referimos siempre al nexo legal, objetivo e imparcial que puede afectar formalmente el estatus de esta persona a efectos fiscales.

En muchos países los conceptos "ciudadanía" y "nacionalidad" se utilizan indistintamente; aun así, debemos tener en cuenta que estos conceptos pueden variar de un país a otro según la legislación interna de los diferentes Estados que otorgan la posesión o no de la nacionalidad o ciudadanía. En muchos casos la diferenciación procede de la ordenación jurídica del Estado, originándose la diferencia en el federalismo, o en formas de establecimiento que tienen su origen como descendencia de imperios. Históricamente los imperios se han podido definir como formaciones que han respetado o sostenido una estructura que propiciaba la diferenciación basándose en la existencia de varias naciones dentro del imperio o el Estado federal. Partiendo de la base que la ciudadanía es un estatus legal que identifica la pertenencia formal de una persona a un Estado, este estatus le otorga derechos y obligaciones conforme las leyes de esta jurisdicción, entre los cuales está el derecho a tener el pasaporte de este país.

Cabe destacar que, en algunos Estados como la Unión Soviética y la Federación de Rusia, la dualidad del significado del término "nacionalidad" es prominente[41]. La nacionalidad se hacía constar en los pasaportes internos para definir la pertenencia étnica del ciudadano.

En el Reino Unido, la Oficina de Estadística Nacional define la nacionalidad de un país como el estatus legal que generalmente otorga a una persona un conjunto particular de derechos relacionados con ese país. La "ciudadanía" de un Estado, en cambio, identifica la pertenencia formal de una persona a un Estado, dándole derecho a tener el pasaporte de un país[42]. Existen seis tipos diferentes de nacionalidad británica: ciudadano británico; ciudadano de los territorios británicos de ultramar; ciudadano británico de ultramar; súbdito británico; ciudadano británico (extranjero); persona protegida británica.

En los EE.UU., la normativa regula quiénes son nacionales y ciudadanos de los Estados Unidos por nacimiento[43], estableciendo reglas distintas para los nacionales no ciudadanos de los Estados Unidos de América por nacimiento[44]. De la norma §1401 del *U.S. Code* se puede deducir que todos los ciudadanos son nacionales, pero que algunos de los nacionales no son ciudadanos, diferencia jurídica sustancial con respecto a la sujeción impositiva de las personas físicas.

A modo de síntesis, pese a la importancia de la diferencia entre los conceptos "nacionalidad" y "ciudadanía" en algunos Estados, para los fines de este trabajo definir adecuadamente la nacionalidad o la ciudadanía es importante en aquellos casos en los que la ciudadanía define o afecta la sujeción a impuestos del contribuyente.

---

41 Malahov, V. (2014). Las diferencias culturales y las fronteras políticas en la época de la migración global ("Культурные различия и политические границы в эпоху глобальных миграций». *Издательство: Новое литературное обозрение), publicado en la editorial Nueva vista literaria*. Véase https://www.labirint.ru/books/515392/. Última consulta: 31/05/2025.

42 Office for National Statistics, Guidance on using country of birth, nationality, and passports held data https://www.ons.gov.uk/peoplepopulationandcommunity/populationandmigration/internationalmigration/methodologies/guidanceonusingcountryofbirthnationalityandpassportshelddata#glossary

43 INA 301 (ref. U.S. Code §1401).

44 INA 308 (ref. U.S. Code §1408).

CAPÍTULO II
DETERMINACIÓN DE LA RESIDENCIA FISCAL DE LAS PERSONAS FÍSICAS EN LA ESFERA INTERNACIONAL

A nivel internacional una de las tareas más importantes asumidas por la Organización de Cooperación y Desarrollo Económico (OCDE) y la Organización de las Naciones Unidas (ONU) con respecto al entorno fiscal internacional es la publicación de tratados modelo, que sirven como guías en los procesos de negociación de tratados bilaterales. A la hora de analizar los modelos de convenio para evitar la doble imposición, es importante tener en cuenta que estos no son ordenanzas jurídicas sino una base desarrollada por expertos en este campo para facilitar la conclusión de los tratados; por lo tanto, los modelos de convenio no son vinculantes, ni son ejecutables como normas jurídicas vigentes. Las disposiciones de los modelos no son vinculantes ni siquiera para los organismos internacionales que los han creado. En este sentido, el Modelo de Convenio de las Naciones Unidas (MC ONU) va más allá, indicando que las disposiciones del Modelo de Convenio "deben interpretarse como recomendaciones formales de las Naciones Unidas". (Introducción, pag. vii)

1. CARACTERIZACIÓN DE LOS PRINCIPALES CONVENIOS MODELO PARA EVITAR LA DOBLE IMPOSICIÓN INTERNACIONAL

1.1. MODELO DE CONVENIO DE LA ORGANIZACIÓN DE COOPERACIÓN Y DESARROLLO ECONÓMICO (VERSIÓN 2017)

La colaboración realizada por los miembros y socios de la OCDE tiene como objetivo orientar y contribuir a las reformas fiscales a través de la emisión de estándares, normas y esquemas prácticos que desarrolla continuamente. El MC OCDE es un modelo que contiene las definiciones y pautas recomendadas por la organización, sin que las mismas sean de cumplimiento obligatorio por los países.

El Modelo de la OCDE en un principio fue redactado con el fin de ser utilizado como base para la negociación de convenios para evitar la doble imposición entre los Estados miembros de la OCDE, que por su naturaleza y condiciones a la fecha de adhesión tienen un nivel de desarrollo económico avanzado; por otro lado, el proceso de adhesión es un proceso exigente que requiere al país candidato tener o estar encaminado a obtener en un futuro cercano un nivel similar de desarrollo económico y seguridad jurídica.

Desde el punto de vista de las relaciones internacionales macroeconómicas, los países desarrollados miembros de la OCDE son exportadores netos de capital. En la práctica, los países que utilizan como base el MC OCDE son los países desarrollados con interés en imponer la tributación en el país de residencia fiscal. Por otra parte, el Modelo de tratado de Naciones Unidas, conocido como modelo de convenio entre un país desarrollado y otro país en desarrollo, refleja un mayor interés en aplicar la tributación en el Estado de origen de las rentas.

El MC OCDE incluye Comentarios, Reservas y Observaciones. Si el Modelo de Convenio sirve como borrador en las negociaciones entre los Estados y por sí mismo no tiene carácter vinculante, los Comentarios, a diferencia del Modelo son "instrumentos internacionales jurídicamente vinculantes, pueden ser de gran ayuda en la aplicación e interpretación de las convenciones y, en particular, en la solución de cualquier controversia". Los Comentarios son redactados y acordados por los expertos nombrados para el Comité de Asuntos Fiscales por los gobiernos de los países miembros y se consideran un instrumento válido y de "especial importancia para el desarrollo del Derecho fiscal internacional". Los Comentarios se utilizan como instrumento interpretativo por las Administraciones tributarias, los contribuyentes y los tribunales de los países firmantes de los CDI. En la doctrina científica se definen como *soft law* o "derecho blando", atribuyéndoles, tanto en la doctrina administrativa como en la científica, una importancia significativa cuya magnitud y alcance, sin embargo, siguen siendo objeto de debates.

1.2. MODELO DE CONVENIO DE LA ORGANIZACIÓN DE LAS NACIONES UNIDAS (VERSIÓN 2021)

La ONU se ha formado como una organización que, aunque trabaja en el desarrollo económico, principalmente está orientada a causas humanitarias y cooperación, por lo cual incluye a Estados en diversas etapas de desarrollo.

Históricamente el MC ONU se ha basado en el "deseo de promover mayores flujos de inversión extranjera en países en desarrollo, en condiciones políticamente aceptables, así como económica y socialmente benéficas" y "favorece generalmente una mayor preservación de los derechos de gravamen del llamado "país fuente" —los derechos de gravamen del país sede de la inversión—, en comparación con aquellos del "país de residencia" del inversionista"[45] .

El MC ONU tiene como objetivo proporcionar un modelo para la negociación de tratados entre un Estado, cuyas circunstancias económicas le convierten en país exportador de fondos, generalmente un país desarrollado, y un Estado en desarrollo. Las relaciones comerciales de este tipo se caracterizan por el movimiento de capital del país desarrollado hacía el país en desarrollo y, como consecuencia de ello, hay un mayor flujo de ingresos de regreso del Estado en desarrollo al Estado desarrollado, que representan las rentas obtenidas por el uso del capital invertido. En términos económicos, las partes asumen que "las corrientes recíprocas de comercio e inversión, y por lo tanto las respectivas ganancias y pérdidas de ingresos para las partes" serían "relativamente iguales en magnitud"[46].

Los Comentarios de las Naciones Unidas explican que el MC ONU tiene una serie de objetivos complementarios, como alentar la inversión en los Estados en desarrollo, protegiendo a los contribuyentes de la doble imposición y la discriminación; promover los objetivos de desarrollo de los Estados; mejorar la cooperación entre las autoridades fiscales y lograr un mejor equilibrio entre los ingresos de los Estados firmantes del tratado con niveles desiguales de desarrollo.

Los Comentarios del MC ONU no pretenden proporcionar interpretación de los conceptos incluidos en el MC ONU. Los Comentarios incluyen observaciones y reservas de los Estados y en su contenido, aunque con algunas diferencias importantes que analizaremos más adelante, repiten en gran parte los comentarios del MC OCDE.

---

45 Modelo Convenio Naciones Unidas 2021, p. iii-iv https://financing.desa.un.org/sites/default/files/2023-05/UN%20MODEL%20Spanish.pdf. Última consulta: 31/05/2025.

46 ONU (1979). Manual para la negociación de tratados fiscales bilaterales entre países desarrollados y en desarrollo. Introducción.

1.3. MODELO DE CONVENIO TRIBUTARIO DE LOS ESTADOS UNIDOS DE AMÉRICA (VERSIÓN 2016)[47]

El Gobierno de los EE.UU. emite un modelo de CDI propio, desarrollado como un formulario dinámico, objeto de actualizaciones motivadas por el examen ulterior de sus disposiciones. El Modelo decreta expresamente el propósito de no crear "oportunidades para la no imposición o la reducción de impuestos mediante la evasión o la elusión fiscales (incluso mediante acuerdos de búsqueda del convenio más favorable destinados a obtener las desgravaciones previstas en el presente Convenio en beneficio indirecto de los residentes de terceros Estados)". La intención de la Explicación técnica es interpretativa en el sentido de aclarecer los acontecimientos que han dado lugar a alteraciones en el Modelo, "en lugar de dejar que esos juicios se infieran de los tratados reales celebrados después de la publicación del Modelo".

La Explicación Técnica también pretende ser dinámica, con posibilidades de ampliarse para tratar nuevos problemas que puedan surgir en el futuro[48]. En la Explicación Técnica, en determinadas ocasiones se hace referencia a los comentarios de la OCDE para señalar las similitudes y diferencias. Los preceptos contenidos en la Explicación Técnica a menudo se definen como el equivalente a los Comentarios del Modelo de la OCDE[49].

El MC EE.UU. contiene una formulación respecto a la atribución de rentas entre los Estados contratantes que muestra diferencias importantes en la definición del concepto de "residente" en comparación con los demás MC y CDI multilaterales concluidos que analizaremos posteriormente. Además, tanto el MC EE.UU. como los CDI bilaterales que los EE.UU. han firmado con los diferentes países, contienen dos particularidades importantes relacionadas con la sujeción impositiva de las personas físicas:

---

47 Income Tax Treaty 2016, https://www.irs.gov/businesses/international-businesses/united-states-model-tax-treaty-documents. Última consulta: 31/05/2025.

48 Explicación Técnica del MC EE.UU. (Versión 1996). Preámbulo, p. 2.

49 Véase Milla Ibáñez, J. J. (2019). *La residencia de las personas físicas en la tributación de la renta: el caso británico tras el Brexit* (1a edición). Tirant lo Blanch. p. 178; Doernberg, R.L. & Van Raad, K. (1997). The 1996 United States Model Income Tax Convention: analysis, commentary and comparison. The Hague: Kluwer Law International.

➢ la tributación basada en la ciudadanía (una característica inexacta, teniendo en cuenta que este Estado aplica el criterio de residencia de forma simultánea, tal y como detallamos en el Capítulo IV. 2.1. Estados Unidos de América);

➢ La existencia de la cláusula de reserva o salvaguardia (*saving clause*) en el MC EE.UU.

La cláusula de reserva, establecida en al párrafo 4 del art. 1 del MC EE.UU. (Versión 1996) experimentó una evolución importante. La norma establecida en la Versión de 1996 constituye la reserva del derecho de cada Estado contratante de gravar a sus residentes, y por razón de ciudadanía, de gravar a sus ciudadanos, "como si el Convenio no hubiera entrado en vigor". La norma delimita el término "ciudadano" incluyendo en este concepto un antiguo ciudadano o residente de larga duración cuya pérdida de dicha condición tuviera como uno de sus principales objetivos la evasión de impuestos, además sólo durante un período de 10 años a partir de dicha pérdida.

La norma fue modificada en la Versión 2006, estableciendo que: "No obstante las demás disposiciones del presente Convenio, los antiguos ciudadanos o los antiguos residentes de larga duración de un Estado contratante podrán ser gravados de conformidad con la legislación de dicho Estado contratante", eliminando la expresión "como si el Convenio no hubiera entrado en vigor".

Las características que presenta la cláusula de reserva o salvaguardia se detallan en la Explicación Técnica. Tanto la Explicación técnica del MC EE.UU. (Versión 1996), como la posterior Versión 2006 contemplan la reserva del derecho por ambos Estados contratantes, con algunas salvedades concretas, de gravar a sus residentes y ciudadanos según lo dispuesto en su legislación interna, no obstante las disposiciones de la Convención en contrario. En este sentido, si el residente del otro Estado contratante es también ciudadano de los Estados Unidos, la cláusula de reserva permite a los Estados Unidos incluir la remuneración en los ingresos mundiales del ciudadano y someterla a impuestos según sus reglas nacionales.

La explicación técnica del párrafo 4 del art. 1 incluía otros dos escenarios de posible ejercicio de la cláusula de reserva para el tratamiento de la persona como residente de los EE. UU. La cláusula de reserva se podría aplicar, considerando a un contribuyente como residente fiscal en los EE. UU. con fines que no sean la determinación de la su obligación fiscal de los EE. UU. Además, sería de aplicación cuando la pérdida de la ciudadanía o de la residencia a largo plazo haya tenido como uno de sus principales objetivos la evasión fiscal. En este supuesto, ambos Estados contratantes se reservan el derecho de gravar a los antiguos ciudadanos y a los residentes de larga duración como medida antievasión fiscal.

El análisis fáctico de los diferentes escenarios de posible aplicación de la cláusula de la reserva no presenta diferencias prácticas significativas desde el punto de vista de su evolución, pero sí en su formulación. Cabe mencionar que, en nuestra opinión, de forma injusta, su carácter de medida antiabuso fiscal se ha visto tergiversado en reiteradas ocasiones por los investigadores y, una vez sacada del contexto del lenguaje empleado, se ha visto presentada como una forma de abuso de poder e influencia en las negociaciones por parte de los EE.UU[50]. En este sentido, más que una modificación con consecuencias prácticas, la transformación de la cláusula de reserva nos parece más una formulación más apropiada para la obtención del resultado perseguido, sin dar lugar a resistencias a los derechos de un Estado contratante o de interpretaciones nocivas de una medida cuya efectividad ya está siendo ampliamente reconocida. Esta cláusula es la originaria de la inclusión de la cláusula de salvaguardia en los MC OCDE versión 2017 y MC ONU versión 2017 por su validez como medida antia-abuso de CDI (*treaty shopping*) en los casos de doble no imposición.

1.4. CONVENIO ENTRE LOS PAÍSES NÓRDICOS PARA EVITAR LA DOBLE IMPOSICIÓN EN MATERIA DE IMPUESTOS SOBRE LA RENTA Y EL PATRIMONIO

El Convenio entre los Países Nórdicos para evitar la doble imposición en materia de impuestos sobre la renta y el patrimonio[51], firmado en 1983 por Dinamarca, Finlandia, Islandia, Noruega y Suecia, es el único tratado fiscal multilateral integral entre países de la OCDE[52]. Las disposiciones del Tratado fueron modificadas en reiteradas ocasiones. Cabe mencionar que se trata de un Convenio multilateral que no contiene cláusula de intercambio de información y asistencia mutua ya que existe otro Tratado, el Convenio Multilateral Nórdico

---

50 Véase Zelinsly, E. (2017). Defining Residence for Income Tax Purposes: Domicile as Gap-Filler, Citizenship as Proxy and Gap-Filler. *Michigan Journal of International Law*, Vol. 38, Nº 2, p. 272-273.

51 *Convention between the Nordic Countries for the Avoidance of Double Taxation with respect to Taxes on Income and Capital*, conocido también como *Nordic tax treaty.*

52 Hengsle, O. (2002). The Nordic Multilateral Tax Treaties - for the Avoidance of Double Taxation and on Mutual Assistance. *IBFD Bulletin* August-September, p. 371.

sobre asistencia mutua en materia fiscal[53], firmado entre Dinamarca, Finlandia, Islandia, Noruega y Suecia.

Entre los vínculos personales, relevantes desde el punto de vista fiscal, la residencia de una persona, y no, por ejemplo, su nacionalidad, es decisiva a los efectos del Tratado Nórdico, al igual que lo es a los efectos del Modelo de la OCDE[54]. Por lo tanto, teniendo en cuenta la analogía entre el Tratado Nórdico y el MC OCDE y la mayor relevancia del segundo, utilizaremos para el análisis comparativo en el apartado siguiente el MC OCDE.

1.5. MODELO DE CONVENIO DE LA ASOCIACIÓN LATINOAMERICANA DE INTEGRACIÓN

Para los fines de este trabajo analizaremos varios Modelos de Convenio de los Países de América Latina y los Caribes. La Asociación Latinoamericana de Integración (ALADI), la Comunidad Andina (CAN) y la Comunidad del Caribe emitieron sus propios modelos de CDI.

La propia ALADI se anuncia como el mayor grupo latinoamericano de integración[55]. Entre los numerosos Acuerdos, firmados entre los países miembros de la Asociación, esta emitió en 1994 el Proyecto de Modelo de CDI para los países de la ALADI. Según el análisis elaborado por la propia Asociación, las disposiciones relativas a la residencia fiscal y el criterio general de este concepto siguen el MC OCDE y el MC ONU[56], por lo cual, para los fines de este trabajo nos ceñimos al examen de estos últimos, además del MC UU.EE por las diferencias

---

53 The Nordic Multilateral Treaty on Mutual Assitance in Tax Matters), que se firmó el 9 de noviembre de 1972.

54 Helminen, M. (2014). *The Nordic Multilateral Tax Treaty as a Model for a Multilateral EU Tax Treaty*. IBFD. Books IBFD. Última consulta: 23/07/2024. Chapter 1: Introduction to the Topic in The Nordic Multilateral Tax Treaty as a Model for a Multilateral EU Tax Treaty.

55 ALADI se compone de trece países miembros: Argentina, Bolivia, Brasil, Chile, Colombia, Cuba, Ecuador, México, Panamá, Paraguay, Perú, Uruguay y Venezuela, que representan en conjunto 20 millones de kilómetros cuadrados y más de 510 millones de habitantes. ALADI. Quienes somos. Disponible en https://www.aladi.org/sitioaladi/quienes-somos-2/. Última consulta: 31/05/2025.

56 ALADI (2012). Análisis comparativo de los modelos de convenios de Doble Tributación en materia de comercio de servicios profesionales. *ALADI/SEC/Estudio 202*/Rev.

significativas que presenta este en cuanto al criterio de tributación y asignación de rentas entre los Estados.

1.6. CONVENIO TIPO DE LA COMUNIDAD ANDINA

Con la creación de la Comunidad Andina (CAN)[57] se instauró un nuevo ordenamiento jurídico subregional basado en objetivos económicos, sociales, culturales y también políticos[58]. El Acuerdo de Cartagena puso en marcha el proceso andino de integración, conocido en ese entonces como Pacto Andino, hoy Comunidad Andina.

Como parte de las políticas dentro del Pacto Andino, en 1971 con la Decisión 40 de la Comisión Andina se acordó la Anulación de la doble imposición entre los Países Miembros y se aprobaron dos tipos Modelo de Convenio para evitar la doble tributación. El establecido en el art. 1 de la Decisión 40[59] se estableció como Convenio Tipo entre los Países Miembros y en el art. 2 se publicó el Convenio Tipo para evitar la doble tributación entre los Países Miembros y otros Estados ajenos a la Subregión.

Ningún Estado Miembro de la CAN ha podido celebrar algún CDI con terceros países utilizando el Convenio Tipo aprobado con la Decisión 40 de 1971[60]. En nuestra opinión, el fracaso del Modelo que la CAN propuso como base para las negociaciones entre los Estados Miembros y terceros países se debe a las diferentes condiciones económicas y, por consiguiente, por los intereses de

1. Disponible en: https://www.aladi.org/sitioaladi/convenios-para-evitar-la-doble-imposicion. Última consulta: 31/05/2025. p. 14.

57 La Comunidad Andina (CAN) fue fundada con el Acuerdo de Cartagena del 26 de mayo de 1969, suscrito por los representantes de Bolivia, Colombia, Chile, Ecuador y Perú. Venezuela se adhirió a él en 1973.

58 Silva Cimma, E. (1974). Problemática administrativa del Pacto Andino. *Revista de Administración Pública*, (75). CEPC - Centro de Estudios Políticos y Constitucionales. p. 500.

59 Decisión 40 de la Comisión del Acuerdo de Cartagena. Disponible en la página web de la Organización de los Estados Americanos.

60 Villagra Cayamana, R. A. (2005). "Los Convenios Bilaterales para evitar la Doble Imposición suscritos por los países Miembros de la Comunidad Andina con terceros países. Evaluación de la aplicación del Anexo II de la Decisión 40 a los 33 años de su aprobación". *Derecho & Sociedad*, Nº. 24. p. 119.

estos Estados en la negociación de los CDI. Mientras los Estados miembros de la CAN son en general importadores netos de capital, el propósito del Convenio Tipo del Anexo II es la negociación de CDI bilaterales con países - exportadores netos de capital. En este contexto, aunque los países desarrollados generalmente utilizan el MC OCDE, como señala Li[61], este "a menudo pone en desventaja a los países importadores de capital por sus disposiciones que imponen restricciones a los derechos impositivos de estos países, o países de origen" y derivan en una distribución regresiva de los ingresos de los países de bajos ingresos a los países de altos ingresos[62].

Como señala Baker, un país en desarrollo con recursos limitados que pueden dedicarse a la negociación de tratados, con experiencia limitada en la negociación de tratados fiscales y, en general, con poco que ofrecer a los posibles socios del tratado, puede estar en una situación de desventaja real en las negociaciones bilaterales. Este será particularmente el caso cuando se enfrente a una economía mucho más grande que tiene más recursos para la negociación de tratados y más experiencia y la posibilidad de usar su poder para negar la celebración de un tratado para obtener sus objetivos en las negociaciones. Puede ser que este desequilibrio de poder y experiencia afecte realmente al resultado de las negociaciones, o puede ser que simplemente se perciba que afecta al resultado[63].

Tanto la Decisión Nº 40 como la Decisión Nº 578, imponen en el art. 3 del Convenio Tipo la tributación de las diferentes rentas en el país de su "fuente productiva", independientemente de la nacionalidad o el domicilio de las personas que las obtienen. Por estos motivos, al no ser la residencia fiscal un factor para la sujeción a impuestos, el Convenio Tipo de la CAN no formará parte de los MC y otros tratados multilaterales que utilizaremos en el análisis comparativo de este término.

---

61 Li, K. (2022). Should Low-Income Countries Sign Tax Treaties?, 76 Bull. Intl. Taxn. 9, Journal Articles & Opinion Pieces IBFD. Capítulo 5.2. Restrictive effect of tax treaties. Última visita: 21/07/2024.

62 Li, K. (2022). Op. Cit. Capítulo 5.2. Restrictive effect of tax treaties.

63 Baker, P. (2021). Multilateral Tax Treaties, 75 Bull. Intl. Taxn. 11/12, Journal Articles & Opinion Pieces IBFD. Capítulo 4.2. Advantages. Última consulta: 21/07/2024.

1.7. CONVENIO PARA EVITAR LA DOBLE IMPOSICIÓN INTERNACIONAL DE LA COMUNIDAD DEL CARIBE

La Comunidad del Caribe (CARICOM) es la unión de varios países caribeños, sucesora de la Comunidad y Mercado Común del Caribe[64]. La base legislativa y los efectos buscados por la Comunidad a través del CDI contienen diferencias significativas en comparación con el MC OCDE, el MC ONU y el especialmente con el MC EE. UU., marcado además por las singularidades de la política unitaria de un país específico que mantiene su propio modelo de CDI. Por todo ello, el CDI entre los países de CARICOM, aparte de la particularidad que tiene de ser un tratado multilateral, es interesante por ser un Convenio entre países clasificados como países en desarrollo en relación con los demás países fuera de la región, a diferencia del MC OCDE que es el modelo entre países a un nivel de desarrollo semejante, o el MC ONU, anunciado y preferido para negociaciones bilaterales entre un país desarrollado y otro en desarrollo.

Por último, conviene reseñar que, según establece el artículo 8 del Tratado de constitución de la Comunidad CARICOM, sin perjuicio de las disposiciones del mismo, cada Estado miembro concederá, respecto de los derechos comprendidos en él, a otro Estado miembro un trato no menos favorable que el concedido a un tercer Estado miembro o a terceros Estados (Cláusula "*Most Favoured Nation Treatment*").

En función de la magnitud de su extensión que presentan los diferentes MC y los Convenios multilaterales enumerados, pero con la intención de evitar disposiciones que se repiten en algunos de los MC menos relevantes, nos ceñimos a los MC OCDE, la ONU y los EE.UU., así como el Convenio CARICOM para el análisis posterior del concepto de residencia fiscal de personas físicas y la atribución de rentas entre los Estados contratantes a razón de los criterios establecidos en estos Tratados.

---

64 Actualmente se compone de 15 países miembros de pleno derecho (de los cuales el propio tratado en su art. 4 clasifica como más desarrollados: Las Bahamas, Barbados, Guayana, Jamaica, Surinam, Trinidad y Tabago; el resto de países miembros enumerados en el art. 3: Antigua y Barbuda, Belice, Dominica, Granada, Montserrat, San Cristóbal y Nieves, Santa Lucía, San Vicente y las Granadinas, Surinam, Trinidad y Tabago) y 5 asociados, aunque la membresía de la Comunidad está abierta a cualquier otro Estado o Territorio de la Región del Caribe.

2. LA RESIDENCIA FISCAL EN LOS MODELOS DE CONVENIO

2.1. FUNDAMENTOS Y DEFINICIONES GENERALES

El MC OCDE protege en gran medida los intereses de los países miembros de la OCDE y está diseñado para cumplir los objetivos de este tipo de contrato internacional entre países desarrollados que suelen ser inversores de capital. En cambio, por sus principales características, el Acuerdo de Doble Imposición de la CARICOM muestra grandes parecidos con el MC ONU que favorece esencialmente el país de fuente.

El párrafo 1 de los Comentarios sobre el art. 1, relacionado con personas cubiertas por el MC OCDE indica que, mientras que muchos convenios concluidos en la primera parte del siglo 20 eran aplicables a los "ciudadanos" de los Estados contratantes, los convenios celebrados después casi siempre se aplican a los "residentes" de uno o ambos Estados contratantes, independientemente de su nacionalidad. Ese enfoque se refleja en el párrafo 1. El término "residente" se contempla en el artículo 4, remitiendo, para su definición, a las legislaciones internas de los Estados firmantes. El hecho de que una persona sea residente de un Estado contratante no significa, sin embargo, que la persona tenga automáticamente derecho a los beneficios del Convenio, ya que algunos o todos estos beneficios pueden ser denegados en virtud de diversas disposiciones del Convenio, incluidas las del artículo 29.

Los comentarios de este artículo en el MC ONU incluyen una consideración relacionada con los no residentes sujetos pasivos por obligación real:

"3. Al igual que el MC OCDE, el MC ONU se aplica a las personas que son "residentes de uno o ambos Estados contratantes". El alcance personal de la mayoría de las primeras convenciones era más restrictivo, ya que abarcaba a los "ciudadanos" de los Estados contratantes. Sin embargo, en algunos convenios tempranos ese ámbito de aplicación era más amplio, abarcando a los "contribuyentes" de los Estados contratantes, es decir, a las personas que, aunque no residan en ninguno de los Estados, están sujetas a impuestos sobre una parte de sus ingresos o capital en cada uno de ellos. En algunos artículos hay excepciones a esta regla, por ejemplo, en el párrafo 1 de los artículos 24, 25 y 26".

Tabla 1. Comparación art. 1 y art. 3 de los MC OCDE, MC ONU, MC EE.UU. y el Convenio CARICOM

		OECD Model Convention version 2017	UN 2021	USA	CARICOM
Scope of the Convenion - Persons covered (UN)/General Scope (USA)/ Scope of Agreement (CARICOM)	Art. 1	1. This Convention **shall apply to persons who are residents of one or both of the Contracting States**.	1. This Convention **shall apply to persons who are residents of one or both of the Contracting States**.	1. This Convention **shall apply only to persons who are residents of one or both of the Contracting States**, except as otherwise provided in this Convention	This Agreement **shall apply to any person who is a resident of Member State** in respect of which it has entered into force in accordance with Article 28.
	Art. 1.4 (only US)	*Citizens, former citizens and former resident not mencioned.*	*Citizens, former citizens and former resident not mencioned.*	4. Except to the extent provided in paragraph 5 of this Article, this Convention shall not affect the taxation by a Contracting State of its residents (as determined under Article 4 (**Resident**)) and its **citizens**. Notwithstanding the other provisions of this Convention, **a former citizen** or **former long-term resident** of a Contracting State may be taxed in accordance with the laws of that Contracting State.	*Citizens, former citizens and former resident not mencioned.*
General definitions / National	Art. 3	(g) the term "national", in relation to a Contracting State, means: (i) any individual possessing the **nationality or citizenship** of that Contracting State; and (ii) any legal person, partnership or association deriving its status as such from the laws in force in that Contracting State;	(f) the term "national" means: (i) any individual possessing the **nationality** of a Contracting State ... *(legal persons)*	j) the term "national" of a Contracting State means: i) any individual possessing the **nationality or citizenship** of that Contracting State; and ... *(legal persons)*	(f) the word "national" means - (i) a **citizen** of a Member State; or (ii) a person who **has a connection** with that State of a kind which entitles that person to be regarded as belonging to or, if it be so expressed, as being a **native, resident or belonger of the State for the purposes of such laws thereof relating to immigration as are for the time being in force**; or... *(legal persons)*

Aunque el Acuerdo de CARICOM define los términos "residencia" y "nacionalidad", estas definiciones se relacionan con los **objetivos del tratado** relacionados con:

– La cláusula de no discriminación y su eficacia ficticia

La norma de no discriminación está estipulada sobre la base de la nacionalidad. Según la norma, los nacionales de un Estado miembro no estarán sometidos en ningún otro Estado miembro a ningún impuesto o requisito relacionado con ellos que sea o más gravoso que los impuestos y las exigencias conexas a los que estén o puedan estar sometidos los nacionales de ese otro Estado miembro en las mismas circunstancias. Esta norma excluye específicamente las reducciones, créditos y deducciones que también forman parte del cálculo definitivo de la carga tributaria.

De esta forma, si un país concede a sus residentes, en virtud de su legislación interna, ciertas reducciones, créditos y deducciones que, por ley, sólo estén disponibles para los residentes de este Estado, a esta jurisdicción no se le impondrá la obligación de conceder las mismas desgravaciones fiscales a las personas que no sean residentes con el fin de cumplir la cláusula de no discriminación. Consecutivamente, esta se limitará a restringir el uso de impuestos o requerimientos más gravosos a los nacionales de otros Estados y aun así los Estados tienen la libertad, mediante el uso de las diferentes técnicas de reducción de la carga fiscal, de aliviarla para sus residentes.

– **Tributación de las rentas no enumeradas específicamente** en el Acuerdo, que incluyen rentas de propiedad inmobiliaria, ganancias patrimoniales, beneficios empresariales, transporte marítimo y aéreo, dividendos, intereses, regalías, honorarios de gestión, salarios y rentas por servicios de dependencia laboral, servicios de profesionales independientes, salarios de directivos, artistas y atletas, pensiones y anualidades. Las rentas de servicios gubernamentales y estudiantes están más condicionadas.

Dichas instrucciones especificadas por tipo de renta repiten y refuerzan el contenido del artículo 5 del Acuerdo CARICOM, atribuyendo el poder impositivo íntegramente a la jurisdicción de fuente. Si alguna renta resulta no enumerada expresamente, esta sí tributaría en el país de residencia siguiendo el contenido del artículo 23 del Acuerdo CARICOM.

2.2. DEFINICIÓN DEL CONCEPTO DE "RESIDENCIA FISCAL"

El artículo 4, párrafo 1 de los Modelos de Convenio de la OCDE, de la ONU, de los Estados Unidos y el Tratado CARICOM contiene las disposiciones que definen el concepto de residencia fiscal, coincidiendo en su contenido tal y como contrastamos en la Tabla 2. Únicamente el MC EE.UU. muestra una diferencia significativa en relación con este concepto.

Tabla 2. Comparación art. 4.1 y 4.2 de los MC OCDE, MC ONU, MC EE.UU. y el Convenio CARICOM

		OECD Model Convention version 2017	UN 2021	USA	CARICOM
Resident (definition)	Art. 4.1	1. For the purposes of this Convention, the term "resident of a Contracting State" means any person who, under the laws of that State, is liable to tax therein by reason of **his domicile, residence**, place of management or any other criterion of a similar nature, and also includes that State and any political subdivision or local authority thereof as well as a recognised pension fund of that State. This term, however, does not include any person who is liable to tax in that State in respect only of income from sources in that State or capital situated therein.	1. For the purposes of this Convention, the term "resident of a Contracting State" means any person who, under the laws of that State, is liable to tax therein by reason of that **person's domicile, residence**, place of incorporation, place of management or any other criterion of a similar nature, and also includes that State and any political subdivision or local authority thereof as well as a recognized pension fund of that State. This term, however, does not include any person who is liable to tax in that State in respect only of income from sources in that State or capital situated therein.	1. For the purposes of this Convention, the term "resident of a Contracting State" means any person who, under the laws of that Contracting State, is liable to tax therein by reason of **his domicile, residence**, **citizenship**, place of management, place of incorporation, or any other criterion of a similar nature, and also includes that Contracting State and any political subdivision or local authority thereof. This term does not include any person whose tax is determined in that Contracting State on a fixed-fee, "forfait" or similar basis, or who is liable to tax in respect only of income from sources in that Contracting State or of profits attributable to a permanent establishment in that Contracting State.	1. For the purposes of this Agreement, the term "resident of a Member State' means any person who under the law of that State is liable to tax therein by reason of that **person's domicile, residence**, place of management or any other criterion of a similar nature.
Tiebraker rules for individuals	Art. 4.2 (US 4.3.)	"2. Where by reason of the provisions of paragraph 1 an individual is a resident of both Contracting States, then his status shall be determined as follows:"	2. Where by reason of the provisions of paragraph 1 an individual is a resident of both Contracting States, then his status shall be determined as follows:	3. Where, by reason of the provisions of paragraph 1 of this Article, an individual is a resident of both Contracting States, then his status shall be determined as follows:	"2. Where by reason of the provisions of paragraph 1 of this Article an individual is a resident of more than one Member State, then the status of that individual shall be determined as follows:"

		OECD Model Convention version 2017	UN 2021	USA	CARICOM
a)	Art. 4.2.a) (US 4.3.a)	a) he shall be deemed to be a resident only of the State in which he has a **permanent home available to him**; if he has a permanent home available to him in both States, he shall be deemed to be a resident only of the State with which his personal and economic relations are closer **(centre of vital interests);**	(a) he shall be deemed to be a resident only of the State in which he has a **permanent home available to him**; if he has a permanent home available to him in both States, he shall be deemed to be a resident only of the State with which his personal and economic relations are closer **(centre of vital interests);**	a) he shall be deemed to be a resident only of the Contracting State in which he has a **permanent home available to him**; if he has a permanent home available to him in both Contracting States, he shall be deemed to be a resident only of the Contracting State with which his personal and economic relations are closer **(center of vital interests);**	(a) he shall be deemed to be a resident of the Member State in which he has a **permanent home available to him**; if he has a permanent home available to him in more than one Member State, he shall be deemed to be a resident of the Member State with which his personal and economic relations are closest (hereinafter referred to as his **"centre of vital interests"**);
b)	Art. 4.2.b) (US 4.3.b)	b) if the State in which he has his centre of vital interests cannot be determined, or if he has not a permanent home available to him in either State, he shall be deemed to be a resident only of the State in which he has an **habitual abode**;	(b) if the State in which he has his centre of vital interests cannot be determined, or if he has not a permanent home available to him in either State, he shall be deemed to be a resident only of the State in which he has an **habitual abode**;	b) if the Contracting State in which he has his center of vital interests cannot be determined, or if he does not have a permanent home available to him in either Contracting State, he shall be deemed to be a resident only of the Contracting State in which he has a **habitual abode**;	(b) if the Member State in which he has his centre of vital interests cannot be determined, or if he has no permanent home available to him in any Member State, he shall be deemed to be a resident of the Member State in which he has an **habitual abode**;
c)	Art. 4.2.c) (US 4.3.c)	c) if he has an habitual abode in both States or in neither of them, he shall be deemed to be a resident only of the State of which he is a **national**;	(c) if he has an habitual abode in both States or in neither of them, he shall be deemed to be a resident only of the State of which he is a **national**;	c) if he has a habitual abode in both Contracting States or in neither of them, he shall be deemed to be a resident only of the Contracting State of which he is a **national**;	(c) if he has an habitual abode in more than one Member State or in none of them, he shall be deemed to be a resident of the Member State of which he is a **national**;
d)	Art. 4.2.d) (US 4.3.d)	d) if he is a national of both States or of neither of them, the competent authorities of the Contracting States **shall settle** the question by mutual agreement.	(d) if he is a national of both States or of neither of them, the competent authorities of the Contracting States **shall settle** the question by mutual agreement.	d) if he is a national of both Contracting States or of neither of them, the competent authorities of the Contracting States **shall endeavor to settle** the question by mutual agreement.	"(d) if he is a national of more than one Member State or of none of them, the competent authorities of the Member States concerned **shall determine** the question by agreement."

El artículo 4 del MC OCDE y el MC ONU tiene un contenido idéntico tanto en relación con las personas físicas como en relación con las personas distintas a las físicas. El artículo 4, párrafo 1 determina la regla general para la definición de la residencia fiscal de las personas físicas y el párrafo 2 fija las "reglas de desempate" aplicables en el caso cuando un contribuyente sea calificado como residente de ambos países en aplicación de la regla general.

En el Convenio CARICOM, el concepto de "nacionalidad" actúa como una de las reglas de desempate; por otra parte, la cláusula de no discriminación viene estipulada, según el artículo 22, en función de la nacionalidad. Según la norma, los nacionales de un Estado miembro no estarán sometidos en ningún otro Estado miembro a ningún impuesto o requisito relacionado con ellos que sea más gravoso que los impuestos y las exigencias conexas a los que estén o puedan estar sometidos los nacionales de ese otro Estado miembro en las mismas circunstancias. Al mismo tiempo, las disposiciones indicadas "no se interpretarán en el sentido de que obliguen a un Estado miembro a conceder a los residentes de otro Estado miembro las reducciones, créditos y deducciones fiscales personales que, por ley, sólo estén disponibles para los residentes del primer Estado miembro mencionado".

El contenido del término "Residente" en un Estado está definido como "toda persona que, con arreglo a la legislación de dicho Estado, esté sujeta al impuesto en virtud del mismo en razón de su domicilio, residencia, lugar de dirección o cualquier otro criterio de naturaleza similar". La definición reitera el contenido de la misma de acuerdo con los MC OCDE y MC ONU (el MC EE.UU. incluye el concepto de ciudadanía y está detallado en el Capítulo IV. 2.1. Estados Unidos de América).

Este precepto contrasta con el artículo 23 sobre otros ingresos del Tratado Guyana-Reino Unido, que dispone lo siguiente: "Los ingresos que sean propiedad efectiva de un residente de un Estado contratante, dondequiera que surjan, distintos de los ingresos pagados con cargo a fideicomisos o a las herencias de personas fallecidas en el curso de la administración, no contemplados en los artículos anteriores del presente Convenio, sólo serán imponibles en ese Estado".

La característica más diferenciadora del Convenio de Doble Imposición de la CARICOM es el artículo 5 "Jurisdicción fiscal", que dispone que "Independientemente de la nacionalidad o del Estado de residencia de una persona, las rentas de cualquier naturaleza que correspondan a dicha persona o que deriven de esta persona sólo serán imponibles por el Estado miembro en el que se originen las rentas, salvo en los casos especificados en el presente Acuerdo".

Según la definición del artículo 4, párrafo 1 del Convenio de los Estados Unidos, se entenderá por "residente de un Estado contratante" toda persona que, "con arreglo a la legislación de ese Estado contratante, esté sujeta al impuesto en virtud de la misma en razón de su domicilio, residencia, **ciudadanía**, lugar de dirección, lugar de constitución o cualquier otro criterio de naturaleza similar, e incluye también a ese Estado contratante y a cualquier subdivisión política o autoridad local del mismo...".

El artículo 4, párrafo 2 del CDI enumera las "reglas de desempate" aplicables en los casos en los que una persona física resulta ser residente fiscal en ambos Estados firmantes del tratado. En relación con las reglas de desempate, el MC OCDE y el MC ONU indican que, al no ser resuelta de forma definitiva la residencia fiscal de la persona física mediante la aplicación de la última regla de desempate, las autoridades competentes de los Estados contratantes **resolverán la cuestión de común acuerdo** (artículo 4, párrafo 2 d)). No obstante, el Modelo de Convenio de los Estados Unidos indica que las autoridades competentes de los Estados contratantes **procurarán** resolver la cuestión de común acuerdo.

Esta fórmula se aplica en el MC OCDE y el MC ONU únicamente a las personas diferentes a las físicas, como la norma impone que dicha persona no tendrá derecho a ninguna deducción o exención del impuesto prevista en el presente Convenio, salvo en la medida y en la forma que acuerden las autoridades competentes de los Estados contratantes.

El MC EE.UU. no determina ninguna regla especial en cuanto a la aplicación de los beneficios procedentes del convenio, o el modo de aplicación del mismo, como lo resuelve específicamente para las compañías en el párrafo 4 o las personas diferentes a personas físicas y compañías según lo establecido en el párrafo 5 del artículo 4. Esta redacción del párrafo tiene relación directa con la cláusula de reserva que contienen la mayoría de los CDI de los Estados Unidos que les permite aplicar el poder impositivo sobre sus ciudadanos, aunque los mismos sean residentes fiscales en otras jurisdicciones. En este sentido, la redacción del artículo 23 "Exención de la doble imposición" del MC EE.UU. proclama que

"4. Cuando un ciudadano de los Estados Unidos es residente de (un Estado X):

a) con respecto a los elementos de ingresos, beneficios o ganancias que, en virtud de las disposiciones de esta Convención, estén exentos del impuesto de los Estados Unidos o que estén sujetos a un tipo reducido del impuesto de los Estados Unidos cuando sean obtenidos por un residente de _(Estado X)__ si lo hubiere, que los Estados Unidos puedan imponer en virtud de las disposiciones de esta Convención distintos de los impuestos que puedan imponer únicamente por razón de la ciudadanía en virtud del párrafo 4 del Artículo 1 (Alcance general)", al margen de las deducciones y reglas de imputación según las disposiciones contenidas en las letras b) y c) del mismo párrafo, adoptados con el propósito exclusivo de aliviar la doble imposición en los Estados Unidos.

El Comentario 10 al Párrafo 3 del artículo 1 del MC ONU explícitamente reconoce el origen de la introducción de dicha norma denominada "cláusula de salvaguardia" en la actualización del MC ONU de 2017 (precedido por la misma medida en la versión de 2017 del MC OCDE), siguiendo una recomendación incluida en el informe final sobre la Acción 6 (Prevenir la concesión de beneficios de tratados en circunstancias inapropiadas) del Proyecto BEPS de la OCDE / G20, que a su vez se basó en una disposición similar incluida en el Modelo de los Estados Unidos.

Según el Comentario, "la cláusula de salvaguardia tiene por objeto disipar el argumento de que algunas disposiciones destinadas a la tributación de los no residentes podrían interpretarse en el sentido de que limitan el derecho de un Estado contratante a gravar a sus propios residentes. Si bien esas interpretaciones han sido rechazadas, el Comité considera que una cláusula de salvaguardia en la Convención Fiscal Modelo de las Naciones Unidas pone fuera de toda duda la cuestión de que un Estado contratante puede gravar a sus propios residentes a pesar de las demás disposiciones del tratado bilateral pertinente, excepto las enumeradas específicamente en la cláusula de salvaguardia".

La cláusula de reserva del artículo 1, párrafo 3 de los MC OCDE y MC ONU se diferencia de la cláusula de reserva, contenida en el MC EE.UU. por la inclusión de los ciudadanos en la aplicación de dicha cláusula en la jurisdicción de EE.UU. Las razones emergentes que han determinado la necesidad de la inclusión de una cláusula de salvaguardia tienen el mismo origen. Como observa el p. 17 de los Comentarios del Artículo 1, párrafo 3 del MC OCDE, "el objeto de la mayoría de las disposiciones del Convenio es restringir el derecho de un Estado contratante a gravar a los residentes del otro Estado contratante. Sin embargo, en algunos casos limitados se ha aducido que algunas disposiciones podrían interpretarse en el sentido de que limitan el derecho de un Estado contratante a gravar a sus propios residentes en los casos en que no se pretendía ello".

La introducción del párrafo 3 garantiza "el principio general de que el Convenio no restringe el derecho de un Estado contratante a gravar a sus propios residentes", aunque reconoce particularmente las excepciones de este principio, especialmente mencionando la posibilidad indeseada de proporcionar a un residente de un Estado deducciones fiscales al amparo de las disposiciones del CDI, "independientemente de que estas deducciones o deducciones similares se concedan o no con arreglo al derecho interno de ese Estado".

Obuoforibo[65] analiza algunos casos en los que los conceptos de residente y domiciliado se utilizan de forma equivalente. El Tratado sobre el Impuesto sobre la Renta y el Capital entre Argentina y Bolivia de 1976 utiliza el domicilio en lugar de la residencia, estipulando que una persona física está domiciliada en el Estado contratante en el que tiene su residencia habitual. El Tratado sobre el Impuesto sobre la Renta y el Capital entre China y Kuwait de 1989, por otra parte, define al residente de Kuwait como "una persona que tiene su domicilio en Kuwait y es nacional kuwaití".

2.3. PUNTOS CLAVE PARA LA CALIFICACIÓN DE UNA PERSONA FÍSICA COMO BENEFICIARIA DEL CDI SEGÚN EL MC OCDE Y EL MC ONU

Las disposiciones del Párrafo 1 de los Comentarios al artículo 1 del MC OCDE indican que, el hecho de que una persona sea residente de un Estado contratante no significa que la persona tenga automáticamente derecho a los beneficios del Convenio, ya que algunos o la totalidad de estos beneficios pueden ser denegados en virtud de diversas disposiciones del Convenio, incluidas las del artículo 29. La definición de un contribuyente —persona física— como beneficiario de los privilegios que le puede aportar el CDI incluye varios condicionantes que analizaremos a continuación:

2.3.1. Calificación como residente de uno o de ambos Estados contratantes

El ámbito personal de aplicación de los CDI está definido en el artículo 1. Únicamente en el MC EE.UU. se indica que este se aplicará a residentes de uno o de los dos Estados, salvo disposición en contrario del presente Convenio. Adicionalmente, la norma contenida en el artículo 1, párrafo 4 del Modelo de Convenio de los Estados Unidos, establece la posibilidad de que un **antiguo ciuda-**

65 Obuoforibo, B. R. (2022). Article 4: Resident - Global Tax Treaty Commentaries, *Global Topics IBFD*. Última consulta: 18/02/2024.

dano o **antiguo residente** de larga duración de un Estado contratante pueda ser gravado de conformidad con la legislación de ese Estado contratante.

La segunda disposición del artículo 1, conocida como "la regla de las asimetrías híbridas", responde a las recomendaciones respecto a la neutralización de las estructuras que causan "deducción duplicada" en las dos jurisdicciones. La recomendación para neutralizar los efectos negativos que causan evasión fiscal es la adopción de una regla de vinculación con el fin de alinear los resultados fiscales en la jurisdicción de la fuente y la jurisdicción de residencia que invalide el uso de las estructuras artificiales que originan una deducción duplicada en este sentido.

La tercera disposición conocida como "cláusula de salvaguardia" (*saving clause*) respalda el principio de soberanía en relación con el poder impositivo de un Estado y garantiza que el CDI no restringirá el derecho de un Estado contratante a gravar a sus propios residentes, salvo las excepciones estrictamente enumeradas en el párrafo 3 del artículo 1.

Consecutivamente, el artículo 4, párrafo 1 de los Modelos de Convenio, sin dar una definición específica al término "residente", remite a las legislaciones nacionales. Según lo estipulado, se entenderá por "residente de un Estado contratante" toda persona que se considera residente en virtud de la legislación de ese Estado. De esta forma, la definición del concepto "residente" se define a través de la legislación nacional de los Estados contratantes como las personas "sujetas a imposición" según lo detallado en el punto siguiente.

Las definiciones no son exhaustivas y hacen referencia al derecho interno de los países contratantes, lo que, como resume Obuoforibo[66], conlleva la posibilidad de que una persona sea definida como residente dual, aunque reconoce que el artículo sobre "residencia" en los convenios fiscales logra: 1) determinar quién es (y quién no) residente a los efectos del tratado. Esto es importante porque los tratados suelen reservar el derecho sólo a las personas que en ellos se definen como residentes de uno o ambos Estados contratantes; 2) resolver conflictos de doble residencia; 3) ayudar a resolver la doble imposición derivada de conflictos entre la residencia y la fuente. El concepto de residencia también es importante en el contexto de las normas distributivas de rentas especificadas en los tratados que distribuyen el poder impositivo entre los Estados contratantes según el estatus de residente fiscal de la persona. Con arreglo a las normas distributivas, el

66 Obuoforibo, B. R. (2014) en *Global Tax Treaty Commentaries*. IBFD. Capítulo 1.1.1.2. Últimas modificaciones: 01/08/2022.

Estado de residencia generalmente tiene el derecho a gravar la mayoría de las rentas, aunque en lo que respecta a determinados rendimientos, debe abstenerse de la imposición[67].

2.3.2. Sujeción a imposición (liable to tax)

La precisión del concepto "*liable to tax*" tiene especial importancia por el significado que se le atribuye en la lengua inglesa, ya que una parte de los CDI del Reino Unido proporcionan beneficios fiscales a las personas calificadas como sujetas a impuestos. No obstante, otros CDI requieren que el contribuyente, además de estar sujeto a impuestos, los haya pagado de forma efectiva. Estar sujeto a imposición - *liable to tax* significa que la persona está comprendida en el sistema tributario del Estado contratante. Esto significa que la persona está dentro del alcance de la ley tributaria del Estado y podría (o no) incurrir en una obligación tributaria.[68]

La expresión "*liable to tax*" aparece dos veces en el artículo 4(1) del MC OCDE.

"A los efectos del presente Convenio, se entenderá por "residente de un Estado contratante" toda persona que, con arreglo a la legislación de dicho Estado, **esté sujeta al impuesto** en razón de su domicilio, residencia, lugar de dirección o cualquier otro criterio de naturaleza análoga, e incluye también a dicho Estado y a cualquier subdivisión política o autoridad local del mismo, así como a un fondo de pensiones reconocido de ese Estado. Sin embargo, este término no incluye a ninguna persona que **esté sujeta a impuestos** en ese Estado únicamente con respecto a los ingresos procedentes de fuentes situadas en ese Estado".

---

67 Obuoforibo, B. R. (2014). Op. Cit. Captítulo 1.1.2.3.

68 Wheeler (2011) analiza el concepto de "sujeto a impuestos" y determina que, "Hay tantas variaciones en las mezclas de responsabilidad y no responsabilidad que se pueden imponer a una persona que es casi imposible tratar este requisito con respecto a una persona como una simple pregunta de sí o no". El enfoque que propone la autora es tener en cuenta a los elementos específicos de la renta y no a la persona para la definición de la sujeción a impuestos. Sin embargo, plantea la pregunta de si la sujeción a impuestos es una base suficiente para la concesión de los beneficios del CDI. Wheeler, J. (última modificación 15/11/2011) "The Missing Keystone of Income Tax Treaties". IBFD Books. Chapter 4: A New Approach.

En palabras de Obuoforbio, la mención tiene como objetivo añadir énfasis sobre el concepto[69], sin embargo, es obvio que la segunda referencia es restrictiva y ha sido utilizada con el fin de excluir a los contribuyentes sujetos a impuestos, en aplicación del principio de territorialidad o fuente, sin que estos sean definidos como residentes. Vega Borrego[70] indica que el alcance de esta segunda parte, introducida en el MC OCDE versión 1977, refuerza el concepto de sujeción por la renta mundial, sin embargo, "el alcance de esta frase es discutido". A pesar de cierta ambigüedad de este comentario, que, en opinión del autor, no intenta excluir totalmente a algunos Estados del ámbito de aplicación de la Convención, la segunda frase del artículo 4 del modelo de la OCDE debe interpretarse en el sentido de que, si en un Estado determinado, por la razón que sea, una persona que reúne los requisitos para ser residente a efectos fiscales nacionales no está sujeta a la plena obligación fiscal, esta persona no se considerará residente a los efectos del tratado fiscal. Este es precisamente el significado de la frase pertinente del comentario para excluir a las personas que no están sujetas a una tributación plena en un Estado.

En este orden de ideas, Soler Roch interpreta el contenido del párrafo 8.3 de los Comentarios al artículo 4.1 del MC OCDE que afirma que las reglas "deben interpretarse a la luz de (su) objeto y finalidad, que es el de excluir a las personas que no están sujetas a una tributación global (obligación tributaria plena) en un Estado", sin excluir a los residentes de un Estado, que aplican un principio territorial a sus residentes, "un resultado que no es el específicamente buscado"[71].

No obstante, en el mismo contexto, como analizaremos posteriormente en el caso de España, se origina la posibilidad de doble no imposición para aquellos contribuyentes que, siendo residentes, tributan de forma parcial en el país de residencia, aportando un certificado de residencia fiscal emitido por la Admi-

---

69 Obuoforibo, B. R. (2014). Article 4: Resident - Global Tax Treaty Commentaries, Global Topics IBFD. Última consulta: 18/02/2024.

70 Vega Borrego, F. A. (2004). Capítulo II. Definiciones incluidas en los Convenios de doble imposición. Artículo 4., en: Ruiz García, J. R., & Calderón Carrero, J. M. (2004). *Comentarios a los convenios para evitar la doble imposición y prevenir la evasión fiscal concluidos por España: (análisis a la luz del Modelo de Convenio de la OCDE y de la legislación y jurisprudencia española).* Fundación Pedro Barrié de la Maza [etc.]. pp. 220-222.

71 Soler Roch, M. T. (2022). "Individuals: The Forgotten Taxpayers in a BEPS Scenario", en Pistone, P. (Ed.): *Building Global International Tax Law - Essays in Honour of Guglielmo Maisto.* IBFD. p. 201.

nistración tributaria del otro Estado[72]. Reconocemos, en primer lugar, que el TS español fundamentó en ocasiones sus Sentencias al respecto, de forma que, aunque de manera no tajante, se interpretó en Sentencias posteriores de forma que comprometía la soberanía española en cuanto a los límites del poder impositivo de España. No obstante, en este país pudimos detectar la insuficiencia del uso de la residencia fiscal como criterio de sujeción a impuestos de las personas físicas cuando ni el CDI aplicable, ni la legislación interna contienen herramientas complementarias que, actuando subsidiariamente, eliminaran esta carencia de la residencia fiscal como criterio de sujeción impositiva.

Conviene hacer hincapié, como una posible solución, aunque, en nuestra opinión utópica en estos momentos, en el nuevo enfoque por el que aboga Wheeler, que es el de la "imposición única". Independientemente de la residencia de la persona, su aplicación se basa en el tipo la renta. Por lo cual, como sostiene Wheeler, el atractivo de este criterio es que "respeta la soberanía de los Estados al tomar como punto de partida lo que realmente hacen en su Derecho interno"[73]. No obstante, ciñéndonos al asunto que nos ocupa, es importante destacar la opinión sistematizada de la doctrina científica que reconoce que el MC OCDE utiliza el concepto de "sujeción al impuesto" por la renta mundial o se basa en la responsabilidad fiscal total para dar acceso a la condición de residente, sin necesidad de ingreso efectivo del impuesto. Además, profundizando en el concepto de "sujeción a impuestos por la renta mundial", Vega Borrego señala que "no es suficiente para tener la consideración de residente a los efectos de aplicación del CDI. "Solamente si el criterio interno de sujeción por la renta mundial obtenida es alguno de los mencionados en el Modelo, se adquirirá la condición de residente a los efectos del convenio"[74]. Como mencionamos anteriormente, pese al consenso doctrinal, esta supone una cuestión práctica de la que el legislador, por lo menos en el contexto de España, no se ha ocupado con precisión, obstaculizando, de esta forma, la imposición por la renta mundial.

Desde el punto de vista de la lengua inglesa, "*liable to tax*" y "*subject to tax*" son conceptos diferentes. En la práctica, tal y como lo interpretan las notas del Ma-

---

[72] Véase, en el presente trabajo, Capítulo III. 3.1. La acreditación de la residencia fiscal en otro Estado. El certificado de residencia fiscal y su problemática.

[73] Wheeler, J., The Missing Keystone ... Op. Cit. Chapter 6: Conclusion - Books (Last Reviewed: 15 November 2011), Última consulta: 22/03/2024.

[74] Vega Borrego, F. A. (2003). *Las cláusulas de limitación de beneficios en los convenios para evitar la doble imposición*. Instituto de Estudios Fiscales. p. 94.

nual Internacional, parte del Manual Interior de HMRC con Nº INTM153050 e INTM162070, la expresión "sujeto a imposición - *liable to tax*" significa que los contribuyentes solo tienen que estar dentro del ámbito general de imposición.

La Nota INTM162090[75] interpreta la diferencia entre los dos conceptos de la siguiente forma: "Algunos acuerdos de doble imposición (DTA) establecen que un residente del Reino Unido tendrá derecho a la exención del impuesto extranjero sobre ciertos tipos de ingresos (como dividendos, intereses y regalías) solo si los ingresos son "*subject to tax*" en el Reino Unido. Esto puede ser, en lugar de, o además de la prueba de titularidad real mencionada en INTM162080.

Cabe señalar que el término "sujeto al impuesto-*liable to tax*" es diferente de "*subject to tax*". "Sujeto a impuestos" significa que el contribuyente solo debe estar dentro del alcance general del impuesto en el Reino Unido, como se discute en INTM162040. Por otra parte, "*subject to tax*" significa que los ingresos pertinentes deben ser efectivamente imponibles y el contribuyente no puede estar exento del impuesto sobre dichos ingresos".

Ser "*subject to tax*" significa que la persona paga algún impuesto de forma efectiva. Sin embargo, los efectos de algunos tratados, como el CDI entre el Reino Unido y España, es irrelevante si se paga un impuesto de forma efectiva, ya que la cuestión importante es si la persona está o no "*liable to tax*: sujeta a impuestos".

En el artículo 4 del CDI entre el Reino Unido y España se utiliza el concepto "*liable to tax*" (artículo 4.1 "*For the purposes of this Convention, the term "resident of a Contracting State" means any person who, under the laws of that State, is liable to tax therein by reason of his domicile, residence, place of management, place of incorporation or any other criterion of a similar nature, and also includes that State and any political subdivision or local authority thereof...*") El texto español interpreta el concepto como "sujeto a imposición". Sin embargo, otros CDI concluidos por el Reino Unido, requieren que la persona que sea beneficiaria de las desgravaciones que le atribuye la aplicación del CDI, sea además "*subject to tax*":

Según las normas establecidas por la Administración tributaria del Reino Unido HMRC, cuando una empresa solicite un Certificado de residencia (CDR) para respaldar una solicitud de beneficios en virtud de un artículo para dividendos que incluya el test de "*subject to tax*", el funcionario deberá verificar si

75 HMRC Internal manual / Manual INTM162090.

la empresa ha realizado una elección con arreglo a CTA09/931R(2) con respecto a ese dividendo...esto se debe a que las empresas del Reino Unido ya no están sujetas a impuestos sobre la mayoría de los dividendos en el extranjero a menos que hagan una elección según S931R (2). Si no se ha realizado tal elección y el dividendo está exento, no se puede emitir un CDR en estas circunstancias[76].

La expresión "*subject to tax*" está detallada en la Nota INTM332210 —*Double Taxation applications and claims— Subject to tax: Background*[77]. Según la definición de esta interpretación vinculante, la expresión "*subject to tax*" generalmente significa que la persona debe realmente pagar impuestos sobre los ingresos en su país de residencia. Sin embargo, una persona sigue siendo considerada "*subject to tax*" si, por ejemplo, no paga impuestos porque sus ingresos, debido a su nivel, están por debajo del mínimo personal con lo cual compensan la obligación de tributar en el otro país.

Al contrario, si los ingresos en cuestión están exentos de impuestos porque la ley del otro país prevé la exención del impuesto, por ejemplo, cuando se trata de ingresos provenientes de un plan de jubilación (fondo de pensiones) calificado como exento, esta persona no se considera "*subject to tax*".

En casos así, indica el Manual interno que no se cumple la condición de "*subject to tax*" y no se permite la deducción correspondiente.

Entre los ejemplos en los que la renta se considera "sujeta al impuesto", pero sobre la que realmente se no paga ningún impuesto o sobre esta renta se paga poco o ningún impuesto por no cual se considera que no es "*subject to tax*", pueden figurar los siguientes:

➢ El contribuyente no paga ningún impuesto del Reino Unido porque sus ingresos son inferiores a las reducciones y deducciones personales.

➢ En aplicación del tratamiento de los ingresos en un penúltimo año en el cambio de residencia: si los ingresos extranjeros surgen en un penúltimo año y no se realiza ningún ajuste del penúltimo año, estos ingresos quedan fuera de la obligación a declarar en el Reino Unido.

---

76 HMRC internal manual, International Manual: INTM162090 - UK residents with foreign income or gains: certificates of residence: meaning of subject to tax.

77 HMRC internal manual, International Manual: INTM332210 - Double Taxation applications and claims - Subject to tax: Background.

➢ Los ingresos están totalmente cubiertos por reducciones de capital, de modo que no se paga ningún impuesto en el Reino Unido.

➢ Se aplica la base derivada (*remittance basis*): la persona está sujeta a impuestos solo sobre las rentas remitidas al Reino Unido. Este régimen, actualmente derogado con efectos desde 6 de abril de 2025, cuya aplicación sigue vigente en ciertos casos para los contribuyentes que venían aplicándolo, supone un tratamiento fiscal en el que los ingresos y ganancias obtenidos fuera del Reino Unido se gravaban únicamente en el caso de haber sido introducidos y disfrutados en el Reino Unido. Bajo el tratamiento de remesas los ingresos y las ganancias "remitidos" al Reino Unido se consideran imponibles. (Véase, en el presente trabajo, el Capítulo IV., 1.7. Reino Unido).

En otras ocasiones los CDI pueden incluir el concepto de *a resident of the United Kingdom for the purposes of United Kingdom tax*[78] que se iguala a la expresión "sujeto al impuesto del Reino Unido - *liable to tax*".

Otra particularidad la encontramos en el CDI entre Bulgaria y España. Vega Borrego[79] puntualiza que el art. 1 del CDI no contempla elemento alguno que permita deducir que es necesario tributar en Bulgaria por la renta mundial obtenida para tener la condición de residente a efectos del CDI.

En definitiva, como advierte Soler Roch en relación con el acceso a un CDI basado en el MC OCDE y la "responsabilidad fiscal plena", sistemáticamente empleada por la OCDE, "la conexión entre la residencia y la sujeción impositiva total está, de alguna forma, quebrada"[80]. Ante estas limitaciones interpretativas la autora expone que: "La responsabilidad fiscal plena, potencialmente existente, es una condición para que el contribuyente sea considerado residente a efectos de los tratados fiscales, pero la obligación fiscal efectiva también puede desempeñar un papel para confirmar que no existe riesgo de doble no-imposición o tributación reducida, hecho que puede ser utilizado como una oportunidad para el abuso fiscal"[81].

78 Convention between the Government of the United Kingdom of Great Britain and Northern Ireland and the Government of Australia with respect to Taxes on Income and on Capital Gains signed on 21 August 2003.

79 Vega Borrego, F. A. en Ruiz García, J. R., & Calderón Carrero, J. M. (2004). Op. Cit. p. 236.

80 Soler Roch, M. T. (2022). "Individuals...". Op. Cit. p. 203.

81 Soler Roch, M. T. (2022). "Individuals...". Op. Cit. p. 202.

Como consecuencia, la experta plantea asegurar "la consonancia con el objetivo y el propósito del convenio, tal como se declara en el Preámbulo del Modelo de la OCDE" y propone como una posible solución para resolver esta insuficiencia interpretativa lo siguiente: "...modificar esa disposición, reforzando la condición y vinculando el concepto de residentes a la tributación efectiva (incluso incluyendo la tributación mínima). Sin embargo, en este punto, las propuestas relacionadas con la asignación de derechos impositivos serían una mejor solución. A este respecto, esto podría hacerse modificando la regla de asignación o introduciendo una cláusula de sujeción al impuesto combinada con el requisito de un impuesto efectivo mínimo (una especie de "propuesta GloBe" para las personas físicas".[82]

2.3.3. Exigencia del nexo personal (nexo persona-jurisdicción)

La diferencia más significativa se refleja en los criterios de sujeción impositiva según la legislación nacional de los dos Estados contratantes.

En primer lugar, todos los Modelos de Convenio coinciden en el establecimiento de un nexo entre la jurisdicción y la persona, en aplicación del "principio de residencia". El "principio de la fuente" queda explícitamente excluido mediante la manifestación expresa de que el concepto residente no incluirá a ninguna persona que esté sujeta al impuesto en ese Estado únicamente por las rentas procedentes de fuentes en ese Estado o del capital situado en él. El MC EE.UU. excluye también a las personas cuyas rentas provienen de un establecimiento permanente situado en este Estado y las personas sujetas a imposición cuyo impuesto ha sido definido como tarifa fija, "*forfait*" o base similar. En relación con las personas físicas, el artículo 4 establece que se incluirán las personas sujetas a imposición a razón de **domicilio** y **residencia**. La diferencia significativa se manifiesta en el Modelo de Convenio de los Estados Unidos que incluye entre los nexos entre la persona física y la jurisdicción la **ciudadanía**.

82 Soler Roch, M. T. (2022). "Individuals...". Op. Cit. p. 209.

2.3.4. Elegibilidad para ser calificado como beneficiario de las ventajas que aporta el CDI: persona calificada (Qualified person)

La regla general que define a una persona como persona beneficiaria de un CDI viene establecida en los artículos 1 y 4 de los Modelos de Convenio.

El artículo 1 en su párrafo 2 contiene la regla de "asimetrías híbridas", y el párrafo 3 la "regla de salvaguardia", que son las reglas adicionales aplicables junto con la regla de desempate según el artículo 4.3 en vigor, para las personas diferentes a las físicas, sin entrar en detalle en el contenido de esa última ya que el presente trabajo trata exclusivamente la sujeción impositiva de las personas físicas.

Adicionalmente, la versión del MC OCDE de 2017 introduce el artículo 29 "Derecho a beneficios" con el fin de incorporar la norma mínima acordada como parte del Proyecto OCDE/G20 sobre la erosión de la base imponible y el traslado de beneficios. La idea del artículo 29 es permitir a los Estados contratantes coordinar su redacción con el fin de eliminar las prácticas abusivas en el ámbito de la tributación internacional.

Siguiendo las indicaciones del párrafo 22 del informe "Prevención de la concesión de beneficios en virtud de tratados en circunstancias inadecuadas", Acción 6 - Informe final de 2015, la redacción del artículo dependerá de la forma en que los Estados contratantes decidan aplicar la norma mínima.

Tal y como lo define el punto 4 de las Observaciones preliminares de los Comentarios al artículo 29 del MC OCDE, "Este artículo contiene disposiciones que impiden diversas formas de búsqueda del tratado más favorable mediante las cuales las personas que no son residentes de un Estado contratante pueden establecer una entidad que sería residente de ese Estado a fin de reducir o eliminar la tributación en el otro Estado contratante".[83]

Las recomendaciones que contiene el MC OCDE referente al artículo 29 proporcionan varias alternativas destinadas a la eliminación de las prácticas abusivas relacionadas con la búsqueda de tratado más beneficioso[84]. Las medidas adoptadas recomendadas incluyen las medidas LOB (limitación de beneficios),

---

[83] MC OCDE Versión 2017, p. 520.

[84] Tanto en la versión detallada como en la simplificada de la LOB, los beneficios del tratado (aparte de la regla de desempate del párrafo 3 del artículo 4, el derecho a un ajuste correspondiente en virtud del párrafo 2 del artículo 9 y el acceso al plan de prácticas de desempate en el artículo 25) no están disponibles para un residente de un Estado con-

PPT (la prueba del propósito principal) y la regla relacionada con la exención de rentas de establecimientos permanentes:

➢ mediante la adopción de la norma general contra el abuso, conocida como **PPT** (***principal purpose test***) establecida según las disposiciones del párrafo 9 únicamente;

➢ mediante la adopción de las medidas **Limitación de beneficios (LOB)**, versión detallada de los párrafos 1 a 7 que se describe en el comentario al artículo 29 junto con la aplicación de un mecanismo anticonducto,

➢ mediante la adopción de medidas que combinan la Prueba del propósito principal (PPT) con cualquier variación de la regla Limitación de beneficios (LOB).

España, por su parte, ha introducido la medida indicada en sus CDI ya concluidos a través del artículo 7.1 del Instrumento de ratificación del Convenio multilateral para aplicar las medidas relacionadas con los tratados fiscales para prevenir la erosión de las bases imponibles y el traslado de beneficios, hecho en París el 24 de noviembre de 2016[85].

"No obstante las disposiciones del Convenio fiscal comprendido, los beneficios concedidos en virtud del mismo no se otorgarán respecto de un elemento de renta o de patrimonio cuando sea razonable concluir, teniendo en cuenta todos los hechos y circunstancias pertinentes, que el acuerdo u operación que directa o indirectamente genera el derecho a percibir ese beneficio tiene entre sus objetivos principales la obtención del mismo, excepto cuando se determine que la concesión del beneficio en esas circunstancias es conforme con el objeto y propósito de las disposiciones pertinentes del Convenio fiscal comprendido".

Dicha medida no se aplicará en virtud del artículo 7.1, como consecuencia de la aplicación de la reserva formulada por España en relación con sus CDI ya concluidos, si estos ya contienen disposiciones comprendidas dentro del rango de la prueba de propósito principal que impidan la obtención de tales beneficios, concretamente los CDI concluidos con Andorra, México y Rumanía.

---

tratante a menos que ese residente sea una "persona calificada" en el momento en que se solicita un beneficio del tratado. Véase Arnold, B. R. (2019), p. 179.

85 Instrumento de ratificación del Convenio multilateral para aplicar las medidas relacionadas con los tratados fiscales para prevenir la erosión de las bases imponibles y el traslado de beneficios, hecho en París el 24 de noviembre de 2016.

La redacción del artículo 7.1 constituye una prueba objetiva realizada sobre cada uno de los elementos de renta del residente favorecido por los beneficios del CDI. En este sentido es importante aclarar que, al no cumplir la prueba, es la renta y no el contribuyente —beneficiario— el que quedaría fuera de la aplicación de los beneficios que proporciona el CDI.

La cláusula LOB se establece como resultado de los trabajos realizados en la Acción 6 del Proyecto BEPS, siendo las medidas introducidas las contenidas en los párrafos 1 al 7 del artículo 29 de los MC OCDE y MC ONU. Asimismo, para los convenios concluidos, los Estados firmantes del Convenio Multilateral tienen a su disposición el artículo 7 del mismo. Según las disposiciones indicadas, una persona tendrá acceso a los beneficios de los CDI afectados, en otras palabras, será persona - calificada (beneficiaria del CDI), cuando sea residente para los fines del CDI y además cumpla por lo menos una de las siguientes pruebas subjetivas incluidas en los párrafos relacionados con la medida Limitación de beneficios:

- La prueba de "**Persona calificada (beneficiaria del CDI)**" incluida en el listado cerrado previsto en el párrafo 2 del artículo 29. Para los fines del presente trabajo únicamente puntualizarémos que dentro de este listado están incluidas las personas físicas;
- La prueba **Propiedad-erosión de la base imponible** para ciertas entidades según el art. 29, párrafo 2º;
- La prueba de "**Actividad económica activa**": si se trata de una renta de una persona que no sea "persona calificada", si la persona se dedica a la actividad empresarial en su Estado de residencia y los ingresos proceden de este negocio o son accesorios a ese negocio (artículo 29, párrafo 3º);
- La prueba de "**Beneficios derivados**" respecto a rentas de una persona que no sea "persona calificada" si al menos más de una proporción acordada de esa entidad es propiedad de determinadas personas con derecho a beneficios equivalentes (artículo 29, párrafo 4º);
- La prueba **"Sede empresarial"** (*headquarter company*) según la norma contenida en artículo 29, párrafo 5º;
- **Por decisión de la autoridad competente** al amparo del artículo 29, párrafo 6º cuando, en cumplimiento del párrafo 1º los beneficios del CDI le hubiesen sido denegados al residente;

- **Por decisión a discreción del Estado de origen**: Cuando un residente no ha superado las pruebas, como respuesta a la solicitud del residente, la autoridad competente del Estado de origen aún puede otorgar beneficios del tratado si considera que no hay intención de abuso de tratado según las disposiciones del Artículo 29.8 c) del Modelo de Convenio. Tanto la resolución favorable como la denegatoria por parte del Estado de fuente requiere previa consulta al otro Estado.

En el presente trabajo no incluimos más detalles por el hecho de que la persona física cumple la Prueba de persona calificada (beneficiaria del CDI) al amparo del artículo 29, párrafo 2º del Modelo de Convenio de OCDE y el MC ONU.

2.3.5. Obligatoriedad de los CDI

Aunque desde el punto de vista práctico el contribuyente tiene que reclamar los beneficios que le puede otorgar un CDI, De Juan Peñalosa y otros sostienen que los tratados no son una opción por dos razones:

1ª) No es aplicable la doctrina de renunciabilidad de los derechos. La renuncia no puede perjudicar a terceros o afectar al orden público, sin embargo, la renuncia a un CDI afecta al orden público, dado el carácter que tienen las normas tributarias y la finalidad que buscan los Estados en los CDI.

2ª) "Un CDI es ley y, como tal, no depende en su aplicación de la voluntad del contribuyente, salvo que la propia Ley configure los derechos que otorga —y las obligaciones— como optativas"[86].

2.4. LA PROBLEMÁTICA DEL CONCEPTO DE "RESIDENCIA FISCAL" Y LAS REGLAS DE DESEMPATE SEGÚN EL MC OCDE, EL MC ONU Y SUS COMENTARIOS

2.4.1. Consideraciones generales

Las Notas preliminares de los Comentarios al artículo 4 del MC OCDE hacen referencia a la doble imposición internacional y exploran las causas que con-

---

86 De Juan Peñalosa, J. L., Raventós Calvo, S., & Rodríguez Rodríguez, J. F. (2004). *Fiscalidad internacional...: convenios de doble imposición: doctrina y jurisprudencia de los tribunales españoles (años 2001, 2002, 2003).* Thomson-Aranzadi. p. 31.

ducen a este fenómeno. Como analizamos anteriormente, los modelos de convenio no proporcionan una definición independiente y concluyente del concepto de "residente", sino remiten a la legislación interna de los Estados contratantes[87]. De esta forma la definición de la residencia fiscal existe como un criterio sometido a la aplicación de dos legislaciones nacionales, resultado de la política fiscal y la aplicación del poder impositivo de los Estados soberanos.

El punto 3 de las Notas Preliminares a los Comentarios al art. 4 del MC OCDE analiza el concepto de "obligación tributaria plena" como principio general aplicado por los Estados en la imposición de sus residentes. Refiriéndose siempre a la relación personal contribuyente - jurisdicción, la explicación tiene como objetivo desvincular el concepto de residencia tal y como está definido en las legislaciones internas desde el punto de vista del Derecho privado para elevarlo al concepto más amplio que supone la residencia a efectos fiscales. Este comprende, aparte de las personas con domicilio efectivo en la jurisdicción, a las personas que permanecen continuamente, o tal vez sólo durante un cierto período en el territorio del Estado u otras formas de domicilio presunto. El párrafo 8 de los Comentarios al artículo 4 indica, que "Por lo que respecta a los particulares, la definición tiene por objeto abarcar las diversas formas de vinculación personal a un Estado que, en las legislaciones tributarias nacionales, constituyen la base de una tributación global".

En relación con el mismo concepto, el apartado 3 de los Comentarios al artículo 4 del MC ONU expone que la norma pretende abarcar "las diversas formas de vinculación personal con un Estado que, en las legislaciones tributarias internas, constituyen la base de una **tributación general (responsabilidad fiscal plena)**".

Las Notas preliminares sugieren que cabe la posibilidad de formular las reglas de determinación de la "residencia fiscal" en un tratado real concluido entre dos Estados de forma que reúna normas especiales sobre la "residencia" de tal manera "que se haga caso omiso de las leyes internas". Sin embargo, deducimos que el principio de funcionamiento que primordialmente reconocen las Notas Preliminares es admitir la validez íntegra e invulnerable de las legislaciones nacionales en la definición de la residencia fiscal de una persona física sin que el MC OCDE pretenda de forma alguna interferir, interpretar o sobreponerse sobre las reglas

[87] Véase Jalabera Rodríguez, A. (2019) en Engelen Padial, I. et al. Cuestiones actuales de planificación fiscal internacional. Barcelona: Atelier Libros Jurídicos. p. 54.

establecidas en cada una de las jurisdicciones. Como paso siguiente, establecer "disposiciones especiales en el Convenio para determinar cuál de los dos conceptos de residencia debe tener preferencia".

Las disposiciones de las Notas Preliminares prescriben el resultado de la aplicación del artículo 4 del MC OCDE que es resolver el conflicto mediante el tratado de forma definitiva, tal y como expone en el ejemplo enunciado, mediante la aplicación de las reglas de desempate enumeradas en el párrafo 2 del artículo 4 y establece que, en el caso "debe hacerse necesariamente una elección entre las dos pretensiones, y es sobre este punto que el artículo propone reglas especiales" (p. 106).

Otra indicación importante que contiene el párrafo 8.1 traza las reglas relacionadas por las personas "sujetas a impuestos". Se estima que las personas no domiciliadas en el territorio, que se entienden residentes a efectos fiscales según la legislación interna, pero no cumplen con el requisito de "obligación (sujeción) tributaria plena" en este Estado, no se considerarán residentes fiscales a efectos del CDI. Este tipo de personas físicas, pueden ser, por ejemplo, el personal diplomático y consular extranjero que presta servicios en el territorio de este Estado. En adición, esta y otras exclusiones relacionadas con determinado tipo de sociedades y otras personas, "no impediría naturalmente que los Estados contratantes intercambiaran información sobre sus actividades".

En relación con el MC ONU, el Grupo de Expertos omitió en el pasado esta parte de la disposición en el MC ONU; sin embargo, este fragmento se incluyó en el apartado 1 del Artículo 4 del Modelo de Convenio Tributario de las Naciones Unidas en 1999.

Los analistas y demás especialistas que formulan las interpretaciones destacan en el párrafo 8.3 de los Comentarios al artículo 4 del MC OCDE las dificultades y limitaciones inherentes que contiene la exclusión. Según las indicaciones proporcionadas, "debe interpretarse a la luz de su objeto y fin". El objetivo de los CDI es eliminar la doble imposición sin crear posibilidades para la no-imposición sobre determinadas personas o rentas, por lo cual se revela explícitamente el riesgo de excluir del ámbito de aplicación del Convenio a todos los residentes de países que adopten un principio territorial en su tributación. Contrario a ello, el objetivo explícito es de excluir únicamente a las personas que no están sujetas a una tributación global en un Estado ("*plena sujeción al impuesto*").

Por otro lado, el apartado 8.11 describe el contenido de los conceptos "sujeto a impuestos (*liable to tax*)" y "*subject to tax*" en la interpretación analizada en el apartado anterior de este trabajo. El punto de distinción es la condición de sujeción global a impuestos, aunque la exacción efectiva de estos impuestos no se produzca.

Por ejemplo, las organizaciones benéficas pueden estar exentas de impuestos, pero están exentas solo si cumplen con todos los requisitos de exención especificados en las leyes fiscales. La mayoría de los Estados considerarían a esas personas residentes a los efectos del Convenio, aunque, como se detalla más arriba, algunos países como el Reino Unido cuentan con CDI concluidos basados en el concepto "*subject to tax*".

2.4.2. Las reglas de desempate

2.4.2.1. Disposiciones generales

El párrafo 2 de los Comentarios al artículo 4 del MC OCDE analiza la aplicación de las reglas de desempate en los casos de residencia dual de las personas físicas. Obuoforibo define el contenido del art. 11 del Borrador de Tratado de la SDN de 1927 como la primera regla de desempate establecida para los casos de residencia dual[88]. La regla de desempate en ese primer Borrador[89] proporciona a los Estados contratantes la posibilidad de dividir la renta en proporción al período de permanencia durante el ejercicio fiscal, o según un reparto determinado de común acuerdo entre las Administraciones competentes. En la actualidad, el objetivo de las reglas de desempate es dar preferencia al vínculo de la persona **con solo una de las dos jurisdicciones**, que están definidas estrictamente y se aplican en el orden en el que están articuladas. Tal y como establece la norma definida en el apartado 10, "en la medida de lo posible, el criterio de preferencia debe ser de tal naturaleza que no pueda cuestionarse que la persona interesada

---

88 Obuoforibo, B. R. (2022) en *Global Tax Treaty Commentaries*. (2022). IBFD. Last reviewed: 1 August 2022.

89 El artículo 11 resuelve el asunto con la distribución de la renta entre los Estados contratantes en los casos de residencia dual. En el caso de contribuyentes que posean domicilio fiscal en ambos Estados contratantes, el impuesto personal se exigirá en cada uno de estos Estados en proporción al período de permanencia durante el ejercicio fiscal, o según un reparto que se determinará de común acuerdo entre las administraciones competentes. League of Nations: Committee of Technical Experts on Double Taxation and Tax Evasion, Double Taxation and Tax Evasion, Report Document C.216.M.85 (12 Apr. 1927), pp. 10-18.

lo cumplirá en un solo Estado y, al mismo tiempo, debe reflejar tal vínculo que se considere natural que el derecho a gravar recaiga en ese Estado en particular".

Los Comentarios del MC ONU expresan que este apartado reproduce el apartado 2 del Artículo 4 del MC OCDE y explican, a diferencia de los Comentarios al MC OCDE, la forma de aplicación de las reglas de desempate. Según la explicación, estas están enumeras por orden de importancia decreciente; cuando los criterios anteriores no permitan determinar claramente la situación de una persona en lo que a la residencia se refiere, se aplicarán los criterios subsidiarios[90].

2.4.2.2. Consideraciones en relación con la diferencia en los periodos fiscales en los dos Estados

La regla que introduce el apartado 10 de los Comentarios al artículo 4 es que, las reglas especiales se aplicarán a los hechos existentes durante el período en que **la residencia del contribuyente afecta a la deuda tributaria** y que **puede ser inferior** a todo un período impositivo.

Según el artículo 29, párrafo 2 del Convenio entre el Reino de España y el Reino Unido de Gran Bretaña e Irlanda del Norte para evitar la doble imposición y prevenir la evasión fiscal en materia de impuestos sobre la renta y sobre el patrimonio y su Protocolo, hechos en Londres el 14 de marzo de 2013[91], las disposiciones del CDI surtirán efecto en relación con los impuestos, diferentes a los retenidos en la fuente, en los ejercicios fiscales que comiencen desde la fecha en la que el Convenio entre en vigor. El CDI entra en vigor a fecha 12 de junio de 2014, por lo cual, considerando los periodos fiscales en ambos países, debería surtir efectos en relación con el Impuesto anual sobre la renta de una persona física, residente en España, desde 1 de enero de 2015. En comparación, el mismo CDI surtiría efectos para una persona, residente fiscal en el Reino Unido sobre el impuesto análogo de esta jurisdicción, *Income tax*, desde el periodo que se inicia el 6 de abril de 2016, todo ello sin perjuicio del tratamiento especial más beneficioso reconocido en algunos casos estrictamente definidos.

---

90 MC ONU Versión 2021, p. 189.

91 Convenio entre el Reino de España y el Reino Unido de Gran Bretaña e Irlanda del Norte para evitar la doble imposición y prevenir la evasión fiscal en materia de impuestos sobre la renta y sobre el patrimonio y su Protocolo, hechos en Londres el 14 de marzo de 2013.

Según el ejemplo explicativo estipulado en el apartado 10 de los Comentarios al artículo 4, en un año natural una persona física puede tener residencia fiscal en dos jurisdicciones diferentes. Según el enunciado, una persona, residente del Estado A en virtud de su legislación interna para el periodo del 1 de enero al 31 de marzo, se traslada al Estado B. Aplicando las normas especiales al período comprendido entre el 1 de enero y el 31 de marzo, la persona se considera residente fiscal del Estado A. La misma persona será tratada por el Estado B como residente fiscal del Estado B durante todo el año por el hecho de haber residido en el Estado B durante más de 183 días. La norma introducida por el Comentario mencionado sugiere que tanto el Estado A como el Estado B deben tratar a la persona como residente del Estado A durante el período de 1 de enero a 31 de marzo, y como residente del Estado B del 1 de abril al 31 de diciembre.

Cabe mencionar que, en relación con la posibilidad de establecer la "cláusula de año partido o dividido" - *split year clause*, esta resulta útil tanto en los casos en los que el periodo fiscal de los dos Estados no coincide como para paliar los conflictos de residencia con ocasión del traslado de residencia durante el año fiscal. En el caso de los CDI que ha concluido Italia con Alemania, Suiza y Panamá se prevé el fraccionamiento del período impositivo a efectos de atribuir la residencia[92]. En estos casos, como señala expresamente la Administración tributaria de Italia - *la Agenzia delle Entrare*, el Comentario al Modelo de la OCDE incluye la división del período impositivo a los efectos exclusivos del artículo 4, párrafo 2, del Modelo de Convenio como una hipótesis adicional de la "regla de desempate", es decir, como regla para resolver cualquier conflicto de doble residencia[93].

Contrastando con la posición de España, es importante poner de manifiesto que la regla especial del apartado 10 del Comentario al artículo 4 del MC OCDE no es aplicable. En este contexto, en un caso hipotético de las mismas condiciones temporales semejantes a las detalladas en los ejemplos anteriores, para un residente fiscal del Reino Unido que se traslada a España en fecha 1 de abril de 2015, este debería ser tratado como residente fiscal en el Reino Unido para el periodo 1 de enero a 31 de marzo de 2015 y como residente fiscal en España para el periodo 1 de abril a 31 de diciembre.

---

92 Agenzia delle Entrare (Italia). Circular Nº 20/E, de 4 de noviembre de 2024. p. 22.

93 Resolución de 3 de diciembre de 2008, nº 471/E. Objeto: Istanza di interpello - ART. 11, legge 27 luglio 2000, n. 212. Persone fisiche - Disciplina dell'acquisto o della perdita della residenza in caso di trasferimento in corso d'anno - Art. 2, comma 2, TUIR.

Como hemos mencionado anteriormente, España ha formulado una Observación a los Comentarios al artículo 4 del MC OCDE, según la cual será necesario un procedimiento de mutuo acuerdo para determinar la fecha a partir de la cual se considerará que el contribuyente es residente de uno de los Estados. Dicha observación ha sido introducida por España debido a su voluntad de aplicar su Derecho interno por encima de la posibilidad de dividir el ejercicio fiscal, dando la posibilidad al contribuyente de tributar en el mismo ejercicio como residente y no residente. En este sentido el Estado español ha estipulado también en las Observaciones que, según su Derecho interno, el ejercicio fiscal coincide con el año civil **y no hay posibilidad** de concluir el período fiscal debido al cambio de residencia del contribuyente, por lo cual España no podrá proceder de conformidad con el párrafo 10 del comentario al artículo 4.

Los certificados de residencia fiscal en casos similares, aunque solicitados expresamente con la mención de aplicación del CDI entre España y Reino Unido, se emiten para el periodo 1 de enero a 31 de diciembre, dado que el ejercicio fiscal del IRPF en España coincide con el año natural. Ese tratamiento se refleja en la exigencia de la Agencia Tributaria española de que el contribuyente declare todas sus rentas correspondientes al año natural. Nótese, que pese a la importancia práctica que tiene, el Estado español no ha intentado resolver el vacío impositivo que se pone de manifiesto en relación con los contribuyentes que se acogen al régimen especial británico *remittance basis*[94] y, consecutivamente, obtienen certificados de residentes a los efectos del CDI con España. Destaca, además que la legislación interna española tampoco contiene alguna regla adicional que actúe cuando, en aplicación del criterio de residencia fiscal, algún contribuyente quede fuera del alcance de la sujeción a impuestos por la renta mundial.

Por el contrario, las autoridades tributarias del Reino Unido reconocen el estatus de residente fiscal del mismo contribuyente tanto en aplicación de la legislación interna del Reino Unido como en aplicación del CDI aplicable. Cabe mencionar que el CDI en vigor aplicable para el año fiscal del Reino Unido 2014/2015 es el anteriormente vigente, aprobado mediante Instrumento de Ratificación de España del Convenio entre España y el Reino Unido de Gran Bretaña e Irlanda del Norte para evitar la doble imposición y prevenir la evasión fiscal en materia de impuestos sobre la renta y sobre el patrimonio, hecho

---

94 Véase, en el presente trabajo, Capítulo III. 1.7.8. Tributación sobre la base remitida (base derivada - *remittance basis*).

en Londres el 21 de octubre de 1975[95], que dejó de surtir efectos respecto de cada impuesto desde la fecha en la que el presente Convenio de 2014 entró en vigor respecto de ese impuesto, y quedó sin efecto en la última de esas fechas. Las disposiciones relativas a la residencia fiscal de las personas físicas en ambos CDI son idénticas.

De esta forma las rentas correspondientes al periodo de 1 de enero a 31 de marzo del ejercicio 2015 son requeridas para tributar tanto en el Reino Unido como en España.

2.4.2.3. Análisis de las reglas de desempate

A) El domicilio permanente

La primera regla de desempate da preferencia al Estado contratante en el que la persona física tenga a su disposición un domicilio permanente. Respetando las normas nacionales relativas a la residencia fiscal, en caso de conflicto entre las leyes de los dos Estados y únicamente si existe un CDI que recoge la regla de desempate indicada, en la aplicación del Convenio se considerará que la residencia es el lugar donde la persona natural tenga **la propiedad** o **posesión** de una vivienda. La vivienda puede ser de cualquier tipo (casa o apartamento, pertenecientes a la persona natural o arrendados por ella, habitación amueblada de alquiler). Además, la vivienda debe ser permanente, lo que significa, según al apartado 12 de los Comentarios al artículo 4 que la persona natural deberá haberla arreglado y reservado para su uso permanente, a diferencia de lo que ocurriría si esa persona estuviera en un lugar determinado en condiciones que hicieran evidente que su estancia pretendía ser de corta duración.

Aunque en su formulación inicial la norma incluye como condición, de forma indiferente, que la persona física tenga la **propiedad** o **posesión** de una vivienda, declara específicamente que "la permanencia de la vivienda es esencial", lo que implica disponer de la vivienda en todo momento o de manera continua. Ello invalida la propiedad sin derecho a uso como elemento habilitante para el cumplimiento de esta condición. En este sentido, la persona física debe haber

---

95 Instrumento de Ratificación de España del Convenio entre España y el Reino Unido de Gran Bretaña e Irlanda del Norte para evitar la doble imposición y prevenir la evasión fiscal en materia de impuestos sobre la renta y sobre el patrimonio, hecho en Londres el 21 de octubre de 1975.

gestionado la disponibilidad de forma permanente y no ocasionalmente a efectos de una estancia que, por las razones que la motiven, sea necesariamente de corta duración (viaje de placer, viaje de negocios, viaje de formación, asistencia a un curso en un centro docente, etcétera).

La norma específicamente dispone que "una casa que sea propiedad de una persona natural no puede ser considerada a disposición de la persona natural durante un periodo en el que la casa sea arrendada y entregada efectivamente a una parte no relacionada, de tal manera que esa persona natural deje de tener la posesión de la casa y la posibilidad de quedarse en ella".

Otro concepto controvertido es "a su disposición". Beretta[96] analiza varios casos de Italia, Alemania[97] y Australia[98] para concluir que es importante el derecho legal de propiedad o posesión y la disponibilidad de hecho que se debe apreciar.

Entre estos, estudio aparte precisa la Sentencia del Tribunal Supremo italiano del 10 de noviembre de 2017, analizada por Beretta[99], respecto a las consideraciones contrarias en torno a la disponibilidad de la vivienda y el vínculo

---

96 Beretta, G. (2018). Tax Residence of Individuals in Italy: The Availability of a Permanent Home. *European Taxation*, 58(4).

97 En cambio, la jurisprudencia alemana sugiere una interpretación más estricta sobre este punto, ya que no sólo exige el uso fáctico de una vivienda por parte de un particular, sino también un derecho a utilizarla (es decir, una Rechtsposition). Véase, por ejemplo, DE: Tribunal Fiscal Federal, 5 de junio de 2007, BStB1. II, 2007, 812. A. Rust, Capítulo 15 - Alemania, en Maisto, supra n. 4, p. 387. Fuente: Beretta, G. (2018). Op. Cit.

98 En el caso Ben Tan c. Commissioner of Taxation (21 de septiembre de 2016), AU: Senior Member CR Walsh, 21 Sept. 2016, Ben Tan v. Commissioner of Taxation, [2016] AATA 1062 se determinó que el contribuyente tenía un hogar permanente disponible para él en la casa de los padres de su esposa. Las pruebas especificadas fueron que tenía las llaves de la casa, guardaba sus pertenencias personales (incluido su automóvil) allí y usaba esa dirección como ubicación registrada de su negocio. El Tribunal examinó el contenido del concepto "a su disposición", y concluyó que, sobre la base de su sentido corriente, la palabra contiene la facultad de "ocuparse de algo definitivamente", concluyendo así que "el hecho de que una persona no tenga título legal sobre una vivienda en la que vive no significa que esa vivienda no esté "a disposición" de esa persona en el sentido corriente de esa palabra". Beretta (2018) concluye que, según el Juzgado australiano, siempre que una persona "pueda vivir en un lugar sin pagar alquiler", se puede considerar que tiene ese lugar a su disposición. Fuente: Beretta, G. (2018). Op. Cit.

99 Beretta, G. (2018). Op. Cit.

familiar que ocasiona el derecho de su uso. Revocando una decisión anterior del Tribunal Fiscal Regional de Lombardía, el TS declaró que un ciudadano ruso era residente fiscal en Italia basándose en pruebas de que, en virtud de la primera regla de desempate del artículo 4(2)(a) del CDI entre Italia y Rusia del 1996, la persona tenía una "vivienda a su disposición" en Italia durante el período impositivo pertinente ya que vivía en un domicilio perteneciente a su pareja de hecho italiana, con la que mantenía una relación sentimental estable, aunque no formalizada por la ley. Según la observación de Beretta, de conformidad con el artículo 44 del Código Civil, la residencia familiar debe ser establecida por los cónyuges de mutuo acuerdo. Al registrar su unión civil, cada miembro de la pareja asume unos deberes y recibe, a su vez, ciertos derechos, pero no existe un derecho similar para las parejas no registradas. El autor considera erróneo el fallo del Tribunal Supremo italiano por el motivo que el ciudadano ruso no tenía, en efecto, ninguna facultad para "disponer" del domicilio de su pareja de hecho no registrada, ni siquiera en el sentido común de la expresión "ocuparse de algo definitivamente", ya que el permiso para permanecer en la vivienda era precario, basado en un acuerdo no vinculante y podría ser revocado, sin previo aviso.

Lejos de realizar un estudio exhaustivo de la doctrina jurisprudencial italiana, cabe anotar que la Sentencia del TS difiere de la comprensión internacionalmente aceptada en cuanto a la disponibilidad de una vivienda cuando esta no es de propiedad del contribuyente y, además, este carece de otro título de uso formalmente establecido como podrían ser un contrato de alquiler o el derecho formalizado de usufructo, uso o habitación. Se ha de añadir que, incluso en estos casos cabe la particularidad extendida en España de la vivienda, cuyo propietario es el contribuyente, pero esta está ilegalmente ocupada o utilizada por otro propietario en el caso de copropiedad[100].

---

100 Cabe mencionar que, en el caso de España, si una persona, aunque sea propietaria de la vivienda, solicita el empadronamiento en un domicilio en el que ya constan empadronadas otras personas, en lugar de solicitarle que aporte el documento que justifique su ocupación de la vivienda, se le deberá exigir la autorización por escrito de una persona mayor de edad que figure empadronada en ese domicilio. La persona que autorice deberá disponer de algún título acreditativo de la posesión efectiva de la vivienda (propiedad, alquiler...) a nombre de la misma. Si, con ocasión de este empadronamiento, la Administración municipal advirtiera que las personas que figuran empadronadas en ese domicilio lo han abandonado, aceptará el empadronamiento de los nuevos residentes en la vivienda conforme al procedimiento ordinario, y, simultáneamente, iniciará expediente de baja de oficio en su Padrón de las personas que ya no habitan en ese domicilio, según

Versando la problemática sobre la disponibilidad de la vivienda, especial mención merece la precisión con la que se establece el vínculo de alojamiento en la legislación interna británica[101]. Se considera que la persona física dispone de una vivienda en el Reino Unido (una casa, casa de vacaciones o retiro temporal en el Reino Unido, u otro alojamiento en el que pueda vivir cuando esté en el Reino Unido) si la vivienda está disponible para la persona por un período continuo de 91 días o más durante ese año fiscal y además se requiere que el contribuyente pase al menos una noche allí durante ese año. En el caso de que la vivienda pertenezca a un pariente cercano, se requiere que el contribuyente pase 16 o más noches en esa vivienda durante el año. Los periodos de menos de 16 días en la disponibilidad del alojamiento contarán para el período continuo de disponibilidad. En relación con el vínculo de alojamiento, se consideran parientes cercanos los padres o abuelos, hermanos o hermanas, hijos o nietos de 18 años o más. Un pariente cercano puede ser un pariente por consanguinidad o afinidad, incluyendo la unión civil.

Contrastando las citadas diferencias, parece evidente que la posición del TS italiano, al ignorar el fundamento legal de la disponibilidad de una vivienda resulta insólita. Compartimos, por tanto, la opinión de Beretta en cuanto a la revocabilidad del permiso de uso y la precariedad de la ocupación; ahora bien, siempre y cuando hablamos desde el punto de vista prospectivo. No obstante, el TS falló sobre la disponibilidad de la vivienda en un periodo concluido; con lo cual, en nuestra opinión, se deberían atender las circunstancias fácticas desde la retrospectividad. En este sentido, si los hechos demuestran que en un periodo anterior el contribuyente ocupó la vivienda efectivamente, se evidencia que la vivienda estaba a su disposición. Es más, si atendemos una secuencia de efectos, si la sujeción a impuestos depende, como en este caso litigioso, de la disponibilidad de una vivienda, no se debería excusar a la persona que ha ocupado una vivienda sin legalizar el derecho de uso, de su obligación tributaria (en este caso, parece ser un uso legítimo acordado por la pareja, pero sin formalizarlo). Por lo cual, desde

---

las instrucciones del Instituto Nacional de Estadística. Fuente: Resolución de 29 de abril de 2020, de la Subsecretaría, por la que se publica la Resolución de 17 de febrero de 2020, de la Presidencia del Instituto Nacional de Estadística y de la Dirección General de Cooperación Autonómica y Local, por la que se dictan instrucciones técnicas a los Ayuntamientos sobre la gestión del Padrón municipal.

101 HMRC. Manual RDRM11550 - Residencia. Véase también, en el presente trabajo, el Epígrafe 1.7.4.2. Vínculo de alojamiento del Capítulo IV.

el punto de vista fiscal poca, si no ninguna importancia tiene si la ocupación fue legal, consentida o legítima, por lo cual, en esta parte suscribimos la posición del TS italiano.

B) El centro de intereses vitales

Como norma subsidiaria, si la persona tiene un domicilio permanente en ambos Estados contratantes, el apartado 2 del artículo 4 da preferencia al Estado con el que las relaciones personales y económicas de la persona sean más estrechas, entendiéndose ésta como el **centro de intereses vitales**. Este concepto comprende las relaciones familiares y sociales de la persona física, sus ocupaciones, sus actividades políticas, culturales o de otra índole, su establecimiento, el lugar desde el que administra sus bienes, etc. La norma no establece subsidiaridad sino impone el examen de los vínculos en su conjunto. De forma similar a los casos analizados como precedentes en la legislación inglesa y de otros países del Capítulo IV, se atribuye especial relevancia a la intencionalidad. La norma mencionada indica que "las consideraciones basadas en los actos personales del individuo deben recibir una atención especial".

Según el ejemplo enunciado, si una persona que tiene un hogar en un Estado se establece en un segundo Estado mientras conserva el primero, el hecho de que conserve el primer hogar en el entorno donde siempre ha vivido, donde ha trabajado y donde tiene su familia y sus bienes, puede, junto con otros elementos, demostrar que ha conservado su centro de intereses vitales en el primer Estado. El contenido del ejemplo expuesto está muy en línea con la prevalencia del domicilio de origen cuando no se haya manifestado de forma intencionada e inequívoca la designación de un "domicilio de elección" (*domicile of choice*) en la legislación del Reino Unido.

En el caso de Italia, Beretta analiza el concepto impuesto en la jurisprudencia de Italia y concluye que, la mayoría de los casos de Derecho civil tienden a dar a la expresión "negocios e intereses" un significado muy amplio, de modo que incluye no sólo las relaciones financieras y económicas, sino también los vínculos personales, sociales y familiares[102]. Los Tribunales se basan en el caso Louloudakis

[102] IT: SC, 21 Mar. 1968, Decision No. 884; and IT: SC, 12 Feb. 1973, Decision No. 435. Fuente: Beretta, G. (2015). Tax Residence of Individuals in Italy: the Determination of the Notion of Centre of Vital Interests. *European Taxation*, 55(8).

(asunto C-262/99[103]) resuelto por el Tribunal de Justicia de la Unión Europea (TJCE) en 2001, que declara la primacía de los vínculos personales de la persona física. Aunque el contexto difiere de la residencia fiscal de las personas físicas a efectos del impuesto sobre la renta, el Tribunal Supremo italiano asume que las conclusiones del caso Louloudakis pueden extenderse a los casos del impuesto sobre la renta. El TJCE declaró en la Sentencia que, si una persona tiene sus vínculos personales y profesionales en dos o más Estados miembros, debe darse primacía a sus vínculos personales, como, por ejemplo, la presencia física de la persona interesada y de los miembros de su familia, la disponibilidad de alojamiento, el lugar donde sus hijos asisten efectivamente a la escuela, el lugar en el que ejerza su actividad, el lugar en el que se sitúen sus intereses patrimoniales y en el que tenga vínculos administrativos con las autoridades públicas y los servicios sociales[104].

Beretta analiza varias Sentencias de los Tribunales Italianos y pone el acento sobre **la primacía de los intereses personales**: "la presencia física de la persona y de su familia, la disponibilidad de un hogar, el lugar donde los niños van a la escuela[105], el lugar donde se ejercen las actividades profesionales, el lugar donde la persona mantiene vínculos administrativos con las autoridades públicas o participa en actividades sociales (en ese caso, la persona solía frecuentar un club de golf local), en la medida en que estas circunstancias, tomadas en conjunto, revelan la voluntad del individuo de otorgar una cierta permanencia a ese lugar. En el caso de que el centro de intereses personales y económicos pueda estar situado en dos o más Estados miembros, el Tribunal de Justicia dará prioridad al lugar en el que las relaciones personales sean más sólidas"[106].

---

103 GR: ECJ, 12 July 2001, Case C-262/99, Paraskevas Louloudakis v. Elliniko Dimosio, Fuente: ECJ Case Law IBFD.

104 Beretta, G. (2015). Tax Residence of Individuals in Italy: the Determination of the Notion of Centre of Vital Interests. *European Taxation*, 55(8).

105 IT: Administración Tributaria, Resolución N° 17/E, de 10 de febrero de 1999, en la que se consideró que una persona no residía en Italia porque su hijo asistía a un jardín de infancia francés. Fuente: Beretta, G. (2015). Op. Cit.

106 IT: La Administración Tributaria, Resolución N° 1329, de 14 de octubre de 1988, sostuvo que una persona puede ser considerada residente en Italia cuando su familia ha mantenido su residencia en Italia, a pesar de que esa persona esté empleada en el extranjero. En su resolución de 13 de julio de 2001, el Tribunal Supremo apreció que las relaciones personales y económicas de una persona eran más estrechas con Italia, aunque se encontrara físicamente en otro Estado miembro. En ese caso, se atribuyó una

El traslado a otro país como consecuencia de un contrato de trabajo no se considera *per se* un cambio de residencia fiscal[107]

Los lazos familiares también pueden dividirse entre dos o más Estados[108].

C) La vivienda habitual

La idea de vivienda u hogar habitual es muy diferente al concepto de vivienda permanente a disposición de la persona física, anteriormente examinado. Según las interpretaciones del párrafo 16, las disposiciones de la letra b) del párrafo 2 establece un criterio secundario para dos situaciones muy distintas:

a) el caso en que el individuo tenga un hogar permanente a su disposición en ambos Estados contratantes y no sea posible determinar en qué Estado tiene su centro de intereses vitales.

Cuando la persona tenga a su disposición un domicilio permanente en ambos Estados, se tiene que aplicar la regla subsidiaria de determinar el lugar donde el individuo tiene su centro de intereses vitales. En caso de duda

importancia significativa al hecho de que ciertos acontecimientos personales se habían producido en Italia, a saber, el nacimiento de su hija y el divorcio de su esposa. Fuente: Beretta, G. (2015). Op. Cit.

107 IT: Autoridad Tributaria, Resolución N° 242, de 13 de junio de 2008. Esta sentencia se refería a un entrenador de fútbol italiano que había sido contratado por un equipo de fútbol del Reino Unido. Véase también IT: Tax Authority, Circular N° 304/E, de 2 de diciembre de 1997, en la que se trazaron los siguientes criterios: 1) la disponibilidad de una vivienda permanente, 2) las relaciones familiares o personales, 3) los activos patrimoniales, 4) la retención o remisión a Italia de ingresos procedentes del extranjero, 5) las reuniones y cargos de negocios, la afiliación a clubes y la organización de programas desde el territorio italiano (directamente o a través de intermediarios que operan en Italia), y (6) la intención de vivir en Italia en el futuro, resultante de cualquiera de las circunstancias de hecho.
IT: La Administración Tributaria, Resolución N° 1329, de 14 de octubre de 1988, sostuvo que una persona puede ser considerada residente en Italia cuando su familia ha mantenido su residencia en Italia, a pesar de que esa persona esté empleada en el extranjero. Fuente: Beretta, G. (2015). Op. Cit.

108 Véase IT: Tribunal Fiscal de Segunda Instancia de Roma, 25 de febrero de 2008, Sentencia N° 48, que consideró que una actriz residía en el Principado de Mónaco porque su pareja residía allí, a pesar de que, al mismo tiempo, mantenía la patria potestad sobre sus hijos, que vivían en Italia. IT: SC, 4 de septiembre de 2013, Sentencia N° 20285. Fuente: Beretta, G. (2015). Op. Cit.

sobre el lugar donde tiene el centro de sus intereses vitales, la residencia fiscal se determinará en función de la residencia habitual en uno de los países. En este caso la residencia habitual se define como la presencia física en uno de los Estados, teniendo en cuenta las estancias del particular no sólo en el domicilio permanente del Estado de que se trate, sino también en cualquier otro lugar del mismo Estado. En consecuencia, la permanencia más habitual en uno de los Estados será la circunstancia decisiva en la definición de la residencia a efectos fiscales en base del CDI.

b) el caso en que la persona no tuviera a su disposición un hogar permanente en ninguno de los Estados contratantes, se dará preferencia al Estado contratante en el que la persona tenga su residencia habitual. El ejemplo que contienen los Comentarios relacionado con este supuesto se refiere a una persona que no dispone de vivienda permanente y se aloja en hoteles durante sus estancias en los dos países. La norma impone la consideración de todas las estancias realizadas en un Estado sin que sea necesario determinar las razones de las mismas.

Sin embargo, en ambos supuestos no es decisivo el simple cálculo del número de días que la persona ha permanecido en cada uno de los Estados, sino determinar la naturaleza de estas estancias considerando la **rutina habitual** de la persona. Por lo cual, serán determinantes las estancias que forman parte de su rutina habitual y que, por lo tanto, no son transitorias. El objetivo es determinar el Estado en el que la persona vivió habitualmente durante un periodo, en el sentido de estar **regular** o **normalmente** en este Estado. Para aclarar el contenido del concepto, los Comentarios utilizan la frase usada en la versión francesa "*séjourne de façon habituelle*", que, según el documento, proporciona una idea útil del significado de "residencia habitual", noción que se refiere a la **frecuencia, duración y regularidad** de las estancias que forman parte de la **rutina habitual** de la persona durante un periodo comparativo suficiente para este fin.

Se relatan dos ejemplos prácticos con el fin de expresar la definición práctica de la vivienda habitual:

En el primer caso, en un periodo de comparación de 5 años, una persona física posee una casa en cada uno de los Estados; no es posible determinar el centro de sus intereses vitales; trabaja en el Estado A, donde vive habitualmente, pero regresa al Estado B dos días al mes y una vez al año para pasar unas vacaciones de tres semanas. En este caso, se determina que la persona física tiene su residencia en Estado A, y no en el Estado B.

En el segundo caso, en un periodo de comparación de 5 años, una persona física posee una casa en cada uno de los Estados; no es posible determinar el centro de sus intereses vitales; trabaja en el Estado A, ha trabajado periodos cortos en el Estado A, al que regresó 15 veces al año para pasar dos semanas cada vez, pero que está presente en el Estado B el resto del tiempo. En ese caso, se deduce que esta persona vive habitualmente tanto en el Estado A como en el Estado B.

El periodo comparativo no está especificado, pero se establecen ciertas normas que lo validan como adecuado para este fin:

➢ La determinación debe abarcar "un período de tiempo suficiente para que sea posible determinar la frecuencia, la duración y la regularidad de las estancias que forman parte de la rutina de vida establecida por el individuo";

➢ Se debe considerar un período de tiempo durante el cual no hubo cambios importantes en las circunstancias personales que afectarían claramente la determinación (como una separación o un divorcio).

➢ **No es necesario** que el período pertinente a los efectos de determinar el Estado de residencia habitual comprenda el período de doble residencia, especialmente cuando el período de doble residencia es muy breve (apartado 19.1);

En relación con esta disposición, Hungría ha formulado la Observación N° 27. Según la observación, el Estado no puede compartir plenamente la interpretación que figura en el párrafo 19 del Comentario en relación con el término "domicilio o vivienda habitual". Hungría considera que, durante el examen de la residencia habitual de una persona, debe darse prioridad a la comparación del número de días de presencia en cada Estado durante un período de tiempo determinado.

D) Nacionalidad

En los casos en los que la residencia a efectos fiscales no pueda determinarse con arreglo a las normas enumeradas, el párrafo 2 establece como criterio subsidiario la nacionalidad, por lo cual se dará preferencia al Estado del que sea nacional. Si la persona fuere nacional de ambos Estados o de ninguno de ellos, la norma indica que la cuestión se resolverá de común acuerdo entre los Estados interesados, según el procedimiento previsto en el artículo 25.

2.5. CONVENIO MULTILATERAL DE LA OCDE PARA EVITAR LA EROSIÓN DE LA BASE IMPONIBLE Y EL TRASLADO DE BENEFICIOS

La erosión de la base imponible y el traslado de beneficios (*Base erosion and profit shifting - BEPS*) es una expresión utilizada para definir las estrategias de planificación fiscal empleadas por las empresas multinacionales que explotan las brechas y los desajustes en las normas fiscales para evitar el pago de impuestos. En la iniciativa de la OCDE/G20 colaboran 141 países y jurisdicciones y a fecha de hoy están acordadas 15 medidas - las Acciones BEPS, con el fin de reducir la elusión fiscal (BEPS Action Plan[109]).

Para fomentar la implementación de estos cambios en la red global de tratados, las jurisdicciones negociaron un Instrumento Multilateral (el MLI) para modificar los tratados fiscales bilaterales existentes. La adopción del instrumento ha sido necesaria para responder a la necesidad de garantizar una aplicación rápida, coordinada y coherente de las medidas BEPS relacionadas con el tratado en un contexto multilateral, "Reconociendo la necesidad de un mecanismo eficaz para aplicar los cambios acordados de manera sincronizada y eficiente en toda la red de acuerdos existentes para evitar la doble imposición sobre la renta sin necesidad de renegociar bilateralmente cada uno de dichos acuerdos".

En el caso del Reino de España, el día 17 de junio de 2017, el Plenipotenciario de España firmó *ad-referéndum* en Paris el Convenio multilateral para aplicar las medidas relacionadas con los tratados fiscales para prevenir la erosión de las bases imponibles y el traslado de beneficios, constituido en Paris 24 de noviembre de 2016. España se obligó por este Convenio mediante instrumento de ratificación que incluía una Declaración sobre el carácter local de las autoridades de Gibraltar. Aunque el Convenio Multilateral entró en vigor con carácter general el 1 de julio de 2018, entró en vigor para España con fecha 1 de enero de 2022, de conformidad con lo establecido en su artículo 34[110].

Aunque se trata de una herramienta que modifica los CDI de España vigentes en los casos en los que el otro Estado contratante también haya ratificado el MLI, el contenido de este no será objeto de investigación detallada porque las

---

109 BEPS Action Plan, http://dx.doi.org/10.1787/9789264202719-en

110 Instrumento de ratificación del Convenio multilateral para aplicar las medidas relacionadas con los tratados fiscales para prevenir la erosión de las bases imponibles y el traslado de beneficios, hecho en Paris el 24 de noviembre de 2016.

modificaciones introducidas por el mismo no suponen cambios en relación con la determinación de la residencia fiscal de las personas físicas, objeto de análisis en el presente trabajo.

3. DIRECTIVA (UE) 2025/50 DEL CONSEJO

La denominada iniciativa FASTER, por sus siglas en inglés, tiene por objeto hacer que los procedimientos de retención en origen en la UE sean más seguros y eficientes para los inversores transfronterizos, las autoridades tributarias nacionales y los intermediarios financieros. La Comisión Europea presentó la Propuesta de Directiva FASTER el 19 de junio de 2023 con el fin de resolver la doble imposición en el contexto internacional con ocasión de la práctica de retenciones en el país de fuente. Al mismo tiempo, la falta de un sistema unificado de comprobación de la residencia fiscal de las personas crea la posibilidad de evasión y elusión fiscal para contribuyentes que realmente no deberían poder beneficiarse de los CDI. Aunque los mismos problemas han sido total o parcialmente resueltos mediante la formalización de CDI entre los Estados miembros, la ya aprobada Directiva 2025/50/UE, del Consejo, de 10 de diciembre de 2024 relativa a un ajuste de las retenciones en origen practicadas en exceso más rápido y seguro, pretende resolver de forma más eficaz dos objetivos fundamentales a nivel internacional. En primer lugar, pretende eliminar los obstáculos a la inversión transfronteriza mediante la mitigación más eficiente del exceso de retención en origen.

En cuanto a los objetivos tributarios, la Directiva pretende instituir una herramienta eficaz para prevenir el fraude y el abuso fiscales y al mismo tiempo garantizar una fiscalidad justa para los contribuyentes de la UE. Para ello se prevé la creación de una prueba común, adecuada y eficaz de la residencia a efectos fiscales. La norma prevé la constitución de un Certificado digital de residencia fiscal (CDRF) que facilite el proceso de efectuar retenciones y que garantice su agilidad y proporcionalidad.

Los CDRF serán emitidos por los Estados miembros a las personas que se consideren residentes a efectos fiscales en sus respectivos territorios. En cuando a las reglas aplicables, el concepto de residencia no será armonizado a nivel europeo, sino que la definición de la residencia fiscal se entenderá según las normas nacionales de los Estados Miembros. La Directiva establece que los Estados miembros reconocerán un CDRF emitido por otro Estado miembro como prueba adecuada de la residencia de un contribuyente en ese otro Estado miembro, en la medida en la que el Estado emisor mantenga su validez. Los Estados miembros podrán introducir un proceso de verificación mediante credenciales verificables si se cumplen los requisitos técnicos de la Unión.

CAPÍTULO III

LA RESIDENCIA FISCAL DE LAS PERSONAS FÍSICAS EN ESPAÑA

1. LA RESIDENCIA FISCAL EN LOS CONVENIOS PARA EVITAR LA DOBLE IMPOSICIÓN INTERNACIONAL SUSCRITOS POR ESPAÑA

Los CDI firmados por España siguen habitualmente el MC OCDE y establecen la sujeción a impuestos por razón de la residencia por parte de España como Estado contratante. Sin embargo, en el CDI entre España y los EE.UU., debido a la legislación interna de este Estado en materia de tributación, se declara en el artículo 1, párrafo 3, aparte de la residencia como punto de conexión, otro criterio de sujeción a los impuestos comprendidos en el CDI, que en este caso es la ciudadanía. Como medida antiabuso fiscal es importante señalar que, a los efectos de la cláusula de reserva, el término "ciudadano" incluye a los ciudadanos antiguos que hubieran perdido la ciudadanía con el objeto principal de eludir la imposición durante un período de diez años a partir de tal pérdida[111]. La norma prevé que, para la aplicación de esta disposición, las autoridades competentes de los Estados contratantes se consultarán acerca de los propósitos determinantes de la pérdida de ciudadanía.

No obstante, al margen de la imposición por razón de la ciudadanía, el Protocolo y su Memorando de entendimiento establecen una interpretación según la cual un ciudadano de los Estados Unidos o un extranjero con permiso de residencia permanente en los Estados Unidos (titular de "carta verde") se considerará residente de los Estados Unidos solamente si la persona física tiene una

111 Protocolo y su Memorando de entendimiento, hechos en Madrid el 14 de enero de 2013, que modifican el Convenio entre el Reino de España y los Estados Unidos de América para evitar la doble imposición y prevenir la evasión fiscal respecto de los impuestos sobre la renta, y su Protocolo, firmado en Madrid el 22 de febrero de 1990. Apartado 3 del artículo 1.

presencia sustancial en los Estados Unidos o si debe de ser considerada residente de los Estados Unidos, y no de otro país[112].

Otro CDI con particularidad similar es el CDI entre España y Bulgaria que señala en su artículo 1, párrafo 2, como regla principal que, a los efectos del presente Convenio se consideran residentes, en el caso de Bulgaria, las personas físicas que sean nacionales de la República Popular de Bulgaria. Sin embargo, como analizaremos posteriormente, la Administración búlgara, a raíz del cambio de su legislación interna que actualmente determina la condición de residente fiscal en función de la residencia y no de la nacionalidad, emplea un procedimiento interno de reconocimiento de la condición de residencia que desobedece esta norma internacional que goza de primacía en el sistema jurídico búlgaro por encima de la ley nacional. Como profundizaremos en este asunto en el Capítulo IV. 1.1. Bulgaria, se podría considerar un caso de aplicación de la interpretación dinámica de la norma, aun así, en nuestra opinión se trata literalmente de la sustitución unilateral por parte de Bulgaria de un precepto por otro.

Por último, el CDI entre España y Suecia[113] incluye una particularidad de la legislación tributaria sueca denominada "la norma de los tres años". Según los preceptos del artículo 4, párrafo 3 del CDI tal y como se firmó entre los dos Estados, no obstante las reglas de desempate, cuando una persona física sea residente de Suecia a causa de la "norma de los tres años" contenida en las leyes fiscales suecas y es también residente de España, las autoridades competentes de los Estados Contratantes determinarán su residencia de común acuerdo. Cabe puntualizar que la versión publicada en el BOE indica literalmente lo siguiente:

"No obstante las disposiciones del párrafo 2, cuando en virtud de las disposiciones del párrafo 1 una persona física sea residente de Suecia a causa de la denominada «norma de los tres años» contenida en las leyes fiscales suecas **y no sea también residente de España**, las autoridades competentes de los Estados Contratantes determinaran su residencia de común acuerdo".

---

112 Protocolo y su Memorando de entendimiento... Op. Cit. Artículo 1. En relación con el apartado 3 del artículo 1.

113 Instrumento de Ratificación de España del Convenio entre España y Suecia para evitar la doble imposición en materia de impuestos sobre la renta y el capital y Protocolo anejo, firmado en Madrid el 16 de junio de 1976. Artículo 5. En relación con el apartado 1 del artículo 4. (Residencia).

Dicha formulación carece de sentido y, además, es importante subrayar que el CDI indicado contiene varios errores que fueron corregidos posteriormente[114]. No obstante, el error obvio contenido en el párrafo 3 del artículo 4 no fue corregido en España, aunque la versión sueca contiene la norma que indica justamente lo contrario:

"*3. Notwithstanding the provisions of paragraph 2, where by reason of the provisions of paragraph 1 an individual is a resident of Sweden on account of the so-called "three years rule" contained in the Swedish tax laws and also a resident of Spain, then the competent authorities of the Contracting States shall determine his residence by mutual agreement*".

Conviene señalar que la "norma de los tres años" fue modificada en la legislación interna sueca y actualmente se aplica "la norma de los cinco años". La regla establece que cabe la posibilidad de que los residentes suecos que trasladan su residencia desde Suecia de forma permanente se sigan considerando residentes en Suecia, a efectos fiscales, durante cinco años a contar desde el día en que el contribuyente se traslada al extranjero, siempre y cuando siga teniendo vínculos estrechos con Suecia. Es importante tener en cuenta que la carga de la prueba durante este periodo recae en el contribuyente, por lo cual, si este desea argumentar que no tiene vínculos estrechos con Suecia, debe demostrar que tales vínculos no existen. La regla de los cinco años es de aplicación tanto a los ciudadanos suecos como a los extranjeros que han sido residentes en Suecia durante (al menos) diez años.

Cabe recordar que tanto la Administración como los Tribunales españoles, a diferencia del caso mencionado de la posición de la Administración búlgara en relación con el CDI con España, han respetado la jerarquía de las normas jurídicas establecidas en los CDI y en la legislación nacional. Por el contrario, cabe aludir al caso analizado por Ribes Ribes en relación con la Resolución del TEAR de Cataluña, cuyo dictamen, contrario al artículo 96 CE, fue rectificado por el TSJ de Cataluña en su Sentencia de 22 de abril de 1996[115]. En el caso menciona-

---

[114] Véase Corrección de errores del Convenio entre España y Suecia para evitar la doble imposición en materia de impuestos sobre la renta y el capital y protocolo anejo, firmado en Madrid el 16 de junio de 1976.

[115] Ribes Ribes, A. (2003). *Convenios para evitar la doble imposición internacional: interpretación, procedimiento amistoso y arbitraje*. EDERSA. p. 251.

do, la Administración y posteriormente el TEAR de Cataluña aplicaron la Ley española del IRPF sin respetar la prevalencia del CDI entre España y Francia.

2. ANÁLISIS DE LA NORMATIVA APLICABLE Y DE SU INTERPRETACIÓN POR PARTE DE LA DOCTRINA ADMINISTRATIVA Y JURISPRUDENCIAL

2.1 ANTECEDENTES LEGISLATIVOS INTERNOS

La reforma tributaria de Alejandro Mon de 1845 (aprobada en 1844 y convertida en Ley en 1845) se considera el acontecimiento de instauración formal del sistema tributario español a través del establecimiento de impuestos directos e indirectos unificados para el territorio español que "no gravan la totalidad de la renta del contribuyente, sino algunos de los elementos que forman parte de ella"[116]. El sistema introducido se perfeccionaría por la Ley de 27 de marzo de 1900 con el establecimiento de un impuesto que gravaba la riqueza mobiliaria y en el que se incluían las rentas procedentes de trabajo personal y las de actividades económicas, así como los beneficios netos de las Sociedades[117].

La Ley publicada en la Gaceta de Madrid Nº 358 de 23 de diciembre de 1932 estableció la Contribución general sobre la renta, aplicable a partir del ejercicio económico de 1933, para las personas (naturales) que tengan su domicilio o residencia habitual dentro del territorio de la República española. La residencia habitual fue definida sobre la base de la permanencia por más de seis meses durante un año natural en el territorio de la República, sin computar las ausencias, cuando por las circunstancias en que se realicen no deba inducirse la voluntad de ausentarse definitivamente[118].

---

116 Simón Acosta, E. (1999). *El nuevo impuesto sobre la renta de las personas físicas*. Elcano: Aranzadi, pp. 15 y ss.

117 Álvarez Martínez, J., Capítulo i. El sistema impositivo en España. En: Álvarez Martínez, J., García Moreno, V. A. & Herrera Molina, P. M. (Dir.) (2023). *Manual de Derecho Tributario. Parte Especial* (Vigésima edición). Aranzadi. p. 50.

118 La norma dejaba exentos de la obligación personal de contribuir a los representantes de Estados extranjeros a título de reciprocidad y definía como sujetos al impuesto (contribución) español a los empleados del Estado español que tuviesen su domicilio legal en el extranjero.

Cabe mencionar que la Ley contenía una regla claramente política que consiste en el establecimiento de una medida fiscal penitenciaria. La norma declaraba sujetos a la contribución a los "súbditos españoles, aunque tuviesen en el extranjero su domicilio o residencia habitual, si estuviesen declarados en rebeldía por las autoridades competentes de la República".

Por otra parte, cabe subrayar el factor subjetivo de la previsión de la permanencia en territorio español y la intención de establecerse o no de forma definitiva en el extranjero. En ese momento se hizo constar el efecto determinante de la intencionalidad que, como analizaremos posteriormente mediante la doctrina del Tribunal Supremo, fue una cuestión que se transformó por completo. Las razones formuladas por el TS eliminarían con posterioridad el vértice subjetivo de la permanencia y la previsión de esta, consideración que el TS reiteró en varias Sentencias. Sin embargo, el párrafo Dos de Ley del 1932 disponía en aquel momento que, "Para computar el período de residencia no se descontarán las ausencias cuando, por las circunstancias en que se realicen, deba inducirse la voluntad de no ausentarse definitivamente".

La formulación dejaba otra laguna legal relacionada con el elemento temporal de la estancia. Aunque la tributación se imponía para el periodo anual, la norma no contemplaba el establecimiento en el extranjero por un periodo prolongado, o un periodo más acorde con el ejercicio fiscal, sino que buscaba un cambio de residencia habitual definitivo.

Posteriormente la Reforma Tributaria de 1957 efectuó una reestructuración de los impuestos. "Nominalmente buscaba simplificar el cuadro fiscal; en realidad, lo que hizo fue desmembrar algunos impuestos directos preexistentes y reagruparlos dándole una nueva denominación, así como integrar la imposición sobre el consumo en los Impuestos sobre el gasto".[119]

Más adelante, mediante la Ley 41/1964, de 11 de junio, de Reforma del Sistema Tributario se estipuló el Impuesto General sobre la Renta de las personas físicas. Su artículo 111 definía a las personas naturales sujetas al impuesto de la siguiente manera:

a) Las que tengan su domicilio o residencia habitual en el territorio nacional; y

---

[119] Comín Comín, F. & Vallejo Pousada, R. (2012). La reforma tributaria de 1957 en las Cortes franquistas. *Investigaciones de historia económica*. Núm. 8.3. p. 157.

b) Las que sin estar comprendidas en el apartado anterior obtengan ingresos en dicho territorio.

El concepto de residencia habitual se estableció legalmente en el propio artículo, definido como "la permanencia por más de seis meses, durante un año natural, en el territorio de la nación". La norma mantuvo el factor de la intencionalidad o la "voluntad de no ausentarse definitivamente" en el cómputo de los periodos de permanencia en territorio español. La normativa mantuvo la exención de la obligación de contribuir para los representantes de los Estados extranjeros acreditados en España, a condición de reciprocidad, "habida cuenta de la naturaleza y no de la denominación de los impuestos extranjeros"; además, declaraba residentes en territorio nacional a los empleados del Estado español que tuviesen domicilio legal en el extranjero por razón de cargo o empleo oficial, salvo que, conforme a las leyes fiscales del país donde tengan su domicilio legal, sean gravados como residentes en él por impuesto de naturaleza análoga.

La Ley 44/1978, de 8 de septiembre, del Impuesto sobre la Renta de las Personas Físicas introdujo la reforma fiscal de 1978. El artículo 4.1.a) definía la sujeción al impuesto por obligación personal de las personas físicas que tengan su residencia habitual en territorio español. En consecuencia, y en virtud del artículo 7, se definía explícitamente la sujeción a imposición "por la totalidad de los rendimientos e incrementos de patrimonio que obtengan, con independencia del lugar donde se hubiesen producido y cualquiera que sea la residencia del pagador".

La residencia habitual de las personas físicas se definió por razón de la permanencia durante más de 183 días, en un año natural, en el territorio español. La condición importante en relación con el cómputo de los días se estipuló en el párrafo 2, según el cual, para computar el período de residencia no se tendrán en cuenta las ausencias, cuando por las circunstancias en las que se realicen pueda inducirse que aquéllas no tendrán una duración superior a tres años. Se establecía también la sujeción a imposición por obligación personal para las personas físicas de nacionalidad española que tuviesen su domicilio o residencia habitual en el extranjero por su condición de Miembros de Misiones diplomáticas españolas.

En el ámbito de la tributación internacional, el artículo 9 declaraba que, "Cuando no procediere la aplicación de normas específicas derivadas de los Tratados internacionales en los que España sea parte, no se considerarán sometidos a la obligación personal, a título de reciprocidad, y sin perjuicio del sometimiento a la obligación real de contribuir, los súbditos extranjeros residentes en España cuando esta circunstancia fuera consecuencia de alguno de los supuestos contemplados en el artículo anterior, aplicados a las relaciones de los Estados extranjeros con el Estado español, así como cuando dichos súbditos sean funcionarios de Organismos internacionales con sede en España".

La Ley de 1978 quedó derogada con la Ley 18/1991, de 6 de junio, del IRPF con entrada en vigor desde el ejercicio fiscal del 1992. La nueva ley especificaba su ámbito territorial excluyendo concretamente los regímenes tributarios forales de Concierto y Convenio Económico en vigor, respectivamente, en los Territorios Históricos del País Vasco y en la Comunidad Foral de Navarra.

El artículo 11.Uno. a) establecía la sujeción al impuesto por obligación personal para las personas físicas que tuvieran su residencia habitual en territorio español.

La residencia habitual quedó definida en el artículo 12 en virtud de las dos condiciones no cumulativas, muy similares a las vigentes actualmente: 1) la presencia en el territorio español por más de 183 días, durante un año natural; 2) que radique en España el núcleo principal o la base de sus actividades empresariales o profesionales o de sus intereses económicos. Además, se estableció la presunción familiar como una presunción *iuris tantum*, en función de la residencia habitual en España del cónyuge no separado legalmente y los hijos menores de edad que dependan del contribuyente.

Para determinar el período de permanencia en territorio español de un sujeto pasivo se computaban sus ausencias temporales, salvo que demostrara su residencia habitual en otro país durante 183 días en el año natural.

La Ley vigente desde 1999 hasta 10 de marzo de 2004[120] mantuvo la redacción de la norma que definía el concepto de "residencia habitual", pero el legislador introdujo una aclaración en relación con la determinación de la permanencia en el territorio español. Según la formulación del art. 9.1.a), para determinar el período de permanencia de más de 183 días durante un año natural en territorio español se computarán las ausencias esporádicas, salvo que el contribuyente acredite su residencia fiscal en otro país. No obstante, en el supuesto de países o territorios de los calificados reglamentariamente como paraíso fiscal, la Ad-

120 La reforma parcial del IRPF introducida por la Ley 46/2002, de 18 de diciembre, de reforma parcial del Impuesto sobre la Renta de las Personas físicas y por la que se modifican las Leyes de los Impuestos sobre Sociedades y sobre la Renta de no Residentes no afecta al concepto de "residencia habitual".

ministración tributaria podía exigir que se probara la permanencia en el mismo durante ciento ochenta y tres días en el año natural.

La Ley de 1998 fue derogada por el Real Decreto Legislativo 3/2004, de 5 de marzo, por el que se aprobó el texto refundido de la Ley del Impuesto sobre la Renta de las Personas Físicas, en vigor desde 11 de marzo de 2004 hasta 1 de enero de 2007 cuando entró en vigor la normativa actualmente vigente. Las disposiciones aplicables en las dos últimas leyes del IRPF son muy similares en su filosofía y expresión, y muestran diferencias en la distribución del contenido en artículos diferentes y algunas puntualizaciones que facilitan su cumplimiento e interpretación.

2.2. ANÁLISIS DE LA LEGISLACIÓN APLICABLE Y DE SU INTERPRETACIÓN ADMINISTRATIVA Y JURISPRUDENCIAL

La Ley 35/2006, de 28 de noviembre, del IRPF y de modificación parcial de las leyes de los Impuestos sobre Sociedades, sobre la Renta de no Residentes y sobre el Patrimonio físicas (LIRPF) indica en su art. 8.1 que los contribuyentes por este impuesto serán:

a) Las personas físicas que tengan su residencia habitual en territorio español.

b) Las personas físicas que tuviesen su residencia habitual en el extranjero por alguna de las siguientes circunstancias previstas en el artículo 10.

Profundizaremos en este último grupo de contribuyentes en el apartado 2.2.3.1. Funcionarios públicos o titulares de cargo o empleo público españoles en el extranjero, del presente Capítulo de nuestro trabajo.

2.2.1. La residencia habitual en territorio español

El art. 9 de la LIRPF regula el contenido del concepto "residencia habitual" de las personas físicas a efectos fiscales mediante dos condiciones determinantes no cumulativas: la presencia en España por más de 183 días durante el año natural y el núcleo o centro de actividades o intereses económicos, de forma directa o indirecta. El legislador mantiene la presunción familiar, relacionada con la residencia habitual del cónyuge no separado legalmente y los hijos menores de edad que dependan del contribuyente. Por otra parte, no se considerarán contribuyentes, a título de reciprocidad, los nacionales extranjeros que tengan su residencia habitual en España, cuando esta circunstancia fuera consecuencia de alguno de los supuestos establecidos en el apartado 1 del artículo 10 de esta Ley y no proceda la aplicación de normas específicas derivadas de los tratados internacionales en los que España sea parte.

Adicionalmente, deberíamos concretar los límites de nuestro trabajo en el sentido de ceñirnos a la definición de la residencia fiscal al margen de la forma de sujeción a impuestos de las rentas concretas. En este sentido es oportuno mencionar la doctrina del TEAC en cuanto a la tributación por el IRPF o por el IRNR de las rentas satisfechas por un pagador residente en España por trabajos realizados en otro país. Cabe señalar en este sentido la resolución del TEAC 4031/2020[121] de fecha 28 de marzo de 2023, en la que reiteró el criterio establecido en la Resolución del TEAC de 19 de diciembre de 2022 con Nº RG 3489-2019 y resolvió que los rendimientos del trabajo derivados de un contrato laboral con una entidad española por el que se remuneran trabajos efectivamente realizados en otro país han de computarse como rentas procedentes de ese país a efectos del artículo 9.1.b) LIRPF.

2.2.1.1. La presencia en territorio español por más de 183 días durante el año natural

La primera circunstancia a la que se refiere el artículo 9.1 de la LIRPF para determinar la residencia habitual de las personas físicas es su permanencia en territorio español durante más de 183 días en el año natural. García Moreno[122] indica que "en este punto se ponen de relieve los problemas que plantea la ausencia de una regulación armonizada en el ámbito internacional acerca de los criterios que permiten unificar el concepto de residencia fiscal" - un problema que "no siempre encuentra respuesta adecuada en los CDI".

Las características clave de la residencia fiscal determinada en base a la permanencia en España por más de 183 días difieren de las peculiaridades en la interpretación en los países del *common law*[123], especialmente en el elemento subjetivo de la definición.

---

121 Resolución del TEAC de 28 de marzo de 2023, RG 00/4031/2020 (*Tol 10358692*).

122 García Moreno, A. (2023) en: Álvarez Martínez, J., García Moreno, V. A. & Herrera Molina, P. M. (Dir.) (2023). Op. Cit. p. 93.

123 Contrariamente al entendimiento de los Tribunales españoles, la intencionalidad como factor subjetivo es una de las características indispensables del concepto de residencia y

La jurisprudencia del TS en relación con el artículo 9 de la Ley del Impuesto sobre la Renta de las Personas Físicas, norma jurídica que regula la residencia fiscal de las personas físicas, es relativamente amplia, pero repetitiva especialmente en el vértice subjetivo relacionado con la intencionalidad y la duración de la ausencia.

En la aplicación de las reglas de residencia fiscal de la Ley 44/1978, de 8 de septiembre, del IRPF, se produjo una disputa relacionada con la definición de la residencia fiscal de personas físicas que dio lugar a la Resolución del TEAC 16 de abril de 1998. En este caso, un contribuyente que había permanecido durante el año fiscal 1986 en Inglaterra durante 250 días, consideraba que era residente fiscal en el país extranjero para este ejercicio y pagó su impuesto sobre la renta allí. La Administración española, en cambio, lo consideró residente fiscal en España y como consecuencia le aplico una sanción grave. La Resolución es interesante por la motivación del Tribunal relacionada con la temporalidad y la intencionalidad de las ausencias. Domínguez García hace dos matizaciones a la Resolución: 1ª) La puntualización que hace el Tribunal que "las ausencias se producen por motivos puramente laborales", parece que equipara este motivo a una ausencia temporal o una presunción de temporalidad. El autor califica este hecho como carente de sentido; y 2ª) La aplicación de una sanción "grave" a un ciudadano por creerse residente del Reino Unido, hasta el punto de pagar allí sus impuestos puede parecer excesivo, según el experto, "salvo que del expediente se deduzca la intencionalidad de acogerse a este tipo de residencias parciales"[124].

El TS emitió varias sentencias para resolver los litigios de contribuyentes en situaciones prácticamente idénticas. El litigio que dio lugar a la Sentencia del Tribunal Supremo de fecha 6 de marzo de 2018[125] versó sobre el caso de un contribuyente - beneficiario de una beca del Instituto Español de Comercio Exterior

---

domicilio en la jurisdicción británica que se establece en base a la concurrencia de dos factores imprescindibles, "*animo et facto*: (1854) Kay 341, 69 E.R. 145, Forbes v. Forbes.: "Que no se puede adquirir un nuevo domicilio sino por intención y acto".
La Sentencia del caso Re Fuld [1968] p 675 recoge la siguiente aclaración: "la persona y el ordenamiento jurídico del territorio se basan en una combinación de residencia e intención". Además, el Juez Scarman declara que "la intención necesaria debe probarse de manera clara e inequívoca".

124 Domínguez García, J. L. (2002). *Fiscalidad internacional: convenios de doble imposición: doctrina y jurisprudencia de los tribunales españoles (años 1998, 1999, 2000)*. Aranzadi. pp. 82-83.

125 STS RES: 353/2018, de 6 de marzo, REC: 929/2017 (*Tol 6538704*).

(ICEX) en virtud de la que suscribió un contrato, conforme al cual desarrollaría su labor, desde el 1 de octubre de 2010 hasta el 30 de septiembre de 2011, en la Oficina Económica y Comercial de España en Nairobi, un país no calificado como paraíso fiscal. La Administración determinó que la persona física fue residente en España y contribuyente por el IRPF, mientras que el contribuyente alegó ser no residente a efectos fiscales.

El Tribunal resolvió en base a los siguientes factores determinantes: 1) el hecho objetivo de permanencia fuera del país; 2) el factor subjetivo de la intencionalidad de establecer la residencia en otro país; y, 3) la acreditación de la residencia fiscal.

El TS falló a favor del contribuyente y fijó criterios interpretativos. Según el Alto Tribunal, la ausencia por una beca de estudios no se puede considerar ausencia esporádica y, además, el concepto de ausencias esporádicas debe atender exclusivamente al dato objetivo de la duración y la intensidad de la permanencia fuera del territorio español, sin que para su concurrencia pueda ser vinculado con la voluntad de la persona física de establecerse fuera de territorio español.

El TS se pronunció reiteradamente de forma idéntica en varias sentencias[126]. Aunque los otros casos objeto de litigio hacen referencia a estancias en otros

[126] En el mismo sentido se pronuncia el TS, Sala de lo Contencioso en sus sentencias STS RES: 357/2018, de 6 de marzo de 2018, REC: 931/2017 (*Tol 6538655*); STS RES: 354/2018, de 6 de marzo de 2018, REC: 935/2017 (*Tol 6538613*); STS RES: 358/2018, de 6 de marzo de 2018, REC: 933/2017 (*Tol 6538691*); STS RES: 334/2018, de 1 de marzo de 2018, REC: 934/2017 (*Tol 6534482*); STS RES:193/2018, de 8 de febrero de 2018, REC: 830/2017 (*Tol 6534293*); STS RES: 191/2018, de 8 de febrero de 2018, REC: 825/2017 (*Tol 6534467*); STS RES: 192/2018, de 8 de febrero de 2018, REC: 826/2017 (*Tol 6534355*); STS RES: 190/2018, de 8 de febrero de 2018, REC: 816/2017 (*Tol 6534491*); STS RES: 194/2018, de 8 de febrero de 2018, REC: 833/2017 (*Tol 6534445*); STS RES: 53/2018, de 18 de enero de 2018, REC: 823/2017 (*Tol 6494683*); STS RES: 57/2018, de 18 de enero de 2018, REC: 894/2017 (*Tol 6494638*); STS RES: 56/2018, de 18 de enero de 2018, REC: 831/2017 (*Tol 6486701*); STS RES: 42/2018, de 16 de enero de 2018, REC: 822/2017 (*Tol 6501987*); STS RES: 43/2018, de 16 de enero de 2018, REC: 828/2017 (*Tol 6494678*); STS RES: 40/2018, de 16 de enero de 2018, REC: 821/2017 (*Tol 6486659*); STS RES: 34/2018, de 16 de enero de 2018, REC: 817/2017 (*Tol 6486615*); STS RES: 35/2018, de 16 de enero de 2018, REC: 820/2017 (*Tol 6486765*); STS RES: 28/2018, de 16 de enero de 2018, REC: 824/2018 (*Tol 6486674*); STS RES: 27/2018, de 16 de enero de 2018, REC: 811/2017 (*Tol 6486619*); STS RES: 41/2018, de 16 de enero de 2018, REC: 829/2017 (*Tol 6486685*); STS RES: 1967/2017, de 14 de diciembre de 2017, REC: 810/2017

países, donde hayan sido destinadas las personas físicas recurrentes, los recursos, los motivos y los fallos se repiten íntegramente y coinciden con el contenido detallado en la Sentencia 353/2018. Las características clave de los fallos son las siguientes[127]:

El **hecho objetivo** de haber permanecido el contribuyente fuera de España más de 183 días durante el año natural que se corresponde con el período impositivo, no sólo es un hecho cierto y objetivo, reconocido por la Administración. Se trata de una circunstancia en absoluto relacionada con algo ocasional, sino que era una ausencia continuada, permanente y además con la finalidad de buscar y abrir caminos profesionales en el sector exterior, es decir, directa e íntimamente relacionado con la posibilidad más que cierta de que tuviese una consecuencia, obtener un trabajo en ese sector, es decir, fuera de España[128].

Referente al **hecho subjetivo** relacionado con la intención de regresar a España indica que "no existe ningún elemento del que se pueda desprender la inexistencia de esa intención de residir fuera de España. En todo caso no sería fácil, desde el punto de vista probatorio, supeditar la obligación de tributar a la concurrencia de un elemento subjetivo como es el de la intención de residir fuera de España. Todo ello además si tenemos en cuenta la imprevisibilidad de esa circunstancia objetiva de la residencia".

En relación con la exigencia de la Administración de **acreditación de la residencia fiscal en otro país**, o la tributación también en otro Estado, no son requisitos exigibles en un supuesto como el aquí expuesto, donde la Administración no invoca que este último hubiese sido en un territorio considerado como paraíso fiscal.

Las sentencias fijan dos criterios interpretativos: 1) que la ausencia por una beca de estudios no se puede considerar ausencia esporádica y 2) que el concep-

(*Tol 6464440*); STS RES: 1860/2017, de 28 de noviembre de 2017, REC: 807/2017 (*Tol 6459506*); STS RES: 1851/2017 de 28 de noviembre de 2017, REC: 813/2017 (*Tol 6459461*).

127 STS RES: 353/2018, de 6 de marzo de 2018, REC: 929/2017 (*Tol 6538704*).

128 STS de 6 de marzo de 2018 (rec. 929/2017), Op. Cit. señala lo siguiente: "El concepto de ausencias esporádicas debe atender exclusivamente al dato objetivo de la duración o intensidad de la permanencia fuera del territorio español, sin que para su concurrencia pueda ser vinculado a la presencia de un elemento volitivo o intencional que otorgue prioridad a la voluntad del contribuyente de establecerse de manera ocasional fuera del territorio español, con clara intención de retorno al lugar de partida". (*Tol 6538704*).

to de ausencias esporádicas debe atender exclusivamente al dato **objetivo** de la duración y la **intensidad** de la permanencia fuera del territorio español, sin que para su concurrencia pueda ser vinculado con la voluntad de la persona física de establecerse fuera de territorio español.

La Resolución del TEAC 4045/2020, de 28 de marzo de 2023[129], examina el término "días de permanencia" y declara de nuevo que la permanencia debe analizarse atendiendo a criterios objetivos, al margen de todo **elemento volitivo o intencional**, con independencia de si esos días son consecutivos o si se interrumpen por entradas y salidas continuas del territorio de España. El TEAC fija criterio sobre la definición del concepto de permanencia ex artículo 9.1.a) de la LIRPF que "se integra por el cómputo agregado de tres estadios: presencia certificada, días presuntos y ausencias esporádicas".

La **presencia certificada** es la acreditada mediante medio de prueba incuestionable. Acreditada la presencia un día por el pertinente medio de prueba, se computa asépticamente, sin que sea preciso que se pruebe (ni por la Administración ni por el contribuyente) una estancia de varios días seguidos. El día se computa íntegramente, sin que se requiera un número mínimo de horas. (Comentario 5 al art. 15 del Modelo Convenio OCDE).

Los **días presuntos** son los que transcurren razonablemente entre dos presencias certificadas; pese a que no se conoce por prueba certificada que el interesado estuviera en España, al tratarse de un numero razonable de días consecutivos y encontrarse entre días de presencia certificada, pueden computarse como días de permanencia del art. 9.1.a), salvo que se pruebe una presencia certificada fuera de territorio español. En este contexto, Delgado Pacheco advierte que el TEAC constituye una doctrina basada en la diferenciación de los días de presencia[130] - días de presencia certificada y días presuntos y avisa sobre la confusión que podría crear el concepto de "presencia certificada" desde el punto de vista de su acreditación. Como bien indica Delgado Pacheco, es razonable presumir que el contribuyente se encuentra en territorio español desde el día de su llegada hasta el día que lo abandona, señalando en este sentido el artículo 108.2 de la LGT y el artículo 385 de la Ley de Enjuiciamiento Civil[131] que, sin embargo este tema se

---

129 Resolución del TEAC de 28 de marzo de 20203, RG 00/4045/2020 (*Tol 10358718*).

130 Delgado Pacheco, A. (2023). La doctrina del TEAC sobre la residencia fiscal de personas físicas. *Revista Técnica Tributaria*. Nº 142/2023. p. 247.

131 Delgado Pacheco, A. (2023). Op. Cit. p. 253.

debe abordar de forma individual especialmente en los casos de desplazamientos transfronterizos sobre los cuales la legislación española, a diferencia de la normativa estadounidense, no se pronuncia de forma determinada[132].

Referente a las **ausencias esporádicas** señala el TEAC que, como resulta del propio tenor literal del artículo 9.1 a) LIRPF, las ausencias esporádicas son un elemento a adicionar a los días de presencia efectiva (integrados por la adición de los días de presencia certificada y los días presuntos) para, de esta forma, determinar si la permanencia agregada en España es superior a los 183 días. Son, en definitiva, un refuerzo a las conclusiones de permanencia en territorio español o en el extranjero, pero, claro está, no estrictamente imprescindibles cuando con los días de presencia efectiva ya se ha alcanzado el umbral mínimo exigido por la Ley de 184 días.

La resolución del TEAC RG 04812/2020[133], reitera el criterio fijado en la anterior (RG 4045/2020) y define los conceptos de presencia certificada, días presuntos y ausencias esporádicas de forma homogénea.

2.2.1.2. El núcleo principal o la base de las actividades o intereses económicos

La segunda condición que define la residencia fiscal en España es, según el artículo 9.1b) de la LIRPF: "Que radique en España el núcleo principal o la base de sus actividades o intereses económicos, de forma directa o indirecta".

García Moreno[134] puntualiza que corresponde a la Administración la carga de la prueba de que efectivamente radica en España el núcleo principal de las actividades o intereses económicos del contribuyente.

De igual modo podríamos añadir que la problemática de la residencia fiscal, en general, es un asunto cuya carga probatoria se atribuye a la Administración en cuanto a los hechos que originan la liquidación, mientras que, al amparo del artículo 105 LGT: "en los procedimientos de aplicación de los tributos quien haga valer su derecho deberá probar los hechos constitutivos del mismo".

---

132 Véase Capítulo IV. 2.1. Estados Unidos de América.

133 Resolución del TEAC de 25 de abril de 2023, RG 00/04812/2020 (*Tol 10358742*).

134 García Moreno, A. (2023), Capítulo ii. Impuesto sobre la renta de las personas físicas (residentes), en: Álvarez Martínez, J. et al. *Manual de Derecho tributario*. Op. Cit. p. 93.

A tal fin, cabe citar la SAN de 28 de septiembre de 2022 (recurso 958/2019), que aporta las siguientes matizaciones: "Conviene recordar que en materia de residencia fiscal corresponde a la Administración aportar datos de los que se infiera la existencia de domicilio fiscal en España de conformidad con lo establecido en la Ley, y si tales indicios son suficientes, corresponde al obligado tributario, demostrar su residencia en otro Estado. En esta línea, la SSTS de 16 de junio y 13 de octubre de 2011 (Rec. 4029 y 2283/2008), recuerdan que es doctrina constante de la Sala que "establecida la presunción ["se entenderá"], correspondía a la parte demostrar la residencia en otro Estado". Regla que no es sino una razonable aplicación de la distribución de la carga de la prueba en materia tributaria, pues siendo cierto que corresponde a la Administración probar "los hechos en que descansa la liquidación impugnada", no es menos cierto que "cuando la liquidación tributaria se funda en las actuaciones inspectoras practicadas, que constan debidamente documentadas, es al contribuyente a quien incumbe desvirtuar las conclusiones alcanzadas por la Administración". Y así, en la STS de 16 de junio de 2011 (Rec. 4029/2008) se sostiene que es obligación del "sujeto sometido a comprobación de probar su residencia fuera de España cuando la Administración lo ha considerado residente en nuestro territorio".

Desde el punto de vista de nuestro trabajo, resultan interesantes las interpretaciones de las normas fiscales cuando existen varios Estados que representan el centro de intereses económicos de índole diferente. Al hilo de la consulta formulada ante la DGT y resuelta por esta con fecha 18 de mayo de 2010[135], la consultante, de nacionalidad española y casada con un militar norteamericano, con dos hijos, indicó que venía residiendo en diferentes países en el extranjero. En el territorio español, lugar donde radican todos sus bienes, residía dos meses al año. Las autoridades fiscales americanas no expidieron un certificado de residencia fiscal. Cabe mencionar al respecto que, en la medida en que concurra cualquiera de las circunstancias expuestas en el artículo 9 de la Ley de IRPF, la consultante sería considerada residente fiscal en España y, por tanto, contribuyente del IRPF. El órgano consultivo reconoció que la consultante por el tiempo de permanencia en Estados Unidos (o en otro Estado), o por cualquier otra circunstancia recogida en la legislación interna de otros países, podría ser considerada residente fiscal en el otro país por el mismo período impositivo en el que fuera considerada residente en España. Ante el conflicto de residencia, la DGT interpretó que la residencia fiscal en otro Estado debe ser probada por la contribuyente mediante

135 CV de la DGT V1043-10, de 18 de mayo de 2010 (*Tol 1868611*).

la presentación de un certificado de residencia fiscal a efectos del Convenio y posteriormente, el conflicto sería objeto de resolución mediante la aplicación de las reglas de desempate.

Avanzando con el examen del centro de intereses económicos, resulta interesante abordar el examen de la CV de la DGT de fecha 19 de diciembre de 2016[136]. De acuerdo con los hechos planteados, desde el año 2008 hasta el año 2015 fue residente fiscal en España. Anteriormente tenía la vecindad civil en Andorra desde el 22 de abril de 1991, donde fue residente fiscal hasta el año 2007 inclusive. En el año 2016 se convirtió de nuevo en residente fiscal en Andorra. La cuestión planteada abordaba las reglas de desempate establecidas en el artículo 4.2 del CDI entre España y Andorra para resolver el posible conflicto de residencia, además de la aplicación del *exit tax* previsto en el artículo 95bis de la LIRPF con motivo de la pérdida de la condición de residente fiscal en España.

El consultante manifestaba que no tenía prevista una permanencia en territorio español superior a 183 días por año natural. No disponía de una vivienda permanente en España. Además, estaba en posesión de un certificado de residencia fiscal emitido por las autoridades andorranas a efectos del CDI suscrito entre España y Andorra.

Según el órgano consultivo no procedía la presunción familiar; tampoco concurría el criterio de permanencia en dicho territorio. No obstante, en cuanto al criterio de actividad o intereses económicos, si bien el núcleo de su patrimonio consistía en la participación que ostentaba en una sociedad, domiciliada en Luxemburgo, la DGT interpretó que parecía razonable no atender únicamente a este hecho, sino considerar que los activos de esta sociedad estaban situados en España, toda vez que la sociedad citada participaba en otra entidad - con domicilio y sede de dirección en España. Por otra parte, el consultante mencionó la percepción de una remuneración mercantil por su actividad, desarrollada parcialmente en España, aunque esta exigía su presencia física fuera de España por un tiempo superior al requerido en dicho país.

Por consiguiente, a falta de más datos, la DGT interpretó que podría entenderse que tanto el patrimonio como las rentas del consultante estaban íntimamente ligados a España, concurriendo por tanto el criterio de intereses económicos a efectos de considerarlo residente fiscal en dicho país tanto en el año 2016 como en los sucesivos en los que se mantengan las circunstancias descritas.

---

136 CV de la DGT V5353-16, de 19 de diciembre de 2016 (*Tol 6351759*).

Puesto que Andorra también consideraba al consultante como residente fiscal, el órgano consultivo señaló que el conflicto de residencia debía resolverse mediante la aplicación de las reglas de desempate establecidas en el artículo 4.2 del Convenio entre el Reino de España y el Principado de Andorra. El primer criterio dirimente de la residencia fiscal, en virtud del artículo transcrito, es el de la vivienda permanente a disposición del consultante. Los Comentarios 12 y 13 al artículo 4 del MC OCDE, en base a los cuales debe ser interpretado el citado artículo del Convenio, indican lo siguiente en relación con la consideración del criterio de vivienda permanente:

"12. La letra a) quiere decir, por lo tanto, que para la aplicación del Convenio (cuando hay conflicto entre las legislaciones de los dos Estados) se considera como residencia de la persona física el lugar donde tiene la propiedad o el disfrute de una vivienda; esa vivienda debe ser permanente, es decir, la persona física la habrá amueblado y reservado para su uso permanente, a diferencia de la estancia en un determinado lugar en condiciones tales que sea evidente que la misma sea de corta duración.

13. En lo referente al concepto de vivienda, es necesario señalar que puede tomarse en consideración cualquiera de sus formas (casa o apartamento, en propiedad o en arrendamiento, habitación alquilada con muebles). Lo esencial es el carácter permanente de la vivienda; lo cual significa que la persona física ha dispuesto lo necesario para que el alojamiento esté disponible en cualquier momento, de una manera continuada y no ocasionalmente para estancias que, por las razones que las motiven, han de ser necesariamente de corta duración (viajes de placer, de negocios, de estudios, asistencia a cursos en escuelas, etc.)".

El órgano consultivo interpretó que, puesto que el consultante, a pesar de residir habitualmente en Andorra y estar en ese Estado más de 183 días durante el año natural, desarrolla en España la actividad de la que derivan sus rentas, podría darse el caso de que dispusiera de una vivienda permanente en España en los términos indicados en los Comentarios citados.

No obstante, teniendo en cuenta que el consultante no estaba en posesión de una vivienda permanente a su disposición en España y sí la poseía en Andorra, el conflicto de residencia y para los ejercicios para los que resultase de aplicación el Convenio, debía resolverse a favor de ser considerado residente en Andorra, tributando en España por el IRNR, únicamente por las rentas procedentes de fuente española que pudiera obtener y resultasen sujetas según la normativa interna (TRLIRNR), y el Convenio aplicable.

Todo ello sin perjuicio de lo previsto en el apartado II del Protocolo del citado Convenio, según el cual: "Las personas acogidas al régimen especial previsto en la disposición transitoria tercera de la Ley andorrana 5/2014 del 24 de abril, del impuesto sobre la renta de las personas físicas, no tendrán derecho a la aplicación del presente Convenio".

A continuación, es relevante analizar la doctrina del TEAC en cuanto a la determinación de la ubicación del núcleo principal de las actividades o intereses económicos. El TEAC estableció dos criterios en su Resolución de 24 de mayo de 2022[137], que resolvió cuestiones relacionadas con la residencia fiscal desde el punto de vista de la determinación de la ubicación del núcleo principal de las actividades o intereses económicos.

El TEAC estableció que la norma aplicable, el artículo 9.1.b) de la LIRPF, no define qué se entiende por núcleo principal o base de sus actividades o intereses económicos. Basándose en resoluciones anteriores (RG 2008/2019, de 22-02-2021), el TEAC sostiene que "sería una interpretación limitada, y desacertada, atender únicamente a la ubicación de las diferentes modalidades de renta obtenidas por el contribuyente, ya que, pese a que nos encontremos ante un impuesto que grava la renta, el precepto no acude sólo a las fuentes de renta, sino que nos conduce a "las actividades o intereses económicos". Por ello, deben tenerse en cuenta otros criterios, como la localización del patrimonio generador de renta, el lugar de gestión y administración del patrimonio, el lugar donde se manifiesta la capacidad contributiva, bien a través de los ingresos, bien de los gastos, y el lugar de gestión de rentas si éstas tienen su origen en actividades económicas".

Este criterio fue ratificado, añadiendo en su apoyo lo concluido por la SAN de 10 de noviembre de 2021[138], que estima que, para determinar la localización del núcleo principal o base de sus actividades o intereses económicos se han de tomar en consideración todos los criterios objetivos que permitan determinarla, es decir, tanto el lugar donde se ha obtenido el mayor volumen de rentas como el lugar donde se concentre la mayor parte de sus inversiones, todo ello analizando en cada caso las pruebas existentes, reiterando el criterio de la Resolución del TEAC de 22 de febrero de 2021, RG 2008/2019. Con más detalle, la resolución especifica que, "No se trata de la prevalencia de unas relaciones sobre otras (económicas y/o personales) sino de la ponderación conjunta de las circunstancias

---

137 Resolución del TEAC de 24 de mayo de 2022, RG 1527/2019 (*Tol 10359128*).

138 SAN de 10 de noviembre de 2021, Rec. Núm. 3/2018 (*Tol 8695224*).

concurrentes. Considerando, como ya se ha analizado, que el centro de intereses económicos radica en España y no en PAÍS_1, dada la escasa información aportada por el reclamante, procede analizar el centro de relaciones personales y familiares del reclamante".[139]

Resulta interesante señalar que el TEAC, a diferencia de la postura del TS en la Sentencia 778/2023, que analizaremos más adelante, revindica la independencia de la Administración española: "Es evidente la nula importancia que tiene la interpretación y/o aplicación que de sus normas tributarias o del correspondiente CDI realicen las autoridades fiscales extranjeras para el caso que nos ocupa pues, lo que se trata de valorar es si la actuación de la Administración española es conforme o no a lo preceptuado en nuestro ordenamiento".[140]

En un orden diferente de consideraciones, es fundamental la STS de 12 de junio de 2023[141], que resulta especialmente importante en varios aspectos. En el caso objeto del litigio, el contribuyente había acreditado su residencia fiscal en aplicación del CDI entre España y EEUU. La Sección Primera de la Sala Tercera del Tribunal Supremo, en Auto de 20 de julio de 2022, apreció que son varias las cuestiones que presentan interés casacional objetivo para la formación de la jurisprudencia.

Una de las cuestiones que trató el Tribunal Supremo fue "determinar si la expresión "núcleo principal o base de sus actividades o intereses económicos" que emplea el artículo 9.1.b) LIRPF como criterio para determinar la residencia fiscal en España, puede interpretarse en el sentido de que, para que se entienda cumplido tal criterio, basta con que el interesado sea titular de un patrimonio inmobiliario o mobiliario en España del que no proceden ingresos. Concretamente, si esa única circunstancia es suficiente, por sí sola, para enervar la eficacia de un certificado de residencia fiscal emitido por las autoridades fiscales de un país que ha suscrito con España un CDI, cuando dicho certificado se extiende "a los efectos de dicho CDI".

139 El TEAC reitera la aplicación del concepto de "ponderación conjunta de todos los indicios", con motivo de la definición del centro de interés económico en su Resolución del 23 de febrero de 2023, Procedimiento 00-04549-2020 (*Tol 10358663*).

140 Resolución del TEAC de 24 de mayo de 2022, RG 1527/2019. Op. Cit. FD. Décimo. (*Tol 10359128*).

141 STS RES: 778/2023, de 12 de junio de 2023, REC: 915/2022 (*Tol 9626597*).

Siguiendo con nuestro análisis de las cuestiones relativas a la "regla de desempate" denominada "centro de intereses vitales", y el debate sobre si el "centro de intereses vitales" es equiparable al término empleado en el artículo 9.1.b) de la LIRPF, "núcleo principal o la base de sus actividades o intereses económicos de forma directa o indirecta" o el criterio del patrimonio en España, es imprescindible analizar la STS de 8 de julio de 2024[142]. Debemos admitir que queda sin aclarar adecuadamente la duda planteada en este caso transfronterizo que encadenaba rentas obtenidas en varios países. El recurrente, futbolista profesional de un club de futbol inglés, encadenó cesiones a clubes en España y Alemania, siendo el titular de sus derechos federativos el club de origen[143]. Según resume la sentencia, tanto el CDI entre España y el Reino Unido como el CDI entre España y Alemania, remiten, con la finalidad de definir la residencia fiscal, a la legislación interna de estos Estados y, en consecuencia, en función de la sujeción a imposición en el Estado concreto "por razón de domicilio, residencia, sede de dirección o cualquier otro criterio de naturaleza análoga", se excluye de esta definición a las personas que estén sujetas a imposición en ese Estado exclusivamente por la renta que obtengan de fuentes situadas o por el patrimonio situado en dicho Estado.

En cuanto a las otras cuestiones de interés casacional, cabe analizar los razonamientos del TS en torno a la definición de la residencia fiscal de un contribuyente sobre la base del "núcleo principal o la base de sus actividades o intereses económicos". El Alto Tribunal señala que se trata de una cuestión "eminentemente fáctica", que requiere un análisis individualizado de cada situación. La sentencia remarca el alcance más amplio del concepto de "centro de intereses vitales" sin que sea, sin embargo, conceptualmente opuesto al "núcleo de actividades o

142 STS RES: 1214/2024 de 8 de julio de 2024, REC: 1909/2023. (*Tol 10105917*). FD Tercero.

143 Según los antecedentes, en 2014, el recurrente jugó como futbolista profesional para varios clubes de fútbol. Tenía contrato con *Chelsea Football Club Limited* —Chelsea—, pero estuvo cedido al Valencia Club de Fútbol SAD desde julio de 2013 hasta julio de 2014 (aunque manifestó que jugó hasta finales de mayo), y en virtud de otro contrato de cesión, en agosto de 2014 fue cedido para jugar con el club VfB Stuttgart 1893 e.v. ["Stuttgart"] jugando en dicho club hasta 2015.
La Inspección no pudo probar la permanencia del contribuyente en territorio español durante más de 183 días. Se comprobó que permaneció al menos 172 días en España, 30 días en el Reino Unido y 131 en Alemania. En cuanto a los restantes 32 días del año natural la Inspección no pudo determinar, ni el obligado tributario tampoco acreditó, en qué país había residido.

intereses económicos". Cabe mencionar que el caso aludido en el párrafo anterior de nuestro trabajo proporcionó una base adecuada para el esclarecimiento respecto a la expresión "núcleo principal o la base de sus actividades o intereses económicos" utilizada por el legislador en el artículo 9.1.b) LIRPF como criterio para determinar la residencia fiscal en España.

En el caso específico, el futbolista profesional en cuestión aportaba para el año fiscal litigioso un certificado de residencia fiscal en el Reino Unido, donde se consideraba residente fiscal, sin que tributase en ese Estado por su renta mundial, había tributado en ese país por la "*remittance basis*" (las rentas obtenidas del Reino Unido y las extranjeras, cuando estas se hubiesen remitido al Reino Unido), sus mayores ingresos los había recibido de Alemania y sus relaciones personales más estrechas se definieron con centro en España.

De nuestro interés es precisamente la cuestión de la ponderación de la importancia de los diferentes factores enumerados y, en concreto, la prevalencia de los ingresos recibidos, o la localización del patrimonio del contribuyente. Resulta esclarecedora la indicación del Tribunal Supremo acerca de que este criterio debe interpretarse "en el sentido de que para que se entienda cumplido tal criterio es preciso atender al conjunto de actividades e intereses económicos del interesado, por lo que deberá ponderarse, además del lugar de obtención de sus rentas, la localización de su patrimonio inmobiliario y mobiliario, así como aquel lugar desde donde se realiza la administración y gestión del mismo, así como cualquier otro vínculo que resulten relevante para localizar el núcleo de sus actividades e intereses económicos".

Este criterio fue reiterado en la Sentencia del 9 de julio de 2024 (rec. cas. 1913/2023[144]). A diferencia del caso anterior, en el que el contribuyente[145] contenía una estrategia que entablaba la comparación entre la situación que se daba con España y con los demás Estados, en el caso de la Sentencia del 9 de julio de 2024 se solicitó que se fije como doctrina la siguiente:

"En el caso de un contribuyente del Impuesto sobre el Patrimonio por obligación personal, cuya base imponible en el IRPF se compone en su práctica to-

---

144 STS RES: 1236/2024, de 9 de julio de 2024, REC: 1913/2023 (*Tol 10106131*).

145 Coincide en la persona del recurrente y ejercicio regularizado, variando únicamente el concepto impositivo (IRPF en la STS 1214/2024 de 8 de julio de 2024, recurso de casación 1909/2023, e Impuesto sobre el Patrimonio en la STS 1236/2024, de 9 de julio de 2024, recurso de casación 1913/2023).

talidad por rendimientos del trabajo, se entenderá que no radica en España el núcleo principal o la base de sus actividades o intereses económicos, de forma directa o indirecta (artículo 9.1.b) de la Ley de IRPF) cuando de la comparación país por país resultase que la mayoría de los rendimientos han sido obtenidos fuera de España".

La STS presenta las siguientes motivaciones: "Ocurre que, en el caso litigioso, el Sr. Jose Ramón tributó en Reino Unido por el sistema de "*remittance basis*", que consiste, en resumidas cuentas, en que las personas residentes, pero no domiciliadas (non-domicilied UKresident o non-doms), que es la situación del Sr. Jose Ramón, deben tributar por las rentas producidas en el Reino Unido y por aquellas las rentas que se hubieran producido en el exterior del Reino Unido, pero respecto a estas últimas tan solo cuando las hubiera remitido al Reino Unido, de manera que si no las ha remesado al Reino Unido se trataría de una tributación limitada, situación respecto a la que el artículo 4.1 del CDI establece expresamente, ya lo hemos subrayado, que "[...] la expresión [de residente] no incluye a una persona que esté sujeta a imposición en ese Estado Contratante sólo por lo que respecta a rentas procedentes de él [...]". Ahora bien, siendo esto así, lo cierto es que la Administración no cuestionó el hecho de que, tal y como acreditaba el certificado de residencia expedido por el Reino Unido, el Sr. Jose Ramón era residente fiscal en Reino Unido, a los efectos del CDI suscrito entre España y el Reino Unido, sin perjuicio de lo cual consideró que también era residente fiscal en España, y es por ello que acudió a las reglas de desempate del Convenio. La eventualidad de que el alcance y efectos de dicho certificado pudiera haber sido cuestionado por el motivo de concurrir la excepción al concepto de residente fiscal que prevé el propio artículo 4.1 del Convenio, es, en este caso, una mera hipótesis, porque la Administración, siendo conocedora del régimen limitado en que había tributado en Reino Unido el Sr. Jose Ramón, no cuestionó la validez y alcance del certificado".

Aunque el TS no resuelve la polémica cuestión de la acreditación de la residencia mediante un certificado emitido por razón del régimen *remittance basis*, se pronuncia de forma contundente en relación con la equivalencia entre el centro de intereses económicos, establecido en la legislación interior y el centro de intereses vitales según el artículo 4.2. del CDI. El FJ Séptimo señala lo siguiente:

– El artículo 9.1.b) LIRPF no proporciona una definición del concepto "núcleo principal o la base de las actividades o intereses económicos de un contribuyente". Sin embargo, aplicando una "delimitación negativa" el TS entiende que "la interpretación del concepto de núcleo principal o la base de las actividades o intereses económicos de un contribuyente no puede asimilarse al criterio que establece el artículo 72 LIRPF en relación con el gravamen autonómico… pues no cabe duda de que el legislador deliberadamente no utilizó la misma expresión dentro de la misma LIRPF. Dicho de otra forma, el legislador estableció intencionadamente un criterio para determinar la residencia habitual en relación con el conflicto que pudiera existir entre Comunidades Autónomas, que es sustancialmente diferente respecto a la noción de residencia habitual, cuando afecta a la atribución de residencia en el nuestros Estado y, en su caso, frente a otros Estados. Por consiguiente, no resultan equiparables los criterios utilizados en los artículos 9 y 72 LIRPF".

– "…el alcance de la expresión "núcleo principal o la base de sus actividades o intereses económicos" que emplea el artículo 9.1 b) LIRPF como criterio para determinar la residencia fiscal en España, y en particular, si puede interpretarse en el sentido de que, para que se entienda cumplido tal criterio, prima el hecho de que el interesado tenga en España la mayor parte de su patrimonio inmobiliario o mobiliario en España, aun cuando sus ingresos procedan, incluso en mayor medida, de otro u otros países".

– "…el artículo 9.1.b) LIRPF presenta diferencias respecto al artículo 4.2 CDI en lo que atañe a su contenido y ello en cuanto el segundo hace referencia a la expresión "centro de intereses vitales" que es un concepto más amplio[146]".

– La determinación de un contribuyente como residente habitual en España sobre la base del artículo 9.1b de la LIRPF "es una cuestión eminentemente fáctica", que exige "acudir al análisis individualizado de cada situación" con el fin de ponderar "el mayor volumen de actividades e intereses económicos en términos relativos, en relación con aquellos otros que se pudieran encontrar en otro país… La ponderación que se debe efectuar en cada caso concreto no excluye que pueda considerase residente en España a un contribuyente a pesar de que la principal fuente de ingresos y rentas los reciba de otro país, cuando sigue manteniendo en España la mayor parte de su patrimonio inmobiliario o mobiliario, pues ello puede ser un indicio relevante que permita acreditar que el contribuyente pretende mantener el centro de sus intereses económicos en España, a pesar de que su fuente de renta personal y principal se obtiene en otro país".

– Referente a la consideración de los vínculos personales, el TS no los considera irrelevantes en el contexto de la determinación correcta del núcleo de in-

146 Reitera la STS RES: 778/2023, de 12 de junio de 2023, REC: 915/2022 (*Tol 9626597*).

tereses económicos del contribuyente. "Que a esta conclusión se añada por la sentencia la consideración de los vínculos personales, e incluso la mayor permanencia en días del año que en cualquiera de los otros países es un simple elemento de contextualización para valorar la funcionalidad de esa mayor vinculación económica y de actividad económica con España, que ha fijado sobre la base de la ponderación de los intereses de actividad, económicos, y patrimoniales".

– "[...] a la vista de la dificultad de situar en España o en Suiza el núcleo fundamental de sus relaciones personales se hace preciso fijarse en los aspectos económicos, menos sutiles, pero más susceptibles de acreditación [...]"[147]

– A mayor abundamiento, señala que los vínculos personales se deben emplear "para ponderar, entre los distintos núcleos de intereses, aquel que es el principal por aunar no solo los aspectos relativos a la actividad económica y patrimonial, sino también el centro de intereses personales".

En efecto, cuando la ley se refiere al núcleo principal o la base de las actividades o intereses económicos del contribuyente, se trata de determinar si en España se encuentra el mayor volumen de actividades e intereses económicos en términos relativos, en relación con aquellos otros que se pudieran encontrar en el otro país. Si bien no se trata de un concepto tan amplio que nos lleve a valorar cuestiones de índole personal y de relaciones vitales, como sí resulta implícitamente de la expresión de "intereses vitales" que utiliza el CDI, no obstante, la ponderación que se debe efectuar en cada caso concreto no excluye que pueda considerase residente en España a un contribuyente a pesar de que la principal fuente de ingresos y rentas los reciba de otro país, cuando sigue manteniendo en España la mayor parte de su patrimonio inmobiliario o mobiliario, pues ello puede ser un indicio relevante que permita acreditar que el contribuyente pretende mantener el centro de sus intereses económicos en España, a pesar de que su fuente de renta personal y principal se obtiene en otro país.

En cuanto al criterio de sujeción al IRPF contenido en el artículo 9.1.b) de la Ley del IRPF, el TS declara en su Fundamento jurídico octavo que: "es preciso atender al conjunto de actividades e intereses económicos del interesado, por lo que deberá ponderarse, además del lugar de obtención de sus rentas, la localización de su patrimonio inmobiliario y mobiliario, así como aquel lugar desde donde se realiza la administración y gestión del mismo, así como cualquier otro

---

147 Cita STS de 15 de diciembre de 2005 (*Tol 850214*) y STS de 4 de julio de 2006 (*Tol 986999*).

vínculo que resulte relevante para localizar el núcleo de sus actividades e intereses económicos". La interpretación sigue el criterio establecido en sentencias anteriores del TS, como las de 5 de diciembre de 2005 y 4 de julio de 2006.

2.2.1.3. La presunción familiar: la residencia habitual del cónyuge e hijos menores de edad

El art. 9.1 de la LIRPF establece la presunción, "salvo prueba en contrario, que el contribuyente tiene su residencia habitual en territorio español cuando, de acuerdo con los criterios anteriores, resida habitualmente en España el cónyuge no separado legalmente y los hijos menores de edad que dependan de aquél".

A diferencia del concepto de "residencia presunta - *deemed residence*"[148] establecido en el Reino Unido, Canadá, India y otros países, que es una presunción *iuris et de iure*, la presunción contenida en el art. 9.1 de la LIRPF es una presunción *iuris tantum*, es decir, permite prueba en contrario. Teniendo en cuenta que según el criterio fijado por el TEAC, la permanencia tiene la característica de "presencia certificada: la acreditada mediante medio de prueba incuestionable", la acreditación de la residencia fiscal mediante la aportación de un certificado de residencia fiscal en otro país no clasificado como paraíso fiscal conlleva generalmente, en la práctica, la definición de la residencia fiscal en base al núcleo principal o la base de las actividades o intereses económicos según el art. 9.1.b) de la LIRPF, que parece la condición más fiable para la definición de la residencia fiscal.

En relación con la presunción establecida en base a la residencia fiscal del cónyuge no separado legalmente y los hijos menores, es importante subrayar que "los pronunciamientos doctrinales y jurisprudenciales se inclinan por considerar el vínculo conyugal sin considerar imperativo el concurso de los hijos menores"[149]. Tampoco se tienen en cuenta circunstancias reales y demostrables, como pueden ser las situaciones de separación de hecho o las parejas de hecho, formalizadas o no. Es importante señalar en este contexto la legislación tributaria del Reino Unido en relación con los vínculos familiares que, desde estas líneas,

---

148 Véase el Capítulo I. 3. Principios de tributación internacional. Relevancia de los conceptos de "residencia" y "ciudadanía" de nuestro trabajo.

149 Carmona Fernández, N. (2019). Residencia fiscal de personas físicas y entidades, cambios de residencia y estatutos singulares", en: Serrano Antón, F. (Dir.). *Fiscalidad Internacional* (7ª ed.). CEF. p. 121.

valoramos favorablemente la formulación exhaustiva y detallada de los preceptos conexos[150].

Con motivo de la Contestación de la DGT V0792-23[151], el consultante (nacional alemán, casado, residente en Alemania), solicitó la interpretación de la DGT acerca del efecto de la presunción familiar, teniendo en cuenta que su cónyuge e hijos menores de edad residían en España y preguntó por la suficiencia de ciertos elementos como prueba de su no residencia en España, sino en Alemania, entre ellos, el que disponía de un certificado de residencia fiscal en este último país. Como se ha indicado, dicha presunción admite prueba en contrario como, en el caso planteado, la aportación de un certificado de residencia fiscal en Alemania. En este caso, el órgano interpretativo señaló que no le correspondía la valoración de las pruebas, sino a los órganos de gestión e inspección de la Administración Tributaria.

No obstante, evidenciamos la oposición de algunos sectores de la doctrina científica que señalan el "pronunciamiento administrativo, ciertamente riguroso" que requiere la aportación de un certificado de residencia "fiscal" emitido por las autoridades de un país donde se exija un impuesto similar al español"; y reprochan los "nada expresivos" términos literales del precepto, que "invitan al conflicto interpretativo"[152] entre el sector que defiende la obligatoriedad de un certificado de residencia "fiscal" y los defensores de la idea de acreditación mediante otros medios de prueba, en cuya defensa se señalan las Resoluciones de la DGT V1856/2016, de 27 de abril o V1497/2016, de 11 de abril[153]. Sin embargo, en nuestra opinión, al margen de la definición legal, ciertamente mejorable, de la forma de acreditar la residencia en el contexto de esta última condición, establecida como una presunción *iuris tantum*, la doctrina administrativa ha mantenido un criterio unificado en relación con las pruebas admitidas, habilitando a la Administración tributaria "para valorar otros medios de prueba conforme a lo dispuesto en el Código Civil y en la Ley de Enjuiciamiento Civil", únicamente cuando la Administración haya podido contrastar que tal certificado no puede

150 Véase Capítulo IV. 1.7. Reino Unido de nuestro trabajo.

151 CV de la DGT V0792-23, de 3 de abril de 2023 (*Tol 9573727*).

152 Carmona Fernández, N. (2019). Op. Cit. p. 121.

153 Carmona Fernández, N. (2019). Op. Cit. p. 121. Cit. CV de la DGT V1856-16, de 27 de abril (*Tol 5732192*) o V1497-16, de 11 de abril (*Tol 5731863*).

ser obtenido por causas administrativas, ajenas a la efectividad de la residencia fiscal en el otro Estado.

Algunos sectores de la doctrina científica mantienen que, "para que entre en juego esta presunción han de tener la condición de residentes en España tanto el cónyuge como la totalidad de los hijos menores que dependan del sujeto. Por lo tanto, en el momento en el que uno de los miembros pertenecientes a este "núcleo familiar" no pueda ser considerado residente en España a efectos fiscales, tampoco cabrá invocar dicha presunción a efectos de determinar la residencia fiscal en territorio nacional"[154]. En nuestra opinión, aunque la interpretación textual sugiere un requerimiento de que la totalidad de los miembros de la unidad familiar, incluyendo tanto el cónyuge no separado legalmente como los hijos menores de edad, sean residentes habituales en España para que se considere cumplida la condición, se puede presumir que el contribuyente podría ser residente habitual en España si cualquiera de los miembros de la unidad familiar reside en España habitualmente. Cabe señalar que la condición, establecida en España como una presunción *iuris tantum* figura en las leyes internas de otros Estados como "vínculo", estableciendo reglas concretas, actualizadas y susceptibles de valoración objetiva para cada uno de los vínculos como podrían ser las parejas registradas o no registradas, los hijos menores, los hijos menores con los que los padres pasan tiempo, los alojados en colegios con pernoctación, etc.[155] En este sentido, la presunción establecida en la legislación española parece superficial, incompleta y anticuada, hecho que no sería preocupante teniendo en cuenta su establecimiento como una presunción que permite prueba en contrario.

En este sentido podríamos mencionar la SAN de 4 de marzo de 2021[156], en la que el Alto Tribunal estimó el recurso de un contribuyente que cambió su residencia al Reino Unido por un traslado laboral que se produjo con fecha 1 de junio de 2011. La Administración, no obstante, le atribuyó la condición de residente en territorio español argumentando que en el ejercicio 2011 residieron habitualmente en España su cónyuge no separado legalmente y los hijos menores de edad que dependían de aquél. El interesado aportó un certificado de la auto-

[154] Almudí Cid, J. & Serrano Antón, F. (2001). La residencia fiscal de las personas físicas en los convenios de doble imposición internacional y en la normativa interna española. *Revista de Contabilidad y Tributación*, números 221-222, p. 95.

[155] Véase Capítulo IV. 1.7. Reino Unido, en el presente trabajo.

[156] SAN de 4 de marzo de 2021, REC: 858/2017 (*Tol 8399449*).

ridad tributaria británica en el que se hacía constar que, en virtud de la información suministrada por el contribuyente, éste "es residente del Reino Unido desde el 1 de junio de 2011 de acuerdo con las leyes del Reino Unido y a los efectos del art. 4(1) del CDI suscrito entre el Reino Unido y el Reino de España, añadiendo que "(Juan) puede tener derecho a solicitar que se someta a imposición en base a las remesas y en el caso de que realice tal solicitud, es posible que no tenga derecho a los beneficios del Convenio salvo que realmente se remitan rentas o ganancias desde el extranjero al Reino Unido".

Señala la Sentencia que este añadido dio lugar a que el TEAR negase la residencia del recurrente en Reino Unido por no haber justificado su régimen fiscal en ese país, ni que tributase en el mismo por su renta mundial. La AN concluyó que el contribuyente fue no residente en España durante el año fiscal y que, por otra parte, el Tribunal no tenía competencia "para enjuiciar si tal declaración se ajusta a la legislación tributaria británica, lo que corresponde en exclusiva a los órganos administrativos y/o jurisdiccionales de ese Estado"[157].

En consecuencia, es evidente que el posterior traslado a Londres de la esposa e hijos del demandante está justificado por razones de estudios y por la búsqueda e instalación de su nuevo domicilio.

Aunque más adelante analizaremos la abstinencia del Tribunal de hacer valoraciones sobre la posibilidad que tenía el contribuyente de aplicar un régimen especial de tributación en el país de destino que no requiere la tributación por la renta mundial, sí podemos valorar la Sentencia desde el punto de vista del tratamiento de la presunción fiscal *iuris tantum* establecida en el artículo 9 de la LIRPF. Debemos reconocer que la Audiencia Nacional apreció que, durante el ejercicio 2011, el recurrente no residió en el Reino de España y estimó su recurso, todo ello como resultado, en primer lugar, de la acreditación de la residencia fiscal en otro país no calificado como jurisdicción no cooperativa y, por otra parte, tras la acreditación de las razones objetivas del posterior traslado del cónyuge no separado legalmente y los hijos menores de edad.

Más preocupante nos parece la tendencia de los tribunales de establecer conexiones poco fiables con el fin de demostrar la presunción fiscal a través de presunciones establecidas en ámbitos distintos.

---

157 FD° Segundo.

En este orden de cosas cabe mencionar la conexión entre la presunción fiscal establecida en el artículo 9.1 de la Ley de IRPF y la legislación civil. Es importante tener en cuenta el razonamiento contemplado por el TSJ de Asturias de 20 de diciembre de 2023[158] en lo relacionado con el centro de intereses vitales, que es una reflexión válida en cuanto a las consideraciones relacionadas con la presunción fiscal establecida en el artículo 9.1 de la Ley del IRPF. Según el Alto Tribunal, en la definición del centro de intereses vitales del contribuyente, "debe darse especial relevancia y consideración" a la ubicación del esposo y las hijas menores del contribuyente y, en este contexto, el Tribunal establece que "la presunción de convivencia del matrimonio [que] nace de la propia regulación de nuestro Código Civil, en su art. 66 cuando establece que "los cónyuges están obligados a vivir juntos", así como "las obligaciones de la patria Potestad del art. 154 del mismo C.C". Sin embargo, debemos tener en cuenta que la residencia del cónyuge no separado legalmente y los hijos menores de edad constituyen una presunción *iuris tantum*, por lo cual no nos parece admisible utilizar otras presunciones con el fin de probar su veracidad.

En este sentido, otras Salas del TS se han pronunciado en reiteradas ocasiones, estableciendo que "ha de estar completamente acreditado, no pudiendo establecerse una presunción sobre otra presunción"[159]; además de constituir "un amago presuntivo, una inferencia más débil, una inferencia que abre camino a la duda"[160]. Es importante señalar que la Jurisprudencia de las diferentes Salas del TS "no constituye jurisprudencia" para las otras Salas, ya que se trata de resoluciones que "pertenecen a otro orden jurisdiccional"[161], por lo cual, sin que surta efectos en cuanto a la posible casación, mencionamos como una mera ilustración de la incongruencia de los razonamientos citados de la STSJ de Asturias de 20 de diciembre de 2023.

---

158 STSJ Asturias, RES: 1238/2023, de 20 de diciembre de 2023, REC: 197/2023 (*Tol 9849207*).

159 Véase Cordón Moreno, F. (2022). Precisiones sobre las presunciones judiciales y su control, citando STS de 22 de febrero de 1989, RJ 1989, 1243. Disponible en: https://ga-p.com/publicaciones/precisiones-sobre-las-presunciones-judiciales-y-su-control/. Última consulta: 22/11/2024.

160 Véase Cordón Moreno, F. (2022). Precisiones... Op. Cit.

161 STS RES: 991/2005, de 13 diciembre de 2005, REC: 1554/1999 (*Tol 795273*).

2.2.1.4. Diferencia entre la residencia y el domicilio fiscal

En primer lugar, es importante delimitar los diferentes elementos relevantes en torno a los conceptos de residencia y domicilio[162]. Retomando el análisis de los distintos aspectos de estos conceptos en el Derecho civil, el Derecho procesal o el Derecho de extranjería, incluso las menciones que nos encontramos en la CE o en las reglas del Derecho privado internacional[163], en esta introspección en la figura de la simulación nos limitaremos al examen de los conceptos relevantes desde el punto de vista tributario. La residencia fiscal es un concepto que, según interpreta la DGT, "se desvincula del concepto de residencia laboral o de la residencia administrativa"[164]. La interpretación se emitió con ocasión de la consulta planteada por un contribuyente que, aunque residía y trabajaba en el Reino Unido, se identificaba como residente fiscal en Serbia. Al adquirir un inmueble en España en 2014, había solicitado un permiso de residencia en base a lo establecido en la Ley 14/2013, de 27 de septiembre, de apoyo a los emprendedores y su internacionalización. Se planteó como cuestión su residencia fiscal y, en este caso, el órgano consultivo resolvió que la residencia fiscal es un concepto que se desvincula del concepto de residencia laboral o de la residencia administrativa.

En segundo lugar, cabe aclarar que, en lo que se refiere a la diferencia entre los conceptos de residencia fiscal y residencia habitual, se pronuncia el TEAR de Castilla y León en su resolución de 30 de julio de 2021[165], y establece un criterio no vinculante en cuanto a la obligación de declarar por obligación personal por el IRPF y el concepto de residencia fiscal. Según la resolución: "La residencia fiscal de una persona física no debe confundirse con la residencia habitual por lo que no sólo se determina en función de la permanencia en un Estado por más de 183 días, sino que hay que tener en cuenta otros criterios como el centro de sus intereses económicos y familiares". En nuestra opinión, una apreciación incompresible ya que el artículo 9 de la Ley del IRPF establece más condicionantes para

---

162 Véase el análisis del concepto de domicilio de Navarro Faure, A. (1994). El domicilio tributario. Universidad de Alicante. pp. 19-28.

163 Véase, en el presente trabajo, el Capítulo I. 1. Etimología y delimitación del concepto en los diferentes ámbitos de la Ley; y 2. Concepto de "domicilio" y "residencia" en el contexto internacional.

164 CV de la DGT V0541-15, de 11 de febrero de 2015 (*Tol 4772547*).

165 Resolución del TEAR de Castilla y León de 30 de julio de 2021, RG 37/01094/2018/00/00 (*Tol 10363299*).

la residencia habitual aparte de la presencia por más de 183 días en territorio español. Más bien parece que el TEAR se refiere a la definición contemplada en los CDI como regla de desempate titulando su contenido "residencia fiscal".

En tercer lugar, es importante distinguir entre el domicilio fiscal y el domicilio o residencia habitual. Ambos conceptos se utilizan en la legislación tributaria y, aunque el domicilio fiscal y el domicilio habitual de las personas físicas normalmente coinciden, su distinción y formalización es fundamental en lo que se refiere a la simulación de la residencia que analizaremos más adelante.

En este orden de cosas, es relevante mencionar la reciente CV de la DGT de 3 de abril de 2024[166], con motivo de la cual el órgano consultivo analizó en profundidad las características del domicilio fiscal. En este caso el consultante era un funcionario español de la Guardia Civil con destino, desde el 4 de julio de 2023, en la Embajada de España en Colombia, habiendo sido residente fiscal en la Comunidad Autónoma de Canarias durante aproximadamente 17 años, donde tenía su residencia habitual y fiscal en un inmueble de su propiedad, junto a su cónyuge e hijos. Dicho inmueble fue destruido por la erupción del volcán en la isla de La Palma en el año 2021, por lo que tuvo que trasladarse a un pabellón oficial de la Guardia Civil, donde fijó su residencia fiscal. A partir del 3 de agosto de 2023, se incorporó al mencionado nuevo puesto de trabajo en Colombia. El consultante disponía, asimismo, de un pequeño apartamento en Galicia, el cual solía arrendar como alquiler vacacional en los meses de julio y agosto. Planteó la cuestión de la correcta definición de su domicilio fiscal, que debería "consignar" el contribuyente a efectos de la declaración de la renta por el período impositivo 2023. Esto es, pregunta si debe consignar que su domicilio fiscal está en Colombia o en España y, en este segundo caso, en qué inmueble fijaría dicho domicilio fiscal.

El órgano interpretativo detalla que el domicilio fiscal está regulado en el artículo 48 de la LGT, el cual establece:

"1. El domicilio fiscal es el lugar de localización del obligado tributario en sus relaciones con la Administración tributaria.

2. El domicilio fiscal será:

a) Para las personas físicas, el lugar donde tengan su residencia habitual. No obstante, para las personas físicas que desarrollen principalmente actividades

166 CV de la DGT V0485-24, de 3 de abril de 2024 (*Tol 10238567*).

económicas, en los términos que reglamentariamente se determinen, la Administración tributaria podrá considerar como domicilio fiscal el lugar donde esté efectivamente centralizada la gestión administrativa y la dirección de las actividades desarrolladas. Si no pudiera establecerse dicho lugar, prevalecerá aquel donde radique el mayor valor del inmovilizado en el que se realicen las actividades económicas. (...)

3. Los obligados tributarios deberán comunicar su domicilio fiscal y el cambio del mismo a la Administración tributaria que corresponda, en la forma y en los términos que se establezcan reglamentariamente. El cambio de domicilio fiscal no producirá efectos frente a la Administración tributaria hasta que se cumpla con dicho deber de comunicación...

4. Cada Administración podrá comprobar y rectificar el domicilio fiscal declarado por los obligados tributarios en relación con los tributos cuya gestión le competa con arreglo al procedimiento que se fije reglamentariamente".

Teniendo en cuenta las motivaciones tanto de la DGT como del Tribunal Supremo en sentencias que analizaremos a continuación, cabe sistematizar algunos puntos clave en cuyo examen nos apoyaremos: 1) el domicilio fiscal se consigna, es decir, se declara o se comunica a la Administración por el contribuyente; 2) para las personas físicas que no realizan actividades económicas el domicilio fiscal coincidirá con el lugar donde tengan su residencia habitual. Dicho precepto no cancela la obligación del contribuyente de comunicar formalmente su domicilio fiscal; 3) la Administración tiene la potestad de comprobar y rectificar el domicilio fiscal consignado por el contribuyente; 4) la rectificación del domicilio fiscal no es un acto unilateral, ni automático, sino que requiere la apertura del procedimiento administrativo específico de comprobación y rectificación de domicilio fiscal; 5) las relaciones del contribuyente con la Administración y de ahí, las competencias de la Administración frente a los asuntos del contribuyente, dependen de la validez y vigencia de su domicilio fiscal.

En esta dirección, la DGT señaló la jurisprudencia del TS manifestada en los fundamentos de derecho Cuarto, respectivamente, de las Sentencias de 8 y 21 de marzo de 2005, sala de lo Contencioso-Administrativo:

"(...), para las personas físicas, se considera domicilio fiscal, a efectos tributarios, el de su residencia habitual. Esto es, se trata de una cuestión de hecho, para cuya determinación se atiende a un criterio de orden fáctico".

Por lo cual dedujo que: "...el domicilio fiscal de la persona física será, tal como establece el arriba transcrito artículo 48.2 de la LGT, el lugar donde tenga su residencia habitual con la salvedad prevista para las personas que desarrollen principalmente actividades económicas". Cabe mencionar en este contexto que, para la definición de la residencia habitual, habría que considerar las normas al efecto contenidas en las disposiciones de la LIRPF.

Es relevante subrayar que, tanto la doctrina judicial como la administrativa, insisten en reiteradas ocasiones que, en cualquier caso, el concepto de residencia habitual es "una cuestión de hecho". No es aplicable esta observación al concepto de "domicilio fiscal", que es una noción formal y explícita que requiere una manifestación expresa en este sentido por parte del contribuyente. Como consecuencia de estos razonamientos podemos deducir que es posible —pese a que la LGT declara la coincidencia del domicilio habitual y el domicilio fiscal para los contribuyentes que no realizan actividad económica— la existencia de una discrepancia entre estas localizaciones, una de carácter formal y la otra de carácter fáctico. Este conflicto abre la cuestión sobre la forma de comprobación y rectificación del domicilio fiscal cuando la Administración detecta que no se da la concurrencia con el domicilio habitual.

La LGT regula en su artículo 17 la obligación del contribuyente de comunicar el cambio de domicilio fiscal[167] y determina lo siguiente referente a las personas físicas:

"1. Las personas físicas que realizan una actividad empresarial o profesional tienen la obligación de comunicar el cambio de domicilio fiscal en el plazo de un mes a partir del momento en que produzca dicho cambio.

2. Se establece un plazo, para los demás contribuyentes personas físicas, de tres meses desde que se produzca el cambio.

No obstante, dispone el precepto que "si con anterioridad al vencimiento de dicho plazo finalizase el de presentación de la autoliquidación o comunicación de datos correspondiente a la imposición personal que el obligado tributario tuviera que presentar después del cambio de domicilio, la comunicación deberá efectuarse en el correspondiente modelo de autoliquidación o comunicación de datos, salvo que se hubiese efectuado con anterioridad".

[167] Real Decreto 1065/2007, de 27 de julio, por el que se aprueba el Reglamento General de las actuaciones y los procedimientos de gestión e inspección tributaria y de desarrollo de las normas comunes de los procedimientos de aplicación de los tributos.

3. La comunicación del nuevo domicilio fiscal surtirá plenos efectos desde su presentación respecto a la Administración tributaria a la que se le hubiese comunicado.

4. La comunicación del cambio del domicilio fiscal a la Administración tributaria del Estado producirá efectos respecto de las Administraciones tributarias de las CCAA y ciudades con estatuto de autonomía sólo desde el momento en que estas últimas tengan conocimiento del mismo, a cuyo efecto aquella deberá efectuar la correspondiente comunicación. Cabe mencionar que las Administraciones tributarias de las CCAA y ciudades con estatuto de autonomía tienen la obligación de comunicar con periodicidad mensual a la AEAT la información censal de que dispongan a efectos de consolidar esta, lo que supone desafortunadamente un aplazamiento para la vigencia del efecto de este cambio ajeno a la voluntad y el conocimiento del contribuyente.

Por otro lado, siguiendo con la idea de las consecuencias de la discrepancia entre el domicilio habitual (concepto fáctico) y el domicilio fiscal (concepto formal), conviene analizar las formas legales de su comprobación y rectificación por parte de la Administración. En este sentido, el artículo 148 del RGAT, relativo a la comprobación del domicilio fiscal, establece:

"Corresponde a la Agencia Estatal de Administración Tributaria la comprobación del domicilio fiscal en el ámbito de los tributos del Estado, incluidos los cedidos".

Por otra parte, siguiendo el hilo de la CV de la DGT de 3 de abril de 2024[168], el órgano consultivo observó que "... la concreción de en qué Comunidad Autónoma tuvo su residencia habitual el consultante en el período impositivo 2023 es una cuestión de hecho que, como antes se ha referido, deberá poder ser probada por el contribuyente —a requerimiento de los órganos de gestión e inspección de la Administración tributaria, a quienes corresponde su valoración— acreditando los hechos constitutivos de tal condición por cualquier medio de prueba válido en Derecho.

En este sentido, cabe señalar que el simple empadronamiento no constituye, por sí mismo, elemento suficiente de acreditación de residencia y vivienda habitual en una determinada localidad, como tampoco lo es el hecho de trasladar el domicilio fiscal a lugar determinado".

168 CV de la DGT V0485-24, de 3 de abril de 2024. Op. Cit.

A mayor abundamiento, cabe mencionar la STS de 15 de abril de 2024[169]. La cuestión recurrida había sido objeto de la Sentencia de 16 de septiembre de 2022 del Tribunal Superior de Justicia de Andalucía, que desestimó el recurso interpuesto frente a la resolución del Tribunal Económico-Administrativo Regional de Andalucía (TEARA) de 24 de junio de 2021, que había estimado las reclamaciones formuladas sobre el IP de una contribuyente, ya fallecida, interpuesto por sus dos nietas contra la liquidación tributaria por dicho concepto correspondiente a los ejercicios fiscales 2015 y 2016. La contribuyente había declarado como su domicilio fiscal una vivienda sita en Madrid y había liquidado el IP en esta Comunidad Autónoma. Sin embargo, debido al consumo de electricidad que presentaba la propiedad de la contribuyente en Marbella, frente al escaso consumo demostrado en la propiedad en Madrid, la Administración andaluza solicitó la competencia del citado expediente a la Administración de Madrid que procedió a declarar su incompetencia y ceder el expediente a la Administración de Andalucía, sin que ninguna de las Administraciones abriese un expediente de verificación y modificación del domicilio fiscal previo a las liquidaciones emitidas por el IP, recurridas en este caso.

El TEAR de Andalucía estimó la reclamación contra las liquidaciones de la Junta de Andalucía fundamentando su resolución en la "inexistencia de adopción de acuerdo de cambio de domicilio por el órgano competente". En consecuencia, la Administración interpuso recurso contencioso-administrativo, desestimado por el TSJ, indicando que la Administración no tramitó un procedimiento contradictorio de modificación del domicilio fiscal con carácter previo a la emisión de liquidaciones por el IP a una contribuyente que, formalmente, tiene su domicilio fiscal en Madrid.

En opinión de la Letrada de la Junta de Andalucía, si el punto de conexión a efectos del IP no era una cuestión controvertida, sino que las Administraciones afectadas coincidían en que se situaba en Andalucía, ningún sentido tenía "bien que se considere necesaria una supuesta resolución expresa que resuelva un conflicto que no existe, o bien la exigencia de un procedimiento de modificación del domicilio fiscal cuando lo relevante es el punto de conexión y no el domicilio fiscal". No podemos estar más en desacuerdo con la precisión de la Letrada, ya que en esta objeción desafortunada anula por completo la existencia de otra figura que es la de la contribuyente. A nuestro juicio, la tramitación de un expediente

---

169 STS RES: 632/2024, de 15 de abril de 2024, REC: 9082/2022 (*Tol 9981992*).

de comprobación del domicilio fiscal no tiene como objetivo final determinar la competencia entre dos Administraciones afectadas, sino proporcionarle al contribuyente la posibilidad de demostrar la validez de su declaración del domicilio fiscal.

La parte recurrente, sin discutir que la residencia habitual es el punto de conexión para el contribuyente en cuanto a la sujeción por el IP, señaló que "la equiparación de los conceptos de "domicilio fiscal" y "residencia habitual" implique que la sentencia recurrida yerra en la determinación de las competencias de la Comunidad Autónoma de Andalucía en el IP, pues el TSJ utiliza indistintamente estos conceptos como hace el legislador".

Se solicitó como interés casacional que el Tribunal Supremo fijara como doctrina "que la competencia de la Comunidad Autónoma para liquidar el Impuesto de Patrimonio depende del punto de conexión —lugar de la residencia habitual del obligado tributario— sin que sea exigible una previa modificación del domicilio fiscal por la vía del procedimiento de comprobación de domicilio fiscal" por parte de la Administración.

En la exposición del texto de la sentencia se ponen de relieve los derechos del contribuyente. En este sentido señala la parte recurrente que: "No se trata de penalizar o privar de toda eficacia a la solución paccionada a que llegaron las Comunidades andaluza y madrileña, como se sostiene de contrario, sino de respetar el procedimiento establecido con todas las garantías para todos los intervinientes, fundamentalmente para el interesado al que se le privó de su derecho a ser oído antes de que recayera un acuerdo de liquidación".

El Alto Tribunal declaró lo siguiente[170]:

"Reiteradamente se ha señalado por la doctrina que la residencia es una figura que reviste una gran importancia en materia tributaria por cuanto que determina la sujeción al poder tributario del Estado, o de la Comunidad Autónoma a la que se haya cedido el rendimiento del impuesto —en este caso, del Impuesto sobre el Patrimonio— producido en su territorio". La normativa existente en materia tributaria establece determinados criterios como determinantes de la residencia fiscal de las personas físicas y estos deben interpretarse de forma que reflejen una vinculación real y efectiva con el territorio, en este caso, de la Comunidad Autónoma. En este contexto señala Soler Roch la emergencia del "debate autonomía

[170] STS RES:632/2024, 15 de abril de 2024, REC: 9082/2022. Op. Cit. FFDD Tercero.

vs. armonización"[171], "una cuestión pendiente e inaplazable"[172], advirtiendo del problema de deslocalización a nivel interno en el caso de España.

En el supuesto que se examina, no resulta controvertido que el punto de conexión a efectos del impuesto sobre el patrimonio es el de residencia habitual. El Tribunal Supremo señaló que el concepto de residencia habitual es una cuestión fáctica, existente con independencia del lugar en que el contribuyente tenga formalmente señalado como domicilio fiscal, mientras que la residencia habitual se refiere al lugar donde una persona vive de manera regular, es decir, donde se establece su residencia principal. Para su determinación se tienen en cuenta diversos factores, como la permanencia en el lugar, el tiempo que se pasa en él, la existencia de vínculos familiares, laborales o económicos, etc.

A su vez, el domicilio fiscal es el lugar donde una persona es considerada residente a efectos fiscales, lugar en que la administración tributaria puede comunicarse con el contribuyente (notificaciones...)".

Si tenemos en cuenta los razonamientos anteriormente citados en lo relativo al domicilio fiscal de las personas físicas que no desarrollan actividad económica, resulta sorprendente la consideración del Tribunal de que: "Es importante tener en cuenta que el domicilio fiscal no tiene por qué coincidir necesariamente con el domicilio habitual o el lugar de residencia habitual del contribuyente".

La Sentencia señala que como "el punto de conexión a efectos del impuesto sobre el patrimonio es la residencia habitual y que ese punto de conexión se situaba en Andalucía, cabe concluir que no resultaba necesario que la Administración que gestiona el impuesto tuviera que tramitar, con carácter previo al ejercicio de su competencia, un procedimiento de modificación del domicilio fiscal, cuando lo determinante es el punto de conexión y no el domicilio fiscal que, como hemos visto, puede no coincidir".

El TS, basándose en el análisis de los conceptos de "domicilio fiscal" y "domicilio habitual", dio la razón a la Administración andaluza entendiendo que la modificación del domicilio habitual no requiere del procedimiento administrativo

---

171 Soler Roch, M. T. (2023). "La prevención del fraude en relación con la residencia", en: VVAA: "*Sobre la prevención y lucha contra el fraude fiscal*", Estudios en homenaje al Profesor Dr. D. Alejandro Menéndez Moreno, Aranzadi. p. 1022.

172 Soler Roch, M. T. (2023). "La prevención....Op. Cit. p. 1022.

previsto para la comprobación del domicilio fiscal. En nuestra opinión, siguiendo las disposiciones de la LGT, para las personas físicas el domicilio habitual y el domicilio fiscal coinciden y el contribuyente tiene la obligación de comunicar el cambio, que surte efectos desde su comunicación para la Administración Estatal y desde su comunicación consecutiva para las Administraciones Autonómicas.

En conclusión, como resume Baena Aguilar, "la residencia es la circunstancia geográfica de una persona... respecto de un poder territorial determinado (estatal o intraestatal)...un criterio de sujeción a determinados impuestos (los personales), caracterizado por su presupuesto de hecho, que consiste en una conexión entre la persona y un determinado territorio..."[173], mientras que el domicilio fiscal "constituye un concepto con relevancia eminentemente formal"[174]. En el apartado 3.2 de nuestro trabajo, dedicado a la simulación de la residencia fiscal, volveremos a estas dos figuras con el fin de analizar el uso ilegítimo de la conexión entre ellas que podría realizar un contribuyente con ánimo de defraudar mediante la simulación de la residencia habitual.

2.2.2. Régimen fiscal especial aplicable a los trabajadores desplazados a territorio español

El artículo 93 de la LIRPF establece el régimen fiscal especial aplicable a los trabajadores desplazados a territorio español ("régimen de impatriados") en determinadas condiciones. La norma ha sido modificada en varias ocasiones desde su adopción, siendo la última reforma con efectos desde 1 de enero de 2023. La posibilidad de tributación como no residentes de personas físicas desplazadas al territorio español que se considerarían residentes h sido extendida con la Ley 28/2022, de 21 de diciembre de 2022, de fomento del ecosistema de empresas emergentes (Ley de Startups). Uno de los principales objetivos de la ley es "atraer talento y capital internacional para el desarrollo del ecosistema español de empresas emergentes"[175].

---

[173] Baena Aguilar, Á. (1995). *El domicilio tributario en Derecho español.* Aranzadi. pp. 39-40.

[174] Baena Aguilar (1995). Op. Cit. p. 39.

[175] Espinosa de los Monteros Garde, S. y Ortiz García, A. (2019) "Implicaciones fiscales relativas a desplazamientos internacionales de los trabajadores", en: Serrano Antón, F. (Dir.). *Fiscalidad internacional.* CEF. pp. 975-987.

La posibilidad existe como una opción que podría escoger el contribuyente dentro del plazo establecido en la norma. El régimen se aplicaría en el año en que el contribuyente adquiere la residencia fiscal en España y podría aplicarse durante los cinco periodos impositivos inmediatamente posteriores al ejercicio de la opción, siempre y cuando el contribuyente no haya renunciado al régimen y no haya resultado excluido por incumplimiento de los requisitos obligatorios.

La opción se podría ejercitar cuando, en los términos que se establezcan reglamentariamente, se cumplan las siguientes condiciones:

"a) Que no hayan sido residentes en España durante los cinco períodos impositivos anteriores a aquél en el que se produzca su desplazamiento a territorio español". Con carácter previo, desde su introducción y hasta 1 de enero de 2023, el número de periodos impositivos anteriores al desplazamiento en territorio español durante los cuales la persona física no debe haber sido residente fiscal, han sido 10 años.

"b) Que el desplazamiento a territorio español se produzca, ya sea en el primer año de aplicación del régimen o en el año anterior, como consecuencia de alguna de las siguientes circunstancias:

1.º Como consecuencia de un contrato de trabajo, con excepción de la relación laboral especial de los deportistas profesionales regulada por el Real Decreto 1006/1985, de 26 de junio, por el que se regula la relación laboral especial de los deportistas profesionales. Se entenderá cumplida esta condición cuando se inicie una relación laboral, ordinaria o especial distinta de la anteriormente indicada, o estatutaria con un empleador en España".

Como novedad, "Igualmente, se entenderá cumplida esta condición cuando el desplazamiento sea ordenado por el empleador y exista una carta de desplazamiento de este o cuando, sin ser ordenado por el empleador, la actividad laboral se preste a distancia, mediante el uso exclusivo de medios y sistemas informáticos, telemáticos y de telecomunicación".

"2.º Como consecuencia de la adquisición de la condición de administrador de una entidad. En caso de que la entidad tenga la consideración de entidad patrimonial en los términos previstos en el artículo 5, apartado 2, de la Ley del Impuesto sobre Sociedades, el administrador no podrá tener una participación en dicha entidad que determine su consideración como entidad vinculada en los términos previstos en el artículo 18 de la Ley 27/2014, de 27 de noviembre, del Impuesto sobre Sociedades.

3.º Como consecuencia de la realización en España de una actividad económica calificada como actividad emprendedora, de acuerdo con el procedimiento descrito en el artículo 70 de la Ley 14/2013, de 27 de septiembre, en los términos establecidos reglamentariamente.

4.º Como consecuencia de la realización en España de una actividad económica por parte de un profesional altamente cualificado que preste servicios a empresas emergentes en el sentido del artículo 3 de la Ley 28/2022, de 21 de diciembre, de fomento del ecosistema de empresas emergentes, o que lleve a cabo actividades de formación, investigación, desarrollo e innovación, percibiendo por ello una remuneración que represente en conjunto más del 40% de la totalidad de los rendimientos empresariales, profesionales y del trabajo personal. Reglamentariamente se determinará la forma de acreditar la condición de profesional altamente cualificado, así como la determinación de los requisitos para calificar las actividades como de formación, investigación, desarrollo e innovación".

El legislador fija como condición que las rentas obtenidas no se califiquen como obtenidas mediante un establecimiento permanente situado en territorio español; sin embargo, las rentas obtenidas mediante establecimiento permanente en España por el personal altamente cualificado o como consecuencia de la realización en España de una actividad económica calificada como actividad emprendedora (los supuestos 3.º y 4.º) no impedirán la aplicación del régimen.

La aplicación del régimen se extiende, según el párrafo 3º al cónyuge del contribuyente y sus hijos, menores de veinticinco años o cualquiera que sea su edad en caso de discapacidad, o en el supuesto de inexistencia de vínculo matrimonial, el progenitor de estos, en determinadas condiciones.

La DGT ha emitido consultas vinculantes sobre las causas de exclusión del régimen de impatriados. Con ocasión de varias consultas[176] el órgano interpretativo resolvió, insistiendo reiteradamente en la exigencia de una relación de causalidad entre el desplazamiento a España y el inicio de la relación laboral. En cuanto a la exclusión del régimen en caso de incumplir los requisitos por causas ajenas

[176] Véase CV de la DGT V0321-17, de 7 de febrero de 2017 (*Tol 6010995*); CV de la DGT V1208-24, de 28 de mayo de 2024 (*Tol 10239112*); CV de la DGT V0275-25, de 13 marzo de 2025 (*Tol 10536381*); CV de la DGT V0344-25, de 19 de marzo de 2025 (*Tol 10536096*); CV de la DGT V0347-25, de 19 de marzo de 2025 (*Tol 10536099*).

a la voluntad del contribuyente, una vez acogido al régimen, la DGT interpreto en su CV V0432-17[177]: "debe tenerse presente que la finalidad del régimen es atraer a España a los sujetos comprendidos en la aplicación del régimen", lo cual resultaba incompatible con los breves periodos de tiempo en situación de desempleo o inactividad. En el mismo sentido se pronunció la DGT en su CV1739-17, de 6 de Julio de 2017[178]. Cabe mencionar que el órgano consultivo, en muchos casos restrictivo, resolvió en esta ocasión de forma sensata y coherente, atendiendo la situación que se presentaba para el contribuyente.

No obstante, en relación con la exclusión del régimen, la DGT se pronuncia teniendo en cuenta tanto las causas ajenas a la voluntad del contribuyente como la duración del periodo de incumplimiento. Con ocasión de la contestación V0128-25, al plantearse el cese de la relación laboral seguido de un período de inactividad de 24 meses, el órgano interpretativo concluyó que se produciría la exclusión del régimen especial, aunque impuesta por un pacto de no competencia y no captación post contractual. Por otro lado, si el consultante simultaneara las retribuciones correspondientes al pacto de no competencia con el inicio de una nueva relación, laboral o de administrador, en que se cumplieran asimismo los requisitos establecidos en el artículo 93 de la LIRPF, no se produciría su exclusión del régimen especial[179]. Por otra parte, la renuncia por parte del contribuyente al empleo por cuenta ajena que ha ocasionado el derecho a acogerse al régimen con el fin de desarrollar una actividad por cuenta propia que no encaja en los supuestos previstos, causaría su exclusión del régimen especial[180].

Es importante tener en cuenta que no resulta de aplicación el régimen especial de trabajadores desplazados a territorio español en los ejercicios en los que adquieran la residencia fiscal en otro país, y posteriormente, vuelvan a adquirir la condición de residente en España, aunque no haya terminado el periodo previsto para su aplicación. En este sentido se pronuncia la DGT en su contestación V0240-11, de 3 de febrero de 2011[181].

177 CV de la DGT V0432-17, de 17 de febrero de 2017 (*Tol 6026601*).

178 CV de la DGT V1739-17, de 06 de Julio de 2017 (*Tol 6503362*).

179 CV de la DGT V0128-25, de 12 de febrero de 2025 (*Tol 10536518*).

180 CV de la DGT V2248-24, de 21 octubre de 2024 (*Tol 10283172*).

181 CV de la DGT V0240-11, de 3 de febrero de 2011 (*Tol 2059265*).

Siguiendo el hilo de la CV de la DGT V2919-17[182], de 14 de noviembre de 2017, el órgano consultivo resolvió sobre la tributación de las rentas extranjeras de los contribuyentes desplazados al amparo del artículo 93 de la LIRPF. Este órgano directivo estimó que la pensión que recibía el contribuyente del Reino Unido, no se considerará obtenida en territorio español[183], por lo que el consultante no tendrá que tributar por la misma en el supuesto de aplicación del régimen especial previsto en el artículo 93 de la LIRPF. En el mismo sentido se pronunció en su contestación V0425-25[184], estimando que los rendimientos no estarían sujetos a tributación en España en la medida en que no derivaran, directa o indirectamente, de una actividad personal desarrollada por el consultante en territorio español.

En este orden de ideas, no podemos dejar de subrayar la naturaleza subjetiva y probablemente artificial que contiene implícitamente la posibilidad de acogerse al régimen contribuyentes con rentas extranjeras. No podemos dejar de mencionar en este sentido la CV de la DGT V202-16, de 21 de enero de 2016[185] en cuyo caso el contribuyente realiza la consulta desde el planteamiento de planificación fiscal anticipada en relación con la aplicación futura del *exit tax*. El órgano consultivo resolvió que, en el cómputo de los 10 años de no residencia fiscal en España, debe incluirse en dicho plazo el último año en que se tiene la consideración de residente en el extranjero, aunque sea el propio ejercicio en que se ha producido el desplazamiento a España. El mismo criterio ha sido reiterado en la Resolución del TEAC de 26 de enero de 2021 (RG 4760-2019)[186].

Otra cuestión conflictiva en torno al régimen de trabajadores desplazados a territorio español es su implantación como opción que debe realizarse de una forma determinada y en un plazo improrrogable. Al amparo del artículo 117 del RIRPF, los contribuyentes que hubieran optado por el régimen especial podrán renunciar a su aplicación durante los meses de noviembre y diciembre anteriores al inicio del año natural en que la renuncia deba surtir efectos. Los contribuyentes que renuncien a este régimen especial no podrán volver a optar por su aplicación.

---

182 CV de la DGT V2919-17, de 14 de noviembre de 2017 (*Tol 6507347*).

183 En aplicación de lo dispuesto en el art. 13.1.d) del TRIRNR.

184 CV de la DGT V0425-25, de 20 de marzo de 2025 (*Tol 10536176*).

185 CV de la DGT V0202-16, de 21 de enero de 2016 (*Tol 5644782*).

186 Resolución del TEAC de 26 de enero de 2021, RG 4760-2019 (*Tol 8459174*).

En este sentido el TS en su Sentencia de 18 de mayo de 2020[187] invoca el artículo 119.3 de la LGT que "viene a establecer como regla general la irrevocabilidad de la opción, que tiene como fundamento razones de seguridad jurídica y evitar posibles abusos de los contribuyentes... Debe convenirse, también, que amparadas las opciones que ofrece el legislador en el principio de justicia tributaria y la concreción de la efectividad del principio de capacidad económica, podría verse afectada la irrevocabilidad como regla general cuando una modificación de las circunstancias sustanciales determinantes en el ejercicio de la opción afecte a los citados principios". El Alto Tribunal deduce que no concurre en este caso ninguno de los supuestos posibles que pudiera hacer cuestionar la regla general sobre la irrevocabilidad de la opción.

2.2.3. Residentes fiscales en España con residencia habitual en el extranjero

2.2.3.1. Funcionarios públicos o titulares de cargo o empleo público españoles en el extranjero

Las personas físicas que tuviesen su residencia habitual en el extranjero por alguna de las circunstancias previstas en el artículo 10 de la LIRPF, entre otras, los miembros de misiones diplomáticas españolas, de las oficinas consulares españolas, y otros funcionarios en activo estipulados en una lista cerrada, tendrán la condición de residentes en España. Sin embargo, cuando los trabajadores tuvieran su residencia habitual en el extranjero con anterioridad a la adquisición de las condiciones enumeradas, siempre y cuando no sean funcionarios públicos en activo o titulares de cargo o empleo oficial, no les será de aplicación esta norma según la cual se considerarían de forma automática residentes habituales en España. El mismo tratamiento tendrán los cónyuges no separados legalmente o hijos menores de edad, cuando tuvieran su residencia habitual en el extranjero con anterioridad a la adquisición por el cónyuge, el padre o la madre, de las condiciones enumeradas antes.

En nuestra opinión, la norma establecida en términos de reciprocidad no afecta de forma negativa el efecto impositivo y la aplicación idónea de los principios de tributación, quedando en la práctica compensadas las bases correspon-

---

187 STS RES: 463/2020, de 18 de mayo de 2020, REC: 5692/2017. (*Tol 7947584*). FD Tercero.

dientes a los nacionales destinados al extranjero y los funcionarios públicos trasladados a España[188].

2.2.3.2. Opción para contribuyentes residentes en otros Estados miembros de la Unión Europea

Según el art. 46 del Real Decreto Legislativo 5/2004, de 5 de marzo, texto refundido de la Ley del Impuesto sobre la Renta de no Residentes[189], el contribuyente - persona física residente de un Estado miembro de la Unión Europea podrá optar por tributar por el IRPF, cuando concurra alguna de las siguientes circunstancias:

"a) Que haya obtenido durante el ejercicio en España por rendimientos del trabajo y por rendimientos de actividades económicas, como mínimo, el 75 por ciento de la totalidad de su renta siempre que tales rentas hayan tributado efectivamente durante el período por el IRNR.

b) Que la renta obtenida durante el ejercicio en España haya sido inferior al 90 por ciento del mínimo personal y familiar que le hubiese correspondido de acuerdo con sus circunstancias personales y familiares de haber sido residente en España siempre que dicha renta haya tributado efectivamente durante el período por el Impuesto sobre la Renta de no Residentes y que la renta obtenida fuera de España haya sido, asimismo, inferior a dicho mínimo".

El régimen no será aplicable en ningún caso a los contribuyentes residentes en países o territorios calificados reglamentariamente como paraísos fiscales. Cabe mencionar que, según el mismo artículo, las personas físicas a las que resulte de aplicación el régimen opcional indicado no perderán su condición de contribuyentes por el IRNR.

El régimen especial se establece con el fin de dar respuesta a los preceptos de las numerosas Sentencias del TJUE[190] en relación con la discriminación por residencia o nacionalidad en territorio europeo o por la vulneración de los prin-

188 Véase nuestro análisis en el Capítulo I. 3.4. Personal diplomático, funcionarios y agentes de la UE.

189 Real Decreto Legislativo 5/2004, de 5 de marzo, por el que se aprueba el texto refundido de la Ley del Impuesto sobre la Renta de no Residentes.

190 Véase el análisis de Núñez Grañón, M. (2021). Algunas reflexiones sobre la residencia habitual como criterio para la aplicación de los impuestos directos en el ámbito estatal y

cipios y libertades fundamentales de la Comunidad. En este contexto debemos mencionar el caso Schumacker[191], donde se contrastó una situación en el ámbito de la imposición directa de personas físicas que presentaba rasgos de discriminación por razón de residencia, por lo cual el Tribunal Europeo emitió una crítica en lo que concierne a la "justicia tributaria"[192]. Una aclaración sobre lo que representa una diferencia de trato a residentes y no residentes que constituiría una discriminación es la que contiene la Resolución de TEAF de Gipuzkoa de 20 de junio de 2013[193]: "Cuarto.- ... si bien lo que se pretende con este régimen es evitar la discriminación que puede suponer aplicar la normativa del Impuesto sobre la Renta de no Residentes a un no residente que obtiene la mayoría de sus rentas en España, la discriminación se da cuando se aplican soluciones distintas para situaciones iguales".

Por último, como señala Carmona Fernández, "la invocación del repetido régimen no implicará su aplicación, si como resultado de la liquidación practicada por la Administración el tributo a satisfacer superara el debido por el IRNR por razón de las rentas obtenidas en territorio español por el contribuyente que, curiosamente, conserva su condición de "no residente", aun cuando dicho régimen se ponga en práctica"[194]. Por ese motivo, a diferencia del régimen especial de los trabajadores desplazados a territorio español que analizamos anteriormente, cabe mencionar que esta medida está implantada de forma que permite la no discriminación efectiva incluso en los casos en los que el contribuyente haya elegido acogerse al régimen y el resultado de tal decisión finalmente no le beneficia, revirtiendo en ese caso en la aplicación de la tributación por el IRNR.

---

autonómico. En: Navarro Faure, A. (Dir.). *Estudios de Derecho Financiero y Tributario: Reflexiones sobre la obra de la profesora María Teresa Soler Roch*. Tirant lo Blanch. p. 219.

191 Sentencia del TJUE de 14 de febrero de 1995, C-279/93 (*Tol 1001499*).

192 Soler Roch, M. T. (1997). "Una reflexión sobre el principio de residencia como criterio de sujeción al poder tributario del Estado", en: Agulló Agüero, A., Arrieta Martínez de Pisón, J., & Cayón Galiardo, A. (1997). *Presente y futuro de la imposición directa en España*. Lex Nova, p. 74.

193 Resolución de TEAF de Gipuzkoa de 20 de junio de 2013, Nº 30.998.

194 Carmona Fernández, N. (2019). "Residencia ...". Op. Cit. p. 133.

2.2.3.3. La prolongación de la condición de residente fiscal en los cambios de residencia habitual

A) Cambio de residencia a un territorio considerado como paraíso fiscal

El artículo 8, párrafo 2 de la LIRPF establece que: "No perderán la condición de contribuyentes por este impuesto las personas físicas de nacionalidad española que acrediten su nueva residencia fiscal en un país o territorio considerado como paraíso fiscal. Esta regla se aplicará en el período impositivo en que se efectúe el cambio de residencia y durante los cuatro períodos impositivos siguientes".

La Ley impone una limitación a los contribuyentes del IRPF de nacionalidad española, denominada también "norma de cuarentena fiscal", cuando estos pretenden realizar un cambio en su residencia fiscal, acreditando su nueva residencia fiscal en un país o territorio considerado como paraíso fiscal. En este caso, la regla doméstica española atribuye a estos contribuyentes la aplicación a efectos fiscales de las reglas de tributación vigentes para los residentes fiscales españoles en el período impositivo en que se efectúe el cambio de residencia y durante los cuatro períodos impositivos siguientes.

Un punto de partida en el análisis crítico de la norma antielusiva podría ser el contexto existente en la creación de este precepto tan criticado por la doctrina científica.

La Inspección de Hacienda, considerando a una tenista residente fiscal en España, estimó que su residencia fiscal en Andorra no se acreditó de forma inequívoca, por lo cual levantó acta para los ejercicios fiscales no prescritos de 1989 a 1993. La Ley 44/1978, de 8 de septiembre, vigente en aquel momento, disponía en su artículo 6 lo siguiente:

"1. Se entenderá por residencia habitual la permanencia por más de 183 días, durante un año natural, en el territorio español.

2. Para computar el período de residencia no se tendrán en cuenta las ausencias, cuando por las circunstancias en las que se realicen pueda inducirse que aquéllas no tendrán una duración superior a tres años".

La tenista trató de acreditar su traslado a Andorra mediante una certificación de residencia fiscal, con una certificación del Consulado español, con una certificación del Ayuntamiento de Escaldes en la que aparecía empadronada en esa localidad y con el título de propiedad de una vivienda radicada en dicho municipio[195]. La Inspección aportó un informe de la Federación Española de Tenis en el que se hacía constar que la tenista entrenaba regularmente en Barcelona, una certificación de residencia en Barcelona de su entrenador y un informe de los movimientos de sus cuentas, abiertas todas ellas en la Ciudad Condal, desde la que se realizaron la mayor parte de movimientos[196].

Morillas Cueva resalta dos elementos que, en opinión del TS, "han de configurar la residencia, el espiritual o intención de residir en un lugar determinado y el material o permanencia efectiva en dicho lugar".

Como resume la propia Sentencia: "en materia fiscal y para el legislador de 1978, no ofrece dudas que el elemento relevante es el elemento objetivo. Por eso el artículo sexto alude al elemento objetivo de la "permanencia" como rasgo definidor de la residencia... Por tanto, el cambio de residencia para la norma fiscal de 1978 exigía no sólo una voluntad de residir en otro lugar, sino la efectividad de esa voluntad. Es decir, la efectiva residencia por más de 183 días en otro territorio distinto del español"[197].

Tanto el TEAC como la AN y finalmente el TS estimaron que la residencia fiscal de la tenista habría de considerarse en España, por lo que se confirmó el Acta de la inspección para los ejercicios no prescritos de 1989 hasta 1993, imponiendo una deuda tributaria que ascendió, en concepto de cuota e intereses, a 580.224.009 millones de pesetas[198].

Morillas Cueva estima que precisamente el litigio de esta famosa tenista originó la adopción por parte del legislador español de tres medidas antifraude:

1. La introducción de un precepto que facultaba expresamente a la Administración para exigir al contribuyente, al objeto de considerarlo residente en un

---

195 Como detalla Morillas Cueva en su investigación, en realidad se trataba de "un contrato de arrendamiento con opción de compra, que, posteriormente, fue ejecutada y elevada a escritura pública. Sin embargo, el titular del mismo no era la tenista, sino una sociedad cuyo apoderado el padre". Morillas Cueva, L. (2017). *Respuestas jurídicas al fraude en el deporte*. Dykinson. p. 226.

196 Morillas Cueva, L. (2017). Op. Cit. p. 196.

197 STS de 11 de noviembre de 2009, REC: 8294/2003 (*Tol 1747387*).

198 Morillas Cueva, L. (2017). Op. Cit. p. 197. Véase también el análisis de Chico de la Cámara, P. (2010). Cuestiones problemáticas de la residencia fiscal de los deportistas: medios tasados de prueba y traslados a paraísos fiscales. *Revista Aranzadi de derecho de deporte y entretenimiento*, Nº 29. pp. 31-44.

paraíso fiscal, que acreditara su permanencia física en él durante al menos 183 días en el ejercicio;

2. El establecimiento de un nuevo criterio para determinar la residencia fiscal en España —el centro de intereses económicos;

3. La creación de la medida conocida como "cuarentena fiscal", objeto de nuestro análisis en el presente apartado que consiste en la prolongación de la condición de contribuyentes del IRPF, durante un periodo de cinco años, a los contribuyentes de nacionalidad española que trasladen su residencia fiscal a un territorio calificado como paraíso fiscal[199].

Como señala García Carretero, se trata de un supuesto especial de personas a las que se les atribuye la condición de contribuyentes por el IRPF durante un determinado período de tiempo aun cuando, en principio, parece que no concurre el requisito determinante de la condición de contribuyente por el IRPF en España al haberse acreditado la residencia en otro país o territorio[200]. Parece que esta medida se introdujo como una medida antielusión fiscal con el fin de dejar sin efecto práctico las consecuencias producidas por el cambio de residencia fiscal con el fin de evadir el pago de impuestos. Sin embargo, como advierten Martín Jiménez y Calderón Carrero: "la cláusula antiabuso española no está configurada para evitar montajes puramente abusivos o totalmente artificiales..., sino que se aplica a toda operación de cambio de residencia a un paraíso fiscal con independencia de que se trate de un movimiento elusivo o legítimo (de buena fe que implica un cambio real y efectivo de la residencia y el domicilio del individuo y responde a razones no fiscales como de tipo laboral o profesional)".[201]

En este sentido, cabe mencionar la posición de algunos sectores de la doctrina científica que advierten que "no es fraude la unilateral caracterización por la Administración tributaria de un comportamiento de planificación fiscal como

199 Morillas Cueva, L. (2017). Op. Cit. p. 197.

200 García Carretero, B. (2008). "La presunción de residencia fiscal introducida por la Ley 36/2006, de Medidas para la prevención del Fraude Fiscal con relación a las entidades radicadas en países o territorios de nula tributación o considerados como paraísos fiscales". *Quincena Fiscal*, 12. p. 5.

201 Martín Jiménez, A. J. & Calderón Carrero, J. M. (2007). "Los impuestos de salida y el Derecho Comunitario europeo a la luz de la legislación española". *Crónica Tributaria*. Núm. 125. p. 52.

un acto de elusión. No es fraude lo que la Hacienda Pública dice que es fraude, antes de que se pronuncien los Tribunales. Y el fraude no puede tratarse desconociendo el derecho a la planificación fiscal"[202]. Además, como señalan Almudí Cid y Serrano Antón, "parece razonable la cautela establecida por el legislador denegando carácter probatorio de la residencia a la certificación emitida por las autoridades de un país calificado como paraíso fiscal, ya que en la mayoría de estas jurisdicciones se han establecido criterios de residencia más débiles que los existentes en nuestro país, siendo posible incluso adquirir, en ocasiones, la condición de residente a cambio del pago de una determinada suma de dinero"[203]. En este contexto, Soler Roch indica que "la norma actúa como un desincentivo de la deslocalización con finalidad de elusión fiscal, pero no como una prohibición de absoluta de cambio de residencia"[204].

Sin embargo, la implantación práctica de la medida no permite la aclaración y la prueba de la intención de evadir impuestos como razón, única o esencial, para el cambio de la residencia fiscal, cuando el país de destino es calificado como paraíso fiscal. La normativa no prevé ninguna excepción a lo dispuesto en dicho apartado por lo que, aunque el traslado estuviera motivado por razones objetivas y demostrables, ajenas a la elusión o evasión fiscal, como podría ser la celebración de un matrimonio o por traslado laboral, dicha norma seguiría aplicándose. En este sentido, el carácter absoluto de esta medida resulta especialmente discriminatorio para todos aquellos contribuyentes que se hayan visto obligados al cambio de residencia por motivos de trabajo o personales. Otra cuestión discutible es la aplicación de esta regla a las personas de nacionalidad española y no a los residentes fiscales españoles, ni siquiera residentes de larga duración, que cambiaran su residencia fiscal, estableciéndose en un territorio calificado como paraíso fiscal.

Soler Roch advierte también sobre la precisión del concepto "paraíso fiscal", contemplado en la norma antielusiva, en comparación con la noción "jurisdicción no cooperativa", siendo esta última la empleada en la actualidad en los pro-

---

202 García Novoa, C. (2006). "El proyecto de Ley de Prevención del Fraude (I)". *Quincena Fiscal*, 9. p. 4.

203 Almudí Cid, J. M. & Serrano Antón, F. (2001). Op. Cit. p. 90.

204 Soler Roch, M.

cedimientos relativos a la aplicación del artículo 8.2 de la LIRPF[205]. Tampoco quedan cubiertos los casos de cambio de residencia por las personas físicas de nacionalidad española que trasladan su residencia a un país no calificado como paraíso fiscal, para realizar un cambio inmediatamente posterior a otro país incluido en la lista de paraísos fiscales. La normativa no trata de forma concreta la inclusión o exclusión del país de destino en la lista de paraísos fiscales durante el periodo comprendido entre el año de cambio de residencia y los cuatro ejercicios siguientes.

La norma establece dos requisitos con carácter cumulativo[206]: 1) tener la nacionalidad española; 2) la acreditación del traslado a un país o territorio clasificado como paraíso fiscal.

En primer lugar, es importante señalar que la acreditación de la residencia en un Estado clasificado como no cooperativo se traduce por algunos expertos como "traslado efectivo de la residencia fiscal desde España a un paraíso fiscal"[207], interpretación con la que discrepamos con motivo del análisis de extensa doctrina administrativa y judicial en casos de residencia acreditada, del que podemos deducir que la acreditación y la efectividad del traslado de residencia no son condiciones equiparables. En este sentido, cuando el contribuyente traslade su residencia a un paraíso fiscal, denominado en estos momentos "jurisdicción no cooperativa", las consecuencias entablan dos aspectos relevantes:

1º) Para que se entienda acreditada la residencia en dicho territorio, la Administración tributaria puede exigir al contribuyente que pruebe su residencia allí de manera efectiva durante 183 días en el año natural.

2º) Independientemente de la acreditación del traslado efectivo de la residencia a través de la permanencia certificada en la jurisdicción no cooperativa en cuestión, si el contribuyente es de nacionalidad española, ha de continuar tributando por el IRPF durante el período impositivo en el que se efectuó el cambio de residencia y los cuatro períodos impositivos siguientes.

T. (2023). "La prevención...".. Op. Cit. p. 1022

205 Soler Roch, M. T. (2023). "La prevención...". Op. Cit. p. 1031. Véase también el análisis en Soler Roch, M. T. (2022). "Individuals...". p. 208.

206 Aguilera Fernández, P. M. (2022). "La residencia fiscal y la cláusula del beneficiario efectivo en el Modelo de Convenio de la OCDE". *Cuadernos de Formación*. Colaboración I/22. Vol. 28, p. 8.

207 Aguilera Fernández, P. M. (2022). Op. Cit. p. 8.

En segundo lugar, no podemos dejar de resaltar el asunto controvertido relacionado con el carácter discriminatorio de la norma al incluir en este precepto a los contribuyentes nacionales de España en un escenario de sujeción a impuestos por razón de la residencia. Núñez Grañón señala como motivo del precepto la presunción, establecida como una presunción *iuris et de iure* que imposibilita la prueba en contrario, de que el traslado de residencia se produce con la finalidad de beneficiarse de una tributación menor[208]. Si comparamos con las normas antielusión fiscal implantadas en otras jurisdicciones[209], resulta inexplicable, insuficiente y tendenciosa la norma instituida por el legislador español, excluyendo a los residentes, incluso a los residentes de larga duración de esta medida. A mayor abundamiento, cabe resaltar que se trata de un planteamiento cuestionado reiteradamente por la doctrina científica.

Por último, el precepto no prevé disposición alguna en cuanto a la calificación de una jurisdicción como no cooperativa en el periodo comprendido entre la fecha de traslado de residencia y los cuatro periodos sucesivos y tampoco resuelve de forma inequívoca el efecto que produjera exceptuar dicha jurisdicción del listado oficial aprobado de jurisdicciones no cooperativas. No existe doctrina administrativa o jurisprudencial en torno a este asunto, por lo cual, a petición nuestra la Administración nos informa, sin efectos vinculantes, que: "Si durante los cuatro años que prevé la norma, cambiara la calificación y el Estado de destino dejase de ser considerado paraíso fiscal se aplicaría (en el año de cambio de calificación) la norma general, pasando a ser residente del país en el que permanezca más de 183 días en el año natural.

En caso de producirse un cambio de residencia a un Estado no calificado como paraíso fiscal y, con posterioridad al cambio, éste pasara a calificarse como tal, al ser ya residente fiscal de este último se aplicaría la normativa vigente en el mismo".

En otro orden de ideas, es relevante mencionar las reflexiones de Serrano Antón sobre la legalidad de la prórroga legal de la residencia en el ordenamiento español.

---

208 Núñez Grañón, M. (2021). Op. Cit. p. 221.

209 Véase el. Art. 1 del Protocolo y Memorando de entendimiento, hechos en Madrid el 14 de enero de 2013, que modifican el Convenio entre el Reino de España y los Estados Unidos de América para evitar la doble imposición y prevenir la evasión fiscal respecto de los impuestos sobre la renta, y su Protocolo, firmado en Madrid el 22 de febrero de 1990.

En primer lugar, este autor analiza la legalidad de la norma desde el punto de vista de la normativa comunitaria señalando "una discriminación a la inversa por razón de la nacionalidad vetada por el Derecho comunitario"[210]. En segundo lugar, señala la cuestión sobre la legalidad de la imposición de una presunción *iuris et de iure* en el Sistema español. En este sentido, fundamenta su opinión en la STC 76/1990, de 26 de abril que recoge el siguiente razonamiento: "sobre el alcance del principio de igualdad ante la Ley este Tribunal ha elaborado en numerosas sentencias una matizada doctrina cuyos rasgos esenciales pueden resumirse: (...) c) el principio de igualdad no prohíbe al legislador cualquier desigualdad de trato, sino aquellas desigualdades que resulten artificiosas o injustificadas por no venir fundadas en criterios objetivos y suficientemente razonables de acuerdo con criterios o juicios de valor generalmente aceptados; d) por último, para que la diferenciación resulte constitucionalmente lícita no basta con que lo sea el fin que con ella se persigue, sino que es indispensable además que las consecuencias jurídicas que resultan de tal distinción sean adecuadas y proporcionadas a dicho fin, de manera que la relación entre la medida adoptada, el resultado que se produce y el fin pretendido por el legislador superen un juicio de proporcionalidad en sede constitucional, evitando resultados especialmente gravosos o desmedidos".

La jurisprudencia del TC mantiene que la existencia de presunciones *iuris et de iure* resulta justificada siempre y cuando su objetivo sea asegurar la contribución de todos al sostenimiento de los gastos públicos, pero respetando los principios constitucionales (SSTC 76/90 y 50/95[211]). El autor entiende que "la norma antielusiva en la que consiste el artículo 8.2 LIRPF es bienvenida por el deber de contribuir al sostenimiento de los gastos públicos", lo que no se termina de explicar es el porqué de configurarla como una presunción *iuris et de iure*, ya que el contribuyente "queda en una flagrante indefensión"[212], y en los países que

210 Serrano Antón, F. (2001). "Cuestiones relevantes sobre la residencia fiscal de las personas físicas en la tributación española e internacional" en: Carmona Fernández, N., Serrano Antón, F. & Bustos Buiza, J. A. Algunos aspectos problemáticos en la fiscalidad de no residentes. Comunicaciones de los autores a la sesión de la XLVIII Semana de Estudios de Derecho Financiero. Doc. Nº 24/02. p. 23.

211 STC 76/1990, de 26 de abril de 1990 (*Tol 80368*), FJ Noveno y STC 50/95 de 23 de febrero de 1995 (*Tol 82790*).

212 Serrano Antón, F. (2001).Op. Cit. p. 24.

poseen normas de este tipo se admite prueba en contrario, como ocurre en Dinamarca (1970-1995), Suecia, Noruega, Finlandia, EE.UU. y Alemania[213].

Adicionalmente debemos mencionar el Acuerdo Internacional en materia de fiscalidad y protección de los intereses financieros entre el Reino de España y el Reino Unido de Gran Bretaña e Irlanda del Norte en relación con Gibraltar, hecho *ad referendum* en Madrid y Londres el 4 de marzo de 2019, que dispone en su artículo 2, apartado 1, letra c), la siguiente norma semejante para los nacionales españoles que cambien su residencia a Gibraltar:

"Los nacionales españoles que trasladen su residencia a Gibraltar con posterioridad a la fecha de la firma del presente Acuerdo se considerarán, en todos los casos, residentes fiscales exclusivamente de España"[214].

Por último, a efectos comparativos conviene mencionar la presunción *iuris tantum* establecida como medida antielusiva en el ámbito del Impuesto sobre sociedades cuyo objetivo es "evitar deslocalizaciones artificiales de la residencia fiscal de entidades"[215]. Establece al artículo 8.1 de la LIS que:

"La Administración tributaria podrá presumir que una entidad radicada en algún país o territorio de nula tributación, según lo previsto en el apartado 2 de la Disposición adicional primera de la Ley 36/2006, de 29 de noviembre, de medidas para la prevención del fraude fiscal, o calificado como paraíso fiscal, según lo previsto en el apartado 1 de la referida disposición, tiene su residencia en territorio español cuando sus activos principales, directa o indirectamente, consistan en bienes situados o derechos que se cumplan o ejerciten en territorio español, o cuando su actividad principal se desarrolle en éste, salvo que dicha entidad acredite que su dirección y efectiva gestión tienen lugar en aquel país o territorio, así como que la constitución y operativa de la entidad responde a motivos económicos válidos y razones empresariales sustantivas distintas de la gestión de valores u otros activos".

No obstante, un tratamiento diferente obtuvieron los nacionales españoles que cambiaron su residencia fiscal a Andorra con anterioridad a la conclusión del CDI entre ambos países. Andorra tenía la consideración de paraíso fiscal según

---

213 Serrano Antón, F. (2001).Op. Cit. p. 24.

214 Véase también CV de la DGT V1310-22 de 9 de junio de 2022 (*Tol 10240270*).

215 Siota Álvarez, M. (2013). "La residencia fiscal en el impuesto sobre sociedades". *Crónica tributaria*. Núm. 149. p. 208.

lo establecido en el RD 1080/1991, de 5 de julio. Sin embargo, la norma del artículo 8.2 de la LIRPF no es de aplicación para las personas físicas de nacionalidad española residentes en Andorra que acrediten su condición de trabajadores asalariados, siempre que se cumplan las condiciones establecidas en la DA Vigésima primera de la LIRPF[216].

Sin profundizar en esta medida relacionada con la residencia fiscal de las personas jurídicas, que es por sí sola un tema que nos desviaría de nuestro objetivo, no podemos omitir la opinión de la doctrina científica resumida perfectamente por Siota Álvarez, cuando indica: "El hecho de que el legislador haya previsto esta norma antielusión como una presunción *iuris tantum*, en lugar de como una presunción *iuris et de iure*, debe ser valorado positivamente..."[217]

B) Pérdida de la condición de contribuyente por cambio de residencia

El objetivo de nuestro trabajo es valorar la conveniencia y la precisión de los criterios establecidos para la definición de la residencia en la actualidad, por lo cual en el presente apartado describimos brevemente las herramientas que contiene la legislación nacional española relacionada con la sujeción a impuestos de las personas físicas. Aunque los impuestos de salida son ampliamente utilizados a nivel internacional[218], cabe hacer constar que las medidas en cuestión no tienen efecto alguno sobre la determinación de la residencia fiscal, sino que surten efecto cuando esta haya sido definida. Sin embargo, las mencionamos ya que reconocemos que afectan considerablemente a las decisiones de planificación fiscal, incluso en los casos de simulación de la residencia fiscal que analizaremos más adelante.

---

216 Galapero Flores, R. (2019). "La residencia fiscal como criterio determinante para sujeción a los tributos. Estudio de la relevancia de la residencia fiscal en el impuesto sobre la renta de personas físicas y el Impuesto sobre Sucesiones y Donaciones". *Revista jurídica de la Comunidad de Madrid*. S/n. p. 11.

217 Siota Álvarez, M. (2013). Op. Cit. p. 226.

218 Vease el análisis comparativo de Ribes Ribes, A. (2014). *Los impuestos de salida*. Tirant lo Blanch. pp. 99-142.

i) Imputación temporal de rentas en el cambio de residencia fiscal

El artículo 14.3 de la LIRPF establece que: "En el supuesto de que el contribuyente pierda su condición por cambio de residencia, todas las rentas pendientes de imputación deberán integrarse en la base imponible correspondiente al último período impositivo que deba declararse por este impuesto, en las condiciones que se fijen reglamentariamente, practicándose, en su caso, autoliquidación complementaria, sin sanción ni intereses de demora ni recargo alguno.

Cuando el traslado de residencia se produzca a otro Estado miembro de la Unión Europea, el contribuyente podrá optar por imputar las rentas pendientes conforme a lo dispuesto en el párrafo anterior, o por presentar a medida en que se vayan obteniendo cada una de las rentas pendientes de imputación, una autoliquidación complementaria sin sanción, ni intereses de demora ni recargo alguno, correspondiente al último período que deba declararse por este impuesto. La autoliquidación se presentará en el plazo de declaración del período impositivo en el que hubiera correspondido imputar dichas rentas en caso de no haberse producido la pérdida de la condición de contribuyente".

Se trata de la redacción dada al artículo 14.3 de la LIRPF por la Disposición Final 10ª.1 de la Ley 16/2012, de 27 de diciembre, tras la STJUE 12.7.2012, Asunto C-269/09, Comisión Europea contra Reino de España, sobre la finalidad del art. 14.3 LIRPF. En su momento España alegó que, por una parte, la legislación controvertida no convertía al contribuyente que trasladaba su domicilio fiscal en deudor de un impuesto sobre un beneficio que no ha obtenido y del que, por tanto, no dispone. Además, señaló que "la legislación controvertida no puede ocasionar en ningún supuesto un caso de doble imposición, ya que únicamente se produce una imputación temporal de rentas ya devengadas en España y no un anticipo en el devengo de rentas futuras. Por consiguiente, dicha legislación no puede influir de forma negativa en la decisión de una persona de ejercer las libertades de circulación, residencia o establecimiento".

Curiosamente, el Reino de España alegó también, por una parte, "la abundante jurisprudencia que declara que, en materia de impuestos directos, la situación de los residentes y la de los no residentes no son, por lo general, comparables". Por otra parte, tal y como resume el TJUE, España "pone de relieve el hecho de que los contribuyentes residentes están sujetos directamente al control de la Administración tributaria del Estado miembro de que se trate, que de este modo puede recaudar los impuestos por vía de apremio. En el caso de los no residentes, en cambio, la recaudación del impuesto requiere inevitablemente la cooperación de la Administración tributaria del Estado de residencia....En tales circunstancias, añade el Reino de España, es obvio que la pérdida por un contribuyente de la condición de residente español implica para la Administración española limitaciones de orden jurídico y práctico que impiden o hacen difícil tanto la liquidación de las deudas tributarias como el ejercicio de las facultades de dicha Administración en materia de recaudación".

En nuestra opinión, las alegaciones presentadas por el Reino de España con el fin de justificar la discriminación detectada parecen insuficientes, además de poco apropiadas. Aunque podemos entender las dificultades que podrían surgir las Administraciones en el proceso de recaudación tras la pérdida de la condición de residencia del contribuyente, los Estados miembros deberían esforzarse en contribuir en la instauración de medidas que faciliten la cooperación y recurrir a la asistencia mutua administrativa prevista por las Directivas 76/308 y 77/799 entre ellos. Sin embargo, son varios los países que apoyan las alegaciones hechas por parte de España, entre los cuales se encuentran Portugal y Alemania[219], mientras que los Países Bajos suscriben esas alegaciones en su totalidad[220].

La Sentencia del TJUE declaró que España había incumplido las obligaciones que le incumben en virtud de los artículos 18 CE, 39 CE y 43 CE, "al haber adoptado y mantenido en vigor, en el artículo 14, apartado 3, de la Ley 35/2006, de 28 de noviembre, IRPF y de modificación parcial de las leyes de los IS, sobre la RNR y sobre el Patrimonio, una disposición que impone a los contribuyentes que trasladan su residencia a otro Estado miembro la obligación de incluir todas las rentas pendientes de imputación en la base imponible del último ejercicio fiscal en el que se les haya considerado contribuyentes residentes". y, consecutivamente, se realizó la modificación del artículo 14.3 de la LIRPF que se mantiene en la actualidad.

---

219 Cabe mencionar que Alemania se vio obligada a modificar su impuesto de salida aplicable a las ganancias patrimoniales mobiliarias exigible con ocasión del cambio de residencia, regulado en el artículo 6 de la *Gesetz über die Besteuerung bei Auslandsbeziehungen (Außensteuergesetz)* tras el requerimiento de la CE de 19 de abril de 2004. Véase Ribes Ribes, A. (2014). *Los impuestos....* Op. Cit. p. 99.

220 Países Bajos introdujo una reforma fiscal con efectos retroactivos desde 11 de abril de 2004 como consecuencia de la Sentencia de Lasteyrie. Véase Ribes Ribes, A. (2014). *Los impuestos....* Op. Cit. p. 128 y Martín Jiménez, A. & Calderón Carrero, J. M. (2007). "Los impuestos...". Op. Cit. pp. 51-56.

En este contexto se pronuncia el TEAR de Cataluña en su Resolución de 15 de abril de 2021[221], en relación con un caso en el ámbito del IRPF y cambio de residencia fiscal. Según el TEAR, el art. 14.3 LIRPF no es una regla de imputación temporal autónoma e independiente de las restantes reglas del art. 14 apartados 1º y 2º LIRPF, sino una cláusula de salvaguardia de la efectividad de la potestad tributaria respecto de rentas que deberían ser declaradas por no residentes. Por tanto, si en el momento de la pérdida de la condición de contribuyente del IRPF no existían rendimientos del trabajo exigibles pendientes de imputación por alguna de las reglas restantes (v.gr. atrasos, operaciones a plazos), no puede aplicarse el art. 14.3 LIRPF. En el caso analizado se trata de una prima de permanencia o traspaso consentido por el club, convenida en 2013 pero cuyo devengo y exigibilidad dependía de determinados eventos futuros, siendo finalmente exigible en 2015, cuando el jugador ya era no residente fiscal.

Se resuelve que, como el obligado desde 30 de junio de 2014 era residente fiscal en Reino Unido, correctamente se regularizó el importe en IRNR, por ser los rendimientos satisfechos por trabajo desarrollado en España, además de calificar como correcta su imputación al momento de su exigibilidad y cobro (art. 27.1 a) TRLIRNR), 2015.

ii) Impuesto de salida según el artículo 95bis de la LIRPF

La medida conocida como "impuesto de salida" o "*exit tax*" fue instaurada por el legislador como instrumento para prevenir la evasión fiscal, proteger la base imponible y garantizar los ingresos tributarios del Estado español. El impuesto de salida se estableció en el IRPF con la reforma fiscal operada por la Ley 26/2014, de 27 de noviembre y pretende gravar la ganancia patrimonial "latente", generada por la titularidad de las acciones o participaciones del contribuyente que traslada su residencia a otro país, aunque la ganancia patrimonial no se haya generado en el periodo en el que se incluyera, al no haber sido transmitidas dichas acciones o participaciones. Con ocasión del traslado de la residencia fiscal, se transfiere la potestad tributaria al país de destino, por lo cual el legislador introdujo la figura del *exit tax* para los casos de patrimonios financieros de eleva-

221 Resolución del TEAR de Cataluña de 15 de abril de 2021, RG 08/11204/2017 (*Tol 8882174*).

da cuantía, con el fin de prevenir "una importante pérdida de ingresos tributarios para el país de origen (España)"[222].

Limitando a propósito el estudio de esta medida que resulta aplicable cuando el traslado de la residencia fiscal ha sido efectivo, nos interesa el efecto del impuesto de salida desde el punto de vista de la planificación fiscal que podría ser artificiosa. En este sentido es importante señalar lo siguiente:

1) Algunos contribuyentes optan por el desplazamiento a otro país de la UE o del EEE con el fin de diferir el pago del impuesto de salida durante 10 años, eligiendo para el desplazamiento países con beneficiosos regímenes especiales tales como Portugal[223], Malta, etc. Se establece en el párrafo 6 del artículo 95bis que: "a) La ganancia patrimonial únicamente deberá ser objeto de autoliquidación cuando en el plazo de los diez ejercicios siguientes al último que deba declararse por este impuesto se produzca alguna de las siguientes circunstancias:

1.º Que se transmitan inter vivos las acciones o participaciones.

2.º Que el contribuyente pierda la condición de residente en un Estado miembro de la Unión Europea o del Espacio Económico Europeo.

3.º Que se incumpla la obligación de comunicar a la Administración tributaria, la opción por la aplicación de las especialidades previstas en este apartado, la ganancia patrimonial puesta de manifiesto, el Estado al que traslade su residencia, con indicación del domicilio, así como las posteriores variaciones, y el mantenimiento de la titularidad de las acciones o participaciones".

2) En segundo lugar, según el párrafo 4 del artículo 95bis: "...cuando el cambio de residencia se produzca como consecuencia de un desplazamiento temporal por motivos laborales a un país o territorio que no tenga la consideración de paraíso fiscal, o por cualquier otro motivo siempre que en este caso el desplaza-

---

222 AEAT. Manual práctico de renta.

223 El régimen Non-Habitual Residence (NHR) de Portugal fue modificado considerablemente con efectos desde 1 de enero de 2024, aunque mantiene el tipo impositivo fijo del 20% sobre la renta personal y una exención fiscal sobre otros ingresos pasivos. El NHR tampoco pagará ningún impuesto sobre dividendos, intereses, regalías, ganancias de capital y rendimientos de arrendamiento de bienes inmuebles fuera de Portugal, así como de rendimientos de trabajo de un empleo en otro país. Véase: De Vita, M. (2020). Flat Tax for "New Residents": A Comparison between the Italian and Portuguese Regimes, 60 *Eur. Taxn.* 10, Journal Articles & Opinion Pieces IBFD. Chapter 3. 3. The Portuguese Regime for NHRs.

miento temporal se produzca a un país o territorio que tenga suscrito con España un convenio para evitar la doble imposición internacional que contenga cláusula de intercambio de información, previa solicitud del contribuyente, se aplazará por la Administración tributaria el pago de la deuda tributaria que corresponda a las ganancias patrimoniales reguladas en este artículo".

Aunque no se trata de una exención, sino de un diferimiento de la aplicación del impuesto de salida por un periodo máximo de 5 años, pero prorrogable, esta disposición propicia la simulación de la relación laboral que motiva el desplazamiento laboral. Cabe mencionar que la norma no regula el tipo de relación laboral, ni menciona requisito alguno sobre la jornada laboral.

3) Una planificación fiscal legítima que podríamos calificar como una optimización dentro de la figura de la "economía de opción ", sería la diversificación de las inversiones previa al cambio de residencia o la planificación de la fecha de traslado de la residencia.

Cabe mencionar en este sentido la CV de la DGT V202-16[224], analizada anteriormente en relación con la aplicación del régimen especial de trabajadores desplazados a territorio español, en cuyo caso el contribuyente planteó la consulta desde el tanteo de una situación de elevadas rentas eventuales en periodos posteriores y un interés pronunciado en el *exit tax* cara al futuro.

4) Por último, si el obligado tributario adquiriese de nuevo la condición de contribuyente sin haber transmitido la titularidad de las acciones o participaciones, podrá solicitar la rectificación de la autoliquidación al objeto de obtener la devolución de las cantidades ingresadas correspondientes a las ganancias patrimoniales declaradas en aplicación de este régimen especial.

En este sentido, cabe mencionar la CV de la DGT V0897-23 de 18 de abril de 2023, en cuyo caso, el consultante planteó la cuestión si la devolución de las cantidades ingresadas correspondientes a las ganancias patrimoniales del artículo 95 bis.5 de la LIRPF como consecuencia de la recuperación de la residencia fiscal española por parte del consultante, sin haber transmitido las participaciones que originan el *exit tax*, incluía también la devolución de los intereses de demora satisfechos a favor de la Administración y devengados desde la presentación de la autoliquidación complementaria hasta la fecha de pago de la deuda. En este caso el órgano consultivo interpretó que se debería proceder a la devolución de las

---

224 CV de la DGT V0202-16, de 21 de enero de 2016 (*Tol 5644782*).

cantidades ingresadas correspondientes a la ganancia patrimonial y los intereses de demora.

iii) Pérdida de la condición de residente del socio que aplicó el régimen de diferimiento fiscal en operaciones de escisión, fusión o absorción y canje de valores cuando traslade su residencia a un Estado miembro de la Unión Europea, o del Espacio Económico Europeo

Los socios personas físicas que hayan aplicado el régimen especial de diferimiento fiscal previsto en el Capítulo VII del Título VII de la Ley 27/2014, de 27 de noviembre, del Impuesto sobre Sociedades y pierdan su condición de residente en territorio español, deberán tributar en el último período impositivo que deba declararse por el IRPF, la diferencia entre el valor de mercado de las acciones o participaciones recibidas en el canje o en las operaciones de escisión, fusión o absorción, en el momento del cambio de residencia, y su valor fiscal (que es el valor de adquisición y antigüedad de las acciones entregadas), salvo que las acciones o participaciones queden afectas a un establecimiento permanente situado en territorio español.

Al igual que las medidas anteriores, si el socio traslada su residencia a un Estado miembro de la UE o del EEE con el que exista un efectivo intercambio de información tributaria, el pago de la deuda tributaria resultante de la aplicación de esta medida podría ser aplazada a solicitud del interesado hasta la fecha de la transmisión a terceros de las acciones o participaciones afectadas.

Como advierten Martín Jiménez y Calderón Carrero en relación con el *exit tax*, manifestación que cabe extender también a esta medida, "las normas delimitadoras de la jurisdicción fiscal siguen estando sometidas al control de compatibilidad comunitario y deben ser delimitadas y fundamentarse de acuerdo con los principios consolidados de fiscalidad internacional... especialmente cuando tales criterios de sujeción fiscal consagren auténticas medidas antiabuso".[225] Ribes Ribes señala las semejanzas de dicha medida con los impuestos de salida francés y neerlandés, declarados incompatibles con el ordenamiento europeo[226] y sugiere la necesidad de rectificación de la regla. En la misma línea, Martín Jiménez y Calderón Carrero observan: "...no encontramos motivo de justificación distinto

---

225 Martín Jiménez, A. & Calderón Carrero, J. M. (2007). "Los impuestos...". Op. Cit. p. 52.

226 Ribes Ribes, A. (2014). *Los impuestos...* Op. Cit. p. 112.

a los que se alegaron en los casos *Lasteyrie* y *N*, esto es, pérdida de ingresos tributarios, control fiscal y riesgo de evasión fiscal, los cuales fueron desestimados por el TJCE".[227]

En su análisis acerca de la de precisión de la norma, Martín Jiménez y Calderón Carrero recomiendan su modificación para que actúe realmente como una medida antielusiva y afecte a los supuestos de *rule shopping*, cuyo objetivo es obtener "un ahorro impositivo o ventaja fiscal", frente a las operaciones "con motivo económico válido". Según los autores, el traslado de residencia del socio "no debería poder suponer una inaplicación de una regla material y sustantiva del régimen especial de fusiones (el art. 8 de la Directiva de Fusiones), dado que tal cambio de residencia fiscal ni constituye una situación abusiva en sí misma, ni tampoco afecta materialmente al motivo económico válido de la reestructuración empresarial subyacente".[228] Además, advierten que la imputación se produce como consecuencia de la aplicación de la regla del art. 88.3 TRLIS que "no solo conlleva la integración de la base imponible diferida en virtud del régimen de fusiones (que se puso de manifiesto en el momento de la reestructuración empresarial), sino también de la renta generada con posterioridad a tal operación en la medida en que los títulos hayan experimentado un incremento de valor en el mercado"[229].

3. CONTROVERSIAS ACTUALES GENERADAS POR LA RESIDENCIA FISCAL EN UN CONTEXTO GLOBALIZADO

3.1. LA ACREDITACIÓN DE LA RESIDENCIA FISCAL EN OTRO ESTADO. EL CERTIFICADO DE RESIDENCIA FISCAL Y SU PROBLEMÁTICA

Como punto de partida en el análisis de la obligatoriedad de la acreditación de la residencia fiscal, es relevante señalar la advertencia del TEAC en su Resolución del 23 de febrero de 2023[230]: "...la residencia fiscal no puede ser una noción que se determine de manera unilateral (esto es, autoconsiderarse residente fiscal

---

227 Martín Jiménez, A. & Calderón Carrero, J. M. (2007). "Los impuestos...". Op. Cit. p. 55.

228 Martín Jiménez, A. & Calderón Carrero, J. M. (2007). "Los impuestos...". Op. Cit. p. 56.

229 Martín Jiménez, A. & Calderón Carrero, J. M. (2007). "Los impuestos...". Op. Cit. p. 54.

230 Resolución del TEAC de 23 de febrero de 2023, RG 04549/2020 (*Tol 103586643*).

en alguna jurisdicción), sino una cuestión jurídica que ha de ser probada y acreditada".

La doctrina científica, por su parte, reconoce la condición probatoria del certificado de residencia fiscal, pero, a su vez, ha denunciado en reiteradas ocasiones "la rigidez casi total de la norma"[231] con escasas excepciones de su obligatoriedad de aportación[232], así como "la ausencia de previsión en la legislación española sobre la forma de acreditar la residencia fiscal en otro país"[233]. La posición inicial de la Administración española fue y, con ciertas matizaciones se mantiene en la actualidad, que la residencia fiscal se acredita mediante certificado expedido por la Autoridad Fiscal competente del país de que se trate, señalando expresamente que los permisos de residencia o residencia administrativa en un Estado no indican precisamente que el contribuyente fuera considerado residente fiscal en el mismo.

Por otra parte, como señala Ribes Ribes, "la acreditación debe probar una residencia de naturaleza tributaria y no otras modalidades de residencia, como pueden ser la administrativa, laboral, policial, de control de cambios, etc".[234]. La autora, basándose en la SAN de 27 de junio de 2002, observa que, como norma general, los certificados de residencia deben ser individuales, sin que sean admisibles "certificaciones de carácter colectivo, no emitidas por la autoridad fiscal correspondiente, provenientes de entidades que gestionen intereses y derechos de terceros"[235].

Algunos sectores de la doctrina científica abogan por la admisión de otros medios de prueba diferentes de los certificados de residencia fiscal, emitidos por la Administración de otros Estados. En este sentido Pita Grandal sostiene que, "la inadmisión de un medio de prueba presentado como idóneo para acreditar un hecho o fuente de prueba que se considera relevante al efecto debe venir suficientemente motivado por el órgano, pues en caso contrario podríamos encon-

---

231 Martín-Abril Calvo, D. y Santos Fresco, E. (2019). "Obligaciones formales en el Impuesto sobre la Renta de no residentes", en: Serrano Antón, F. (Dir.). *Fiscalidad internacional.* (7ª ed.). CEF. p. 277.

232 Véase el análisis de Martín Abril, D. y Santos, E. (2019). Op. Cit. Pp. 277-278.

233 Ribes Ribes, A. (2005). "La problemática de los certificados de residencia en el Impuesto sobre la Renta de No Residentes". *Quincena Fiscal.* Op. Cit. p. 14.

234 Ribes Ribes, A. (2005). "La problemática ...". Op. Cit. p. 14.

235 Ribes Ribes, A. (2005). "La problemática ...". Op. Cit. p. 14.

trarnos ante un supuesto de indefensión en el sujeto que propone la prueba que podría, en su caso y ya ante la jurisdicción, dar lugar a la declaración de nulidad de actuaciones"[236].

No obstante, observando la controvertida cuestión sobre la acreditación de la residencia fiscal, debemos reconocer que la posición de los tribunales presenta una evolución sustancial. Debido a las numerosas consultas, resoluciones y sentencias relacionadas con la acreditación de la residencia fiscal, podemos estimar un progreso importante en cuanto a la flexibilidad de la Administración en la gestión de este conflictivo asunto. Aun así, es importante subrayar que, a pesar del hecho indiscutible que las últimas sentencias del Tribunal Supremo ofrezcan un razonamiento unidireccional, las diferentes resoluciones presentan una interpretación, a nuestro juicio, tendenciosa e incompleta. La postura inicial tanto de la Administración como de los tribunales era rígida y perjudicaba seriamente a los contribuyentes en cuanto a las posibilidades que tenían estos de demostrar en tiempo y forma su condición de no residentes. Los plazos para la emisión de los certificados de residencia fiscal en otros países, la no exigencia de estos en relación con la mayoría de las rentas enumeradas en los CDI, así como los gastos administrativos y litigiosos agravaban el proceso y eran cuestionables desde el punto de vista de los derechos del contribuyente.

En primer lugar, conviene tomar en consideración la problemática respecto a la acreditación mediante un certificado emitido por la otra Administración en los casos en que no existe un CDI entre España y el otro país. En este contexto se plantea la consulta de una contribuyente, persona física residente en el Principado de Andorra, cuya presencia en territorio español comprende un periodo superior a 183 días en el año natural. La consultante era trabajadora por cuenta ajena en una entidad española desde el año 1996, encontrándose su actual centro de trabajo en Cataluña, a 15 Km. del lugar de su residencia habitual en Andorra. Dispone de una segunda residencia en España (a 212 Km. de su centro de trabajo). En cuanto a sus vínculos familiares, expone que está casada. Su marido trabaja y reside en Andorra, donde se encuentra el domicilio conyugal. La consultante dispone de certificado de residencia fiscal expedido por el Departamento de Tributos del Gobierno de Andorra.

---

236 Pita Grandal, A., & Clavijo Hernández, F. (1998). La prueba en el procedimiento de gestión tributaria. Marcial Pons. p. 131.

Conforme con lo anterior, el órgano consultivo expone con carácter previo a su respuesta recogida en la Contestación de la DGT V0382-15 de 2 de febrero de 2015 que el Principado de Andorra dejó de considerarse paraíso fiscal desde el 10 febrero de 2011, cuando entró en vigor el Acuerdo entre el Reino de España y el Principado de Andorra para el intercambio de información en materia fiscal, sin que exista, a la fecha de la consulta, un CDI vigente entre España y Andorra. Conforme a lo anterior, la DGT concluye que la acreditación de la residencia fiscal en otro país (en este caso, Andorra) afecta únicamente a la determinación de la residencia en España a través del criterio de permanencia por más de 183 días. En este sentido, las condiciones adicionales no son objeto de valoración por la Administración del otro Estado al no existir un CDI que establezca reglas de desempate a tal efecto.

La posición que mantuvo la DGT después de la entrada en vigor del CDI entre España y Andorra fue en un principio limitar el empleo de los certificados de residencia fiscal en torno a la presencia certificada en el otro Estado, abarcando la problemática de las ausencias esporádicas. Cabe resaltar en este aspecto la CV emitida el 2 de febrero de 2017[237]. En el presente caso, y en relación con el primer criterio (permanencia), el órgano consultivo interpretó que, en tanto el consultante no acredite su residencia fiscal en otro país (Andorra), las ausencias del territorio español tendrían carácter esporádico de cara a la determinación de la residencia fiscal del mismo, debido a lo cual continuaría siendo considerado contribuyente del IRPF español, debiendo tributar por este impuesto por su renta mundial.

No obstante, es fundamental para nuestro trabajo analizar la acreditación de la residencia fiscal en un escenario que la permite mediante el uso de un certificado de residencia emitido por el otro Estado cuando este otro Estado por norma legal no emite tal documento, por lo cual el contribuyente, independientemente de la veracidad de su presencia en su territorio, no puede estar en posesión del certificado de residencia que, a su vez, le es requerido por la Administración española.

Cabe mencionar a estos efectos, en primer lugar, la CV de la DGT[238] de 4 de marzo de 2013, emitida para el caso de trabajadores desplazados a Arabia Saudí. Habiendo sido contrastado por la Administración tributaria española el hecho

237 CV de la DGT V0273-17 de 2 de febrero de 2017 (*Tol 6003256*).

238 CV de la DGT V0665-13, de 4 de marzo de 2013 (*Tol 3536121*).

de que las autoridades fiscales saudíes no emitían certificados de residencia fiscal, el órgano consultivo concluyó que parecía conveniente que para acreditar la residencia se valoren, entre otros, los documentos en que conste la fecha de salida del territorio español, la fecha de comienzo de la prestación del trabajo en el extranjero así como la existencia de datos objetivos en esa relación laboral que hagan previsible que, como consecuencia de la prestación de trabajo en otro país, la permanencia en dicho país sea superior a 183 días durante el año natural en que se produce el desplazamiento o, en su defecto, en el siguiente.

De la misma forma resuelve el órgano consultivo, en su CV del 12 de noviembre de 2015[239], en relación con la imposibilidad de acreditación de la residencia mediante el certificado de residencia fiscal en un caso con el Reino Unido, que es un Estado que emite certificados de residencia fiscal. Con ocasión de la consulta realizada, el contribuyente expuso que había obtenido dicho certificado, pero en fecha de 2015, por lo que dicho certificado parece que acredita que resulta residente fiscal en Reino Unido en el año 2015, pero no en 2014. Cabe añadir que en estos momentos el certificado a efectos del CDI permite la indicación del ejercicio fiscal al que se refiere el certificado al margen de la fecha de emisión. No obstante, nos consta que anteriormente este dato no figuraba por lo que estimamos congruente la CV de la DGT cuando considera que, a los efectos de acreditar la residencia fiscal en Reino Unido en el presente caso, y en vista de que no ha resultado posible obtener dicho certificado para el ejercicio 2014, como prueba idónea para ello, el consultante, en caso de ser requerido para ello por la Administración tributaria española, podrá emplear todos los medios de prueba admitidos en Derecho para acreditar su residencia en el Reino Unido.

En el mismo sentido, a través de las CV de la DGT[240] de 17 de diciembre de 2015[241] y de 5 de junio de 2018[242], relacionadas con la acreditación de la residencia en Arabia Saudí, el órgano consultivo dispuso que "en aquellos casos... en el que las autoridades fiscales saudíes no emiten certificados de residencia fiscal, cuestión que ha sido contrastada por la Administración tributaria española, el artículo 106.1 de la Ley 58/2003, de 17 de diciembre, General Tributaria (BOE de 18 de diciembre) habilita a la Administración tributaria española para valorar

239 CV de la DGT V3473-15 de 12 de noviembre de 2015 (*Tol 5594131*).

240 CV de la DGT V4069-15, de 17 de diciembre de 2015 (*Tol 5632241*).

241 CV de la DGT V4069-15, de 17 de diciembre de 2015 (*Tol 5632241*).

242 CV de la DGT V1530-18, de 5 de junio de 2018 (*Tol 7160411*).

otros medios de prueba conforme a lo dispuesto en el Código Civil y en la Ley de Enjuiciamiento Civil"[243].

En la misma línea se pronunció en la CV de fecha 11 de abril de 2016[244], emitida en contestación a un consultante que se trasladaba a trabajar para una empresa de Dubai en enero de 2015 y hasta noviembre de dicho año, en que rescinde su contrato:

"En cuanto a los medios de prueba respecto a la residencia, hay que indicar que son los obligados tributarios quienes deben probar los hechos que les dan derecho a disfrutar de un beneficio fiscal, siendo el certificado de residencia fiscal emitido por las autoridades competentes de los Estados la forma idónea de acreditar la residencia fiscal.

No obstante, en este caso, según el escrito de consulta, resulta imposible obtener el certificado de residencia fiscal de E.A.U., ya que se precisa una estancia superior a los 12 meses para obtener dicho certificado de residencia fiscal.

Ahora bien, en aquellos casos, tales como el planteado en el escrito de consulta, en que parece que las autoridades fiscales de E.A.U. no emiten certificados de residencia fiscal, por lo menos según expresa el propio consultante, para el caso de estancias inferiores a los 12 meses, el artículo 106.1 de la Ley 58/2003, de 17 de diciembre, General Tributaria (BOE de 18 de diciembre) habilita a la Administración tributaria española para valorar otros medios de prueba conforme a lo dispuesto en el Código Civil y en la Ley de Enjuiciamiento Civil...

No obstante, en este caso, en el supuesto en que el referido certificado de residencia en E.A.U. no se pudiera obtener, es el propio contribuyente quien tiene que, mediante la aportación de las pruebas o indicios que considere oportunos (nóminas, alta en el registro consular, justificantes de colegios de los hijos, posibles pagos de alquileres, recibos de consumos de luz, teléfono, etc.…), probar su residencia en E.A.U.

---

243 Cabe mencionar, en relación con el concepto de "prueba fehaciente" que los tiques o justificantes de pago, al no acreditar de manera fehaciente en favor de quien se presta el servicio, no pueden acreditar, ya no solo el vínculo económico directo e indisociable con la actividad, sino su realización en favor del interesado. Por lo tanto, el TEAC los rechaza medios de prueba de una presencia certificada ya sea en España o en otra jurisdicción. Véase Resoluciones del TEAC de 24 de julio de 2023, RG 7140/2020 (*Tol 10358839*) y de 30 de octubre de 2023, RG 7199/2020 (*Tol 10358928*).

244 CV de la DGT V1497-16, de 11 de abril de 2016 (*Tol 5731863*).

Dichas pruebas o indicios, de conformidad con el principio ampliamente reconocido por los tribunales españoles de "valoración conjunta de la prueba", serán valorados conjuntamente con la existencia de otras pruebas o indicios relevantes, todo ello a efectos de finalmente poder determinar o no la residencia fiscal en España del contribuyente".

Siguiendo el hilo de estas resoluciones, es relevante destacar la CV de la DGT V0627-20 de 31 de marzo de 2020[245] que, aparte de la cuestión de la residencia fiscal se pronuncia sobre la deducibilidad de las retenciones practicadas en el otro Estado. Específicamente se planteó la cuestión sobre la forma de acreditar la no residencia fiscal en el otro país, en este caso —Iraq, considerando que su Administración Tributaria no expide certificados de residencia fiscal a ciudadanos españoles, hecho contrastado por la Embajada Española en este país. En respuesta a la pregunta planteada el órgano consultivo reiteró el criterio de las dos consultas anteriores.

En este orden de ideas, cabe mencionar también la reciente CV de la DGT de 12 de marzo de 2024, emitida en respuesta a la consulta de una contribuyente que expone que no estará en posesión de un certificado de residencia fiscal, aunque su situación presenta el cúmulo de factores que determinan su condición de no residente en España[246].

Acorde a estos datos, se planteó la consulta sobre la determinación de su residencia fiscal, teniendo en cuenta que el otro Estado no emitirá un certificado de residencia fiscal. En este contexto es importante recordar que, si bien el TEAC ha considerado en ocasiones que "la acreditación de la residencia fiscal podía hacerse mediante la ponderación de un conjunto probatorio, esta flexibilidad en la aportación de las pruebas no rige igual en todos los supuestos, sino que se trata de una flexibilidad condicionada"[247], por lo cual estar en posesión de un certificado de residencia fiscal sigue siendo un problema que da lugar a numerosas consultas que realizan los contribuyentes a la DGT con este motivo, especialmente en los supuestos en los que saben de antemano que no podrán obtener el certificado pertinente.

Es importante mencionar que, en la contestación de la cuestión planteada, la DGT ya tenía a su alcance la amplia y reiterada jurisprudencia del TS relacionada

245 CV de la DGT V0627-20, de 31 de marzo de 2020 (*Tol 8006274*).

246 CV de la DGT V0372-24, de 12 de marzo de 2024 (*Tol 10238469*).

247 Resolución del TEAC de 23 de febrero de 2023, RG 00-04549-2020 (*Tol 10358663*).

con las ausencias prolongadas como consecuencia de trabajos de larga duración realizados en el extranjero. Conforme a ello, la DGT emitió una contestación acorde con la jurisprudencia en lo relacionado con la presencia en territorio español y la correcta calificación de las ausencias. El órgano consultivo dedujo que dicha ausencia del territorio español, al no poderse reputar esporádica conforme a los datos aportados (según señala el propio Tribunal en sus sentencias: "no cabe reputar ocasional o esporádica una ausencia de suyo prolongada, duradera, por período superior a 183 días"), no computaría a efectos de determinar el período de permanencia de la consultante en España durante ese año, por lo que no cumpliría el citado criterio de permanencia, al margen de lo dispuesto en el artículo 9.1 b) de la LIRPF en cuanto al núcleo principal o la base de sus actividades o intereses económicos.

En otro orden de ideas, es relevante abordar la problemática de los certificados desde el punto de vista de la obligación de practicar retenciones y la responsabilidad del pagador de las rentas. De Juan Peñalosa y otros analizan la Resolución del TEAC del 9 de febrero de 2001, que se refiere a la responsabilidad solidaria del residente - pagador de la renta, en relación con las rentas obtenidas por no residentes. Los autores subrayan "la facilidad con la que se ha admitido, sin mayores críticas, el retruécano de que el pagador de la renta, y no el perceptor, es el contribuyente...La Ley hace responsable solidario al pagador ... pero un responsable peculiar, porque para dirigirse contra él no es necesario ningún acto de derivación de responsabilidad, el Inspector puede —y lo hace— levantar el acta directamente al pagador. Es decir, lo convierte en contribuyente". Con todo ello los autores cuestionan la aplicación del principio de capacidad económica y, por lo tanto, la constitucionalidad de la práctica[248].

En Resoluciones posteriores, el TEAC vuelve a resolver sobre el requerimiento de aportar el certificado de residencia durante el proceso de comprobación o inspección tributaria sin cuestionar la legalidad de la derivación de la responsabilidad tributaria. En alguna ocasión, la dificultad y los tiempos necesarios para la solicitud ante la Administración extranjera de un certificado de residencia fiscal y la aportación de este en el curso de la comprobación llevada por la Adminis-

248 De Juan Peñalosa, J. L., Raventós Calvo, S., & Rodríguez Rodríguez, J. F. (2004). *Fiscalidad internacional*...Op. Cit. pp. 17-18. El TEAC excluye la aplicación del CDI por falta de certificado de residencia, documento no exigido por los CDI, salvo para las rentas incluidas en los art. 10, 11 y 12 (dividendos, interese y cánones).

tración española ha sido calificada por los tribunales como una actuación del contribuyente con "mala fe y abuso del derecho" por su parte[249].

Respaldando la misma idea, es necesario mencionar la resolución 08/06244/2015/00/00[250] del TEAR de Cataluña de fecha 8 de marzo de 2018. La resolución estableció un criterio no vinculante relacionado con la obligatoriedad de aportar un certificado de residencia fiscal con el fin de beneficiarse de una exención prevista en el IRNR.

El TEAR determinó que:

"Si bien se acredita la residencia en Luxemburgo de la entidad mediante el correspondiente certificado de residencia en Luxemburgo, no se ha acreditado la residencia fiscal en la Unión Europea ni en territorio español de las personas físicas poseedoras directa o indirectamente de la entidad. No se han aportado los certificados de residencia fiscal. Se aportan, sin traducir, determinados documentos que no hacen prueba de la residencia fiscal a los efectos de los correspondientes convenios, dado que no se trata de certificados expedidos por las autoridades tributarias".

Siguiendo el mismo hilo de ideas, cabe señalar la Resolución del TEAR de Murcia 30/00065/2017[251] de 27 de febrero de 2019, que establece una calificación no vinculante en relación con el IRPF y la acreditación de la residencia a efectos de IRPF con el fin de determinar el Estado donde el contribuyente debe tributar por su renta. El asunto versó sobre los criterios legales para establecer la residencia habitual en territorio español de una persona física. De la cuestión

---

249 Véase TSJ Illes Balears, Sentencia de 21 de julio de 2021, RES: 436/2021, REC: 538/2020, (*Tol 8634778*). El Sr. S. invocó por primera vez su condición de no residente, y por tanto no sujeto a IRPF, ante el TEARIB. Y por dicha razón este Tribunal administrativo rechazó valorar las alegaciones y pruebas aportadas por el reclamante al considerar que deberían haberse presentado en la vía administrativa previa. Determina no tenerlas en cuenta al apreciar que ha habido mala fe y abuso del derecho por parte del contribuyente. Conducta abusiva que es la que aprecia el TEARIB cuando es ante este Tribunal cuando, por primera vez, se aporta documentación justificativa de la condición de no residente. El TEAC no acepta la conclusión a la que llega el TEARIB en el presente supuesto.

250 Resolución del TEAR de Cataluña de 8 de marzo de 2018, RG 08/06244/2015 (*Tol 8476982*).

251 Resolución del TEAR de Murcia de 27 de febrero de 2019, RG 30/00065/2017 (*Tol 8476618*).

planteada se podía deducir que, según el artículo 9 de la LIRPF y el CDI con Canadá, la interesada, aunque pueda haber pasado más de 183 días fuera de territorio español, es residente en España en el ejercicio. Según la Resolución, la contribuyente no se consideraba residente fiscal en Canadá, porque no llegó a permanecer el tiempo indicado para realizar el trabajo efectivo en este país; no presentó certificado de residencia fiscal, por lo cual, acudiendo al criterio de intereses en España, el TEAR constató que, frente a los rendimientos del trabajo obtenidos en Canadá, en España participaba en 3 sociedades, obteniendo por la venta de las participaciones al final del ejercicio unas elevadas rentas. Se confirmó que tampoco poseía inmuebles en Canadá. No se acreditó la tenencia de otro tipo de bienes.

A continuación, es relevante destacar las Resoluciones del TEAC 5947/2017[252] de 10 de julio de 2019 y 3023/2017[253] de 11 de julio de 2019. Las cuestiones planteadas, relacionadas con las devoluciones derivadas de la normativa del IRPF, se referían al asunto de la obligatoriedad de practicar retenciones e ingresos a cuenta del IRPF por los pagadores de las rentas y las consecuencias de no aportar el certificado de residencia fiscal. Las Resoluciones establecen y reiteran el criterio según el cual "la no aportación por parte del recurrente del certificado de residencia fiscal que acredite que reside en el extranjero en el momento en el que el habilitado/pagador debía practicar la retención y efectuar el ingreso, determina que la entidad debió de practicar la retención y de efectuar su ingreso de conformidad con la norma del Impuesto sobre la Renta de las Personas Físicas. Si posteriormente a dicha fecha se acredita la residencia fiscal en el extranjero, ello no determina el derecho a la devolución de un ingreso indebido, sino que determina el derecho a una devolución derivada de la normativa de cada tributo. De esta forma, se solicitará la devolución mediante la presentación de la declaración del IRNR".

El TEAC, siguiendo un razonamiento afín, establece criterio en su Resolución de 24 de mayo de 2022, RG 1527/2019[254]. El asunto, concerniente a la residencia fiscal en España, trataba sobre la posibilidad de probarla, pese a la existencia de un certificado de residencia fiscal en otro Estado emitido por sus autoridades fiscales. Se reitera el mismo criterio que en la Resolución RG 6469/2013,

---

252 Resolución del TEAC de 10 de julio de 2019, RG 05947/2017 (*Tol 8476421*).

253 Resolución del TEAC de 11 de julio de 2019, 00/03023/2017/00/00 (*Tol 8476428*). RG: 00-03023-2017; 00-03090-2017; 00-03091-2017.

254 Resolución del TEAC de 24 de mayo de 2022, RG 1527/2019 (*Tol 10359128*).

de 11-07-2017, estableciendo lo siguiente: "La aportación de certificado de residencia en otro Estado no es incompatible con la consideración de residente fiscal en España por aplicación de la normativa interna española, tal y como reconoce el Tribunal Supremo en Sentencia de 4-7-2006 (núm. rec. 3400/2001), o la Audiencia Nacional en sentencia de 30-06-2010 (rec. núm. 202/2008)".

Otro tema que, a nuestro juicio, requiere un análisis detallado más allá de la acreditación de la residencia para la correcta asignación de la renta en un Estado u otro, es la cuestión relacionada con la validez empírica de esta práctica establecida. No podemos omitir en este sentido la acreditación de la residencia en una jurisdicción en la que, como consecuencia de la sujeción a impuestos acorde a un régimen de tributación especial o parcial que no requiere la tributación por la renta mundial, priva al otro Estado de la posibilidad de considerar al mismo contribuyente residente fiscal como resultado de la aplicación de los acuerdos entre ambos Estados en un CDI entre ellos. Si bien reconocemos que uno de los objetivos principales de los CDI es eliminar o reducir la doble imposición internacional, es fundamental tener presente que la finalidad de estos acuerdos internacionales no es en absoluto crear oportunidades para una doble no imposición.

Como analizaremos a continuación, estos residentes —sujetos a una tributación parcial— podrían estar en posesión de un certificado de residencia fiscal. Por consiguiente, podrían acreditar su residencia en un determinado Estado y de esta forma el otro Estado contratante, en aplicación de las reglas de desempate establecidas en el CDI entre ellos, no podría sujetar a impuestos a este contribuyente por su renta mundial, aunque estaría el otro Estado contratante en tal derecho de no poseer este contribuyente un certificado de residencia fiscal.

En tales circunstancias cabe mencionar la CV de la DGT de 10 de marzo de 2014[255], evacuada en respuesta a la consulta de una persona física que es residente en Madrid a fecha de la consulta, y que contempla desplazarse en el ejercicio 2014 a Lisboa (Portugal), junto con su cónyuge y su único hijo menor de edad, para prestar sus servicios a una sociedad portuguesa residente en dicho territorio, manteniendo con ésta una relación laboral con el correspondiente contrato de trabajo firmado con este fin. Pretende aplicar el régimen especial portugués[256] en vigor hasta 31 de diciembre de 2023 de los "residentes no domiciliados". Co-

---

255 CV de la DGT V0653-14, de 10 de marzo de 2014 (*Tol 6059900*).

256 Véase Aneiros Pereira, J. (2019) en: Lucas Durán, M. (Dir.) Residencia fiscal: problemática y cuestiones actuales. *Documentos de trabajo. CEF.* Núm. 6, pp. 81-83.

munica que, en este contexto, las autoridades fiscales portuguesas le emitirían un certificado de residencia fiscal a los efectos del Convenio Hispano-Portugués. Plantea la cuestión con relación a su situación fiscal en 2014 y a su condición de residente fiscal, de la tributación de los rendimientos de fuente española, así como a la tributación en IP.

Cabe mencionar en este punto la diferencia sustancial que ha introducido el legislador portugués para evitar la doble no imposición que detallamos en el apartado 2.2.1.2. El núcleo principal o la base de intereses económicos, en relación con la STSJ de Asturias de 20 de diciembre de 2023. La aplicación inicial del régimen especial portugués requiere residir de forma efectiva en el país. No obstante, no establece un periodo oficial de estancia mínima, por lo que muchos contribuyentes, una vez acogidos al régimen, no residen en Portugal de forma habitual. Sin embargo, el legislador ha establecido que, para ser beneficiario de un CDI concluido entre Portugal y otro Estado, es imprescindible la residencia habitual en Portugal y vivir en el país al menos 183 días al año, además de considerar las reglas de desempate establecidas en el CDI aplicable. Según resuelve la DGT en la consulta planteada, Portugal, al margen de este régimen, impone la sujeción por su renta mundial a los residentes fiscales en el país.

Siguiendo el hilo del asunto, cabe mencionar la CV de la DGT de 27 de marzo de 2019[257], en respuesta a la consulta planteada por un contribuyente con residencia habitual en Bélgica en relación con su sujeción a impuestos en este Estado en virtud de un régimen especial. En mayo de 2017, el consultante, casado y con hijos mayores de edad, fue contratado localmente para desarrollar su trabajo en beneficio de una sociedad con sede operativa en Bruselas (Bélgica). Como consecuencia de dicha contratación, trasladó su residencia de Madrid a Bruselas. Como consecuencia de su traslado a Bélgica, el consultante optó por solicitar el Régimen especial de tributación belga, de forma que, en vez de tributar como un residente fiscal ordinario en Bélgica, tributa como no residente, encontrándose sujeto a tributación por sus rentas de fuente belga y los rendimientos del trabajo que obtenga por los días de trabajo desarrollados físicamente en Bélgica (según indica, un 60% de su tiempo se corresponde con días de trabajo en Bélgica, un 5% con días de trabajo en Suecia y un 35% con días de trabajo en diferentes países).

---

[257] CV de la DGT V0677-19, de 27 de marzo de 2019 (*Tol 7282575*).

La legislación belga establece que los contribuyentes que opten por tributar bajo dicho régimen especial belga tienen la consideración de no residentes fiscales en Bélgica, no siendo posible obtener un certificado de residencia fiscal en Bélgica conforme a las disposiciones establecidas en el CDI entre España y Bélgica.

Conforme a ello, si el consultante, quien manifiesta que trasladó su residencia a Bruselas de manera definitiva el 18 de marzo de 2018, permaneciera físicamente fuera de España durante un período continuado de más de 183 días, dicha ausencia del territorio español, al no poderse reputar esporádica (según señala el propio Tribunal en sus sentencias: "no cabe reputar ocasional o esporádica una ausencia de suyo prolongada, duradera, por período superior a 183 días"), no computaría a efectos de determinar el período de permanencia del consultante en España durante el año 2018, por lo que el consultante no cumpliría el citado criterio de permanencia.

A nuestro juicio, se trata de una resolución desafortunada en varios aspectos. En primer lugar, este órgano directivo omite por completo que el contribuyente en cuestión no estará en posesión de un certificado de residencia fiscal no porque Bélgica no emite tales certificados como norma común, sino porque el contribuyente tributa en este país en aplicación de un régimen especial que no contempla la sujeción por la renta mundial. En este sentido, consideramos que el otro país ha aplicado correctamente la interpretación proporcionada por la OCDE a través de los Comentarios al artículo 4 anteriormente citados, referente a la "responsabilidad fiscal total" y no invalida, a través de la emisión de un certificado de residencia fiscal, a España a estimar a este contribuyente residente fiscal en territorio español. En este sentido, el órgano consultivo español incumple el criterio aplicado anteriormente y reiterado en varias resoluciones de la DGT, según el cual se requiere la aportación de un certificado de residencia en otro Estado para que esta se considere acreditada, al margen de la flexibilidad que ha sido adoptada para los países que, como norma común, no emiten tales certificados.

Habida cuenta de todo ello debemos reconocer que la resolución, vinculante tanto para el contribuyente como para la Administración española, resulta en una oportunidad para este contribuyente de no tributar en ningún país por su renta mundial, prescindiendo además de conocimiento alguno por parte de cualquier Administración sobre la tributación de otros rendimientos que este contribuyente podría tener.

Dentro del estudio crítico de la acreditación de la residencia, es fundamental subrayar que, en nuestra opinión, este problema debe tratarse teniendo en cuenta el interés legítimo de ambas partes involucradas en el proceso impositivo, es decir, tanto los contribuyentes como los Estados. A nuestro juicio, el derecho del contribuyente de beneficiarse de las disposiciones de un CDI con el fin de eliminar, dentro de lo posible, la doble imposición internacional, no debe en ningún caso resultar en convertirlo en no residente en cualquier Estado. No obstante, conviene retomar el análisis desde el reconocimiento de que, como regla general, la Administración ha sido muy restrictiva en cuanto a la acreditación de la residencia, lo cual conlleva, en algunos casos, la imposibilidad del contribuyente de hacer valer sus derechos.

Un punto de inflexión contra esta práctica tan perjudicial para el sujeto pasivo marca la STS de 12 de junio de 2023[258]. En este caso, el contribuyente había acreditado su residencia fiscal en aplicación del CDI entre España y EEUU. Se apreciaron en este contexto varias cuestiones de interés casacional como objetivo para la formación de la jurisprudencia, relacionadas con la posibilidad de que un órgano judicial o administrativo pueda prescindir del contenido de un certificado de residencia fiscal emitido por las autoridades fiscales de un país que ha suscrito con España un Convenio, cuando dicho certificado se extiende a los efectos del Convenio, o rechazar su contenido, o la validez del referido certificado debe ser presumida, no pudiendo ser su contenido rechazado, precisamente por haberse suscrito el referido CDI.

El Alto Tribunal determinó que tanto la Administración como los tribunales españoles carecen de facultades "para enjuiciar las circunstancias en las que se ha expedido un certificado de residencia fiscal por otro Estado ni, en consecuencia, pueden prescindir del contenido de un certificado de residencia fiscal emitido por las autoridades fiscales de un país que ha suscrito con España un Convenio de Doble Imposición, cuando dicho certificado se ha extendido a los efectos del Convenio". Por lo tanto, "la existencia de un conflicto de residencia entre dos Estados, la validez de un certificado de residencia expedido por las autoridades fiscales del otro Estado contratante en el sentido del Convenio de Doble Imposición debe ser presumida, no pudiendo ser su contenido rechazado, precisamente por haberse suscrito el referido Convenio".

En este caso, la Sala de instancia consideró que no había conflicto porque no resultaba de aplicación el Convenio, al entender que los indicios tenidos en cuenta por la Administración habían desplazado por completo el contenido del

---

258 STS RES: 778/2023, de 12 de junio, REC: 915/2022 (*Tol 9626597*).

certificado de residencia, criterio, como se ha visto, del todo erróneo. Como resultado, el TS ordenó la retroacción de actuaciones.

Más controvertido es el caso de las jurisdicciones que diferencian entre "residentes domiciliados" y "residentes no domiciliados", o entre "residentes ordinarios" y "residentes no ordinarios". Ambos grupos de residentes podrían obtener el certificado de residencia fiscal, aunque este concepto conllevaría matices distintos a los propios de la residencia fiscal en España.

En este sentido, como mencionamos anteriormente, la STS 778/2023, de 12 de junio no resuelve la controversia sobre la acreditación de la residencia mediante el certificado emitido por la Administración extranjera. El asunto fue valorado de nuevo por la STS de 8 de julio de 2024[259]. En este caso, la cuestión de interés casacional objetivo para la formación de jurisprudencia consistía, en primer lugar, en determinar si, a efectos del Convenio entre España y el Reino Unido vigente en 2014, la aportación de un certificado expedido en el Reino Unido que acreditaba la residencia fiscal en dicho Estado era suficiente para acreditar la residencia, teniendo en cuenta que este no acreditaba la sujeción en ese Estado por la renta mundial, sino que contemplaba la imposición de las rentas obtenidas en dicho país[260]. Adicionalmente, se pedía precisar si la expresión "núcleo principal o base de sus actividades o intereses económicos" que emplea el artículo 9.1.b) LIRPF como criterio para determinar la residencia fiscal en España, puede interpretarse en el sentido de que, para que se entienda cumplido tal criterio, prima el hecho de que el interesado tenga en España la mayor parte de su patrimonio inmobiliario o mobiliario, aun cuando sus ingresos procedan en mayor medida de otros países.

A nuestro juicio, la STS de 12 de junio de 2023 tiene un efecto dual. Las consecuencias positivas conducen a la disminución de la política restrictiva de la Administración en el proceso de las comprobaciones e inspecciones, en lo que respecta a los certificados de residencia emitidos a efectos del CDI. Cabe recordar la conducta condicional y extremadamente prohibitiva que ha estado manteniendo la Administración en el proceso de acreditación de la residencia fiscal de

259 STS RES: 1214/2024 de 8 de julio de 2024, REC: 1909/2023. (*Tol 10105917*).

260 La legislación fiscal en el ámbito del impuesto sobre la renta de las personas físicas —*income tax*— del Reino Unido contempla el régimen de tributación sobre la *Remittance basis* para los residentes no domiciliados. Véase, en el presente trabajo, el Capítulo IV. 1.7. Reino Unido.

los contribuyentes en otro Estado. No obstante, debemos reconocer también la peligrosidad de los preceptos dictados por el TS, si estos se aplican literalmente y sin tener en cuenta el contenido del concepto de "residencia" que podría recoger un certificado y cómo varía este concepto de un país a otro.

En esta línea de razonamientos, es relevante señalar la STSJ de Asturias de 20 de diciembre de 2023[261] que, en base a la STS 778/2023, estima las pretensiones de una contribuyente que, como consecuencia, acaba por no tributar por su renta mundial en ningún Estado.

La contribuyente interpuso un recurso contencioso-administrativo contra la Resolución dictada por el TEAR de Asturias (TEARA) de 23 de diciembre de 2022, cuyos razonamientos también resultan importantes para nuestro estudio. La cuestión en la que se centra el debate es la determinación de la residencia de la recurrente en los ejercicios 2015 y 2016, objeto de comprobación, en cuyo caso la Inspección sostenía que la contribuyente era residente fiscal en España, mientras que esta defendía que era residente fiscal en Reino Unido, con la "trascendental consecuencia" de estar sujeta al IRPF por su renta mundial o por el IRNR, en cuyo caso tributaría en España por sus rentas con fuente en territorio español.

El TEARA afirma que la contribuyente fue residente fiscal en España a tenor de la legislación interna en materia de IRPF, concretamente porque tenía su centro de intereses económicos en España, "lo que permite atraer a este país la residencia fiscal, en consonancia con el criterio previsto en el mencionado artículo 9.1.b) de la LIRPF". En consecuencia, atendiendo a la condición de residente fiscal en el Reino Unido, al menos para los ejercicios 2014 y 2015, correctamente atiende a las reglas de desempate reguladas en el CDI concluido entre ambos Estados.

Se indica que la contribuyente tributó como "Residente en el Reino Unido" en los ejercicios inspeccionados acogiéndose al régimen de tributación parcial, denominado tributación de "*remittance basis*" (renta remitida), que, como resume el TEARA, "supone la tributación por la totalidad de las rentas obtenidas en el Reino Unido y por aquellas otras, obtenidas fuera del Reino Unido, que se opte por remesar o repatriar por el contribuyente al Reino Unido, en el propio ejercicio de su obtención o en uno posterior". La Inspección determina que a la contribuyente no le es de aplicación el CDI por estar sujeta a imposición en el

[261] STSJ Asturias, RES: 1238/2023, de 20 de diciembre de 2023, REC: 197/2023 (*Tol 9849207*).

Reino Unido sólo por lo que respecta a rentas procedentes de él; no obstante, el TEARA en su interpretación, basándose en las Resoluciones del TEAC de 11 de julio de 2017 (RG 00-06469-2013), de 29 de junio de 2020 (RG 00-00561-2019) y de 26 de abril de 2022 (RG 00-02726-2021), sostiene la aplicación del CDI. En consecuencia, determina que "el texto del artículo 4.1 del CDI suscrito con Reino Unido no impide considerar que, como expresamente se indica en el certificado emitido por las autoridades fiscales de ese Estado, la contribuyente fue residente fiscal allí durante los ejercicios fiscales 2014 y 2015, de acuerdo con la normativa tributaria interna de ese Estado, "a los efectos del Convenio".

En primer lugar, cabe señalar que, a diferencia del caso objeto de litigio en la STS 778/2023, la Inspección no cuestionó la existencia o la validez de los certificados de residencia fiscal a efectos del CDI, aportados por la contribuyente, pero sí discute la aplicación del CDI por la no sujeción a impuestos por la renta mundial. El TEARA admite los certificados de residencia a efectos del CDI y procede a examinar el debate desde la perspectiva de la doble residencia, determinando que, como resultado de la aplicación de la primera regla de desempate, la contribuyente tenía sólo una vivienda a su disposición "plenamente disponible y sin limitación alguna" sita en Londres, por lo cual: "La confirmación de la residencia con arreglo al primero de los criterios, hace innecesario acudir a los restantes previstos en el artículo 4.2 del CDI".

Volviendo al efecto que tuvo la STS de 12 de junio de 2023, no podemos omitir el hecho que el TSJ basa sus razonamientos en esta, declarando además que la doctrina establecida, "aun cuando referida al CDI entre España y los Estados Unidos de Norte América, resulta perfectamente aplicable". No podemos estar más en desacuerdo con el TSJ al emitir este juicio para resolver una cuestión relacionada con un régimen de tributación que no contempla la inclusión de la renta mundial, como es el régimen *remittance basis*.

El TSJ sostiene que "la residencia fiscal no puede ser una noción que se determine de manera unilateral, sino una cuestión jurídica que ha de ser probada y acreditada. La condición de residente fiscal se tiene cuando se cumplen los requisitos que el ordenamiento jurídico ha fijado para otorgar esa calificación, lo que ha de quedar acreditado en el expediente mediante la aportación de una documentación específica, en este caso, mediante la aportación de un "certificado de residencia fiscal expedido por la autoridad fiscal correspondiente que justifique esos derechos..."

Además, en el mismo orden de ideas, señala que "no queda a voluntad de los Estados firmantes el acudir o no a las normas del Convenio, ni queda tampoco a criterio de los órganos administrativos ni judiciales el prescindir de la aplicación del Convenio para resolver la controversia, pues es el instrumento jurídico que ha sido suscrito por los dos Estados y que ha pasado a formar parte del ordenamiento jurídico interno (art. 96 CE), ocupando un lugar preferente en el sistema de fuentes toda vez que prevalecen sobre las normas internas de los Estados firmantes".

En definitiva, todos estos razonamientos, teóricamente válidos, son inconsistentes en cuanto a su aplicación práctica. El TSJ de Asturias le dio la razón a la contribuyente y declaró la nulidad de la liquidación definitiva emitida en concepto de IRNR del ejercicio 2016, después de que el TEARA estimara la reclamación para el año fiscal 2015. Tanto la Resolución del TEARA como la STSJ de Asturias nos obligan a llevar un análisis crítico del contexto y las debilidades de ambos dictámenes.

En primer lugar, es el TEARA el que procedió a estimar la reclamación relacionada con el ejercicio 2015. Consideramos que, al ser el año fiscal en el Reino Unido diferente al establecido en España y, además, teniendo en cuenta que los ejercicios objeto de litigio fueron los de 2015 y 2016, deducimos que los certificados que aportó la recurrente se correspondían a los periodos comprendidos entre el 6 de abril de 2014 a 5 de abril de 2015 y desde 6 de abril de 2015 al 6 de abril de 2016 en la vía administrativa y de 6 de abril de 2016 a 5 de abril de 2017 durante el proceso judicial. El primer punto débil lo encontramos en la falta de análisis de los datos tanto relacionados con la presencia en territorio español como con los importes que se corresponden a cada año fiscal. Podríamos deducir que en apariencia la contribuyente fue residente fiscal en España tanto en 2015 como en 2016, no obstante, un análisis detallado por fechas podría conllevar un resultado totalmente distinto. Cabe mencionar que, si partimos de los datos contenidos en la sentencia, la liquidación recurrida tampoco analiza el vértice temporal de este asunto. Sin conocer a fondo el análisis llevado a cabo por la Administración, consideramos que, en el caso de que tal análisis temporal se hubiese llevado a cabo de forma rigorosa y la contribuyente no cumplía los periodos de presencia en territorio español, esta primera condición habilitante para la residencia en España podría no haberse cumplido. En este caso la disputa se reduce al centro de intereses económicos o el centro de intereses vitales en cuanto al CDI. Sin embargo, el hecho de no mencionarse la realización de tal examen nos parece un punto débil para el análisis completo de la situación en cuestión.

El segundo punto es el análisis de la residencia fiscal en cuanto al régimen especial *remittance basis*, que es, en nuestra opinión, especialmente desafortunado y comprometido por varios motivos:

1. La emisión del certificado de residencia fiscal por la HMRC no supone necesariamente la realización de un análisis llevado a cabo por la Administración del Reino Unido —HM Revenue & Customs (HMRC)— del cumplimiento de las condiciones que determinan a un contribuyente como residente fiscal, ni de las reglas de desempate contempladas en el artículo 4.2 del CDI entre España y el Reino Unido. La propia HMRC expone en el Manual INTM162040 —*UK residents with foreign income or gains: certificates of residence: What HMRC will check— whether the customer is a resident of the UK,* lo siguiente:

"La cuestión de si una persona es residente en el Reino Unido es una cuestión de autoliquidación que HMRC normalmente solo impugnaría a través de una investigación sobre la declaración de impuestos sujetos a autoliquidación por parte del contribuyente.......

No se espera que un oficial lleve a cabo una revisión detallada de la residencia cuando reciba una solicitud de un Certificado de Residencia (*CoR*). Por lo general, el funcionario podrá certificar la residencia siempre que pueda ver que el contribuyente está (o estuvo sujeto al impuesto del Reino Unido durante el período solicitado) en virtud de su residencia (por ejemplo, comprobando las declaraciones de impuestos del contribuyente o, si aún no se han presentado dichas declaraciones, la información proporcionada con la solicitud)".

En consecuencia, podemos deducir que tanto el TEARA como el TSJ de Asturias apreciaron la validez de un certificado que lo único que acredita es que la contribuyente tributó este año por el régimen *remittance basis* en el Reino Unido, sin aportar información relevante sobre la vivienda a disposición de la contribuyente, el centro de intereses vitales, donde vivía habitualmente o su nacionalidad, si la residencia no se pudiese resolver por la regla de desempate anterior.

2. La resolución cumple las disposiciones de la legislación interna española que, como resultado de la primacía del CDI sobre la ley interna, aplica en definitiva las normas establecidas en el CDI. Sin embargo, el cumplimiento del CDI basado en el certificado de residencia fiscal emitido por HMRC es más que cuestionable.

Del análisis del artículo 4.1 del CDI entre España y el Reino podemos deducir que el régimen *remittance basis* es una zona intermedia entre la sujeción a impuestos por residencia, basada en la tributación por la renta mundial y la sujeción únicamente por las rentas obtenidas con fuente del Reino Unido, que, a nuestro juicio, es una laguna jurídica que permite interpretaciones contradictorias. A más abundamiento, así lo advierte la HMRC en el Manual *INTM162090 - UK residents with foreign income or gains: certificates of residence: meaning of subject to tax*:

"Cabe señalar que el término *"subject to tax"* es diferente del concepto *"liable to tax"*. *"Liable to tax"* significa que el contribuyente solo necesita estar dentro del alcance general de los impuestos en el Reino Unido, como se discutió en INTM162040. Por otro lado, *"subject to tax"* significa que los ingresos correspondientes deben ser realmente imponibles y el cliente no puede estar exento de impuestos sobre dichos ingresos.

Algunos ejemplos de casos en los que los ingresos se consideran *"subject to tax"* pero sobre los que realmente no se paga ningún impuesto o se pagan poco pueden ser los siguientes: "...Cuando es de aplicación el régimen *remittance basis:* **la persona está sujeta a impuestos solo sobre las rentas remitidas**".[262]

Volviendo al análisis del alcance del concepto de residente del artículo 4.1, es importante advertir que el MC OCDE ha utilizado sistemáticamente[263] el concepto de "sujeción al impuesto" por la renta mundial, basándose en la "responsabilidad fiscal total". Cabe señalar las indicaciones que recoge el apartado 3º de las Observaciones preliminares a los Comentarios al artículo 4: "En general, las legislaciones internas de los diversos Estados establecen la sujeción integral al impuesto, o "sujeción plena", basándose en la existencia de un vínculo personal entre el contribuyente y el Estado considerado ("Estado de residencia"). Esta sujeción impositiva no afecta solamente a las personas "domiciliadas" en un Estado en el sentido habitual del término "domicilio" según la legislación (derecho privado). La sujeción integral al impuesto se extiende, además, por ejemplo, a las personas que residen permanentemente, o en ocasiones sólo durante cierto período de tiempo, en el territorio del Estado. Algunas legislaciones someten a

262 INTM162090 - UK residents with foreign income or gains: certificates of residence: meaning of subject to tax. Publicado el día 9 de abril de 2016. Actualizado: 3 de septiembre de 2024. Última visita: 8 de septiembre de 2024.

263 OECD (2019), Model Tax Convention on Income and on Capital 2017 (Full Version), OECD Publishing, Paris, https://doi.org/10.1787/830021b7-en. La versión en vigor fue modificada a fecha 11 de abril de 1977.

imposición plena a las personas físicas que prestan servicios a bordo de buques cuyo puerto base se encuentra en su territorio".[264]

En este sentido, la tributación parcial en un Estado en aplicación del discernimiento de la OCDE, no da acceso a la condición de residente a efectos del Modelo de Convenio: "Este término, sin embargo, no incluye a ninguna persona que esté sujeta a impuestos en ese Estado únicamente respecto de los ingresos provenientes de fuentes en ese Estado o del capital situado en el mismo"[265]. La opinión se comparte por doctrina científica que sostiene que únicamente la sujeción por la renta mundial en alguno de los Estados contratantes conduce a la obtención de la condición de residente en este Estado[266].

Debemos reconocer que el artículo 4.1 del CDI entre España y el Reino Unido no contiene reglas específicas sobre la clasificación del régimen *remittance basis*, pero no podemos prescindir de los objetivos del CDI anunciados en su denominación de forma expresa como "evitar la doble imposición y prevenir la evasión fiscal en materia de impuestos sobre la renta y sobre el patrimonio". Por otro lado, vulnera los principios impositivos fundamentales, además del artículo 24.1 del CDI que dispone: "Los nacionales de un Estado contratante no estarán sometidos en el otro Estado contratante a ningún impuesto ni obligación relativa al mismo que no se exijan o que sean más gravosos que aquellos a los que estén o puedan estar sometidos los nacionales de ese otro Estado que se encuentren en las mismas condiciones, en particular con respecto a la residencia".

En el mismo orden de ideas, es fundamental señalar la advertencia que contiene el Manual *RDRM32080 - Remittance basis: Accessing the remittance basis: Claiming the remittance basis: Remittance basis and Certificates of Residence*[267]:

"En el caso de un contribuyente que se acoge al régimen de remesas *(remittance basis),* los ingresos del otro país no pueden ser gravados en el Reino

---

264 OECD (2019), "Commentary on Article 4: Concerning the Definition of Resident", in Model Tax Convention on Income and on Capital 2017 (Full Version), OECD Publishing, Paris, https://doi.org/10.1787/830021b7-en.

265 OECD (2019), Model Tax Convention on Income and on Capital 2017 (Full Version), OECD Publishing, Paris. Artículo 4.

266 Véase el análisis ya realizado en el Capítulo II. 2.3.2. Sujeción a imposición (*liable to tax*).

267 HMRC. Manual RDRM32080 - Remittance basis: Accessing the remittance basis: Claiming the remittance basis: Remittance basis and Certificates of Residence.

Unido porque no se remiten. Por lo tanto, la certificación de la residencia en el Reino Unido podría dar lugar a una situación en la que los ingresos extranjeros solo se gravan parcialmente o no se gravan en absoluto en el país de origen y tampoco se gravan en el Reino Unido. Esto significa que, en lugar de una doble imposición, tendríamos una imposición nula o solo una imposición parcial. **Este no es un resultado deseable** y, por esta razón, los términos de muchos acuerdos de doble imposición establecen que la desgravación o exención en el país de la fuente solo se otorgará si los ingresos están "sujetos a impuestos" en el país de residencia de la persona.

Esto significa que se debe tener cuidado cuando se pide certificar que una persona, que es contribuyente acogido al régimen de remesas, es residente en el Reino Unido a los efectos de un acuerdo de doble imposición en particular".

Es incomprensible la omisión de la Administración de asegurar su liquidación con la información indicada, y el descuido tanto del TEARA como del TSJ de Asturias en cumplir las disposiciones del CDI no únicamente aplicando la norma de forma literal, sino atendiendo también el espíritu de esta ya que, en nuestra opinión, la conclusión del CDI entre España y el Reino Unido no tuvo como objetivo en ningún momento dejar fuera del alcance de la tributación por la renta mundial a algunos contribuyentes, afortunadamente sin consecuencias jurisprudenciales como analizaremos posteriormente con ocasión de las SSTS de 8 y 9 de julio de 2024.

Debemos admitir que algunos sectores de la doctrina científica defienden que el criterio aplicado en la STS 778/2023 debería aplicarse en los casos relacionados con el Reino Unido y concretamente, la aplicación del régimen de *remittance basis*. Barba defiende la posición desde el punto de vista de la clasificación, "tanto sugerente, como errónea" por parte de la Administración del régimen *remittance basis* como un sistema de tributación territorial[268], por lo que el autor prevé que la STS 778/2023 se aplicará en un futuro por el TS en estos casos.

Suscribimos la opinión del autor en cuanto a su definición del régimen indicado como un régimen que se aplica por la condición de residencia y no por territorialidad. No obstante, no debemos olvidarnos de que, como resultado de la aplicación de dicho régimen, el contribuyente no tributa en ningún país por

---

268 Barba, A. (2023). Convenios de doble imposición. La validez de los certificados de residencia fiscal a la vista de la Sentencia del Tribunal Supremo 778/2023. AEDAF. 07/11/2023. Párrafo 24.

su renta mundial y, como señalamos anteriormente, la finalidad de los CDI no es en ningún caso la creación de escenarios en los que la elusión fiscal sea posible.

A mayor abundamiento, es importante señalar que, como norma general, los países cuya legislación fiscal contiene regímenes que permiten la tributación parcial, siendo residentes, incluyen también medidas antielusivas en lo relacionado con la emisión de certificados de residencia fiscal. Los contribuyentes por el IRPF español que se acojan a la opción prevista en el art. 93 de la LIRPF[269] no tienen la consideración de residentes a efectos de la aplicación de un CDI al estar sujetos a imposición exclusivamente por las rentas que obtienen de fuentes situadas en España[270]. La misma regla se aplica a las personas físicas acogidas al régimen de no domiciliados en Portugal, o los regímenes equivalentes establecidos en Malta o Bélgica, así como lo advierte, pero sin adoptar las medidas necesarias, la Administración HMRC.

En otro orden de ideas y siguiendo con la STSJ de Asturias de 20 de diciembre de 2023, debemos considerar los gastos administrativos, de *compliance* y reclamaciones administrativas y judiciales que supone para los contribuyentes la acreditación de la residencia en el proceso de comprobación o inspección tributaria. La contribuyente estuvo en condiciones en este caso de aportar el certificado de residencia fiscal en el Reino Unido para los ejercicios 2014 y 2015, pero no llegó a acreditar ante el TEARA la residencia fiscal en el Reino Unido en 2016, a través del certificado correspondiente emitido por las autoridades fiscales de este Estado, por estar gestionando y en tramitación su obtención al momento de presentar la reclamación. No obstante, aportó "numerosa documentación (obrante en el expediente administrativo), y realizó por ello, un importante esfuerzo probatorio", indicando en su recurso contencioso que no se valoró ni analizó por el

269 Véase Apartado 2.2.2. Régimen fiscal especial aplicable a los trabajadores desplazados a territorio español del presente capítulo.

270 El art. 93.2.b) de la LIRPF establece que "La totalidad de los rendimientos de actividades económicas calificadas como una actividad emprendedora o de los rendimientos del trabajo obtenidos por el contribuyente durante la aplicación del régimen especial se entenderán obtenidos en territorio español".
Según la redacción anterior de este párrafo, en vigor desde 1 de enero de 2015 hasta 1 de enero de 2021, se entendían obtenidos en territorio español la totalidad de los rendimientos del trabajo obtenidos por el contribuyente durante la aplicación del régimen especial.

TEARA en su resolución, aunque acreditaba de manera fehaciente la residencia de la contribuyente en Reino Unido en 2016.

Además, según relató en su recurso contencioso, "aportó suficientes elementos de prueba para acreditar que en el ejercicio 2016 tenía su residencia permanente en el Reino Unido, y que no permaneció en España más de 183 días", a efectos de la presencia en el país en lo relacionado con el art. 9.1.a) de la LIRPF (las facturas de los teléfonos móviles, diferenciando el usado por su esposo y el utilizado por ella, distinción que resultaba de documentos fiscales, tanto del reino Unido como de España; de la geolocalización de llamadas entre ambos números (resultando imposible que se comuniquen entre ellos en distintos países si estuvieran en posesión de la misma persona); y de la documentación bancaria tomada en cuenta por la inspección, dado que la fecha de la operación efectiva no coincide, necesariamente, con la fecha de efecto reflejada).

Finalmente, al aportar el certificado de residencia fiscal ante el TSJ de Asturias, este fue aceptado por dicho tribunal como válido y, en base al certificado y otros detalles determinantes, el recurso fue estimado por el TSJ.

Como comentamos anteriormente, la STS de 8 de julio de 2024 también resuelve sobre un caso de un contribuyente acogido al régimen *remittance basis*. Las circunstancias determinan un fallo que declara al contribuyente residente, pero lamentablemente no proporciona razonamientos expresos sobre la acreditación de la residencia en base a un certificado emitido por el Reino Unido en aplicación del régimen *remittance basis* establecida como cuestión de interés casacional: "2.1. Determinar si, a efectos del Convenio entre España y el Reino Unido vigente en 2014, es bastante para acreditar la residencia con la aportación de un certificado expedido en el Reino Unido que acredite la residencia fiscal en dicho Estado, pero en que no se certifica que el contribuyente esté sujeto en él por su renta mundial y no solamente por las rentas obtenidas en dicho país". El TS no se pronuncia de forma expresa, sino que declara que "la resolución de la cuestión planteada en el punto 2.1 del auto de admisión no ha de ser objeto de examen"[271], "ya que en el caso litigioso la Administración tributaria del Reino de España no ha cuestionado el alcance ni la validez del certificado de residencia fiscal en el Reino Unido expedido por las autoridades competentes de dicho Estado".

[271] STS RES: 1214/2024 de 8 de julio de 2024, REC: 1909/2023. (*Tol 10105917*). FD Séptimo a).

No obstante, el TS señala que, una vez validado el certificado de residencia fiscal por la Administración, "como se destaca también en la referida STS de 12 de junio de 2023, cit., ello no impide que la remisión que hace el Convenio a la legislación interna de cada Estado contratante puede conducir a que una persona pueda ser considerada residente en cada uno de los Estados contratantes y por eso los Convenios, en aquel caso el celebrado entre España y Estados Unidos, art. 4.2, establecen una serie de reglas para resolver los casos en que una persona física resulte residente de ambos Estados", con lo cual deja vía libre a la Administración española para determinar por su cuenta y al margen del certificado emitido por el Reino Unido, la condición de residente fiscal en España del contribuyente a efectos del CDI. Compartimos la posición del TS en cuanto que esta representa, a nuestro juicio, la recuperación de la soberanía nacional en lo relacionado con este asunto. Cabe recordar que, el TS en su Sentencia 778/2023, al no reconocer la Administración la validez y el contenido del certificado emitido por la Administración de los EE.UU., declaró que la falta de competencias por parte de los órganos administrativos o judiciales nacionales "para enjuiciar las circunstancias en las que se ha expedido un certificado de residencia fiscal por otro Estado ni, en consecuencia, pueden prescindir de [su] contenido", indicando, además, que "la validez de un certificado de residencia expedido por las autoridades fiscales del otro Estado contratante en el sentido del Convenio de Doble Imposición debe ser presumida". Parece que de esta forma el Alto Tribunal declara al certificado de residencia fiscal extranjero no cuestionable, vetando a la Administración española de iniciar el mismo trámite de valoración de la residencia fiscal a efectos del mismo CDI.

Por último, desde estas líneas nos unimos a la opinión expresada por Serrano Antón, quien aboga por la ampliación de los medios de prueba de la condición de residente. En opinión del autor, "debe admitirse que un certificado de residencia fiscal en otro país será lo más cómodo, pero, dada la libertad de prueba que existe en materia tributaria, nada impediría que el contribuyente acreditase su residencia fiscal en otra jurisdicción a través de cualquier otro medio válido de prueba"[272].

---

272 Serrano Antón, F. (2001). Op. Cit. p. 26.

3.2. SIMULACIÓN DE LA RESIDENCIA FISCAL

La problemática de la simulación de la residencia fiscal de personas físicas es un tema sensible y, como debemos reconocer, la identificación y la comprobación de este fenómeno resultan difíciles de lograr. La problemática del fraude ocasionado por el cambio de residencia tiene, según Soler Roch, consecuencias perceptibles en dos sentidos. Aparte de la simulación de la residencia fiscal, la experta destaca la cuestión, tan palpable como difícil de comprobar, de los traslados de residencia que no son ficticios, aunque motivados por la búsqueda de un régimen fiscal extranjero más favorable[273]. Suscribimos las ideas de la autora que, además, trascienden la problemática de la evasión fiscal manifiesta. No obstante, para los fines del presente trabajo nos ceñimos a las propuestas casi inmediatas, con el fin de atender asuntos emergentes ocasionados por las lagunas fiscales en torno a la residencia fiscal que ya se han puesto de relieve de forma indiscutible.

La figura de la simulación se establece con carácter general en el artículo 16 de la LGT. La simulación de la residencia fiscal de las personas físicas tiene relevancia inmediata en varios aspectos, entre los cuales podemos destacar los siguientes: 1) afecta de forma directa la sujeción a impuestos de las personas físicas y, en consecuencia, la asignación de las rentas de los contribuyentes —personas físicas— entre las diferentes jurisdicciones; 2) en aplicación de la normativa, tanto interna como internacional, de forma indirecta distorsiona la definición correcta del Estado de residencia de las personas jurídicas cuando la definición de la residencia fiscal por razón de la sede de gestión efectiva de la persona jurídica en cuestión, es sensible a la residencia fiscal de las personas físicas implicadas en la dirección de la entidad; 3) tiene consecuencias socio-económicas; y, 4) afecta significativamente al ámbito administrativo, sobre todo a través de las relaciones de los contribuyentes con las Administraciones tributarias competentes en la gestión, recaudación, intercambio de información y en fin, todo tipo de procedimientos administrativos y judiciales que, con algunas excepciones, se emprenden por razón de la residencia fiscal del contribuyente.

Dentro de las repercusiones de la residencia fiscal y su correcta definición, es importante destacar la elusión y la evasión fiscal como resultado de la simulación de la residencia. No obstante, debemos reconocer la cooperación internacional y el notable progreso logrado en la adopción de medidas antielusión y antiabuso

---

[273] Véase el análisis en Soler Roch, M. T. (2023). "La prevención .... Op. Cit. Pp. 1017-1018; 1024.

fiscal a través de iniciativas como el Plan de Acciones BEPS. En este contexto resulta relevante señalar la opinión que sostienen algunos sectores científicos, y con la que coincidimos por completo, en el sentido de que sería realista reconocer que la "planificación fiscal agresiva" es "un concepto poco claro y sin sustrato jurídico, más bien dirigido a designar una especie de "zona gris" entre las opciones de planificación fiscal legítima de los contribuyentes y la elusión fiscal"[274].

En este escenario, Soler Roch destaca el "perfil conservador" del Plan BEPS, cuyas acciones perseguían "establecer reglas destinadas a mantener o restaurar la primacía del poder tributario del Estado de residencia"[275]. A mayor abundamiento, en su examen del efecto de las Acciones BEPS sobre la distribución de rentas entre los Estados, resume la autora que: "BEPS no es ni puede ser considerado un concepto jurídico, sino simplemente la expresión utilizada para identificar, en el marco de la fiscalidad internacional, el resultado de desequilibrio entre los ingresos tributarios de los Estados y la carga tributaria de los contribuyentes"[276].

Las diferentes doctrinas científicas respaldan una tributación directa en aplicación de los principios fundamentales en materia tributaria[277], entre los cuales es relevante resaltar el principio del beneficio, el principio de la capacidad económica o un equilibrio entre ambos que, en nuestra opinión, por su subjetividad y volatilidad es más bien un resultado utópico. Por otra parte, Soler Roch, partiendo de la premisa válida en la relación singular entre el Estado y el contribuyente de "buscar la riqueza allí donde la riqueza se encuentra" (expresión utilizada por el Tribunal Constitucional y citada por la experta), reconoce que la función de la capacidad económica resulta distorsionada desde una perspectiva global[278]. En este orden de ideas, es importante trazar no únicamente las repercusiones producidas por la planificación fiscal agresiva o ilegítima, sino el marco legal que permite un escenario donde la simulación se puede producir de forma efectiva.

---

274 Soler Roch, Mª. T.: Prólogo a la obra de Moreno González, S. (2017). *Tax rulings intercambio de información y ayudas de estado en el contexto post-BEPS* (1a ed.). Tirant lo Blanch. p. 17.

275 Soler Roch, M. T. (2017). Op. Cit. p. 17.

276 Soler Roch, M. T. (2017). Op. Cit. p. 16.

277 Véase la clasificación de Navarro Faure, A. (2022). "Principios y fuentes del derecho financiero" en Navarro Faure, A. (Dir.) (2022*). Manual de derecho financiero y tributario: parte general* (5a edición). Tirant lo Blanch. Pp. 48-54.

278 Soler Roch, M. T. (2017). Op. Cit. p. 16.

En cuanto a la simulación de la residencia a nivel interno dentro del territorio español, respaldando el efecto del art. 28. 4 del LGT, Soler Roch señala la norma centrada en la "finalidad de la conducta (conseguir una menor tributación efectiva)" en el ámbito de los impuestos cedidos. En este contexto, en palabras de la experta: "...un cierto sesgo de artificiosidad en el cambio de residencia está latente en los indicios establecidos en la norma como presunción de la conducta elusiva".[279]

Si retornamos al análisis que nos interesa, que es la simulación de la residencia fiscal, debemos partir de la herramienta que tiene el contribuyente a su alcance para señalar formalmente cuál es el lugar de su residencia habitual. Domínguez Rodicio[280] analiza la figura de la simulación dentro de la deslocalización, resaltando a estos efectos el razonamiento del TS. El Alto Tribunal señala en su Sentencia de 5 de junio de 2014: "El concepto de domicilio fiscal está definido como lugar de localización del obligado tributario, Localización es la acción y efecto de localizar, y localizar, es averiguar el lugar donde se halla una persona. Cualquier interpretación sobre el domicilio debe ir marcada por la finalidad de determinar el lugar donde una persona pueda ser encontrada".[281]

La LGT vincula, por lo menos para los contribuyentes —personas físicas que no realizan una actividad económica— el domicilio fiscal con la residencia habitual. Así pues, el contribuyente cuyo objetivo es señalar como residencia habitual un lugar diferente a su residencia habitual real, puede hacer uso de esta herramienta de asignación explícita para registrar su domicilio fiscal en el lugar elegido y, consecuentemente, designar formalmente que ese lugar es su residencia habitual. Aunque el análisis que nos interesa es la determinación correcta de la residencia a escala internacional, en la que este tipo de declaración fraudulenta es válida y se utiliza por los contribuyentes, se trata de una forma de actuación

---

279 Soler Roch, M. T. (2023). "La prevención .... Op. Cit. p. 1027.

280 Domínguez Rodicio, J. R. (2018) Capítulo 14. El fraude fiscal en el IRPF. Apartado. 3.2. Deslocalización, en: Giménez-Reyna Rodríguez, E., Ruiz Gallud, S., Zornoza Pérez, J. (2018). *El fraude fiscal en España* (Primera edición). Aranzadi.

281 Sentencia de 5 de junio de 2014, Rec. Núm. 2572/2012 (*Tol 4372163*). Antecedente de Hecho Primero. Cita el Acuerdo de la Dependencia Regional de Inspección de la Delegación Especial de la AEAT del País Vasco en Álava de fecha 12 de noviembre de 2004 dirigido al Delegado Especial de Navarra, que insta la modificación del domicilio fiscal del citado.

fraudulenta mucho más visible dentro del territorio español, originado por la cesión de competencias en materia tributaria a las CCAA.

Esta problemática trata en concreto la STS 632/2024, de 15 de abril de 2024[282], comentada anteriormente. El Alto Tribunal concluye que, en el caso de que la Administración detectase discrepancias "podrá comprobar y rectificar el domicilio fiscal declarado por los obligados tributarios en relación con los tributos cuya gestión le competa con arreglo al procedimiento que se fije reglamentariamente". Además, el TS no se pronuncia sobre el hecho de cuál es el domicilio habitual de la contribuyente. Aunque el interés indudable de nuestro trabajo es observar las controversias que se producen en torno a la cuestión principal de nuestra investigación, buscando la solución legal, justa y legítima tanto para los Estados como para el contribuyente, en esta ocasión, a nuestro juicio, el fallo del Alto Tribunal es cuestionable y refuerza las dudosas actuaciones unilaterales de la Administración que crean indefensión para los contribuyentes. Volviendo al caso concreto, las Administraciones implicadas, al no considerar que existe conflicto entre las dos CCAA implicadas, procedieron a emitir la liquidación del IP, basado en la residencia habitual, sin completar previamente la modificación del domicilio fiscal de la contribuyente que, según la LGT en este caso, al no ejercer actividades económicas, debería fijarse en el lugar de su residencia habitual. La contribuyente había fijado su domicilio fiscal en Madrid, mientras que las Administraciones implicadas acordaron que su domicilio habitual se situaba en el territorio de la Comunidad Autónoma de Andalucía.

La falta de apertura del procedimiento de comprobación y rectificación de oficio del domicilio fiscal resulta en una vulneración del principio de seguridad jurídica y el principio de confianza legítima en la aplicación de los tributos, al impedir a la contribuyente la aportación de pruebas que pudiesen demostrar su pretensión, que es que su domicilio habitual no había cambiado, ya que en ningún momento se produjo una comunicación en este sentido por su parte. De esta forma, el cambio de domicilio fiscal por parte de la Administración sin un procedimiento con este fin elimina el análisis fáctico que requiere este concepto con connotaciones claramente materiales.

Todo lo anterior nos obliga a poner de relieve otra cuestión controvertida, como es la carga de la prueba. La LGT en su artículo 105.1 establece la norma de que "quien haga valer su derecho deberá probar los hechos constitutivos del mis-

282 STS 632/2024, de 15 de abril de 2024, Rec. Núm. 9082/2022 (*Tol 9981992*).

mo". Por otra parte, siguiendo el hilo de la STS analizada en el párrafo anterior, no podemos omitir las disposiciones del artículo 108 de la LGT, que establece lo siguiente:

"1. Las presunciones establecidas por las normas tributarias pueden destruirse mediante prueba en contrario, excepto en los casos en que una norma con rango de ley expresamente lo prohíba.

2. Para que las presunciones no establecidas por las normas sean admisibles como medio de prueba, es indispensable que entre el hecho demostrado y aquel que se trate de deducir haya un enlace preciso y directo según las reglas del criterio humano".

La cuestión de la carga de prueba y las presunciones en el ámbito tributario es una temática que requiere de estudio adicional, y que se desvía de la simulación de la residencia fiscal de personas físicas. No obstante, en lo relativo a nuestra investigación, debemos limitarnos a clasificar la simulación de la residencia como una simulación absoluta[283].

La STS de 17 de mayo de 2010 señala la simulación absoluta como doctrina de aplicación en su fundamento jurídico sexto, que dispone lo siguiente:

"En el ámbito general del negocio jurídico, la esencia de la simulación radica en la divergencia entre la causa real y la declarada. Y puede ser absoluta o relativa. En la primera, tras la apariencia creada no existe causa alguna; en la segunda, tras la voluntad declarada existe una causa real de contenido diverso. Tras el negocio simulado existe otro que es el que se corresponde con la verdadera intención de las partes. Este es el sentido de la fórmula del artículo 1276 del Código Civil.

En el Derecho tributario, la Ley 25/1995 da una nueva redacción al artículo 25 de la LGT/1963, introduciendo en el Derecho Tributario la regulación de la simulación, Según dicho precepto: "En los actos o negocios en los que se produzca la existencia de simulación, el hecho imponible gravado será el efectivamente realizado para las partes con independencia de las formas y denominaciones jurídicas utilizadas para los interesados".

283 En este sentido, la STS, Sala de lo Civil, de 04/04/2012 (Rec. 149/2009) define la simulación absoluta como una "apariencia de negocio jurídico, en que las partes, de común acuerdo, constituyen lo que no es más que uno aparente, que carece de causa. No existe negocio alguno; cae en la categoría de inexistencia; es un negocio que no existe, aunque parezca que sí lo hay". (*Tol 2503543*).

La novedad era solamente relativa, porque tradicionalmente, en nuestro ordenamiento jurídico existía el principio de la simulación, incorporado en la legislación del antiguo Impuesto de Derechos Reales (luego Impuestos sobre Transmisiones Patrimoniales y de Sucesiones y Donaciones), de donde pasó a la LGT/1963 como exigencias incorporadas a los artículos 25 y 28.2 LGT/1963. Precepto este, citado también como infringido en el motivo que se analiza, y que disponía: "El tributo se exigirá con arreglo a la naturaleza jurídica del presupuesto de hecho definido por la Ley, cualquiera que sea la forma o denominación que los interesados le hayan dado, y prescindiendo de los efectos que pudieran afectar a su validez".

En el mismo orden de ideas cabe señalar la Resolución del TEAR de Baleares de 29 de noviembre de 2023, que contiene las siguientes motivaciones[284]:

"Como ha declarado reiteradamente la jurisprudencia del Tribunal Supremo, la simulación contractual es un vicio de la declaración de voluntad en los negocios jurídicos, por el que ambas partes de común acuerdo y con el fin de obtener un resultado frente a terceros (que puede ser lícito o ilícito) dan a conocer una declaración de voluntad distinta de su querer interno. Así, la simulación contractual se produce cuando no existe la causa que nominalmente expresa el contrato, sin que se oponga a la apreciación de la simulación el que el contrato haya sido incluso documentado ante fedatario público (sentencias de 2 de junio de 1993, de 1 de julio de 1988, de 5 de noviembre de 1988, de 10 de noviembre de 1988 y de 31 de diciembre de 1998).

Como se ha indicado, en el ámbito tributario existe un cierto vacío normativo que da lugar a que la cuestión deba ser analizada a partir de la regulación que sobre los contratos se realiza en el ordenamiento civil. El Código Civil no regula la simulación en general ni el negocio simulado, aunque sí existen menciones dispersas en su articulado que deben ser objeto de análisis. Concretamente, en el tratamiento de la causa y, en particular, en los artículos 1.275 y 1.276 del Código Civil, relativos a los contratos sin causa o celebrados con expresión de causa falsa. En la simulación, el negocio aparente no puede desplegar sus efectos, aunque sí puede producirlos el negocio encubierto o simulado, si lo hay y reúne todos los requisitos materiales y formales para su validez...

284 Resolución del TEAR de Baleares de 29 de noviembre de 2023, RG 07/00031/2022 (*Tol 10358955*).

Una vez delimitado el concepto de simulación en los términos expuestos, se deben analizar los elementos necesarios que se requieren para poder entender acreditada su concurrencia. Concretamente, deberán apreciarse los dos elementos siguientes:

1. Por un lado, debe percibirse la manifestación de un acuerdo simulatorio o aparente, es decir, la existencia de un acuerdo entre dos partes dotado de apariencia real.

2. Por otro lado, la existencia de una finalidad de engaño, haciendo creer a los terceros en la realidad de aquel acuerdo simulatorio en el que se contiene un negocio que no existe...

Adicionalmente, debe señalarse que la figura del conflicto en la aplicación de la norma debe aplicarse solo cuando el negocio analizado no pudiera ser calificado como de simulado. Así lo establece el TS en su sentencia de 22 de junio de 2016[285]: "la simulación ha de ser descartada, con carácter previo, a la consideración del fraude de ley, y no al revés, como a veces se preconiza".

Expuesto lo anterior, cabe determinar que los puntos de desequilibrio afectan al cumplimiento de la Ley tanto formalmente como desde el punto de vista del espíritu de la Ley. Finalmente, señalar la diferenciación apuntada por Soler Roch en el sentido de que: "También hay que diferenciar entre la evasión de la ley y la simulación, ya que en esta última se crea una apariencia jurídica para ocultar la realidad. Se realizan dos negocios jurídicos (el simulado y el que contiene el verdadero contenido de la operación), mientras que en la elusión de la ley sólo hay un negocio jurídico que es efectivamente previsto por las partes interesadas y en el que se crea la realidad jurídica".[286]

En otro orden de ideas, insistimos en el carácter dual de la tributación, que se proyecta en la reivindicación del establecimiento de un modelo de imposición no perjudicial tanto para el contribuyente como para los Estados. En su aceptación general, las normas jurídico-tributarias no deben crear oportunidades para una doble no imposición, por lo cual, volveremos más adelante a tratar las deficiencias de la residencia fiscal como criterio de sujeción en el contexto actual, así como la ausencia de medidas o criterios de tributación supletorios a esta.

---

285 STS de 22 de junio de 2016, Rec. Núm.3176/2014 (*Tol 5755970*).

286 Soler Roch, M. T. (2002). *Tax law in Spain*. Kluwer Law International. p. 29.

Finalmente, es relevante destacar el esfuerzo de la Administración en hacer uso de la inteligencia artificial (IA) con el fin de detectar la simulación de la residencia fiscal de las personas físicas. Como indica el Plan Anual de Control Tributario y Aduanero de 2021. "...se continuarán impulsando las investigaciones de conductas de fraude fiscal concretas que suponen una desimposición derivada de la simulación de la residencia fiscal fuera del territorio español, así como la investigación de todos aquellos esquemas de ocultación instrumentados que permitan sustraer de tributación la obtención de rentas o posesión de patrimonios en España, sin olvidar en ningún caso las actuaciones de investigación sobre todos aquellos facilitadores de las mencionadas estructuras. Todo ello sin perjuicio del control de situaciones en las que se pueda detectar la presencia de deslocalizados nacionales que mediante desplazamientos ficticios puedan estar declarando sus rentas conforme a un centro de residencia fiscal ficticio mediante el que puedan intentar eludir determinados tributos en el ámbito de la imposición directa".[287]

[287] Resolución de 19 de enero de 2021, de la Dirección General de la Agencia Estatal de Administración Tributaria, por la que se aprueban las directrices generales del Plan Anual de Control Tributario y Aduanero de 2021. pp. 20-21.

CAPÍTULO IV
VALORACIÓN DEL *STATUS* DE RESIDENTE Y DE LA CONDICIÓN DE CIUDADANO EN EL DERECHO COMPARADO

1. CONSIDERACIONES PRELIMINARES

Partiendo de la base de las controversias analizadas en el aspecto internacional, estimamos oportuno examinar las normas jurídico-tributarias nacionales de distintos Estados relacionadas con la definición de la residencia fiscal y la asignación de rentas en la tributación directa de las personas físicas. De todo lo dispuesto hasta ahora, resulta evidente que el concepto de residencia fiscal de las personas físicas no ostenta características idénticas en las diferentes jurisdicciones, ni está armonizado a nivel internacional. Sin perjuicio de la necesidad de armonizar este concepto, que por sí misma es una cuestión debatida y, cabe reconocer que encuentra sus oponentes entre los defensores de las políticas locales, no es menos cierto que el intento de armonización debe tener su fundamento en los aspectos y precedentes que han resultado, desde la experiencia, eficaces y ventajosos.

A este respecto, dada la imposibilidad de estudiar la legislación doméstica de multitud de países de forma detallada y sistematizada, consideramos conveniente, a efectos de juzgar las particularidades más acentuadas que se ponen de relieve en sistemas jurídicos heterogéneos, seleccionar unos pocos y profundizar en la problemática particular de cada uno de ellos.

En primer lugar, cabe poner de manifiesto la evolución de los Estados en cuanto al criterio de sujeción impositiva que eligen en su legislación interna, partiendo históricamente desde la nacionalidad hasta elegir la residencia fiscal como factor de conexión con el territorio concreto. Así, analizaremos la transformación llevada a cabo en Bulgaria, cuyas normas jurídico-tributarias en relación con la residencia fiscal guardan los rasgos de la aplicación reciente del principio de la nacionalidad.

Por consiguiente, y una vez analizada en profundidad la problemática de la normativa interna española en el Capítulo anterior, con el fin de no repetir conflictos y ambigüedades semejantes que evidenciamos en otros países europeos, nos abstenemos del estudio de Estados europeos cuya práctica legal se inserta en el sistema jurídico del *civil-law*. No obstante, analizaremos Francia, en cuyo caso observamos una dificultad añadida, ocasionada por la tributación conjunta, legalmente establecida como norma general. Además, consideramos que conviene reseñar la propuesta legislativa, la cual estaba prevista para el año 2025, basada en la nacionalidad y, por lo que concierne a su finalidad antielusiva, estimamos acertada.

Por otra parte, cabe mencionar los cambios significativos en el concepto de residente en Italia, en vigor desde el 29 de diciembre de 2023[288], siendo la nueva definición relativa a la residencia fiscal válida a partir del 1 de enero de 2024[289]. Aunque las condiciones que determinan el estatus de residente en este Estado no son idénticas a las establecidas por el legislador español, la problemática en torno al aspecto internacional de la residencia es similar a la española en varios extremos. Sin embargo, al no realizar un examen detallado de la normativa interna italiana relacionada con la residencia fiscal de las personas físicas, cabe poner de relieve el importante progreso en cuanto a la claridad y transparencia que supone la normativa aplicable en 2024[290].

---

288 Artícolo 2. Soggetti passivi. (N.D.R.: Per l'applicazione delle disposizioni del presente articolo vedasi l'art. 1, comma 89 legge 24 dicembre 2007 n.244.) En vigor desde 29/12/2023. Modificato da: Decreto legislativo del 27/12/2023 n. 209 Articolo 1.

289 Por disposición expresa del artículo 7, apartado 1, del Decreto, las nuevas normas "se aplicarán a partir del 1 de enero de 2024".

290 Artículo 2.2. A efectos del Impuesto sobre la Renta, se consideran residentes las personas que durante la mayor parte del período impositivo estén inscritas en los registros de población residente o tengan su domicilio o residencia en el territorio del Estado conforme al Código Civil. (Modificado por: Ley del 24/12/2007 n. 244 Artículo 1)
Nuevo artículo 2.2. Para efectos del impuesto sobre la renta, se consideran residentes las personas que, durante la mayor parte del período impositivo, considerando también fracciones de día, tengan residencia conforme al Código civil o estén domiciliadas en el territorio del Estado o se encuentren presentes en él. Para los efectos de la aplicación de esta disposición, se entiende por domicilio el lugar donde se desarrollan principalmente las relaciones personales y familiares de la persona. Salvo prueba en contrario, también se presumen residentes las personas inscritas en los registros de población residente durante la mayor parte del período impositivo. (Modificado por: Decreto legislativo del 27/12/2023 n. 209 Artículo 1)

Según la Circular Nº 20/E de 4 de noviembre de 2024[291] de la Administración tributaria - *Agenzia delle Entrate*: “para las personas físicas, el legislador introdujo con el artículo 1 del Decreto[292] importantes novedades, delineando el sentido fiscal de domicilio del significado civil que le era atribuido, disponiendo un criterio completamente nuevo consistente en la presencia física de la persona en el territorio del Estado”.[293] Con más detalle, se establece una “nueva definición de residencia fiscal de las personas físicas”[294]:

1. Se establece que “por domicilio se entiende el lugar donde se desarrollan principalmente las relaciones personales y familiares de la persona”[295]. Además, se especifica que: “con el Decreto, el legislador ha sustituido “(...) el criterio civil del domicilio por un criterio de carácter sustancial, procedente de la práctica y de los CDI (...)”.

2. La simple presencia en el territorio del Estado, durante la mayor parte del período impositivo —183 días en un año o 184 días en el caso de un año bisiesto, incluidas las fracciones de un día— es suficiente para establecer la residencia fiscal en Italia[296]. Como indica la Circular: “De hecho, en el Informe Explicativo se especifica que “La prueba de la ausencia de los criterios que determinan la residencia en el territorio del Estado puede ser aportada por el contribuyente demostrando, respectivamente, que no tiene residencia, domicilio en Italia y que no ha estado físicamente presente en el territorio del Estado. La prueba de la inexistencia del requisito deberá referirse a un número total de días superior a la

---

Testo unico delle imposte sui redditi - TUIR. Artículo 2. N.D.R.: Per l'applicazione delle disposizioni del presente articolo vedasi l'art. 1, comma 89 legge 24 dicembre 2007 n.244.). En vigor desde 29/12/2023..

291 Agenzia delle Entrate, CIircolare N. 20/E, 4 novembre 2024. Oggetto: Istruzioni operative agli uffici in materia di residenza fiscale delle persone fisiche e delle società ed enti a seguito delle modifiche apportate dal decreto legislativo 27 dicembre 2023, n. 209.

292 Decreto legislativo del 27/12/2023 n. 209.

293 Agenzia delle Entrate, CIircolare N. 20/E, 4 novembre 2024. p. 4.

294 Agenzia delle Entrate, CIircolare N. 20/E, 4 novembre 2024. p. 6.

295 Agenzia delle Entrate, CIircolare N. 20/E, 4 novembre 2024. p. 9.

296 Según la normativa vigente hasta el 31 de diciembre de 2023, la “presencia física” se tenía en cuenta en la valoración conjunta de los demás factores legalmente establecidos, por ejemplo, para determinar la existencia del “domicilio”.

mayor parte del período impositivo, considerando también fracciones de días en el caso de presencia física" (énfasis añadido)".[297]

La Circular hace hincapié en las controversias ocasionadas por las fracciones del día en los casos de trabajadores transfronterizos, especificando que, en estos casos, el conflicto se resolverá mediante las reglas de desempate según el CDI con el otro Estado, incluso cuando el CDI no contiene reglas específicas relacionadas con el trabajo transfronterizo[298].

3. La circular aporta aclaraciones sobre el cálculo de fracciones de día como día entero. También ilustra que, como resultado de la introducción del nuevo criterio de presencia física, las personas que trabajan en forma de *smart working* - modalidades de trabajo considerados "ágiles" en el Estado italiano, durante la mayor parte del período impositivo, se consideran residentes fiscales en Italia, sin necesidad de cumplir ninguno de los demás criterios de vinculación previstos en la legislación (residencia civil, domicilio, inscripción registral)[299].

4. Se modifica la eficacia de la presunción de residencia basada en la inscripción en el registro de población residente. La inscripción en el registro de la población residente se establece como una presunción "relativa" de residencia en Italia. Por lo tanto, las personas inscritas en el registro de población residente durante la mayor parte del período impositivo siguen siendo consideradas residentes fiscales en Italia, a menos que puedan demostrar que la inscripción no corresponde a una residencia efectiva en el territorio de Italia. Para ello, el contribuyente debe poder demostrar, "sobre la base de elementos objetivamente verificables que, durante la mayor parte del período impositivo, no se ha producido ninguno de los criterios alternativos, distintos de los datos personales, previstos en el artículo 2, párrafo 2, del TUIR, es decir, que durante la mayor parte del período impositivo, no tuvo residencia civil ni domicilio en Italia y no se encontraba físicamente presente en el territorio del Estado"[300].

5. Por último, el criterio de residencia según el Código civil permanece inalterado, al igual que el principio de superposición de los diferentes criterios.

---

[297] Agenzia delle Entrate, CIircolare N. 20/E, 4 novembre 2024. p. 13.

[298] Agenzia delle Entrate, CIircolare N. 20/E, 4 novembre 2024. pp. 20-21.

[299] Agenzia delle Entrate, CIircolare N. 20/E, 4 novembre 2024. pp. 14-15.

[300] Agenzia delle Entrate, CIircolare N. 20/E, 4 novembre 2024. pp. 14-15.

6. El Decreto no modificó el párrafo 2-bis del artículo 2 del TUIR, por lo tanto, la presunción legal "relativa" de residencia fiscal en Italia sigue aplicándose a los ciudadanos italianos "cancelados de los registros de población residente" que han trasladado su residencia a Estados o territorios con un régimen fiscal privilegiado, identificados en el Decreto del Ministro de Hacienda de 4 de mayo de 1999[301].

A continuación, contrastando con la problemática de los Estados europeos descendientes del *civil-law*, abordaremos la problemática de Colombia a título de modelo de un país de América Latina, tradicionalmente interconectado con otros países de la región, pero con una red de CDIs con otros Estados muy limitada.

Además, analizaremos también la Federación de Rusia como un ejemplo que, a nuestro juicio, difiere de la práctica de la mayoría de los Estados hasta este punto observados, en los que la tendencia predominante de sus Administraciones tributarias es la de considerar residentes a los contribuyentes ante cualquier posibilidad minúscula.

Adicionalmente, analizaremos la legislación relativa a la residencia fiscal en países cuyos sistemas jurídicos descienden del *common-law*, concretamente, el Reino Unido, Canadá y la India. Como denominador común debemos constatar el uso de la residencia fiscal como criterio de sujeción a impuestos, además de la influencia británica que resalta en cuanto a las características del concepto que nos interesa en los países del *Commonwealth*.

Una vez examinada la problemática de la residencia fiscal en los países enumerados que aplican este criterio de sujeción tributaria de las personas físicas, abordaremos la cuestión de la ciudadanía como punto de conexión. A este respecto, examinaremos el caso de la República de Filipinas, que desde 1997 ha pasado a aplicar el criterio de residencia; y de Eritrea, que establece una imposición particular por razón de ciudadanía. Sin embargo, conviene matizar que las conclusiones obtenidas del análisis de este país no ponen de manifiesto las ventajas de la aplicación de este principio.

---

301 La lista de países afectados por la presunción fue actualizada por última vez por el decreto del Ministro de Economía y Hacienda de 20 de julio de 2023, que aplicó lo dispuesto en el artículo 12 de la ley de 13 de junio de 2023, n. 83, eliminando a Suiza de la lista con efecto a partir del 1 de enero de 2024. Agenzia delle Entrate, CIircolare N. 20/E, 4 novembre 2024. p. 16.

Como anticipábamos en capítulos anteriores e, insistiendo en la innegable utilidad que proporciona la ciudadanía como punto de conexión, nos centraremos en la legislación estadounidense. Atendiendo a las conclusiones que nos proporcionará el análisis jurídico y doctrinal de este criterio, así como su implantación práctica en los EE.UU., pese a la ardua oposición tanto de los demás países como de los propios ciudadanos de este Estado, suscribimos, en líneas generales, los beneficios de la instauración del criterio de ciudadanía como nexo de conexión. Finalmente, en ausencia de efecto práctico de la aplicación de la residencia como punto de conexión que desemboca en una posible no tributación por la renta mundial en ninguno de los Estados implicados, a modo de conclusión abordaremos la eficacia de la ciudadanía como medida antielusiva respecto a la tributación directa de las personas físicas.

2. PRINCIPIO DE RESIDENCIA

2.1. BULGARIA: EVOLUCIÓN DESDE EL PRINCIPIO DE CIUDADANÍA AL PRINCIPIO DE RESIDENCIA

2.1.1. Notas históricas

A nivel mundial, la Ley del impuesto sobre la renta de las personas físicas de 1950 situaba a Bulgaria entre uno de los pocos países del mundo que aplica el principio de tributación en función de la nacionalidad de los sujetos pasivos.

La Ley del Impuesto sobre la renta de las personas físicas (*ЗОДФЛ*) de 1997[302], en vigor desde 1 de enero de 1998, estableció la sujeción a impuestos de las personas físicas locales y extranjeras y para las personas jurídicas locales enumeradas en la propia Ley. El artículo 6 concretó la residencia fiscal de las personas físicas mediante el uso del concepto "persona física local". Es el mismo término utilizado para los Certificados de residencia fiscal emitidos por la Agencia Nacional de Ingresos de Bulgaria incluso en la actualidad.

Según las disposiciones del artículo 6, se consideran personas físicas locales (residentes), independientemente de su nacionalidad, las personas cuya residencia[303] permanente esté en Bulgaria o que estén presentes en Bulgaria durante más

---

302 Gaceta del Estado, Nº 118 de 10 de diciembre de 1997.

303 *Местожuвеене*: lugar donde reside, morada.

de 183 días en cualquier período de 365 días; En este caso, la persona física se considera local durante el año en que su residencia supere los 183 días. En términos de reciprocidad, las personas físicas locales también serán las personas que residen en el extranjero por orden del Estado búlgaro, sus órganos u organizaciones, las empresas búlgaras, los miembros de sus familias, así como los ciudadanos extranjeros, con ciertas excepciones, empleados en Bulgaria por otros países u organizaciones internacionales.

En relación con el cómputo de los días de presencia, el día de salida y el día de entrada se consideraban como un día de estancia en el país, a probar en base a los sellos en el pasaporte de la persona en su entrada y salida del país.

En primer lugar, a diferencia de la Ley de 1950, la normativa en vigor desde 1998 introduce la sujeción por razón de residencia, cuya definición deriva del "lugar de morada"; la presencia en el país más de 183 días, hecho que debe ser probado mediante los sellos en el pasaporte del contribuyente; y además, excluye como contribuyentes a "los ciudadanos extranjeros que residen en Bulgaria únicamente con fines de formación o tratamiento médico, así como los expertos extranjeros, que están sujetos a impuestos por los ingresos procedentes de fuentes búlgaras, independientemente del período de residencia".

Aparte de las normas de carácter fáctico, el párrafo 4 del artículo 8 introduce una regla basada en concesiones de carácter administrativo. Esta establece que, "Cuando una persona que sea un ciudadano extranjero que resida en Bulgaria únicamente con fines de capacitación o tratamiento médico, obtenga el estatus de residente permanente o prorrogue el período de su residencia después de completar el tratamiento o la capacitación, será considerado residente a partir del día de la obtención del estatuto de residente permanente, respectivamente desde el día de la extensión del plazo de residencia temporal".

En segundo lugar, mientras que la Ley de 1950 establecía la sujeción al Impuesto sobre la renta para los ciudadanos búlgaros "por sus ingresos adquiridos en el país o importados del extranjero", es decir, sin contemplar la imposición de las rentas extranjeras gastadas fuera del país, el artículo 8 de la Ley en vigor desde 1998 determina que: "Las personas físicas locales están sujetas a impuestos por los ingresos procedentes de fuentes situadas en Bulgaria y en el extranjero", teniendo en cuenta que, según el artículo 13: "El total de los ingresos anuales será la suma de todos los ingresos monetarios y no monetarios recibidos por la persona física durante el año fiscal". Aunque un sector de la doctrina científica reconoce la Ley en vigor desde 2007 como la normativa novedosa que introduce la modernización en la tributación sobre la renta de las personas físicas, basándose en la "línea de implementación de ingresos globales", a nuestro juicio, es la Ley del 1998, la que incorpora la tributación por razón de residencia por la renta mundial.

Por último, cabe mencionar que una gran parte de los CDI concluidos por parte de Bulgaria, especialmente relevantes desde el punto de vista del movimiento internacional de los contribuyentes y las rentas desde y hacia los otros Estados firmantes de estos CDI, se negociaron y entraron en vigor durante la vigencia de la legislación doméstica búlgara que establecía la tributación por razón de ciudadanía. Al no ser renegociados, estos CDI con carácter de supralegal, establecen que residentes en Bulgaria son los nacionales búlgaros[304], creando, al prevalecer el CDI sobre la legislación nacional, un conflicto en la aplicación de la norma que analizaremos a continuación.

2.1.2. Legislación actual: concepto de residente

En noviembre de 2006 se adoptó la Ley del Impuesto sobre la Renta de las Personas Físicas[305]. Según el art. 4 de la Ley del Impuesto sobre la Renta de las Personas Físicas se considerará residente fiscal, independientemente de su nacionalidad, a las personas que cumplan alguna de las siguientes condiciones:

- **Tener un domicilio permanente en Bulgaria.** La Ley del Impuesto sobre la renta de las Personas Físicas no contiene una definición concreta del término "domicilio permanente", pero el punto 2 del § 1 de las DA se refiere a la definición contenida en el § 1, punto 3 de las DA de la Ley de Documentos de Identidad de Bulgaria[306], según el cual "domicilio permanente" es la dirección en el territorio de la República de Bulgaria, donde el ciudadano está inscrito en el registro de la población.

- **Residir (estar presente) en el territorio de Bulgaria por más de 183 días en cada periodo de 12 meses naturales.** La persona se considera residente durante el año en que la residencia supera los 183 días. Para el cómputo, el día de salida y el día de entrada en Bulgaria se consideran por separado días de resi-

304 Entre otros, los CDI concluidos con Armenia, Bélgica, China, Dinamarca, España, Francia, India, Italia; Portugal, etc.

305 *Закон за данъка върху доходите на физическите лица - ЗДДФЛ*, que entró en vigor el 1 de enero de 2007. Gaceta del Estado Nº 95 de 24 de noviembre de 2006.

306 Boletín del Estado 93 de 11 de agosto de 1998, en vigor desde el 1 de abril de 1999.

dencia en el país. La estancia en Bulgaria únicamente con fines de formación o tratamiento médico no se considera residencia en el país;

- Ser enviado al extranjero por el Estado búlgaro, por sus autoridades y/u organizaciones, o por empresas búlgaras, siendo la condición vigente para los miembros de su familia;

- Tener su **interés vital** en Bulgaria. Se considera que el centro de su interés vital se encuentra en Bulgaria cuando los intereses de la persona están estrechamente relacionados con el país. Para determinarlos, se podrá tener en cuenta su familia, sus bienes, el lugar desde el que la persona ejerce una actividad laboral, profesional o económica y el lugar desde el que gestiona sus bienes (artículo 4, párrafo 4).

Además, según el artículo 4, párrafo 5, una persona física no local es cualquier persona que no es residente. Es importante resaltar que, no residente es también la persona física que tiene un domicilio permanente en Bulgaria, pero cuyo centro de intereses vitales no se encuentra en el país.

La Agencia Nacional de Ingresos (NAP) tiene la potestad de evaluar si en ciertas circunstancias específicas una persona física es residente o no residente a efectos fiscales según la Ley. A diferencia de otros Estados que emiten los certificados de residencia fiscal en base a la simple comprobación de si el contribuyente presentó o no una declaración de la renta para este ejercicio, la Administración búlgara emite los certificados de residencia fiscal después de una evaluación exhaustiva de las circunstancias del contribuyente[307].

2.1.3. *La determinación de la residencia fiscal en los convenios de doble imposición internacional suscritos por Bulgaria*

Bulgaria es uno de los países conocidos por la particularidad de haber estado aplicando el principio de ciudadanía en la tributación por el Impuesto sobre la renta de personas físicas de forma generalizada. Sin embargo, como mencionamos anteriormente, los criterios de sujeción al citado impuesto según la legislación nacional fueron sustancialmente modificados, sin que hayan sido renegociados los CDI concluidos con anterioridad a este cambio.

---

307 Agencia Nacional de Ingresos (Bulgaria), https://nra.bg/wps/portal/nra/taxes/okonchatelen-danak-varhu-dohodi/mestni-i-chuzhdestranni-litsa. Última consulta: 31/05/2025.

La Agencia Nacional de Ingresos emite dos tipos de Certificado de residencia fiscal (enunciado en búlgaro como Certificado de persona local), dependiendo de la existencia o no de CDI en vigor. Como en otros Estados donde el Certificado de residencia fiscal se puede solicitar y ser emitido en base a la legislación interna o en virtud de un CDI concreto, en el caso de Bulgaria la diferencia es esencial por el contenido del concepto de "residencia", totalmente distinto en la actualidad y a las fechas de conclusión de los CDI relevantes para el país.

La diferenciación proviene fundamentalmente como consecuencia de las siguientes circunstancias:

– Bulgaria tiene varios CDI relevantes desde el punto de vista de la regularidad de su aplicación, que fueron firmados antes de la entrada en vigor de la regla aplicable en estos momentos respecto a la definición de la residencia fiscal de las personas físicas.

– La regla anterior consideraba residentes fiscales y contribuyentes por el IRPF a los ciudadanos búlgaros.

– Al margen del contenido de la legislación interna, los CDI firmados con anterioridad al cambio relacionan directamente la sujeción a impuestos con la ciudadanía en el caso de Bulgaria como Estado contratante (véase el caso concreto con España que analizaremos a continuación).

– Los CDI firmados antes del 1995 tampoco contienen, en relación con los conceptos no definidos en los modelos de convenio, la nueva regla introducida en 1995 en los MC OCDE y en el MC ONU. Como analizamos anteriormente, como consecuencia de la controversia causada entre los expertos referente a los métodos estático o dinámico en la interpretación de las normas, tanto la OCDE en 1995 como la ONU han añadido en el contenido del artículo 3.2 la expresión "en ese tiempo", refiriéndose al tiempo de aplicación de la norma jurídica, empleando la interpretación dinámica de los conceptos en cuestión. Dicha modificación no cabe en los CDI de Bulgaria, en primer lugar, porque el concepto de "residencia" está estipulado detalladamente y, en segundo lugar, porque incluso para los conceptos no definidos, los CDI fueron concluidos en una fecha anterior y no se ha considerado la importancia de ese detalle.

El artículo 85 de la Constitución de la República de Bulgaria establece detalladamente los tratados internacionales que necesariamente deben ser ratificados por la Asamblea Nacional mediante la aprobación de una Ley interna. Su párrafo 2, introducido por primera vez en 2005, requiere la ratificación de un tratado internacional que atribuya a la Unión Europea las competencias derivadas de la presente Constitución por una mayoría de dos tercios de todos los miembros de la Asamblea Nacional.

De conformidad con el párrafo 4 del artículo 5 de la Constitución, los tratados internacionales ratificados por orden constitucional, promulgados y en vigor para la República de Bulgaria forman parte del Derecho interno y prevalecen sobre las normas de la legislación interna que las contradicen.

Según el art. 1 del CDI entre España y la República Popular de Bulgaria, este se aplica a las personas residentes de uno o de ambos Estados contratantes: "A los efectos del presente Convenio se consideran residentes, en el caso de Bulgaria, las personas físicas que sean nacionales de la República Popular de Bulgaria..." Cabe mencionar que el Convenio en cuestión es uno de los CDI que se negociaron y firmaron durante la vigencia de una norma jurídica relativa a la residencia fiscal completamente diferente a la norma actual.

El modelo actual de tributación de las rentas de personas físicas en Bulgaria sigue claramente el principio de residencia (universalidad): "Artículo 6. Las personas físicas locales son titulares de la obligación de impuestos por los ingresos adquiridos de fuentes en la República de Bulgaria y en el extranjero"[308], mientras que la norma vigente en el periodo de negociación, firma y ratificación del CDI entre España y Bulgaria tenía las características de universalidad en relación con las rentas de los ciudadanos búlgaros y de territorialidad referente a los ciudadanos extranjeros en relación con sus ingresos de fuentes en Bulgaria.

Como comentamos anteriormente, la norma establecida en el artículo 1 de la Ley del Impuesto sobre la Renta de 1950, derogada con efectos desde 1 de enero de 1998, no clasificaba los contribuyentes en residentes y no residentes, sino que directamente indicaba quienes tributarían según las normas de esta ley: los ingresos de los ciudadanos búlgaros independientemente de su domicilio y su residencia, adquiridos en el país o importados desde el extranjero, y los extranjeros por sus ingresos de fuentes en el país[309].

En aplicación de este criterio de tributación, establecido en la legislación interna en aquel momento, se negoció el texto del CDI entre España y Bulgaria. Shishkova y Pandelieva señalan que la mayoría de los tratados búlgaros más antiguos sobre el Impuesto sobre la Renta determinan la residencia de las personas

308 Boletín del Estado 95 de 24 de noviembre de 2006.

309 Boletín del Estado 132 de 6 de junio de 2006.

en función de la nacionalidad, mientras que los convenios más recientes siguen el criterio de sujeción al impuesto sobre la renta basándose en la residencia como punto de conexión[310].

Aunque la legislación domestica búlgara que regula la tributación de las rentas de las personas físicas es muy similar a la normativa doméstica española, la tributación de los ciudadanos y/o residentes de ambos países se rige por las disposiciones del CDI. En el caso de España, "las personas que en virtud de la legislación española estén sometidas a imposición en España por razón de su domicilio, residencia, sede de dirección o cualquier otro criterio de naturaleza análoga"[311]. La norma no difiere de la imposición según los artículos 8 y 9 de la LIRPF española, de acuerdo con la cual en la tributación por el IRPF se aplicará el principio de residencia (universalidad).

La determinación de la residencia fiscal y su acreditación formal ha sido interpretada por la DGT española con ocasión de la CV3570-16[312]. Referente a la acreditación de la residencia, el órgano consultivo determinó el uso de los certificados de residencia fiscal. Es importante destacar que la DGT señaló las reglas de desempate del CDI sin examinarlas, por lo cual no aclara las dudas que surgen como consecuencia de la aplicación del principio de residencia por uno de los Estados contratantes y el principio de ciudadanía por el otro Estado contratante.

La dificultad en la interpretación sin acudir al procedimiento amistoso ha sido objeto de análisis por la doctrina científica. En este sentido Vega Borrego[313] observa que, a efectos del CDI entre España y Bulgaria sólo los ciudadanos búlgaros podrían ser considerados residentes de Bulgaria, por lo cual un ciudadano de otro país diferente de Bulgaria con residencia efectiva en este país no podría reclamar residencia a efectos del CDI. Del mismo modo, deduce que un ciudadano búlgaro sin ningún vínculo material con Bulgaria podrá reclamar los beneficios del CDI.

---

310 Shishkova, D.& Pandelieva, S. (2023), *Bulgaria - Individual Taxation* sec. 1., Country Tax Guides IBFD. Última consulta: 19/03/2024.

311 Convenio entre España y la República Popular de Bulgaria para evitar la doble imposición y prevenir la evasión fiscal en materia de impuestos sobre la renta y sobre el patrimonio y el Protocolo que forma parte integrante del mismo, hecho en Sofía el 6 de marzo de 1990.

312 CV de la DGT V3570-16, de 08 de Agosto de 2016 (*Tol 5958841*).

313 Vega Borrego, F.A. en: Ruiz García, J. R., & Calderón Carrero, J. M. (2004). p. 234.

Según las reglas internas que sigue la Administración tributaria de Bulgaria, la interpretación del CDI sigue el principio de "interpretación dinámica". El CDI con España se celebró en un momento en el que el criterio de la legislación nacional era la "ciudadanía". La Agencia Nacional de Ingresos considera que, como consecuencia del hecho que el CDI no ha sido actualizado, en el procedimiento de emisión de certificados de residencia a efectos del CDI se entenderá que la persona física debe cumplir con dos requisitos:

1) ser residente en el sentido de la actual Ley del Impuesto sobre la Renta de las Personas Físicas conforme a las reglas del artículo 4, y

2) ser ciudadano de Bulgaria.

La Administración búlgara entiende que no debe expedir un Certificado de residencia en virtud del convenio a una persona basándose únicamente en su condición de ciudadano y sin cumplir la prueba contemplada en el artículo 4 de la Ley interna actual. El objetivo es no reconocer como residentes en Bulgaria a personas que no han residido efectivamente y no tienen nada en común con Bulgaria desde hace varios ejercicios fiscales. A efectos de la aplicación del CDI, la Administración búlgara se basa en el principio general de que los acuerdos fiscales no crean nuevas obligaciones tributarias, sino que se limitan a distribuir la potestad tributaria entre los Estados. En este sentido, en nuestra opinión, al considerar que no debe clasificar a una persona física como residente de Bulgaria y gravar respectivamente su renta mundial sin cumplir los criterios del art. 4 del Impuesto sobre la Renta de las Personas Físicas, el Estado búlgaro renuncia *de facto* a un derecho obtenido con la firma del CDI, que es el de gravar a sus ciudadanos por su renta mundial.

Desde el punto de vista práctico es una forma de evitar los conflictos de residencia dual con la emisión del propio certificado, reconociendo como residentes a las personas que adicionalmente cumplen los criterios de la legislación doméstica nacional, relacionada con las pruebas del número de días en Bulgaria, el centro de intereses vitales, el lugar donde se encuentra la vivienda habitual de la persona, etc., precisamente con el fin de determinar primero su condición de residente según la Ley del Impuesto sobre la Renta de las Personas Físicas.

2.1.4. Revisión de la doctrina jurisprudencial

El Tribunal Supremo Administrativo (SAC) de Bulgaria ejerce la supervisión judicial suprema en el país sobre la aplicación de las leyes en la tutela de la justicia en el ámbito administrativo. El Tribunal Supremo Administrativo es el órgano judicial que dicta sentencias como institución de casación y tiene la misión de garantizar la aplicación uniforme de las leyes. No obstante, crean jurisprudencia los casos que no han sido apelados en una instancia superior.

Cabe señalar que el concepto de "residencia fiscal" en Bulgaria ha sido objeto de escasos casos litigiosos. El Tribunal Administrativo de Sofía-Ciudad se pronunció sobre un asunto relacionado con la residencia fiscal y asignación de rentas en su Sentencia Nº 6191, de 19 de noviembre de 2012. El objeto de la reclamación fue la calificación del demandante por parte de la Administración como residente fiscal (persona local) en Bulgaria en 2008. El demandante alegó que la Administración no reunió pruebas suficientes respecto al centro de sus intereses vitales, por lo cual consideró erróneamente que el centro de sus intereses vitales en el año 2008, objeto de la reclamación, estuvo en la República de Bulgaria.

En el curso de la revisión se constató que la persona física S.V.B. había presentado su declaración anual sobre la renta por los ingresos recibidos en 2008, en la que declaró ingresos procedentes de fuente en Bulgaria, pagando el Impuesto sobre la Renta sobre estos ingresos.

También se estableció que durante el mismo período impositivo 01/01/2008 —31/12/2008 el demandante B., además de los ingresos declarados de una fuente en Bulgaria, también recibió ingresos de una fuente en el extranjero— Azerbaiyán, en virtud de un contrato de trabajo entre el demandante y un club de futbol de Azerbaiyán para el período comprendido entre 9 de febrero de 2008 hasta 9 de febrero de 2009. El demandante percibió ingresos procedentes de la fuente extranjera sobre los que declaró y pagó impuestos en el territorio de Azerbaiyán. El importe exacto de este impuesto no fue indicado por el demandante y no constaba en el caso. También se acreditó que entre el Gobierno de la República de Bulgaria y el Gobierno de la República de Azerbaiyán para el ejercicio 2008 no existía un CDI. Tal CDI fue concluido entre los gobiernos de los dos países con fecha 12 de noviembre de 2007, ratificado por una ley aprobada por la 40ª Asamblea Nacional de Bulgaria con fecha 15 de octubre de 2008[314], El Convenio entró en vigor el 25 de noviembre de 2008 y con respecto a los impuestos —desde el primer día de enero de 2009.

En la situación fáctica así establecida, que no se discutió en el caso, la autoridad tributaria supuso que los ingresos recibidos en 2008 de una fuente en Azerbaiyán, aunque estos ingresos están gravados allí, debían ser declarados y

---

314 BOE 92 de 24/10/2008 y BOE 2 de 9/01/2009.

gravados en Bulgaria, siendo este el Estado de residencia fiscal del demandante. en el sentido del artículo 4, párrafo 1 de la LIRPF. La Administración tuvo en cuenta el hecho de que, para el período impositivo controvertido no existía un CDI en vigor entre la República de Bulgaria y la República de Azerbaiyán y, a pesar de que en 2008 el demandante estuvo fuera de Bulgaria durante más de 183 días, se le había proporcionado vivienda en el otro país, y que su esposa e hijo habían vivido con él en el otro país durante el período máximo permitido - 1 mes, no era de aplicación la excepción contenida en la legislación nacional de Bulgaria, según la cual "no es una persona física local la persona que tiene una dirección permanente en Bulgaria, pero el centro de sus intereses vitales no se encuentra en el país".

La regla que sigue la Administración es que el centro de intereses vitales se encuentra en Bulgaria, cuando los intereses de la persona están estrechamente relacionados con el país, y en su determinación se puede tener en cuenta la familia, las propiedades, el lugar donde la persona lleva a cabo su empleo, las actividades profesionales o comerciales, el lugar desde donde administra sus propiedades. En el caso concreto, admitió que el centro de intereses vitales del demandante estaba situado en el territorio de Bulgaria y que el factor determinante fue su familia: la esposa y el hijo del demandante vivían permanentemente en la República de Bulgaria aunque la vivienda a su disposición en Bulgaria no era de su propiedad; además, casi toda la remuneración recibida durante el período, fue retirada en Bulgaria después de haberla recibido de Azerbaiyán, y que, tras la vigencia del contrato, el demandante regresó a Bulgaria. Por lo cual la Administración búlgara consideró que el demandante debería haber declarado los ingresos de la fuente extranjera en Bulgaria.

El Tribunal consideró que el recurso era admisible desde el punto de vista procesal, pero que, en cuanto al fondo, era infundado. Según el fallo, la Administración cumplió con las disposiciones sustantivas pertinentes y el recurso se desestimó por ser carente de fundamento. Además, el Tribunal admitió como correctas y fundadas las consideraciones expuestas por la Administración en la calificación del demandante como "persona local" según la definición de la legislación nacional.

Como consecuencia, de acuerdo con el artículo 6 de la LIRPF, los residentes también deben impuestos sobre sus ingresos del extranjero, si no se aplica un CDI con el país donde se recibieron los ingresos. Para el período objeto de juicio 1/01/2008 - 31/12/2008 no existía ningún tratado de doble imposición (TDT) entre Bulgaria y Azerbaiyán en vigor. Aunque inaplicable al derecho sustantivo del caso, la disposición del artículo 4 del CDI entre la República de Bulgaria y la República de Azerbaiyán, al que se ha referido la Administración, aclara la interpretación del término "residente" en el contexto de la legislación nacional aplicable.

En virtud de su artículo 4, se considera residente de un Estado contratante toda persona que, con arreglo a la legislación de dicho Estado, estuviera sujeta al impuesto en dicho Estado por razón de su domicilio, lugar de residencia, lugar de establecimiento, lugar de administración o cualquier otro criterio de naturaleza similar. Este término no incluye a una persona sujeta a impuestos en este Estado solo con respecto a los ingresos de fuentes en este Estado o bienes situados en él.

El Tribunal concluyó que la Administración había analizado detalladamente las disposiciones del CDI (aunque no estaba en vigor en 2008) y había enumerado y discutido correctamente los criterios y la aplicación de la citada norma en el caso concreto. El Tribunal de Primera Instancia declaró que el centro de intereses vitales del demandante S.V.B. para el período comprendido entre el año 2008 de que se trata era la República de Bulgaria. La Administración había determinado correctamente que el centro de los intereses vitales de la persona se encontraba en Bulgaria por motivos del lugar de residencia de su familia, el regreso de la persona a Bulgaria después de la extinción del contrato laboral y la transferencia de los fondos recibidos a una cuenta en un banco con sede en Bulgaria.

Habida cuenta de lo anterior, el Tribunal consideró que el Acta de revisión impugnado está ajustada a derecho, que las apreciaciones de hecho que contiene corresponden a las pruebas recogidas en el curso de la revisión, por lo que procede desestimar el recurso por infundado.

Con ocasión de un litigio posterior se pronunció el Tribunal Administrativo de Sofía-Ciudad, Sala 71 de la Tercera División en su Sentencia Nº 931 del 17 de febrero de 2022. El juicio se inició a raíz del recurso de un contribuyente —la persona física H. V. B.— interpuesto contra la Administración por los certificados de residencia fiscal positivos (Certificado de persona local), expedidos por la Agencia Nacional de Ingresos. El demandante, considerando que los fundamentos y la conclusión de la Administración eran erróneos, solicitó la anulación de los certificados de residencia citados.

El contribuyente presentó una solicitud para la emisión de certificados de residencia para los ejercicios 2018, 2019 y 2020. En el recurso se indicaron los períodos durante los cuales el contribuyente había residido fuera de Bulgaria: en 2018 había residido más de 186 días en Rumania, en 2019 residió más de 186 días en Rumania y, en 2020, más de 186 días en Rumania.

Como resaltamos anteriormente, los certificados de residencia se emiten por la Administración búlgara en base a una comprobación formal de las circunstancias determinantes de la condición de residente. Desde el punto de vista de los conflictos de residencia fiscal, consideramos la práctica muy acertada, comparada con las nocivas consecuencias, analizadas en el Capítulo anterior del presente trabajo, de la emisión de los certificados de residencia fiscal en otras jurisdicciones tras una comprobación de presentación de la declaración de la renta del contribuyente, sin que se tengan en cuenta los hechos y circunstancias concluyentes para que una persona sea considerada residente en el Estado.

Volviendo al caso objeto de litigio, en respuesta al requerimiento de información emitido por la autoridad tributaria, el contribuyente indicó que necesitaba los certificados de residencia para los ejercicios 2018, 2019 y 2020 en el curso del procedimiento de verificación del lugar de residencia a efectos fiscales. La carta especificaba el pagador y el tipo de ingresos obtenidos en Rumania.

En base a la información en poder de la Agencia Nacional de Ingresos, contenida en los sistemas informáticos, se pudo comprobar que, en la fecha de expedición de los certificados, el contribuyente mantenía vigente su derecho a la asistencia sanitaria pública, aportando las cotizaciones sanitarias correspondientes. También se verificó que era propietario de un bien inmueble en el territorio de Bulgaria.

Según la Administración, a la vista de las explicaciones y documentos presentados, la persona cumplía los criterios de acuerdo con los cuales se podía determinar que era residente fiscal a efectos del impuesto sobre la renta. Como resultado de la situación de hecho así determinada, el Tribunal llegó a las siguientes conclusiones de Derecho:

Los criterios para la calificación de una persona como "residente" para el Estado en cuestión están regulados en su legislación interna; la legislación interna determina en qué condiciones una persona será considerada residente a efectos fiscales.

Según el artículo 4, párrafo 1 de Ley del Impuesto sobre la Renta de Personas Físicas, una persona física local, independientemente de su ciudadanía, es una persona: 1) que tenga una dirección permanente en Bulgaria, es decir, la dirección permanente la que declara el ciudadano para la emisión de su documento nacional de identidad), o 2) que resida en el territorio de Bulgaria durante más de 183 días de cada periodo de 12 meses, o 3) que haya sido enviado al extranjero por el Estado búlgaro, por sus autoridades y/o organizaciones, de empresas búlgaras y miembros de sus familias, o 4) cuyo centro de intereses vitales se encuentra en Bulgaria.

En relación con ello, el Tribunal señaló que debe tenerse en cuenta que los criterios establecidos en la Ley son alternativos y es suficiente que la persona cumpla al menos uno de ellos para poder ser definida como local para la República de Bulgaria en el sentido del artículo 4 de la Ley del Impuesto sobre la Renta de las Personas Físicas. Sin embargo, el artículo 4, párrafo 5 de la misma ley se prevé una excepción: no es una persona física local la persona que tiene una dirección permanente en Bulgaria, pero el centro de sus intereses vitales no se encuentra en el país.

En este caso fue comprobado por la Administración que el contribuyente tenía su dirección permanente en Bulgaria. En virtud del artículo 1, punto 3 de la Ley de documentos de identidad búlgaros, la dirección permanente es la dirección en una población en el territorio de la República de Bulgaria, donde el ciudadano está inscrito en el registro de la población.

En base a las pruebas recogidas y después de la comprobación, la Administración determinó que el centro de intereses vitales de esta persona física se encontraba también en Bulgaria, teniendo en cuenta que el centro de intereses vitales se encuentra en el país con el que la persona tiene los vínculos personales y económicos más estrechos.

Para su determinación se puede tener en cuenta la familia, las propiedades, el lugar desde el cual la persona realiza un empleo, una actividad profesional o empresarial, así como el lugar desde el que gestiona sus propiedades. Al evaluar este criterio deben prevalecer los intereses personales de la persona y no sus intereses económicos. En este caso, quedó comprobado por la Administración que el contribuyente tenía un hogar permanente en el territorio del país, poseía bienes inmuebles en Bulgaria y tenía un hijo que vivía en Bulgaria.

En consecuencia, en este caso, en base a las pruebas presentadas, el Tribunal resolvió que se podía concluir claramente que las condiciones determinantes de la residencia fiscal de una persona física estaban cumplidas, por lo cual los certificados de persona local emitidos para 2018, 2019 y 2020 eran correctos y legales. Por las razones expuestas, el Tribunal procedió a desestimar el recurso del contribuyente.

Cabe señalar, que el tipo de gravamen del IRPF en Bulgaria es proporcional, establecido a razón del 10% de la base imponible de las rentas que haya recibido el contribuyente; 15% para las personas físicas con actividad económica; y 5%

sobre los dividendos. Además, está exenta de tributación la ganancia patrimonial de la venta o permuta de un inmueble, si entre la fecha de adquisición y la fecha de transmisión han pasado más de tres años y de hasta dos inmuebles, así como propiedades agrícolas y bosques que han formado parte del patrimonio del contribuyente más de cinco años. Por otra parte, el régimen establecido en cuanto al impuesto sobre sucesiones y donaciones también es muy beneficioso en comparación con otros Estados, con transmisiones tanto *inter vivos* como *mortis causa* exentas para los grupos más relevantes. La carga fiscal relativamente baja es una de las razones por las que los contribuyentes considerados residentes fiscales en Bulgaria no reclaman su calificación como no residentes.

2.2. FRANCIA

2.2.1. Legislación interna

Los actos jurídicos principales que rigen las normas relacionadas con la residencia fiscal de las personas físicas y la sujeción al Impuesto sobre la renta son el Código General Tributario de Francia - *Code général des impôts (CGI)*[315]. Las reglas territoriales se recogen además en la Ley *Loi n° 76-1234 du 29 décembre 1976 modifiant les règles de territorialité et les conditions d'imposition des français de l'étranger ainsi que des autres personnes non domiciliées en France*[316].

Como analizaremos a continuación, las normas impositivas establecen los distintos conceptos y factores de forma ambigua, lo que, por una parte, ha ocasionado la creación de jurisprudencia como resultado de numerosas Sentencias. Además, el Gobierno ha publicado en el *Bulletin Official des Finances Publiques* normas de interpretación procedentes de la doctrina jurisprudencial.

El Tribunal administrativo supremo en Francia es el Consejo de Estado —*Conseil d'État*— que, como regla general es la instancia superior después de los tribunales administrativos y de los tribunales administrativos de apelación. Sin embargo, cuando la medida impugnada proviene de una autoridad con competencia a nivel nacional (el Presidente de la República, el Gobierno y los ministe-

315 Code général des impôts, (CGI) versón 30/07/2023. Última consulta: 20/10/2024.

316 Loi n° 76-1234 du 29 décembre 1976 modifiant les règles de territorialité et les conditions d'imposition des français de l'étranger ainsi que des autres personnes non domiciliées en France.

rios, las autoridades administrativas independientes), también puede ser remitido directamente y resuelto como instancia única. El Consejo de Estado dicta decisiones jurídicas que son vinculantes para la Administración[317].

Por otra parte, como señala Brokelind, la división de competencias entre el orden civil y el administrativo es una particularidad del poder judicial francés[318]. De esta forma, como detalla la autora, los impuestos sobre la renta son competencia de la jurisdicción administrativa, en la que el *Conseil d'État* es el tribunal de instancia. Sin embargo, los impuestos indirectos y los impuestos de registro (impuestos sobre bienes inmuebles, por ejemplo) entran dentro de la jurisdicción civil, donde el Tribunal de Casación es el tribunal de última instancia. Como consecuencia, la mayoría de los asuntos a los que se hace referencia posteriormente pertenecen al orden administrativo, con especial atención a la jurisprudencia del *Conseil d'Etat*.

Como establece el artículo 4A CGI (versión vigente desde el 1 de julio de 1979), las personas que tienen su domicilio fiscal en Francia están sujetas al Impuesto sobre la renta sobre la totalidad de sus ingresos y aquellos cuyo domicilio fiscal se encuentra fuera de Francia están sujetos a este impuesto únicamente sobre la base de sus ingresos de fuente francesa.

Estableciéndolo de esta forma, el legislador impone que el principio que regirá la tributación de las personas físicas será el principio de residencia, siendo el "domicilio fiscal" uno de los condicionantes que obligarán a la persona física tributar en Francia por sus rentas mundiales.

En su redacción para el periodo 1 de julio de 1979 hasta 30 de diciembre de 2019, anterior al cambio introducido con la Loi n° 2019-1479 du 28 décembre 2019, el artículo 4B aclara el contenido del concepto "domicilio fiscal", indicando en su párrafo 1 el término "domicilio fiscal" efectivo y en el párrafo 2 ordena la presunción de domicilio fiscal sin que se dé la residencia efectiva de la persona física en un lugar concreto.

Al haber sido eliminado del CGI el concepto de "cabeza de familia", los cónyuges están considerados en igualdad de condiciones. Así, los cónyuges o parejas

317 *Conseil d'État*. Disponible en: https://www.conseil-etat.fr/qui-sommes-nous/le-conseil-d-etat/missions#anchor1. Última consulta: 31/05/2025.

318 Brokelind, C. (2017). *France in Towards a Homogeneous EC Direct Tax Law: An Assessment of the Member States' Responses to the ECJ's Case Law*. C. Brokelind ed., Books IBFD. Capítulo II. Constitutional framework.

de hecho vinculadas por un pacto civil de solidaridad (PACS)[319] están, en principio, sujetos a imposición conjunta en Francia, cualquiera que sea su nacionalidad, cuando uno u otro tiene su domicilio fiscal en Francia.

2.2.1.1. Territorialidad

A estos efectos, el territorio de Francia comprende Francia continental, las islas costeras y Córcega y los departamentos de ultramar (Guadalupe, Guyana, Martinica, Reunión y Mayotte) sujetos a determinadas particularidades relativas principalmente al cálculo del impuesto.[320]

Por otra parte, no incluye las siguientes comunidades de ultramar[321] de la República Francesa: Polinesia Francesa, Tierras Australes y Antárticas Francesas, Wallis y Futuna, San Pedro y Miquelón y, sin perjuicio de las disposiciones específicas previstas por el artículo LO.6214-4 del Código general de entidades locales (CGCT) y el artículo LO.6314-4 del CGCT que prevén una duración mínima de residencia de cinco años, Saint- Barthélemy y Saint-Martin) o por el artículo 76 de la Constitución de 4 de octubre de 1958, ni Nueva Caledonia regida por el artículo 77 de la Constitución de 4 de octubre de 1958, que tienen competencia propia en materia fiscal.

En estas condiciones, las disposiciones aplicables a la Francia continental y a los departamentos de ultramar no se extienden a las comunidades de ultramar.

2.2.1.2. Tributación conjunta y tributación individual

La tributación individual por el Impuesto sobre la renta de las personas físicas no es habitual, a menos que los cónyuges estén en proceso de divorcio y tengan hogares separados, o estén casados en régimen de separación de bienes. La tributación conjunta fue la tributación obligatoria en España en caso de matrimonio según el artículo 4.2 de la Ley 44/1978, de 8 de septiembre, del Impuesto sobre la Renta de las Personas Físicas. "Cuando las personas a que se refieren los dos

---

319 Véase Pacto de solidaridad civil (PACS), République Française, Service-Public.fr

320 Véase Bulletin Officiel des Finances Publiques-Impôts. Direction générale des Finances publiques. IR - Liquidación - Cálculo de impuestos - Condiciones fiscales especiales - Departamentos de ultramar: BOI-IR-LIQ-20-30-10.

321 Regidas por el artículo 74 de la Constitución del 4 de octubre de 1958.

epígrafes del apartado anterior estén integradas en una unidad familiar, todos los componentes de esta última quedarán conjunta y solidariamente sometidos al impuesto como sujetos pasivos, con arreglo al régimen que para tal supuesto establecen los artículos quinto, séptimo, apartado tres, treinta y uno y treinta y cuatro de esta Ley".

La Sentencia del Tribunal Constitucional 45/1989, de 20 de febrero[322], declaró la inconstitucionalidad del artículo 4.2 de la citada Ley, en cuanto que no preveía para los miembros de la unidad familiar, ni directamente ni por remisión, posibilidad alguna de sujeción separada; la inconstitucionalidad del artículo 24, apartado b), de la misma Ley, en la redacción anterior a la Ley 37/1988, en cuanto que no incluía entre los períodos impositivos inferiores a un año el correspondiente a los matrimonios contraídos en el curso del mismo[323]. Al retomar el análisis de la legislación francesa, resulta pertinente señalar una situación igualmente injusta: si dos personas han celebrado un Pacto de solidaridad civil (PACS), tendrán que esperar tres años antes de que su hogar sea evaluado de forma individual.

Si uno de los cónyuges o convivientes no cumple los criterios determinantes para el domicilio fiscal en territorio francés, la obligación tributaria del hogar se limita a: 1) todos los ingresos del cónyuge o de la pareja domiciliada en Francia y 2) las rentas de fuente francesa del otro cónyuge o pareja (sujeto a convenios internacionales).

Asimismo, si uno de los hijos o dependientes discapacitados no cumple los mismos criterios, sólo se incluyen en la tributación conjunta sus ingresos de fuente francesa.

Sin embargo, aunque se excluyen de la base imponible sus rentas de fuente extranjera, estas personas deben ser tenidas en cuenta a la hora de determinar el cociente familiar aplicable[324].

La norma BOI-IR-CHAMP-20 señala las condiciones tributarias aplicables a las parejas que se forman (matrimonio o celebración de pacto civil de solidari-

322 STC 45/1989, de 20 de febrero (RTC 1989, 45).

323 Véase: Álvarez Martínez, J., Capítulo i. El sistema impositivo en España, en: en: Álvarez Martínez, J., García Moreno, V. A. & Herrera Molina, P. M. (Dir.) (2023). Op. Cit. p. 61.

324 Véase Bulletin Officiel des Finances Publiques-Impôts. Direction générale des Finances publiques. BOI-IR-LIQ-20-30-10. Op. Cit.

dad) o que se separan (disolución de pacto civil de solidaridad, separación, divorcio) durante el año, así como a las parejas en las que fallece uno de los cónyuges o partícipes en el PACS durante el año. Estas se presentan en el siguiente cuadro resumen:

Tabla 3. Fuente: Bulletin Officiel des Finances Publiques-Impôts. Direction générale des Finances publiques. IR —Champ d'application et territorialité— Règle de l'imposition par foyer fiscal. BOI-IR-CHAMP-20

	Condiciones fiscales aplicables
Año de matrimonio o celebración de PACS.	1 impuesto común O opción de tributación individual para cada uno de los cónyuges
Año de separación, divorcio o disolución de PACS	Tributación individual para ambos cónyuges
Año de matrimonio de los socios de PACS celebrado durante el año anterior	Tributación conjunta
Año de matrimonio de los socios de PACS que se separaron en el mismo año o el año anterior	Tributación conjunta O opción de tributación individual para cada uno de los cónyuges
Año de fallecimiento de una persona casada o vinculada por una PACS	Se liquidan dos impuestos: - uno a nombre de la pareja hasta la fecha del fallecimiento - el otro para el cónyuge o conviviente supérstite durante el período posterior al fallecimiento

2.2.1.3. Definición del concepto de "domicilio fiscal"

El artículo 4B del *Code général des impôts* impone que las personas tendrán su domicilio fiscal en Francia, cuando se cumpla cualquiera de las siguientes condiciones:

– tengan su hogar —*foyer*— o lugar de residencia principal —*séjour principal*— en Francia;

– las que ejerzan una actividad profesional en Francia como asalariados o no, a menos que puedan justificar que dicha actividad se ejerce allí con carácter accesorio.

– las que tienen el centro de sus intereses económicos en Francia.

Por lo tanto, una persona que tiene más ingresos de origen francés que ingresos de origen extranjero tiene el centro de sus intereses económicos en Francia.

Los criterios que determinan la sujeción al impuesto sobre la renta se examinan para cada miembro del hogar.

La presunción de domicilio fiscal está regulada en el artículo 4B, párrafo 2, según el cual se considera que tienen su domicilio fiscal en Francia los agentes del Estado, de las autoridades locales y el servicio público hospitalario que ejercen sus funciones o están encargados de una misión en un país extranjero y que no están sujetos en este país al impuesto personal sobre todos sus ingresos.

El artículo 4 bis se refiere a la tributación de las personas que no tienen domicilio fiscal en Francia por sus rentas atribuidas a Francia a razón de un Convenio para evitar la doble imposición internacional.

La única condición objetivamente determinable es el "centro de intereses económicos". De la misma forma es objetivamente ponderable la actividad principal de los ejecutivos, administradores y demás gerentes enumerados en el art. 4B de la Ley. Sin embargo, los contribuyentes tienen que demostrar que no son residentes fiscales en el caso de realizar una actividad económica, como asalariados o no, a no ser que se trate de una actividad de carácter accesorio. Aun así, el carácter accesorio de la actividad se puede ver asemejado a intereses económicos, distribuidos entre varios países - fuente y de esta forma calcularlo como media ponderada y mantener de igual manera el carácter objetivo de esta condición.

La condición de residencia basada en el domicilio o lugar de residencia principal en Francia es la condición combatible que podría llevar tanto a la Administración como a los contribuyentes a una situación de seguridad jurídica insuficiente.

Además, en cumplimiento del principio de reciprocidad, el artículo 5[325] establece que están exentos del Impuesto sobre la renta: los embajadores y agentes diplomáticos, cónsules y agentes consulares de nacionalidad extranjera, pero sólo en la medida en que los países a los que representan concedan ventajas análogas a los agentes diplomáticos y consulares franceses.

---

325 Modificado por la Ley LOI n°2014-1654 du 29 décembre 2014 - art. 2.

A) Criterios personales

i) Hogar (*foyer*) en Francia

Se considera que una persona tiene su hogar en Francia si vive allí la mayor parte del tiempo y de forma permanente con su cónyuge (pareja de hecho y/o hijos) o sola. Si el contribuyente no tiene un hogar, la ubicación de su residencia principal se establecerá en función de su presencia real en Francia.

Cuando un contribuyente se ve obligado por razones laborales o por necesidades de su profesión a trasladarse a otro lugar temporalmente o durante la mayor parte del año, el hogar permanente sigue siendo su hogar, ya que, normalmente, la familia sigue viviendo ahí.

En este sentido se pronuncia *Le Conseil d'État* en su Sentencia de 23 de abril de 1958[326], al margen de las excepciones relacionadas con los trabajadores desplazados al extranjero por su trabajo[327], los agentes estatales enviados al territorio de las Tierras Australes y Antárticas Francesas (TAAF) y las personas que dependen de organizaciones emplazadas para intervenir en este territorio[328], los funcionarios y los agentes del Estado que prestan servicios en el extranjero[329], los empleados "impatriados"[330], así como los empleados de las oficinas centrales y los centros logísticos[331].

326 *Conseil d'Éta*t, Sentencia de 23 de abril de 1958, n.º 37792, RO, p. 112.

327 Véase Code général des impôts: Article 81 A; Bulletin Officiel des Finances Publiques - Impôts. BOI-RSA-GEO-10. RSA - Exonération et régimes territoriaux - Salariés détachés à l'étranger par leur employeur.

328 Bulletin Officiel des Finances Publiques - Impôts. BOI-RSA-GEO-30. RSA - Exonération et régimes territoriaux - Agents de l'État envoyés dans le territoire des terres australes et antarctiques françaises (TAAF) et personnes relevant d'organismes appelés à intervenir dans ce territoire.

329 Véase: Bulletin Officiel des Finances Publiques - Impôts. BOI-RSA-GEO-20. RSA - Exonération et régimes territoriaux - Agents de la fonction publique et agents de l'État, en service à l'étranger.

330 Véase *Code général des impôts*: 7: Dispositions applicables aux imp, article 155 B; Bulletin Officiel des Finances Publiques - Impôts. BOI-RSA-GEO-40. RSA - Régimes territoriaux particuliers - Salariés « impatriés ».

331 Véase: Bulletin Officiel des Finances Publiques - Impôts. BOI-RSA-GEO-50. RSA - RSA - Exonération et régimes territoriaux - Salariés des quartiers généraux et des centres de logistique.

ii) Lugar de residencia (estancia) principal —*séjour* principal— en Francia

Se considera que se cumple el requisito de residencia principal cuando los contribuyentes se encuentran personal y efectivamente presentes principalmente en Francia, independientemente del lugar y de las condiciones de estancia de su familia. Como regla general, si los contribuyentes permanecen más de seis meses durante un año determinado en Francia, se considera, que tienen su *séjour principal* en este territorio. A diferencia de otras jurisdicciones que establecen esta regla en base a una vivienda a disposición del contribuyente o de su familia, la norma francesa establece que la estancia podría ser en hotel o en un alojamiento proporcionado de forma gratuita[332].

De esta forma, son sujetos al Impuesto sobre la renta francés[333]:

– un contribuyente que se había alojado en un hotel en Francia desde 10 de mayo de un año fiscal hasta el 7 de febrero del año fiscal próximo[334];

– un contribuyente que, durante el año en cuestión, había residido durante trescientos dos días en una habitación de hotel[335] ;

– un extranjero que haya realizado estancias frecuentes en Francia durante varios años, cuya duración durante el mismo año nunca haya sido inferior a seis meses[336];

– un contribuyente que, durante los años en cuestión, había residido en París en dos direcciones sucesivas y sólo había realizado algunos viajes al extranjero[337];

– un contribuyente nacional de los Estados Unidos de América y un empleado de una empresa estadounidense cuyos intereses representaba en países europeos distintos de Francia y en países de Oriente Medio. Este contribuyente dispuso durante varios años de un apartamento en París donde residía perma-

332 Bulletin Officiel des Finances Publiques - Impôts. BOI-IR-CHAMP-10. IR - Champ d'application et territorialité - Personnes imposables et domicile fiscal. Párrafo 130.

333 Bulletin Officiel des Finances Publiques - Impôts. BOI-IR-CHAMP-10. Op. Cit. Párrafo 130.

334 *Conseil d'État*, Sentencia de 17 de junio de 1946, n. 59353.

335 *Conseil d'État*, Sentencia de 5 de julio de 1961, n. 37182.

336 *Conseil d'État*, Sentencia de 20 de febrero de 1961, nº 50475.

337 *Conseil d'État*, Sentencia de 23 de febrero de 1966, nº 62460.

nentemente su familia y él mismo, excepto cuando sus obligaciones profesionales le llevaron a viajar al extranjero. No realizó ninguna estancia de larga duración en el extranjero y no afirmó haber tenido un lugar de residencia ahí[338].

– un estudiante extranjero que se trasladó a Francia y residió permanentemente ahí durante cuatro ejercicios más, cuando en el mes de diciembre del quinto año fue admitido para continuar sus estudios en la Universidad de Argel. Según la sentencia, el año de traslado (desde el mes de octubre) y los dos años consecutivos no tuvo un lugar de estancia principal en Francia, pero sí la tuvo los dos últimos años[339];

– una persona de nacionalidad extranjera cuyos hijos reciben educación en Francia y que utiliza habitualmente el apartamento que posee en este país - como lo demuestra el importe de las llamadas telefónicas pagadas por esta residencia. Debe considerarse que tiene su domicilio y el lugar de su estancia principal en Francia y, en consecuencia, su domicilio fiscal[340].

No obstante, el Consejo de Estado determinó que en los siguientes casos los contribuyentes no tuvieron una estancia principal en Francia[341]:

– no se considera que un extranjero que haya realizado únicamente estancias en Francia, donde haya residido en un hotel, durante un período no superior a sesenta y cinco a setenta días al año, tenga el lugar de su estancia principal ahí[342];

– lo mismo ocurrió con el jefe de montaje de una empresa francesa, empleado por ella, a veces en Francia, a veces en el extranjero, ya que, durante la mayor parte del año en cuestión, el interesado había residido, trabajado y percibido su salario en el extranjero, sin haber tenido una residencia personal en Francia distinta de la de sus padres[343].

La duración de la estancia superior a seis meses durante el mismo año no constituye un criterio absoluto. En efecto, el Consejo de Estado se abstuvo de referirse a este criterio cuando las circunstancias de hecho sugerían que el con-

338 *Conseil d'État*, Sentencia de 16 de julio de 1976, nº 94488.

339 *Conseil d'État*, Sentencia de 4 de julio de 1984, nº 33800.

340 *Conseil d'État*, Sentencia de 10 de febrero de 1989, nº 58873.

341 Bulletin Officiel des Finances Publiques - Impôts. BOI-IR-CHAMP-10. Op. Cit. Párrafo 140.

342 *Conseil d'État*, Sentencia de 22 de octubre de 1962, nº. 36605.

343 *Conseil d'État*, Sentencia de 22 de febrero de 1965, nº 51722.

tribuyente tenía en Francia su lugar de residencia principal y, en particular, en el caso de que, a lo largo de los años considerados, el interesado hubiera residido en Francia durante un periodo significativamente mayor que el de las estancias realizadas en diferentes países.

El *Conseil d'État* determino en sus Sentencias lo siguiente con respecto a:

– el socio principal de una sociedad francesa, que, aunque no hubiera tenido residencia a su disposición en Francia, realizaba cada año estancias frecuentes y prolongadas en este país motivadas por sus funciones en dicha sociedad. La esposa del contribuyente había residido en Francia durante varios años. Aunque el régimen matrimonial era de separación de bienes, no estaba sujeta a tributación individual[344];

– un contribuyente que no había residido permanentemente en ninguno de los numerosos países a los que viajó por motivos laborales. El interesado realizó estancias periódicas en Francia, en un inmueble propiedad de su esposa, donde ella y sus hijos estaban domiciliados; visitó regularmente las distintas casas francesas por las cuales exploró los mercados exteriores[345];

– un contribuyente que, durante los años en cuestión, había residido en Francia durante un período significativamente superior al de las estancias realizadas en diferentes países extranjeros[346].

La regla de los seis meses no es de aplicación cuando el contribuyente traslada su domicilio a Francia o abandona el país de forma permanente. En el primer caso, en virtud del artículo 166 del CGE, cuando un contribuyente previamente domiciliado en el extranjero transfiere su domicilio a Francia, las rentas cuya tributación resulta del establecimiento del domicilio en Francia sólo se computan a partir del día de este establecimiento. En cambio, cuando un contribuyente domiciliado en Francia traslada su domicilio al extranjero, al amparo del artículo 167 CGI está sujeto al Impuesto sobre la renta por las rentas que haya obtenido durante el año de su salida hasta la fecha de su salida, los beneficios industriales y comerciales que haya recibido desde el final del último año gravado, y cualquier ingreso que haya adquirido sin haberlo tenido a su disposición antes de su partida. Además, podría estar sujeto al *exit tax* establecido en el artículo 167 bis CGE.

---

344 *Conseil d'État*, Sentencia de 19 de marzo de 1958, nº 38090.

345 *Conseil d'État*, Sentencia de 24 de marzo de 1972, nº 75492.

346 *Conseil d'État*, Sentencia de 19 de noviembre de 1969, nº 75925.

B) Criterios profesionales

En virtud del artículo 4B, párrafo 1, letra b., "Quienes ejerzan una actividad profesional en Francia, asalariada o no, a menos que puedan demostrar que dicha actividad se ejerce ahí con carácter accesorio". Se considera que una actividad profesional en Francia se realiza como ocupación principal si el contribuyente le dedica la mayor parte de su tiempo real, aunque esta actividad no genere la mayor parte de sus ingresos. En el caso de que tal criterio no pueda aplicarse, se debe considerar que la actividad principal es aquella que proporciona al interesado, directa o indirectamente, la mayor parte de sus "ingresos mundiales"[347].

La novedad en el artículo 4B, párrafo 1, letra b), en vigor desde el 30 de diciembre de 2019 incluye en el precepto de domicilio fiscal presunto a los administradores (incl. el Presidente del Consejo de Directores, cuando este asuma la dirección general de la sociedad, el Gerente General, los Gerentes Generales Adjuntos, el Presidente y los miembros del Consejo de Directores, los administradores y demás gerentes con funciones análogas) de sociedades cuyo domicilio social esté situado en Francia y que alcancen en él una facturación anual superior a 250 millones de euros. Para estas personas se establece una presunción *iuris tantum* que ejercen su actividad profesional en Francia como actividad principal.

Para los empleados, el domicilio depende del lugar en el que real y habitualmente desarrollan su actividad profesional[348].

Por otra parte, la norma BOI-IR CHAMP-10 establece que: "Para las personas que ejercen una profesión no comercial u obtienen sus ingresos de operaciones industriales, comerciales, artesanales o agrícolas, es necesario determinar si tienen un punto fijo de vinculación, un establecimiento permanente o una explotación agrícola en Francia y si la mayor parte de sus beneficios están relacionados con ello". Asimismo, enumera las siguientes Sentencias del *Conseil d'État* con el fin de proporcionar información detallada sobre la interpretación del contenido de dicha noción respecto al ejercicio de una actividad profesional en Francia[349]:

---

347 Bulletin Officiel des Finances Publiques - Impôts. BOI-IR-CHAMP-10. Op. Cit. Párrafo 220.

348 Bulletin Officiel des Finances Publiques - Impôts. BOI-IR-CHAMP-10. Op. Cit. Párrafo 180.

349 Bulletin Officiel des Finances Publiques - Impôts. BOI-IR-CHAMP-10. Op. Cit. Párrafo 200.

– un contribuyente de nacionalidad libanesa que reside desde hace varios años en Francia, donde alquila un apartamento, y que ha continuado ahí durante el año en cuestión la actividad comercial que ejerce personalmente o a través de una sociedad extranjera de la que es el gerente[350]. El interesado afirmó no tener el centro de su actividad comercial en Francia por los siguientes motivos: i) había realizado numerosos viajes al extranjero durante el año en cuestión, ii) no había estado sujeto a la contribución de patente, y iii) algunas de las actividades que había emprendido no habrían podido llevarse a cabo con éxito o le habrían causado pérdidas;

– un extranjero que posee casi la totalidad de las acciones de una sociedad francesa y garantiza, a través de esta sociedad o de sus agencias y filiales establecidas fuera de Francia, la representación exclusiva de sociedades, en su mayoría de nacionalidad francesa. El interesado también disponía de un apartamento en Francia, país en el que residía permanentemente su familia y donde él mismo realizaba numerosas estancias[351].

En el presente caso, el contribuyente procedente de un país de Oriente Medio del que afirmaba ser delegado permanente para Europa, afirmaba realizar sus negocios más importantes en una ciudad de Arabia Saudí. De hecho, tenía la representación exclusiva para los países árabes de esta parte del mundo, de un cierto número de fabricantes franceses de equipos y productos. Además, el interesado vivía en Francia desde 1940 y no había presentado su pasaporte.

Por lo contrario, el *Conseil d'État* determinó que no se considera ejercer una actividad profesional en Francia en los siguientes casos[352]: 1) el interesado era un representante no asalariado de diversas empresas de textiles, tanto francesas como extranjeras, que ejercía su actividad exclusivamente fuera del territorio francés. Del hecho de que algunas empresas francesas le hayan pagado comisiones en Francia y de que tenga en este país un lugar de residencia desde donde le transmiten las órdenes durante sus viajes de negocios, que también duran entre siete y ocho meses al año, no se puede concluir que su actividad de representación se considere realizada en Francia[353]; y 2) en el caso de un extranjero, en

---

350 *Conseil d'État*, Sentencia de 21 de enero de 1963, nº 46547.

351 *Conseil d'État*, Sentencia de 3 de mayo de 1968, nº 67951.

352 Bulletin Officiel des Finances Publiques - Impôts. BOI-IR-CHAMP-10. Op. Cit. Párrafo 210.

353 *Conseil d'État*, Sentencia de 11 de abril de 1962, nº 53256.

representación de una sociedad extranjera, que sólo permanece en Francia entre sesenta y cinco y setenta días al año[354].

C) Criterios económicos

Se considera que los contribuyentes tienen el centro de sus intereses económicos en Francia cuando: "Este es el lugar donde los contribuyentes han realizado sus principales inversiones, donde tienen la sede de sus negocios, desde donde administran sus bienes. También podrá ser el lugar donde los contribuyentes tengan el centro de sus actividades profesionales o de donde obtengan, directa o indirectamente, la mayor parte de sus ingresos".[355]

La jurisprudencia ha establecido el centro de intereses económicos de las siguientes personas fuera de Francia:

– un extranjero residente en Francia que no tiene la sede de sus intereses y negocios en Francia y obtiene todos sus ingresos de propiedades situadas en el extranjero[356],

– un extranjero que no ejerce ninguna profesión en Francia, ha invertido sus capitales en el extranjero y realiza frecuentes viajes de negocios fuera del país[357];

– una persona que no ejerza ninguna profesión en Francia. El interesado se limitó a gestionar en Francia una cartera de valores extranjeros depositados en el extranjero[358];

– un contribuyente de nacionalidad tunecina, que no ejerce ninguna actividad profesional en Francia y no posee allí ningún bien o propiedad de la que pueda obtener ingresos. No tiene el centro de sus intereses económicos en Francia, aunque haya manifestado la intención de reinvertir en Francia importantes capitales procedentes de Túnez[359].

---

354 *Conseil d'État*, Sentencia de 22 de octubre de 1962, n° 36505.

355 Bulletin Officiel des Finances Publiques - Impôts. BOI-IR-CHAMP-10. Op. Cit. Párrafo 230.

356 *Conseil d'État*, Sentencia de 25 de julio de 1936, nº 51977.

357 *Conseil d'État*, Sentencia del 1 de marzo de 1937, nº 53663.

358 *Conseil d'État*, Sentencia de 8 de febrero de 1960, n° 44881.

359 *Conseil d'État*, Sentencias del 16 de mayo de 1966, n° 65026 y 65061.

Finalmente, en el caso de múltiples actividades o fuentes de ingresos, el Consejo de Estado considera que el centro de los intereses del contribuyente está en el país del que el interesado obtiene la mayor parte de sus ingresos. Así, no se puede considerar que un francés que, durante el ejercicio fiscal haya obtenido la mayor parte de sus ingresos de la explotación de varias empresas situadas en el extranjero, cualquiera que sea la importancia de las inversiones que haya realizado en Francia durante dicho año, tenga el centro de sus intereses económicos en Francia[360].

Del mismo modo, no se puede considerar que tiene el centro de sus intereses económicos en Francia un contribuyente que posee en Francia varias explotaciones agrícolas con una superficie total de 166 hectáreas y que tiene allí una gran residencia en la que ha instalado una oficina de gestión y cuatro asalariados, cuando este obtenía la mayor parte de sus ingresos de la explotación de fincas agrícolas que representaban más de 1.400 hectáreas que poseía en Argelia y Marruecos[361].

Por el contrario, debe considerarse que un contribuyente tiene el centro de sus intereses económicos en Francia:

– cuando no haya obtenido ingresos procedentes de la actividad que afirma realizar en el extranjero en dos sociedades mercantiles;

– cuando sólo justifica su ausencia de Francia, durante los tres ejercicios fiscales, por un período de aproximadamente tres meses. Se precisa que la familia del interesado había residido, durante el período en cuestión, en Francia, donde él mismo tenía cuentas bancarias bien financiadas, desempeñaba puestos de dirección y poseía participaciones en varias empresas establecidas en Francia[362].

Debe considerarse que no ha dejado de tener el centro de sus intereses y, por tanto, su domicilio real en Francia, un piloto de línea aérea que, aunque conservaba su misión básica en Francia continental, donde tenía dos residencias, fue llamado por la sociedad francesa que le contrató para servir temporalmente en

360 *Conseil d'État*, Sentencia de 27 de enero de 1971, nº 74995.

361 *Conseil d'État*, Sentencia de 11 de marzo de 1970, nº 69588.

362 *Conseil d'État*, Sentencia de 26 de abril de 1968, nº 68408.

Nueva Caledonia, donde permaneció por un período de poco más de seis meses que incluía también la duración de su licencia[363].

Debe considerarse que un contribuyente ha tenido, durante el período impositivo, el centro de sus intereses en territorio francés y, en consecuencia, su domicilio en Francia, teniendo en cuenta:

– que llegó a Francia, acompañado de su esposa, su hijo y la esposa de este, después de haber vendido en Egipto, según sus propias declaraciones, "la mayor parte de sus bienes";

– que adquirió un apartamento en Francia para él y su esposa y un segundo apartamento para su hijo;

– que al mismo tiempo adquirió participaciones en diversos negocios mediante la compra de acciones de una sociedad inmobiliaria, de acciones de una sociedad bancaria limitada y de acciones de una sociedad de responsabilidad limitada, ejerciendo las funciones de gerente de esta última y percibiendo una remuneración mensual regular en esta condición;

– que tenían cuentas bancarias totalmente financiadas en Francia.

Se precisa que el interesado había mantenido una residencia y una oficina comercial en El Cairo[364].

Asimismo, debe considerarse que un contribuyente ha trasladado el centro de sus intereses a Francia y tiene su domicilio en Francia:

– cuando reside profesionalmente en Nigeria desde N, pero su esposa y cinco hijos permanecen en Francia desde N + 7;

– se vio reducida, debido a disturbios políticos locales, de la actividad de la empresa comercial que había fundado en Nigeria en N + 30;

– regresó a Francia, donde realizó importantes aportaciones a la cuenta corriente de una galería de arte parisina de la que era directora su esposa, al tiempo que realizaba diversas inversiones de dinero, en particular en forma de compras de bienes inmuebles[365].

---

363 *Conseil d'État*, Sentencia de 21 de junio de 1978, nº 06644.

364 *Conseil d'État*, Sentencia de 25 de enero de 1978, nº 95424.

365 *Conseil d'État*, Sentencia de 7 de diciembre de 1983, nº 21213.

D) Aplicación de los criterios

Se considera que los contribuyentes que tienen el centro de sus intereses profesionales o económicos en Francia tienen su domicilio real en este país, independientemente de otras circunstancias que puedan afectar a su situación.

En este sentido se pronunció el *Conseil d'État* en las siguientes Sentencias con respecto a:

– un contribuyente de nacionalidad francesa que, teniendo el centro de sus intereses en Francia, había realizado una estancia importante en el extranjero durante el ejercicio fiscal[366];

– un contribuyente de nacionalidad suiza que tenía el centro principal de sus intereses en Francia. El CE no tuvo en cuenta el hecho de que la legislación suiza exige que el interesado esté domiciliado en este país para ejercer las funciones de director de una sociedad[367].

El hecho de que un marinero de Estado esté embarcado a bordo de un buque de la marina nacional durante el año fiscal no es suficiente para que el interesado pierda su domicilio fiscal en Francia, aunque le fuera asignado, durante todo o parte del período de embarque una compensación que estaba reservada al personal llamado a prestar servicio fuera del territorio metropolitano[368].

La Sentencia n° 2012-662 DC de 29 de diciembre de 2012[369] resuelve alegaciones contra la inconstitucionalidad de varios artículos del Código de Impuestos, entre los cuales se enumera el artículo 4, relacionado con la residencia fiscal. Según el Tribunal, las disposiciones legales en cuestión no vulneran la Constitución en cuanto a los conceptos de "domicilio fiscal" en el asunto litigioso que abordaba la tributación conjunta y la imputación de rentas en una situación en la que existían más de un domicilio fiscal. La Sentencia no tiene relevancia a nivel internacional.

---

366 *Conseil d'État*, Sentencia de 13 de marzo de 1968, n° 66801.

367 *Conseil d'État*, Sentencia de 20 de diciembre de 1937, n° 58316.

368 *Conseil d'État*, Sentencia de 25 de enero de 1985, nº 54902.

369 *Conseil constitutionnel*, Sentencia n° 2012-662 DC de 29 de diciembre de 2012.

2.2.2. Aspectos internacionales

Como consecuencia de los CDI concluidos por Francia, respecto a muchos países la residencia fiscal de una persona física que tiene a su disposición un "hogar" en Francia realmente se establecerá con base en las regulaciones de los diferentes Tratados.

Como particularidades podemos mencionar, en primer lugar, el CDI entre Francia y los EE.UU[370]. Aunque el artículo 4.1 dispone que: "se entenderá por "residente de un Estado contratante" toda persona que, en virtud de la legislación de ese Estado, esté sujeta al impuesto en él por razón de su domicilio, residencia, lugar de dirección, lugar de constitución o cualquier otro criterio de naturaleza análoga", en este convenio específico y como resultado del tratamiento de los ciudadanos americanos como residentes fiscales tal y como está detallado en el presente trabajo, Capítulo IV, 2.1. Estados Unidos de América, antes de establecer las reglas de desempate en los casos de residencia dual, el párrafo 2 impone que Francia considerará que un ciudadano estadounidense o un extranjero admitido en los Estados Unidos para la residencia permanente (un titular de "tarjeta verde") es residente de los Estados Unidos a efectos fiscales sólo

- si dicha persona tiene una presencia sustancial en los Estados Unidos, o
- si esta persona se consideraría residente de los Estados Unidos y no de un tercer Estado en virtud de los principios establecidos como reglas de desempate como domicilio permanente, centro de intereses vitales o residencia habitual.

Las reglas de desempate establecidas en el CDI son las habituales: a) domicilio permanente; y, si tiene a su disposición un domicilio permanente en ambos Estados, el centro de intereses vitales; b) la residencia habitual; c) la nacionalidad; y por último, se establece la posibilidad de resolver la cuestión de mutuo acuerdo.

Como es habitual, los Estados Unidos gozan según el Convenio de 1994 de la "cláusula de reserva" establecida en el art. 29 Disposiciones varias. La "cláusula de reserva" se establece para los Estados unidos de forma unilateral y permite a ese Estado gravar a sus residentes y a sus ciudadanos "como si el Convenio no hubiera entrado en vigor". A tal efecto, el término "ciudadano" incluirá a un an-

---

370 Convention between the Government of The United States of America and The Government of the French Republic for the Avoidance of Double Taxation and the Prevention of Fiscal Evasion with Respect to Taxes on Income and Capital.

tiguo ciudadano cuya pérdida de ciudadanía tuviera como uno de sus propósitos principales la evasión del impuesto sobre la renta, pero sólo por un período de 10 años después de dicha pérdida.

La "cláusula de reserva" no es recíproca y ha sido modificada en ambos Protocolos de enmienda del Convenio.

El Protocolo de 13 de enero de 2009[371] por el que se modifica el CDI entre los Estados Unidos de América y Francia de 31 de agosto de 1994 y modificado por el Protocolo de 8 de diciembre introduce cambios importantes. Los especialmente relevantes para los fines del presente trabajo son las modificaciones relacionadas con la "cláusula de reserva" y el procedimiento de mutuo acuerdo.

Según los cambios introducidos en el artículo 29, párrafo 2 del tratado, un antiguo ciudadano o antiguo residente de larga duración de un Estado contratante podrá, durante un período de diez años a partir de la pérdida de esa condición, ser gravado de conformidad con la legislación del Estado contratante con respecto a sus ingresos procedentes de la legislación interna de ese Estado contratante o tratado con arreglo a la legislación interna de ese Estado contratante como procedente de fuentes dentro de ese Estado contratante.

En este sentido, "residente de larga duración" significa cualquier persona física (que no sea ciudadano de ese Estado contratante) que sea residente permanente legal de ese Estado contratante en al menos ocho años fiscales durante los quince años fiscales anteriores. La condición expresada sobre las rentas es que no solamente sea de fuente, sino que esté tratada como procedente de ese país.

La formulación de este texto en el Protocolo de 2004 tiene un sentido muy diferente y relacionado con el propósito implícito de eludir o evadir impuestos: "A tal efecto, el término "ciudadano" incluirá a un antiguo ciudadano o residente de larga duración cuya pérdida de dicha condición tuviera como uno de sus propósitos principales la evasión de impuestos (según se define en las leyes de

[371] Protocolo firmado en París el 13 de enero de 2009 por el que se modifica el Convenio entre el Gobierno de los Estados Unidos de América y el Gobierno de la República Francesa para evitar la doble imposición y prevenir la evasión fiscal en materia de impuestos sobre la renta y el patrimonio, firmado en París el 31 de agosto de 1994, modificado por el Protocolo firmado el 8 de diciembre 2004.

los Estados Unidos), pero sólo por un período de diez años después de dicha pérdida".[372]

Según la Publicación 901 (09/2016) de la Administración tributaria de los EE.UU. IRS[373] , la base de estos cambios es alinear el tratado con las disposiciones relativas a la tributación estadounidense de los antiguos ciudadanos y residentes a largo plazo en virtud de la sección 877 del Código. La Sección 877 generalmente se aplica a un antiguo ciudadano o residente a largo plazo de los Estados Unidos que renuncia a la ciudadanía o termina la residencia a largo plazo antes del 17 de junio de 2008 si no certifica que ha cumplido con las leyes fiscales de los Estados Unidos durante los 5 años anteriores, o si cualquiera de los siguientes criterios excede los umbrales establecidos:

(a) el impuesto sobre la renta neto anual promedio de dicho individuo para el período de 5 años fiscales que terminan antes de la fecha de la pérdida de estatus, o

(b) el patrimonio neto de dicha persona a la fecha de la pérdida de estatus.

El párrafo 3 (d) del artículo 4 del Tratado en un principio obliga a las autoridades competentes de ambos Estados a resolver la cuestión de común acuerdo.

Además, cabe mencionar la modificación del artículo 26 (Procedimiento de Mutuo Acuerdo) que detalla en su párrafo 5 que "Cuando, de conformidad con un procedimiento de acuerdo mutuo previsto en el presente artículo, las autoridades competentes se hayan esforzado por llegar a un acuerdo completo, pero no hayan podido llegar a un acuerdo completo, el caso se resolverá mediante arbitraje llevado a cabo en la forma prescrita por los requisitos del párrafo 6 y con sujeción a los requisitos del párrafo 6 y a las normas o procedimientos convenidos por los Estados contratantes, si: a) se han presentado declaraciones fiscales ante al menos uno de los Estados contratantes con respecto a los ejercicios fiscales de que se trate en el caso; b) no se trata de un caso particular en el que ambas autoridades competentes acuerden, antes de la fecha en que de otro modo se habría iniciado el procedimiento de arbitraje, que el asunto no es adecuado para ser re-

---

372 Protocol amending the Convention between the Government od The United States of America and the Government of The French Republic for the Avoidance of Double Taxation and the Prevention of Fiscal Evasion with Respect to Taxes on Income and Capital, version presented for signature on December 8, 2004.

373 Publication 901 (09/2016), U.S. Tax Treaties, https://www.irs.gov/publications/p901, Última consulta: 20/08/2023.

suelto mediante el procedimiento de arbitraje; y c) todas las personas interesadas están de acuerdo con las disposiciones indicadas en el mismo artículo, párrafo 6 d) y relacionadas con la confidencialidad del procedimiento y la información sobre los Estados revelada durante el procedimiento".

La regla impone que un caso no resuelto no se someterá a arbitraje si una decisión sobre tal caso ya ha sido dictada por un tribunal judicial o administrativo de cualquiera de los Estados contratantes. A la misma fecha ambos países firman el Memorando de entendimiento que interpreta en detalle el procedimiento de mutuo acuerdo.

Además, como particularidad transcendental es importante señalar la tributación conjunta como forma de imposición principal en Francia[374]. De Vries analiza la residencia fiscal en situaciones en las que uno de los cónyuges es residente fiscal en el Reino Unido y el otro en Francia[375], por la diferencia en la definición de la residencia fiscal y la disponibilidad de tributación individual o conjunta. Según la legislación francesa, si el hogar de dos personas con vínculo matrimonial o de pareja de hecho registrada (*foyer fiscal*) se encuentra en Francia, por ejemplo, si la familia vive allí, las personas que forman parte de esta familia son residentes fiscales en Francia.

La otra prueba de residencia fiscal es el lugar donde tienen su residencia principal: *séjour* principal. En aplicación de los CDI, si la persona permanece más de 183 días al año en Francia, se considera residente fiscal de este Estado, pero podría ser residente fiscal en Francia incluso si permanece allí menos de 183 días al año, pero ha permanecido en Francia más tiempo que en cualquier otro país y en este caso no se evaluaría el hecho de que la persona tuviera o no *carte de séjour*. Los miembros de la pareja se consideran por separado en lo que respecta a la residencia fiscal, aunque la ubicación de su hogar es el criterio principal para establecer la residencia fiscal.

De Vries indica que, como principio básico, el impuesto se aplica a un hogar en su conjunto —*el foyer fiscal*— y no a las personas individuales. En consecuencia, los cónyuges pueden elegir entre tributar juntos de la manera habitual o ser tratados por separado, de modo que el cónyuge residente declarará sus ingresos

---

374 Véase, en el presente trabajo, la Tabla-resumen de tributación conjunta y tributación individual.

375 De Vries, A. (2004). *Part II: Running a Business in France - Tax, Social Security and Other Matters*. Richmond: Crimson Business Ltd. pp. 234-235.

al Centro de impuestos local y el otro al Centro de impuestos de no residentes en París (*Centre des Impôts des Non-Résidents*). En este sentido, sería conveniente escoger el régimen matrimonial de separación de bienes (*régime de séparation des biens*[376]) para los matrimonios en los que se da esta circunstancia o, si este régimen no haya sido definido en el momento de contraer matrimonio, sería recomendable firmar una declaración de separación de bienes ante notario posteriormente ya que, según la legislación francesa, se supone que las personas casadas en el Reino Unido y los Estados Unidos están sujetas al régimen de separación de bienes.

Por último, cabe mencionar que, aunque las reglas de desempate de los CDI concluidos por Francia siguen el MC OCDE, según la legislación interna francesa la residencia fiscal de la familia directa del contribuyente —cónyuge e hijos menores de edad— es un nexo supletorio cuya transcendencia está limitada a la aclaración del concepto de domicilio fiscal, sobre todo en cuanto a la determinación del hogar o la residencia principal de la persona. De esta forma, los vínculos familiares no figuran como una condición formulada expresamente en la normativa tributaria. A nuestro juicio, como bien señala Escribano en su propuesta de modificación del artículo 4.2 de los modelos de convenio, en escenarios en

---

376 Aunque el régimen matrimonial de separación de bienes es aplicable en muchas jurisdicciones, las características pueden variar. Según la legislación francesa, los cónyuges pueden optar, mediante declaración expresa, por uno u otro régimen. En el caso de ausencia de una declaración notarial al respecto, se aplicaría por defecto el régimen de la comunidad (*de la communauté*). En Francia se puede distinguir entre varios tipos de separación de bienes: El régimen de separación pura o simple de bienes se caracteriza por la ausencia de bienes comunes. Este régimen es similar al de las parejas de hecho que conviven en convivencia de hecho o en convivencia legal: cada uno es propietario de sus bienes, y cada uno es responsable de sus posibles deudas y administra sus bienes en solitario. El régimen de separación de bienes "corregida" es un régimen en el que se establece una cierta solidaridad entre los cónyuges, al "mitigar" ciertos efectos de una separación de bienes pura y simple. Sin embargo, al redactar su contrato matrimonial, tienen la posibilidad de prever ciertas cláusulas con el fin de "corregir" los efectos de este régimen con el fin de establecer una cierta protección en caso de separación, por ejemplo: Separación de bienes con participación en adquisiciones o Separación de bienes con corrección equitativa. En cambio, cuando una pareja firma un Pacto civil de solidaridad (Pacs), se aplica automáticamente el régimen de separación de bienes, salvo que se agregue al contrato indicación contraria. Véase Granet, F. & Hilt, P. (2018). *Droit de la famille.* 6e edition. Fontaine: Presses Universitaires de Grenoble. Capítulo *La pareja casada*; Nicod, M. (2019). "Liberté de preuve de la propriété pour les époux séparés de biens". *Revue trimestrielle de droit civil* (Paris, France: 1980), 1.

los que el cómputo de los días es incierto o resulta en un empate, el centro de los intereses vitales es una regla de desempate válida. No obstante, la autora advierte de la subjetividad e imprevisibilidad[377] de este factor que, en nuestra opinión, se ocasiona por la determinación correcta de los vínculos personales y no como resultado de la ponderación de los intereses económicos del contribuyente.

2.2.3. *La medida antielusión fiscal basada en la nacionalidad*

La Enmienda nº I-CF821 del Proyecto de ley de finanzas para 2025, nº 324[378], propuesta del grupo LFI-NFP, tenía como objetivo desarrollar en Francia un "impuesto universal específico", en particular, en lo relacionado con los paraísos fiscales, a través de "un mecanismo de imposición ampliada y limitada".

Según el anuncio del expediente legislativo, "la equidad frente a los impuestos y la capacidad de Francia para recaudarlos no pueden ni deben extinguirse por el simple hecho de un cambio de residencia fiscal". Esta enmienda que repite la propuesta 3 del Informe de la misión de información sobre el impuesto universal presentado por los señores Coquerel y Mattei en 2019, es una medida que "permitirá luchar eficazmente contra el exilio fiscal". La norma está diseñada con el fin de atender "una cuestión de justicia social y soberanía".

El legislador francés pretendía añadir al artículo 4 bis del Código General Tributario, que establece las personas que están sujetas al Impuesto sobre la renta, el siguiente párrafo[379]:

---

377 Escribano, E. (2024). A New Model Tax Convention for a World of Increasing Remote Work and Mobility of Individuals, 16 *World Tax J.* 2 (2024), Journal Articles & Opinion Pieces IBFD. Capítulo 2.1.2. A proposal to amend article 4.2 of Model Tax Conventions.

378 Página web de la Asamblea Nacional de Francia. https://www.assemblee-nationale.fr/dyn/17/amendements/0324A/CION_FIN/CF821. Última consulta: 07/11/2024.

379 El legislador francés pretendía que la Enmienda surtiera efectos desde 1 de enero de 2025. Fue aprobada en Primera lectura el 16 de octubre de 2024. No obstante, el Proyecto de ley de finanzas para 2025 no fue definitivamente aprobado, por lo cual la medida no surtirá efectos para el año fiscal 2025. Los Presupuestos de Estado para el año 2025, aprobados el día 06/02/2025, no establecen la medida relacionada con la implementación del "impuesto universal". Ultima consulta: 08/02/2025.

"3º. Sin perjuicio de los convenios fiscales firmados por Francia, las personas de nacionalidad francesa que hayan residido al menos tres años en Francia durante los diez años anteriores a su cambio de residencia fiscal a un Estado que aplique un sistema fiscal inferior en más del 50% al de Francia en materia de tributación sobre las rentas del trabajo, del capital o de la propiedad. Las personas sujetas a las obligaciones de este párrafo se benefician de una deducción fiscal igual al impuesto sobre las mismas rentas que ya hayan pagado en su país de residencia".

Tal y como especificaba la propuesta, la medida existe ya en varios países europeos y en los EE. UU. El objetivo era instaurar una regla antielusiva, parecida en algunos aspectos a la medida establecida mediante el artículo 8.2 de la LIRPF para los contribuyentes de nacionalidad española. A diferencia de la medida española con efectos en el periodo de cambio de residencia y los cuatro ejercicios posteriores, la medida contemplada por el legislador francés pretendía añadir "un principio general de imposición basado en la nacionalidad o en una duración significativa de residencia en Francia". La norma sería aplicable en relación con cada impuesto conexo a la renta de las personas físicas (ya sea el impuesto sobre la renta, el impuesto sobre sucesiones o el impuesto sobre las ganancias patrimoniales o los dividendos), incluidos los impuestos que se recaudan en un país distinto de Francia, lo que lo convierte en un impuesto universal. El objetivo de la enmienda era implantar una medida antielusión fiscal, dirigida a los países cuyos tipos impositivos son al menos un 50% más bajos que los de Francia, teniendo en cuenta los impuestos sobre los rendimientos del trabajo, del capital o del patrimonio.

Cabe mencionar que, a diferencia de las medidas establecidas en otros Estados, no tiene un límite temporal operacional y tampoco incluye a los residentes, ni siquiera a los residentes de larga duración, que trasladan su residencia a un país de baja tributación. En nuestra opinión, aunque reconocemos que el legislador utiliza adecuadamente la nacionalidad con el fin de combatir la elusión fiscal, la medida no deja de ser discriminatoria en cuanto a su efecto sobre los ciudadanos sin que la regla incluya a los residentes o los residentes de larga duración; por otra parte, supone una causa probable para la renuncia deliberada de la nacionalidad provocada por la imposición con el "impuesto universal"; en tercer lugar, al igual que la "cuarentena fiscal" establecida como una presunción *iuris et de iure* según el artículo 8.2 de la LIRPF española, la norma francesa no contempla las causas del cambio de residencia que podrían ser diferentes a la intención de evadir el pago de impuestos. Por último, aunque, de ser aprobada, cabe el desarrollo reglamentario de la medida, la redacción del requisito que activa la tributación como residente en "un Estado que aplique un sistema fiscal inferior en más del 50% al de Francia en materia de tributación sobre las rentas del trabajo, del capital o de la propiedad" no es textualmente inequívoca, ni definida en términos de los conceptos utilizados. Todo ello crea condiciones para que el cumplimiento práctico pueda desembocar en conflictos de interpretación y ponderaciones discutibles, así como elevados gastos de *compliance* y administración tanto para los contribuyentes como para las autoridades.

Sin embargo, y probablemente es la característica más importante de la medida, esta no se establecería como un criterio adicional de residencia fiscal o una presunción de residencia. El legislador pretendía introducir un impuesto universal adicional, sin perjuicio de los convenios fiscales firmados por Francia, que garantizara que ningún nacional de Francia estará sujeto a impuestos que difieran en más del 50% de los impuestos pagados por los residentes franceses, sin ser considerado residente en Francia, lo que supone un diseño novedoso en la línea de la filosofía fiscal desarrollada por los analistas de la OCDE durante la última década.

2.3. RUSIA

2.3.1. Legislación nacional de la Federación de Rusia

Un residente de la Federación de Rusia es una persona física o jurídica sujeta a impuestos en la Federación de Rusia sobre la base de los ingresos especificados en la legislación tributaria. Tal y como establece el artículo 207.1 del Código Tributario de la Federación de Rusia, los contribuyentes del Impuesto sobre la renta de las personas físicas (*налог на доходы физических лиц*)[380] son las personas físicas que son residentes fiscales de la Federación de Rusia, así como las personas físicas que no son residentes, pero reciben ingresos de fuentes situadas en la Federación de Rusia[381]. Adicionalmente, el artículo 209 del Código Tributario indica que son objeto de tributación los ingresos percibidos por los contribuyentes según su condición de residente o no residente. Las personas que son residentes fiscales de

---

380 Trouch, K. Russia - Private Investment Income, *Country Tax Guides IBFD*. Última consulta: 18/03/2024.

381 Véase: Solovyova, N. A. [et al.]. (2019). 111 терминов налогового права: новый взгляд. Title (transliteration): 111 terminov nalogovogo prava: novyy vzglyad. Moskva: Unity-*Dana, Zakon i parvo*, pp. 83-85.

la Federación de Rusia estarán sujetas al impuesto por sus rentas mundiales; los no residentes fiscales tributarán por sus rentas de fuentes en territorio ruso[382].

Según la norma general, residentes fiscales son las personas físicas que permanecen efectivamente en la Federación de Rusia durante al menos 183 días naturales dentro de un periodo de 12 meses consecutivos. Los 12 meses consecutivos pueden no coincidir con el año natural[383]. El cómputo del período de estancia de una persona en la Federación de Rusia no será interrumpido por los períodos de su salida del territorio para el tratamiento o la formación a corto plazo (menos de seis meses), así como para el desempeño de tareas laborales u otras tareas relacionadas con la realización de trabajos (prestación de servicios) en plataformas de hidrocarburos en alta mar[384]. Para el cálculo de días, no computará el día de entrada, pero sí el día de salida. Ambas fechas serán comprobadas mediante los sellos de entrada y salida del país[385].

Las normas especiales que suponen una excepción de la norma general son las siguientes[386]:

➢ El personal militar ruso que sirve en el extranjero, así como los empleados de las autoridades estatales y los organismos autónomos locales enviados a trabajar fuera de la Federación de Rusia, se consideran residentes a efectos fiscales

382 Véase: Shatalov, S. (2001). Комментарий к Налоговому кодексу Российской Федерации: части первой. Title (transliteration): Kommentariy k nalogovomu kodeksu Rossiyskoy Federatsyi: chasti pervoy. Commentary on the first part of the Tax Code [variant title], Moscow: MCFER.

383 РБК. (2024). ФНС начнет определять статус налогового нерезидента автоматически Повысит ли это эффективность контроля за уплатой обязательных платежей. Disponible en: https://www.rbc.ru/economics/18/06/2024/666abe659a794769a4bbb1dd. Última consulta: 08/11/2024.

384 Código Tributario de la Federación de Rusia. Volúmen 2. (Налоговый кодекс РФ. Часть вторая).

385 Kogut, T., Russia - Individual Taxation sec. 1., Country Tax Guides IBFD. Última consulta: 18/03/2024.

386 Kopina, A. A. & Reut, A. V. (2016). *Международное налоговое право. Учебник и практикум для бакалавриата и магистратуры*. Title (transliteration): Mezhdunarodnoe nalogovoe pravo: uchebnik i praktikum dlya bakalavriata i magistratury. Moskva: Yurait. pp. 181-185.

según la disposición del artículo 207, párrafo 3 del Código Tributario, independientemente del tiempo real que están presenten en la Federación de Rusia[387];

➢ En el caso de que en el período impositivo ha habido medidas restrictivas impuestas por un Estado extranjero, asociación estatal u otras instituciones especificadas en el artículo 207, párrafo 4, con respecto a una persona física, este contribuyente, independientemente del período de su presencia real en territorio ruso, no puede ser considerado residente fiscal de la Federación de Rusia en este período impositivo, si durante el mismo dicha persona era residente fiscal de un Estado extranjero.

➢ Referente al ejercicio 2015, son residentes fiscales las personas físicas que realmente permanecen en la Federación de Rusia, en los territorios de la República de Crimea y (o) la ciudad federal de Sebastopol durante al menos 183 días naturales durante el período comprendido entre el 18 de marzo y el 31 de diciembre de 2014. El período de estancia de una persona en la Federación de Rusia, en los territorios de la República de Crimea y (o) la ciudad federal de Sebastopol no se interrumpirá por períodos cortos (menos de seis meses) de su salida del territorio de la Federación de Rusia. (art. 207, 2_1)[388].

➢ El párrafo 2_2 del artículo 207 establece medidas especiales en relación con el ejercicio 2020, marcado por las medidas COVID.

Según la legislación interna, la confirmación de la condición de residente fiscal es requisito necesario, aunque solo con el único fin de determinar el tipo de gravamen aplicable en el período impositivo vencido pasado o para el período impositivo actual. Con este objetivo, el contribuyente debe comprobar su situación de residente fiscal mediante la emisión de certificado de residencia fiscal (pero no antes del 3 de julio del mismo año natural). La comprobación del hecho de la existencia de esta condición está asociada a la obligación del contribuyente de calcular y pagar el impuesto sobre los ingresos recibidos por él durante el período impositivo correspondiente. Por consiguiente, en ciertas ocasiones la

---

387 Ley Federal N° 137-FZ de 27.07.2006 (modificada el 14.07.2022) "Sobre enmiendas a las partes primera y segunda del Código Tributario de la Federación de Rusia y a ciertos actos legislativos de la Federación de Rusia en relación con la implementación de medidas para mejorar la administración tributaria".

388 El artículo fue añadido con efectos desde el 1 de enero de 2015 por la Ley Federal No. 379-FZ de 29 de noviembre de 2014 como consecuencia de la anexión de Crimea.

condición de residencia fiscal se conoce como una calificación realizada en base al periodo inmediatamente anterior.

En la Carta Nº ШЮ-4-17/16342@[389] el Servicio Federal de Impuestos reconoce que los documentos en base de los cuales una persona puede acreditar el período de estancia en Rusia no están legalmente establecidos. Como regla general, la residencia fiscal se determina a partir de los datos de entrada y salida en el país en el pasaporte de la persona física. El Servicio Federal de Impuestos señala en la Carta citada que sobre la base de los documentos a partir de los cuales es posible establecer la presencia real de una persona en la Federación de Rusia y en el extranjero pueden ser la copia del pasaporte con los sellos de las autoridades de control fronterizo que indican las fechas de entrada y salida del país, los recibos de alojamiento en establecimientos hoteleros, la tarjeta de inmigración, las hojas de registro de jornadas laborales, etc.[390] El período de estancia de una persona en la Federación de Rusia no se ve interrumpido por los períodos de su salida fuera del territorio de la Federación de Rusia para recibir tratamiento o formación de corta duración (inferior a seis meses), así como para realizar trabajos u otros deberes relacionados con la realización de trabajos y la prestación de servicios en las plataformas de yacimientos de hidrocarburos marinos[391].

En relación con otros ámbitos de la ley, en los que se utiliza el concepto de residencia, según la normativa tributaria el permiso de residencia no es condición suficiente para que la persona física sea considerada residente fiscal. Los extranjeros se consideran no residentes fiscales por defecto[392].

2.3.2. Residencia fiscal en base a los CDI

Según la legislación interna de la Federación de Rusia, el estatus de residencia fiscal se puede otorgar a las personas físicas que pasan por lo menos 183 días na-

389 Письмо ФНС России от 27.12.2023 N ШЮ-4-17/16342@. "По вопросам определения статуса налогового резидента/нерезидента Российской Федерации, а также получения документа, подтверждающего статус налогового резидента или его отсутствие".

390 Письмо ФНС России от 27.12.2023 N ШЮ-4-17/16342@. Op. Cit.

391 Письмо ФНС России от 27.12.2023 N ШЮ-4-17/16342@. Op. Cit.

392 Федеральный закон "О валютном регулировании и валютном контроле". Artículo 12: О валютном регулировании и валютном контроле.

turales dentro de un período impositivo —de un año natural— en la Federación Rusa, siendo los certificados de residencia fiscal para las personas físicas, elegibles como residentes, disponibles después del 3 de julio de cada año. A diferencia de otros países no son relevantes, desde el punto de vista de la legislación nacional en materia fiscal, los factores comúnmente empleados en la definición de la residencia fiscal como pueden ser el domicilio, el centro de intereses vitales, la relevancia de la distribución mundial de las rentas, la ciudadanía, etc.

Sin embargo, en base a las disposiciones de varios CDI concluidos por la Federación de Rusia, los empresarios individuales registrados ante las autoridades fiscales y que pagan los impuestos rusos enumerados en los tratados de doble imposición en cuestión, también se consideran residentes a efectos fiscales.

Por ejemplo, según el artículo 4.1 del Convenio entre el Gobierno del Reino de España y el Gobierno de la Federación Rusa para evitar la doble imposición y prevenir la evasión fiscal en materia de Impuestos sobre la Renta y sobre el Patrimonio y Protocolo de 16 de diciembre de 1998[393], a los efectos del Convenio, la expresión "residente de un Estado contratante" significa toda persona que, en virtud de la legislación de ese Estado, esté sujeta a imposición en el mismo por razón de su domicilio, residencia, sede de dirección, lugar de registro o cualquier otro criterio de naturaleza análoga, incluyendo también a ese Estado y a sus subdivisiones políticas o entidades locales. De esta forma, los empresarios individuales registrados en Rusia que pagan impuestos rusos, se consideran residentes fiscales en Rusia.

En adición, si las rentas son beneficios empresariales, remite al artículo 6, según el cual: "Los beneficios de una empresa de un Estado contratante solamente pueden someterse a imposición en ese Estado, a no ser que la empresa realice su actividad en el otro Estado contratante por medio de un establecimiento permanente situado en él. Si la empresa realiza su actividad de dicha manera, los beneficios de la empresa pueden someterse a imposición en el otro Estado, pero sólo en la medida en que sean imputables a ese establecimiento permanente".

393 Convenio entre el Gobierno del Reino de España y el Gobierno de la Federación Rusa para evitar la doble imposición y prevenir la evasión fiscal en materia de Impuestos sobre la Renta y sobre el Patrimonio y Protocolo, hecho en Madrid el 16 de diciembre de 1998.

Cuando las rentas provienen de la prestación de servicios personales independientes, en aplicación del artículo 14 del CDI, sólo pueden someterse a imposición en el Estado cuyo residente fiscal es el profesional en cuestión, a no ser que el residente disponga de manera habitual de una base fija en el otro Estado contratante para realizar sus actividades. Si dispone de dicha base fija, las rentas pueden someterse a imposición en el otro Estado, pero sólo en la medida en que sean imputables a dicha base fija.

Según el Convenio entre los Estados Unidos de América y la Federación de Rusia de 17 de junio de 1992[394], el Convenio se aplicará a los residentes de uno o ambos Estados y a otras personas según lo especialmente dispuesto en el Convenio. En este sentido y como es habitual en los CDI de los Estados Unidos de América, el párrafo 3 del artículo 1 indica que, con algunas excepciones, un Estado contratante podrá gravar, de conformidad con su legislación interna, a los residentes (según lo determinado en el art. 4) y a los ciudadanos y los antiguos ciudadanos de ese Estado. La formulación del artículo 4.1 en relación con las personas físicas remite a la legislación doméstica de los dos Estados, estableciendo como regla la sujeción a impuestos en uno a ambos Estados la residencia fiscal según la normativa interna, cuando la residencia fiscal se establece a razón de domicilio, residencia, ciudadanía... o cualquier otro criterio de naturaleza similar. Ambos Estados acuerdan que, si una persona física resulta ser calificada como residente fiscal dual, resolverán el asunto de mutuo acuerdo y determinarán la manera exacta de aplicar el convenio.

En cuanto a los conflictos de residencia fiscal es importante mencionar que, a diferencia de otros países en los cuales se ha establecido tributación directa progresiva de las personas físicas con una tasa marginal relativamente más alta, en Rusia los residentes fiscales - personas físicas, tributan por el Impuesto sobre la renta personal por un tipo de gravamen de 13% (o del 15% si se excede el límite de 5 millones de rublos). En cambio, los no residentes fiscales tributan a un tipo de gravamen más elevado —del 30% y 15% sobre los dividendos recibidos[395]. Como consecuencia, la pretensión más común del contribuyente con

---

394 The Convention between the United States of America and the Russian Federation for the Avoidance of Double Taxation and the Prevention of Fiscal Evasion with Respect to Taxes on Income and Capital, signed at Washington on June 17, 1992.

395 Gukova, O. (2024). Кто такой налоговый резидент. Disponible en: https://ndflka.ru/article/nalogovaya-deklaratsiya/kto-takoy-nalogovyiy-rezident-i-kak-im-stat/. Última consulta: 31/05/2025.

rendimientos de fuente en el territorio de Rusia es de ser considerado residente fiscal en el país.

En un contexto similar se pronunció el Ministerio de Finanzas de la Federación de Rusia en su Carta nº 03-08-05/12359 del 12 de abril de 2013. Un ciudadano ruso que tenía permiso de residencia en España había pasado 100 días en España, 60 días en Estonia, 30 días en Bielorrusia y 175 días en Rusia durante un año natural. Su esposa e hija también eran ciudadanas de Rusia y ambas residían permanentemente en España. Se preguntó al Ministerio de Finanzas si Rusia lo estaba considerando como residente fiscal en estas circunstancias.

El órgano consultivo se refirió al artículo 4 del CDI entre España y Rusia, en virtud del cual la expresión "residente de un Estado contratante" con respecto a las personas físicas incluye "a cualquier persona que esté sujeta a impuestos en dicho Estado sobre la base de su domicilio o residencia". Al mismo tiempo, en virtud del artículo 207 del Código Fiscal, se considera que una persona es residente fiscal en Rusia si reside efectivamente en Rusia durante al menos 183 días naturales en un plazo de 12 meses consecutivos. Por consiguiente, concluyó que, si el contribuyente permaneció en el territorio de la Federación de Rusia menos de 183 días durante un período de 12 meses, no será considerado residente de la Federación de Rusia.

En primer lugar, es importante señalar uno se los detalles que, como mencionaremos más adelante, causa cierta incertidumbre en cuanto a la seguridad jurídica y la jerarquía de las normas legales rusas en su interacción con los tratados internacionales. En este caso el órgano consultivo no analizó la naturaleza de las ausencias, aunque la estancia en Rusia podría ser superior a 183 si se aplicaran las reglas establecidas en la legislación interna. En segundo lugar, se pronunció de forma poco sutil referente a las facultades administrativas que puede desenvolver la Administración española al respecto. Según el Ministerio de Hacienda ruso: "las autoridades tributarias españolas tienen derecho a solicitar a una persona física, independientemente de si tiene permiso de residencia en España, la confirmación de su condición de residente fiscal en la Federación de Rusia sólo si la persona tiene ingresos de fuentes en España. En ausencia de dichas rentas, no está sujeto al Impuesto sobre la Renta español y no es necesario calcular el tipo de este impuesto con la determinación obligatoria de la condición de residente

---

Véase también los artículos 224, párrafos 1 y 3 del НК РФ (Código Tributario de la Federación de Rusia).

fiscal de una determinada persona y la confirmación de la condición de su residencia fiscal (o falta de ella) en un país extranjero, incluido Rusia". Por último, no podemos omitir el hecho de que las autoridades rusas tienen la tendencia, como analizaremos a continuación, de decantarse por la posibilidad de considerar al contribuyente —persona física— no residente fiscal y aplicar, de esta forma, el tipo de gravamen más alto definido para los no residentes.

En este orden de ideas, cabe señalar la dificultad que se genera para el pagador de rentas, obligado a practicar retenciones sobre los rendimientos de una persona física. En este contexto se pronunció el Tribunal de Arbitraje de la Región de Murmansk en su Sentencia sobre el caso nº A42-3434/2020 del 7 de diciembre de 2021[396].

Según la Inspección, un empleado de la Compañía recurrente había permanecido en el territorio de la Federación de Rusia menos de 183 días durante los 12 meses anteriores para cada fecha de pago de su nómina. La Compañía practicó las retenciones por el Impuesto sobre dichos ingresos, aplicando el tipo del 13%[397] correspondiente a los residentes, en vez del 30%[398] establecido para los no residentes fiscales de la Federación de Rusia.

La Inspección aportó como medios de prueba los siguientes documentos: 1) las respuestas del Servicio Federal de Seguridad de Rusia para la región de Murmansk que contenían información sobre las fechas de tránsito del empleado por la frontera de la Federación de Rusia, e información proporcionada por el Departamento de Investigación del Ministerio del Interior para la región de Murmansk; 2) datos de la sociedad gestora sobre el nuevo cálculo de los pagos de suministros durante la ausencia del Empleado de la Compañía en el lugar de registro en la Federación de Rusia; 3) certificados de registro del Empleado emitidos por un municipio extranjero (en este caso, español).

---

396 Арбитражный суд Мурманской области, Решение nº A42-3434/2020 / 07.12.2021. Disponible en: https://kad.arbitr.ru/Document/Pdf/f3a97df1-c2e3-423d-9273-ed88baaf1ad7/4c10865f-c0e4-4d4c-9c48-673d50a37033/A42-3434-2020_20211207_Reshenija_i_postanovlenija.pdf?isAddStamp= True. Última consulta: 31/05/2025.

397 Artículo 224, párrafo 3 del НК РФ (Código Tributario de la Federación de Rusia).

398 Artículo 224, párrafo 3 del НК РФ (Código Tributario de la Federación de Rusia).

La empresa presentó una demanda exigiendo que el Acta de la Inspección fuera declarada no ajustada a derecho. El Tribunal estimó el recurso de la Compañía basándose en los siguientes fundamentos: en primer lugar, consideró que la información proporcionada por el Servicio Federal de Seguridad de Rusia y el Ministerio del Interior sobre las fechas de entrada y salida en el territorio de la Federación de Rusia[399] no puede servir como confirmación de la condición de dicha persona como residente o no residente fiscal, ya que contienen únicamente las fechas de salida del Empleado a través de aeropuertos ubicados en el territorio de la Federación de Rusia, y por sí mismos no refutan la posibilidad de su movimiento desde el territorio de la Federación de Rusia a los países de la zona Schengen a través, por ejemplo, de la República de Bielorrusia, así como su movimiento a través de las fronteras de los países del espacio Schengen por otros medios de transporte.

En segundo lugar, estimó que la información proporcionada por el Servicio Federal de Seguridad de Rusia y el Ministerio del Interior no contenía datos suficientes sobre la entrada y la salida de la Federación de Rusia del Empleado de la Compañía (en particular, en el período especificado, el empleado de la Compañía entró en el territorio de la Federación de Rusia en tres ocasiones y lo abandonó en cuatro[400]). Además, el Tribunal determinó que la ausencia de una persona de su domicilio permanente (según los datos de la sociedad gestora sobre el recálculo de facturas de servicios) no demuestra la ausencia de dicha persona del territorio de la Federación de Rusia durante este período y no excluye la posibilidad de su presencia en otra localidad del territorio ruso y que los certificados del municipio español contenían únicamente información sobre el registro del Empleado y sus familiares en el territorio de una de las ciudades españolas, pero

399 Según la información obtenida sobre todos los hechos relacionados con el cruce de las fronteras de la Federación de Rusia en el período 2013-2016, el Empleado Khoetsyan A.A. permaneció en Rusia en 2013 - 96 días, en 2014 - 68 días, en 2015 - 46 días y en 2016 - 58 días. Арбитражный суд Мурманской области, Решение nº A42-3434/2020 / 07.12.2021. pp. 5-6.

400 Según la información presentada, Khoetsyan A.A. entró en el territorio de la Federación de Rusia 3 veces durante el año 2014, como sigue: al 19/02/2014, al 31/05/2014 y al 25/10/2014. Al mismo tiempo, abandonó el territorio de la Federación de Rusia 4 veces en las siguientes fechas: 11/03/2014, 17/06/2014, 22/11/2014 y 12/12/2014. Арбитражный суд Мурманской области, Решение nº A42-3434/2020 / 07.12.2021. p. 6.

no había ninguna indicación del período de tiempo en que dicha persona estuvo efectivamente en el territorio de España y cruzó la frontera estatal.

Por otra parte, la Compañía pudo acreditar que el Empleado realizó una formación en español en un centro lingüístico en Orihuela, España, en el período 2016 (durante tres meses) mediante la aportación de un certificado de finalización de la formación y una carta del centro lingüístico. En cuanto a las ausencias para la realización de actividades con fines formativos por periodos no superiores a seis meses, el período especificado no interrumpió el período de estancia del Empleado en la Federación de Rusia con respecto al cómputo de días para la determinación de su estatus de residente.

Cabe mencionar que durante la vista la Administración citó a varios empleados con el fin de indagar en la veracidad de la residencia efectiva en Rusia del Empleado, asimismo cuestionó la autenticidad de la documentación española y la realización de los servicios laborales. En opinión de la Inspección, el Empleado no desempeñaba realmente sus funciones oficiales. Sin embargo, como señalan Dzhalchinov y Charikova[401], el Tribunal abordó la cuestión de manera formal, indicando que: "el trabajo se puede realizar de forma remota, y el hecho de que las condiciones para el pago de bonificaciones están establecidas en la normativa local de la empresa y la ausencia de reclamaciones de la inspección de trabajo en el marco de su inspección del cumplimiento de la legislación laboral por parte de la Compañía indica la validez del pago de estas cantidades a favor del Empleado".

Determinados expertos comparten una opinión según la cual: "a pesar de que las normas fiscales internacionales rusas se basan generalmente en la práctica fiscal internacional, existe una enorme brecha entre las normas fiscales internacionales rusas y las normas de los Estados de la OCDE"[402] En esta línea de ideas, Tyutyuryukov[403] señala que muchos de los acuerdos internacionales de Rusia

[401] Джальчинов, Д. & Чарикова, Л. (2021). "Развитие судебной практики по вопросам подтверждения налогового резидентства физического лица". Disponible en: https://russiantaxandcustoms.com/news/chastnoe-blagosostoyanie/razvitie-sudebnoy-praktiki-po-voprosam-podtverzhdeniya-nalogovogo-rezidentstva-fizicheskogo-litsa/ Última consulta: 31/05/2025.

[402] Milogolov, N. (2018). International Tax Rules in Russia: Analysis and Conceptual Findings, 58 *Eur. Taxn.* 9, Journal Articles & Opinion Pieces IBFD. Última consulta: 08/11/2024.

[403] Tyutyuryukov, V. (2012). Chapter 18 Russia, en: M. Lang et al. eds., *Tax Rules in Non-Tax Agreements*, Books IBFD. 18.8. Conclusion. Última consulta: 08/11/2024.

se firmaron a principios de la década de 1990, "en un momento en que solo un pequeño número de personas sabía algo sobre impuestos en la región". Según el autor: "El propósito de los acuerdos era garantizar la cooperación, por lo que incluían algunas disposiciones de apariencia generosa, pero su efectividad desde el punto de vista legal era dudosa. Sin embargo, estas cuestiones poco claras podrían haberse resuelto mediante negociaciones directas en ese momento". No obstante, el experto reconoce la formación y el desarrollo de los funcionarios y, en consecuencia, aboga por revisar los antiguos tratados "para identificar aquellos con disposiciones poco claras o discutibles y enmendarlos con protocolos que aclaren esas cuestiones"[404].

2.3.3. Modificaciones previstas para el periodo 2025-2029

El Servicio Federal de Impuestos (*Федеральная налоговая служба - ФНС*) tiene previsto crear un sistema automatizado para determinar la condición de "residente fiscal" y "residente de moneda extranjera" de las personas físicas. A este respecto, cabe mencionar la diferencia entre los conceptos "residente fiscal" y "residente monetario" (*валютный резидент*[405]). La condición de residente monetario conlleva un conjunto de obligaciones y derechos establecidos por la legislación monetaria de la Federación de Rusia como pueden ser la obligación de notificación a la autoridad fiscal sobre la apertura, el cierre o el cambio de datos de cuentas en bancos extranjeros, así como la obligación de presentar informes sobre el flujo de fondos en las cuentas bancarias, según lo dispuesto en el artículo 12 de la Ley Federal de 10 de diciembre de 2003 n.º 173-FZ "Sobre la Regulación y Control de Divisas"[406].

---

404 Tyutyuryukov, V. (2012). Chapter 18 Russia in Tax Rules ...Op. Cit. 18.8. Conclusion. Última visita: 08/11/2024.

405 Servicio Federal de Impuestos (Федеральная налоговоя служба). Как определить статус физического лица в роли валютного или налогового резидента. Fecha de la publicación: 09/08/2023. https://www.nalog.gov.ru/rn25/news/activities_fts/13795851/. Última consulta: 31/05/2025.

406 Véase también: Алексеева Д. Г., Антропцева И. О., Бергер Е. В., Игнатьева Е. А., Кальней М. Г., Шаповалов М. А. (2013). Комментарий к Федеральному закону от 10.12.2003 N 173-ФЗ «О валютном регулировании и валютном контроле». Disponible en: Система ГАРАНТ, https://base.garant.ru/57731934/; y, Куранова М. В. (2013). Комментарий к Федеральному закону от 10.12.2003 N 173-ФЗ «О валютном регулировании и валютном контроле». Система ГАРАНТ.

El cambio previsto por el Servicio Federal de Impuestos fue anticipado a través del Plan de actividades del departamento para 2024 y el período de planificación 2025-2029[407]. Se prevé que la nueva funcionalidad formara parte del sistema de información automatizado del Servicio de Impuestos Federales (AIS) "Tax-3"[408].

El estatus de "residente monetario" depende de la condición de ciudadano o del permiso de residencia en el país. En este sentido, cuando un ciudadano traslada su residencia al extranjero y reside allí por más de 183 días durante los siguientes meses consecutivos, se considera no residente fiscal, pero mantiene su condición de "residente monetario". No obstante, el periodo de 183 días es relevante en cuanto a las obligaciones del "residente monetario"; una vez superado este periodo, la persona deja de tener la obligación de informar sobre el flujo de fondos en una cuenta en el extranjero.

El Plan de actividades del Departamento para 2024 y el período de planificación 2025-2029 contiene dos acciones relativas a la definición de la residencia fiscal:

La Acción 1.1.2[409] contempla "llevar a cabo un examen legal y anticorrupción de los proyectos de actos jurídicos desarrollados por el Servicio Federal de Impuestos de Rusia, determinando la necesidad de enviarlos para su registro estatal al Ministerio de Justicia de la Federación de Rusia". El resultado esperado es obtener más transparencia y seguridad jurídica a través de la eliminación de la "incertidumbre de las normas jurídicas" que regulan las actividades del Servicio Federal de Impuestos de Rusia y garantizar el cumplimiento de los requisitos reglamentarios del Proyecto de acto jurídico reglamentario del Servicio Federal de Impuestos de Rusia con los requisitos de la Constitución de la Federación de Rusia, los principios generalmente reconocidos, las normas del Derecho internacional y la legislación interna.

---

407 План деятельности ФНС России на 2024 год и плановый период 2025-2029 годов. Fecha: 18.01.2024.

408 Véase: Автоматизированная информационная система «Налог-3». Disponible en: https://www.nalog.gov.ru/rn77/about_fts/gos_inf/4045827/. Última consulta: 31/05/2025. Fecha de la publicación: 13/07/2016.

409 План деятельности ФНС России на 2024 год и плановый период 2025-2029 годов. Fecha: 18.01.2024. p. 7.

La Acción 1.13.1[410] establece el desarrollo del AIS "Tax-3" para el control automatizado de la identificación de personas que cruzan la frontera estatal de la Federación de Rusia (utilizando datos de pasaportes extranjeros recibidos), y la automatización de la determinación ("el cálculo") de la residencia fiscal y monetaria de las personas identificadas, teniendo en cuenta los datos recibidos del sistema "Mir"[411] referente a los viajes por la Autopista Estatal de la Federación de Rusia.

Según la normativa actual, la responsabilidad de controlar la situación fiscal de las personas recae en los agentes fiscales y en las propias personas. No obstante, la determinación de la presencia en el territorio de la Federación de Rusia no puede demostrarse de forma fiable ya que los ciudadanos rusos pueden viajar a varios países, entre ellos Bielorrusia, Kazajstán o Armenia, con su pasaporte ruso, tal y como analizamos en el caso litigioso anteriormente citado. En conclusión, la automatización de la información relevante es un paso significativo en relación con la recopilación de datos para la correcta definición de la residencia fiscal, aunque necesitará desarrollo adicional con el fin de paliar los conflictos que surgirán con ocasión de las ausencias por estudios o motivos de salud que contempla la legislación interna.

2.4. COLOMBIA

El desarrollo histórico de los principios de tributación directa en Colombia se caracteriza por el constante cambio en periodos de tiempo relativamente cortos. Las modificaciones que se producen presentan un cambio de criterio en la aplicación de los enfoques de residencia, territorialidad y ciudadanía y, muy a menudo, incluso en la actividad, se promueven enfoques combinados que han sufrido modificaciones a lo largo de los años.

---

410 План деятельности ФНС России на 2024 год и плановый период 2025-2029 годов. Fecha: 18.01.2024. p. 34.

411 El sistema "Mir" está diseñado para la contabilidad de migración y el registro, la emisión y control de la circulación de los documentos de identidad. Fue creado en 2015, entre otras cosas, para prevenir la migración ilegal y la falsificación de documentos.

2.4.1. Evolución histórica del enfoque de tributación

La Ley 64 de 1927[412] (noviembre 12), por la cual se dictan algunas disposiciones relativas al Impuesto sobre la renta, en vigor desde el 12 de noviembre de 1927, establece en Colombia un impuesto sobre la renta líquida. La renta líquida se define como la renta bruta del contribuyente, menos las deducciones concedidas por la propia Ley. El artículo 3 establece el impuesto sobre todo individuo residente en Colombia, que será retrasado, exigido, recaudado y pagado anualmente con relación a su renta total liquida, como aquí se define, correspondiente al año civil anterior, según la tarifa definida. La sujeción a imposición, así definida, establece la tributación directa sobre la renta de las personas físicas por razón de su residencia, con independencia de su nacionalidad. Adicionalmente, el artículo 4 regula la tributación de las personas físicas no residentes, estableciendo un impuesto igual al impuesto al que están sujetos los residentes, pero en este caso sobre las rentas con fuente en Colombia. En el caso de los individuos no residentes se determina como gravable la renta total líquida que provenga de toda propiedad en Colombia, o de cualquier negocio, profesión, comercio u ocupación que se tenga en Colombia, y de cualquiera otra fuente dentro del país. La propia ley no regula el concepto de residencia.

La Ley 81 de 1931 (junio 20) relativa al impuesto sobre la renta[413], en vigor desde el 1 de enero de 1932, deroga la Ley 64 de 1927; no modifica el enfoque de tributación, pero proporciona más claridad sobre el concepto de residencia. El impuesto establecido para las personas físicas —residentes o no residentes— será tasado, exigido, recaudado y pagado anualmente sobre la renta líquida, correspondiente al año civil inmediatamente anterior, de acuerdo con la tarifa establecida.

El artículo 3 define expresamente el contenido de los términos "residente" y "no residente"; se establece un impuesto sobre la renta de todo individuo, sea o no residente en Colombia, y sobre la de los bienes en comunidad, sucesiones y fideicomisos en el país. Se entiende por residente cualquier persona natural que tenga, de forma permanente o provisionalmente, su domicilio en el país y que

---

412 Ley 64 de 1927 (noviembre 12) Por la cual se dictan algunas disposiciones relativas al impuesto sobre la renta, Diario Oficial. Ano LXIII. N°. 20648. 18, noviembre, 1927, p. 1.

413 Ley 81 de 1931 (junio 20) Relativa al impuesto sobre la renta, Diario Oficial. Año LXVII. N°. 21731. 6, junio, 1931, p 1.

permanezca en él por seis meses consecutivos o más durante el año gravable. Se entiende por no residente cualquier persona natural domiciliada en un país extranjero y que permanezca en Colombia, consecutivamente, menos de seis meses del año gravable.

El párrafo 2 establece la sujeción al impuesto sobre la renta mundial en aplicación del principio de residencia. "Con las excepciones previstas, todo residente en Colombia será gravado sobre su renta, cualquiera que sea el origen de ella, ya sea obtenida dentro o fuera del país".

En el caso de extranjeros residentes en Colombia, se establece la posibilidad de deducción para evitar la doble imposición internacional mediante un "descuento" del impuesto a pagar en Colombia. Establece la norma que "se le descontará de su renta líquida gravable la suma de cualesquiera impuestos pagados o debidos, durante el año gravable, al país extraño en donde dicho contribuyente tenga negocios establecidos". La aplicación del descuento está sujeta a dos condiciones:

1. Aunque no se menciona la existencia de un CDI con el país de fuente, ni el concepto de reciprocidad, se establece como requerimiento que la legislación del Estado de fuente establezca "descuentos semejantes" a los ciudadanos de Colombia residentes en él;

2. El descuento se concederá únicamente si el contribuyente suministra la información requerida por el Director General de Rentas Nacionales para su verificación.

Los no residentes en Colombia tributarán por las rentas, originadas dentro del país.

La Ley 78 de 1935 (diciembre 13)[414] introduce varias modificaciones en las disposiciones vigentes del Impuesto sobre la renta: se aumenta la tarifa, se establecen impuestos adicionales, se suprimen otros y, además, introduce los conceptos de "domiciliado" y "no domiciliado". Resalta la precisión y la claridad de la formulación de los nuevos conceptos tanto respecto a las condiciones objetivas que determinan el domicilio, así como el efecto que tiene el factor subjetivo representado, en primer lugar, por la intencionalidad y, en segundo lugar, por

414 Ley 78 de 1935 (Diciembre 13) "Por la cual se reforman las disposiciones vigentes del impuesto sobre la renta, se aumenta la tarifa, se establecen unos impuestos adicionales y se suprimen otros". Publicado en el Diario Oficial número 23075, de 3 de enero de 1936.

la expresión o declaración de la intención de la persona física de establecer su domicilio en Colombia.

"Son domiciliados:

a) Los nacionales o extranjeros que residan en el país con ánimo real o presunto de permanecer en él.

Significan ánimo presunto de permanencia, y son, por tanto, prueba de domicilio; estas circunstancias:

La residencia voluntaria y continua en el territorio de la República por seis o más mesa del año gravable.

La residencia sin limitación de tiempo en el año gravable, unida a la posesión de una propiedad raíz.

La residencia sin limitación de tiempo en el año gravable, unida al ejercicio del comercio o de cualquiera otra industria.

La residencia sin limitación de tiempo en el año gravable, acompañada del hecho de abrir en el país, tienda, botica, fábrica, taller, posada, escuela u otro establecimiento durable, para administrarlo en persona.

Haber ejercido en Colombia algún cargo, empleo o destino público o privado en cualquier espacio de tiempo del año gravable.

Cualesquiera otras circunstancias análogas a las anteriores; y

La conservación de la familia o el asiento principal de los negocios en Colombia, aunque el contribuyente resida en el Exterior por largo tiempo, voluntaria o forzadamente.

Constituye ánimo expreso de residencia, la formal manifestación hecha por un forastero ante una autoridad política de la República, en presencia de dos testigos, de tener intención de domiciliarse en Colombia".

b) Las personas jurídicas nacionales o extranjeras, principales, sucursales o afiliadas, que tengan su administración o dirección o una oficina de negocios en la República de Colombia.

3º Son no domiciliados: las personas naturales nacionales o extranjeras sin residencia en el país, y las personas jurídicas sin domicilio en la República.

Las personas naturales extranjeras, que estando en la República, no tienen en ella domicilio, son transeúntes y no están sujetas al impuesto sobre la renta.

4º Con las excepciones previstas, toda persona natural, nacional o extranjera, domiciliada en Colombia, será gravada sobre su renta, cualquiera que sea el origen de ella, ya sea obtenida dentro o fuera del país".

Como la Ley anterior, la Ley 78 de 1935 establece, entre otros, el impuesto sobre la renta líquida, correspondiente al año civil inmediatamente anterior, inclusive el ejercicio 1935. El Impuesto sobre la renta grava toda persona natural o jurídica, nacional o extranjera, domiciliada o no en el país, y de toda comunidad de bienes, sucesión o fideicomiso establecido conforme a las leyes de la República.

Atendiendo al enfoque del domicilio como principio de sujeción a impuestos, para las personas naturales o jurídicas no domiciliadas se establece la imposición sobre la renta originada dentro del país. Las personas naturales extranjeras, que estando en la República no tienen en ella un domicilio, se definen como transeúntes y se excluyen de la sujeción al impuesto sobre la renta. Para las personas físicas, nacionales o extranjeras, domiciliadas en Colombia, se establece el gravamen sobre su renta mundial, cualquiera que sea el origen de ella, ya sea obtenida dentro o fuera del país.

Según el párrafo 3 del artículo 3, las personas naturales nacionales o extranjeras sin residencia en el país, y las personas jurídicas sin domicilio en la República son no domiciliadas.

El párrafo 2 establece las disposiciones según las cuales se regirá el concepto de domicilio a efectos del Impuesto sobre la renta. La norma define como domiciliada a la persona física, nacional o extranjera, que resida en el país con ánimo real o presunto de permanecer en él. Significan ánimo presunto de permanencia, y son, por tanto, prueba de domicilio, las siguientes circunstancias enumeradas en el párrafo 2 del artículo 2:

"La residencia voluntaria y continua en el territorio de la República por seis o más mesa del año gravable.

La residencia sin limitación de tiempo en el año gravable, unida a la posesión de una propiedad raíz.

La residencia sin limitación de tiempo en el año gravable, unida al ejercicio del comercio o de cualquiera otra industria.

La residencia sin limitación de tiempo en el año gravable, acompañada del hecho de abrir en el país, tienda, botica, fábrica, taller, posada, escuela u otro establecimiento durable, para administrarlo en persona.

Haber ejercido en Colombia algún cargo, empleo o destino público o privado en cualquier espacio de tiempo del año gravable.

Cualesquiera otras circunstancias análogas a las anteriores; y

La conservación de la familia o el asiento principal de los negocios en Colombia, aunque el contribuyente resida en el Exterior por largo tiempo, voluntaria o forzadamente.

Constituye ánimo expreso de residencia, la formal manifestación hecha por un forastero ante una autoridad política de la República, en presencia de dos testigos, de tener intención de domiciliarse en Colombia".

El artículo 13 agrega un impuesto adicional al de la renta, sobre el exceso de utilidades líquidas, obtenidas en cada año gravable por las personas naturales o jurídicas gravadas con Impuesto sobre la renta en Colombia.

La Ley 81 de 1960[415] (diciembre 22) surte efectos a partir del año gravable de 1960 y permanece en vigor hasta 29/09/1974. Según el artículo 15 de la Ley 81 de 1960 se aplica el enfoque de residencia para establecer la sujeción a impuesto sobre la renta. El artículo 16 define el concepto de residencia como la permanencia continua en el país por más de seis meses en el año gravable, o que se completen dentro de éste; lo mismo que la permanencia discontinua por más de seis meses en el período fiscal. Adicionalmente, se consideran residentes los colombianos que conserven la familia o el asiento principal de sus negocios en Colombia, aun cuando permanezcan en el exterior. El artículo 18 determina que el domicilio de las personas naturales o jurídicas dentro del territorio de la República se establecerá de acuerdo con las normas del Código Civil. En caso de duda, o cuando una persona tuviere varios, el domicilio será el lugar del asiento principal de sus negocios. La ley no vincula expresamente los conceptos de "residencia" y "domicilio", de forma que condicione la residencia con el domicilio de forma explícita e incuestionable. Adicionalmente, vincula el concepto de "residencia" con "permanencia", una noción no sujeta necesariamente a la propiedad o la disposición de un domicilio. De esta forma, en nuestra opinión, la Ley de 1960 es mucho menos restrictiva y poco explicativa en la definición de la residencia que la ley anterior.

---

415 Ley 81 de 1960 (diciembre 22) Diario Oficial. Año XCVII. N.30412. 24, Diciembre, 1960. p. 539.

La sujeción a imposición se decreta de nuevo atendiendo al enfoque de residencia, aunque este último concepto sea definido de forma más ambigua. La tributación por el Impuesto sobre la renta se establece en el artículo 15, como sigue:

"Las personas naturales, nacionales o extranjeras, residentes en la República, y las sucesiones de causantes con residencia en el país en el momento de su muerte, serán gravadas tanto sobre su renta territorial como sobre la que se origine de fuentes de fuera de Colombia.

Cuando estos contribuyentes no tengan residencia en la República, solo serán gravados sobre las rentas obtenidas dentro del país.

A los residentes de nacionalidad extranjera solo se les gravarán las rentas obtenidas en territorio colombiano, si en el Estado del cual son nacionales se les da el mismo tratamiento impositivo a los colombianos".

La norma fue derogada en 1974 por el Decreto 2053 de 1974 (septiembre 30), por el cual se reorganizan el Impuesto sobre la renta y complementarios[416]. Se introduce una forma completamente nueva de imposición, que establece la tributación basándose en la residencia postergada a varios ejercicios en los casos de los residentes extranjeros.

Según el artículo 11, "Las personas naturales, nacionales o extranjeras, residentes en el país y las sucesiones ilíquidas de causantes con residencia en el país en el momento de su muerte, están sujetas al impuesto sobre renta y complementarios en lo concerniente a sus rentas y ganancias ocasionales, tanto de fuente nacional como de fuente extranjera, y a su patrimonio poseído dentro del país.

Las personas naturales nacionales o extranjeras que no tengan residencia en el país y las sucesiones ilíquidas de causantes sin residencia en el país en el momento de su muerte sólo están sujetas al impuesto sobre la renta y complementarios respecto a sus rentas y ganancias ocasionales de fuente nacional y a su patrimonio poseído dentro del país".

Sin embargo, como novedad, se introduce una norma que declara que "Los extranjeros residentes en Colombia sólo están sujetos al impuesto sobre la renta y complementarios respecto a su renta de fuente extranjera, a partir del quinto (5) año o periodo gravable de residencia continua o discontinua en el país".

---

416 Decreto 2053 de 1974 (septiembre 30), "Por el cual se reorganizan el impuesto sobre la renta y complementarios"., Publicado en el Diario Oficial. N. 34203. 12 de noviembre de 1974.

La residencia, según el artículo 12, "consiste en la permanencia continua en el país por más de seis (6) meses en el año o periodo gravable, o que se completen dentro de éste; lo mismo que la permanencia discontinua por más de seis (6) meses en el año o período gravable. Se consideran residentes las personas naturales nacionales que conserven la familia o el asiento principal de sus negocios en el país, aun cuando permanezcan en el exterior".

2.4.2. Legislación actual

La legislación actual[417] está desarrollada en los siguientes vehículos normativos:

El Decreto 624 de 1989 (30 de marzo de 1989) Diario Oficial No. 38.756 de 30 de marzo de 1989, por el cual se expide el Estatuto Tributario de los Impuestos Administrados por la Dirección General de Impuestos Nacionales. El Estatuto Tributario sustituye las normas con fuerza de ley relativas a los impuestos que administra la Dirección General de Impuestos Nacionales, en él comprendidos, vigentes a la fecha de expedición de este Decreto.

La Ley 1607 de 2012 (diciembre 26), reglamentada por el Decreto Nacional 2763 de 2012, Reglamentada por el Decreto Nacional 862 de 2013, Reglamentada Parcialmente por el Decreto Nacional 803 de 2013, Reglamentada Parcialmente por el Decreto Nacional 568 de 2013, reglamentada parcialmente por el Decreto Nacional 1793 de 2013, reglamentada parcialmente por el Decreto Nacional 1794 de 2013, reglamentada parcialmente por el Decreto Nacional 2418 de 2013, reglamentada por el Decreto Nacional 2701 de 2013, por la cual se expiden normas en materia tributaria y se dictan otras disposiciones.

La Ley 1739 de 2014 (diciembre 23) Diario Oficial No. 49.374 de 23 de diciembre de 2014, por medio de la cual se modifica el Estatuto Tributario, la Ley 1607 de 2012, se crean mecanismos de lucha contra la evasión y se dictan otras disposiciones.

La sujeción a impuestos directos de las personas físicas en Colombia cambió fundamentalmente en 2012. Según el artículo 9 del Decreto 624 de 1989[418] "Las

---

417 Según la legislación vigente: Última actualización consultada: 31 de octubre de 2024 - (Diario Oficial No. 52.908 - 13 de octubre de 2024).

418 Decreto 624 de 1989 (30 de marzo de 1989) Diario Oficial No. 38.756 de 30 de marzo de 1989, por el cual se expide el Estatuto Tributario de los Impuestos Administrados por

personas naturales, nacionales o extranjeras, residentes en el país y las sucesiones ilíquidas de causantes con residencia en el país en el momento de su muerte, están sujetas al impuesto sobre la renta y complementarios en lo concerniente a sus rentas y ganancias ocasionales, tanto de fuente nacional como de fuente extranjera, y a su patrimonio poseído dentro y fuera del país.

Las personas naturales, nacionales o extranjeras, que no tengan residencia en el país y las sucesiones ilíquidas de causantes sin residencia en el país en el momento de su muerte, sólo están sujetas al impuesto sobre la renta y complementarios respecto a sus rentas y ganancias ocasionales de fuente nacional y respecto de su patrimonio poseído en el país".

La regla especial de la legislación vigente hasta 2012, mencionada más arriba, referente a la tributación de las rentas de los extranjeros residentes en Colombia, que establecía su sujeción al impuesto sobre la renta y complementarios respecto a su renta o ganancia ocasional de fuente extranjera, y a su patrimonio poseído en el exterior, a partir del quinto año o período gravable de residencia continua o discontinua en el país, fue derogada por el artículo 198 de la Ley 1607 de 2012, por la cual se expidieron normas en materia tributaria y se dictaron otras disposiciones, publicadas en el Diario Oficial No. 48.655 de 26 de diciembre de 2012.

La residencia a efectos fiscales, según la disposición vigente desde: 30/03/1989 y hasta el 25/12/2012, está definida en el artículo 10 del Estatuto Tributario y establece el mismo criterio válido hasta 1989[419]:

"La residencia consiste en la permanencia continúa en el país por más de seis (6) meses en el año o período gravable, o que se completen dentro de éste; lo mismo que la permanencia discontinúa por más de seis meses en el año o período gravable.

Se consideran residentes las personas naturales nacionales que conserven la familia o el asiento principal de sus negocios en el país, aun cuando permanezcan en el exterior".

---

la Dirección General de Impuestos Nacionales.

419 Decreto 2053 de 1974 (septiembre 30) "Por el cual se reorganizan el impuesto sobre la renta y complementarios"., Publicado en el Diario Oficial. N. 34203. 12 de noviembre de 1974.

Las reglas de determinación de la residencia fiscal introducidas en 2012 en el artículo 10 (Artículo modificado por el artículo 2 de la Ley 1607 de 2012[420]) se basan en siguientes condiciones que incluyen tanto la residencia como la nacionalidad, incluyendo además condiciones puramente administrativas:

1. Permanecer continúa o discontinuamente en el país por más de ciento ochenta y tres (183) días naturales incluyendo días de entrada y salida del país, durante un periodo cualquiera de trescientos sesenta y cinco (365) días naturales consecutivos, en el entendido que, cuando la permanencia continúa o discontinúa en el país recaiga sobre más de un año o periodo gravable, se considerará que la persona es residente a partir del segundo año o periodo gravable[421].

2. Encontrarse, por su relación con el servicio exterior del Estado colombiano o con personas que se encuentran en el servicio exterior del Estado colombiano, y en virtud de las convenciones de Viena sobre relaciones diplomáticas y consulares, exentos de tributación en el país en el que se encuentran en misión respecto de toda o parte de sus rentas y ganancias ocasionales durante el respectivo año o periodo gravable.

3. Ser nacionales y que durante el respectivo año o periodo gravable:

a) Su cónyuge o compañero permanente no separado legalmente o los hijos dependientes menores de edad tengan residencia fiscal en el país; o,

b) El cincuenta por ciento (50%) o más de sus ingresos sean de fuente nacional; o,

c) El cincuenta por ciento (50%) o más de sus bienes sean administrados en el país; o,

d) El cincuenta por ciento (50%) o más de sus activos se entiendan poseídos en el país; o.

---

420 Artículo modificado por el artículo 2 de la Ley 1607 de 2012, por la cual se expiden normas en materia tributaria y se dictan otras disposiciones, publicada en el Diario Oficial No. 48.655 de 26 de diciembre de 2012.

421 De conformidad con la normativa tributaria, sin importar si se trata de nacional colombiano o extranjero, una persona natural será considerada residente fiscal cuando permanezca en el país por más de ciento ochenta y tres días naturales, continuos o discontinuos, *dentro de un período cualquiera de trescientos sesenta y cinco días naturales consecutivos*. Fuente Munévar, Ó. (2016). La residencia fiscal en Colombia, problemáticas de la normativa actual y propuestas desde la óptica internacional. *Revista de Derecho Fiscal*. 9, 63-76.

e) Habiendo sido requeridos por la Administración Tributaria para ello, no acrediten su condición de residentes en el exterior para efectos tributarios; o,

f) Tengan residencia fiscal en una jurisdicción calificada por el Gobierno Nacional como paraíso fiscal.

PARÁGRAFO. Las personas naturales nacionales que, de acuerdo con las disposiciones de este artículo acrediten su condición de residentes en el exterior para efectos tributarios, deberán hacerlo ante la Dirección de Impuestos y Aduanas Nacionales mediante certificado de residencia fiscal o documento que haga sus veces, expedido por el país o jurisdicción del cual se hayan convertido en residentes.

PARÁGRAFO II[422] (adicionado por el artículo 25 de la Ley 1739 de 2014) introduce dos situaciones de exclusión de las condiciones vigentes hasta el momento:

"No serán residentes fiscales, los nacionales que cumplan con alguno de los literales del numeral 3, pero que reúnan una de las siguientes condiciones:

1. Que el cincuenta por ciento (50%) o más de sus ingresos anuales tengan su fuente en la jurisdicción en la cual tengan su domicilio.

2. Que el cincuenta por ciento (50%) o más de sus activos se encuentren localizados en la jurisdicción en la cual tengan su domicilio.

El Gobierno nacional determinará la forma en la que las personas a las que se refiere el presente parágrafo podrán acreditar lo aquí dispuesto".

Los conflictos generados por la aplicación del criterio de permanencia en el país han sido agrupados en las siguientes categorías: (i) Concurrencia de diversas categorías en el mismo período gravable; (ii) Efectos en el segundo año cuando se completa la residencia, y (iii) Períodos de trescientos sesenta y cinco días sin sujeción al año gravable[423].

---

422 Parágrafo adicionado por el artículo 25 de la Ley 1739 de 2014, 'por medio de la cual se modifica el Estatuto Tributario, la Ley 1607 de 2012, se crean mecanismos de lucha contra la evasión y se dictan otras disposiciones', publicada en el Diario Oficial No. 49.374 de 23 de diciembre de 2014.

423 Munévar, Ó. (2016). La residencia fiscal en Colombia, problemáticas de la normativa actual y propuestas desde la óptica internacional. *Revista de Derecho Fiscal*. 9 (dic. 2016), p. 66. Gutiérrez Argüello, M. S. (2015). *Algunos conflictos de la regla de residencia y del*

2.4.3. Comentario crítico sobre las controversias en relación con la sujeción impositiva de las personas físicas en Colombia

Siguiendo la cronología de la legislación colombiana en materia de imposición directa de las personas físicas, es importante señalar sus numerosas modificaciones que, además, no suelen ser unidireccionales. A mayor abundamiento, cabe mencionar algunas sentencias que, a nuestro juicio, no son acordes con las normas del Derecho internacional público.

En este sentido, la Sala de lo Contencioso Administrativo del Consejo de Estado, en su Sentencia del 12 de agosto de 2021[424], resolvió sobre un asunto de residencia fiscal de un contribuyente que había alegado tener su residencia fiscal en España. El Tribunal mencionó el CDI entre España y Colombia[425] a efectos de explicar por qué se basaba en la legislación nacional colombiana para la determinación de la residencia fiscal del contribuyente, indicando que el artículo 4.1 del CDI remite a las legislaciones internas de los Estados contratantes. No obstante, omitió por completo las reglas de desempate del artículo 4.2 del citado CDI. De esta forma concluyó que, al cumplir las condiciones que determinan la residencia fiscal según la Ley colombiana, este contribuyente era residente fiscal en Colombia. Es relevante recordar que, teniendo en cuenta que la legislación española incluye condiciones indicativas referente a la residencia fiscal distintas, el contribuyente podría tener también residencia fiscal en España. Además, así se había definido él mismo en su alegato.

En nuestra opinión, esta Sentencia desafortunada vulnera los principios del Derecho internacional al incumplir el CDI en su integridad. Como consecuencia, no dejó al contribuyente otra opción que acudir al procedimiento amistoso para la definición de su residencia.

Por otra parte, cabe mencionar las dificultades añadidas por la escasa red de CDIs concluidos por el país. Aparte de los CDI de la Comunidad Andina de Naciones y la Alianza del Pacífico, existen actualmente, según los datos de la

---

régimen de tributación de las personas naturales. Estudios de Derecho Tributario, Derecho Aduanero y Comercio Exterior, citada por Munévar (2016).

424 Sentencia del Consejo de Estado de 12 de agosto de 2021, Referencia: Rad. 66001-23-33-000-2018-00424-01(25257).

425 Convenio entre el Reino de España y la República de Colombia para evitar la doble imposición y prevenir la evasión fiscal en materia de impuestos sobre la renta y el patrimonio, hecho en Bogotá el 31 de marzo de 2005.

Dirección de Impuestos y Aduanas Nacionales (DIAN), trece CDI vigentes[426], gran parte de ellos concluidos durante la última década. Además, es importante añadir los casos de contribuyentes con doble nacionalidad.

En este escenario cabe mencionar la Sentencia del Consejo del Estado del 23 de noviembre de 2023[427]. En este caso el contribuyente interpuso recurso de apelación contra la Sentencia de Primera instancia, indicando que no era sujeto pasivo del Impuesto al patrimonio del año 2010 pues, al ser extranjero, no era residente en Colombia, además, no había obtenido ingresos, no poseía patrimonio en el país, ni era declarante del Impuesto sobre la renta. Señaló que la nacionalidad colombiana no desvirtuaba su nacionalidad italiana y su calidad de extranjero. Según la DIAN el contribuyente, quien había presentado la declaración del Impuesto sobre la renta correspondiente al ejercicio 2006, tenía la obligación de tributar por el Impuesto sobre el Patrimonio para el ejercicio 2010. En cambio, el contribuyente consideró que no era sujeto pasivo del Impuesto sobre el patrimonio para el año 2010, pues al ser un extranjero sin residencia o domicilio en Colombia no fue declarante del Impuesto sobre la renta para este año, conforme lo establecido en el artículo 292 del Estatuto Tributario. Además, indicó que no había permanecido en Colombia por más de seis meses —continuos o discontinuos— y, al no ser colombiano no se le podía definir la residencia por el criterio familiar o el asiento principal de sus negocios previsto en el artículo 10 del Estatuto Tributario.

El Tribunal indicó que, de acuerdo con la certificación de la Registraduría Nacional del Estado Civil, el contribuyente era nacional colombiano en el año objeto de litigio, por lo que la sujeción del Impuesto sobre la renta y complementarios se tenía que definir en función de la residencia fiscal y de la fuente de las rentas obtenidas conforme lo prevé el artículo 9 del Estatuto Tributario. Para los efectos de determinar la residencia fiscal, el artículo 10, vigente para el caso, previó dos criterios para tener la calidad de residente fiscal: i) la permanencia continua en el país por más de seis (6) meses en el año o periodo gravable, o que

---

426 Según los datos al 10/11/2024, existen CDI vigentes son los siguientes Estados: Japón, Francia, Italia, el Reino Unido, la República Checa, la República Portuguesa, India, Corea, México, Canadá, Suiza, Chile y España. Fuente: Dirección de Impuestos y Aduanas Nacionales. https://www.dian.gov.co/normatividad/convenios/Paginas/Convenios-TributariosInternacionales.aspx. Última consulta: 31/05/2025.

427 Sentencia del Consejo del Estado del 23 de noviembre de 2023, Referencia: Rad. 76-001-23-33-002-2014-00695-01 (27250).

se completen dentro de este; lo mismo que la permanencia discontinua por más de seis meses en el año o periodo gravable, y ii) las personas naturales nacionales que conserven la familia o el asiento principal de sus negocios en el país, aun cuando permanezcan en el exterior. El Tribunal resaltó que: "estos supuestos de vinculación a la residencia en un Estado no se aplican de manera subsidiaria o excluyente, pues en caso de configurarse alguno de ellos, se entiende que la persona natural posee la residencia fiscal en el país".

La DIAN se había limitado a señalar la sujeción pasiva del Impuesto al patrimonio, sin probar los requisitos para que el demandante se considerara residente fiscal, o que había obtenido ingresos o poseído bienes que lo convirtiera en declarante del impuesto sobre la renta para el año 2010. Como consecuencia, el Tribunal revocó la Sentencia de la Primera instancia y declaró que el contribuyente no estaba obligado a declarar y pagar el Impuesto al patrimonio en el año gravable 2010.

Aunque en este asunto el Tribunal aplicó la norma vigente en el año objeto de litigio, por lo cual no tuvo que evaluar el conflicto añadido de la doble nacionalidad que, en nuestra opinión, no debería surgir ya que, al tener la nacionalidad colombiana el contribuyente, en virtud del artículo 22 de la Ley 43, de 1 de febrero de 1993[428], aunque poseyese otra nacionalidad, se tendría que someter en el territorio nacional colombiano, a la Constitución Política y a las leyes de la República de Colombia. No obstante, a nuestro juicio, se trata de una cuestión que, teniendo en cuenta la falta de precisión en cuanto a la doble nacionalidad en la normativa tributaria y, por otra parte, la escasa red de CDIs concluidos por el país, la implementación de la nacionalidad como criterio adicional para la definición de la residencia fiscal resultará en el aumento de los litigios en el ámbito tributario.

---

428 Ley 43 de 1993 (febrero 1) por medio de la cual se establecen las normas relativas a la adquisición, renuncia, pérdida y recuperación de la nacionalidad colombiana; se desarrolla el numeral 7 del artículo 40 de la Constitución Política y se dictan otras disposiciones.

2.5. CANADÁ[429]

2.5.1. Consideraciones generales

Algunos Estados como Canadá, por ejemplo, aplican una regla conocida como residencia presunta[430] ("*deemed residence*"); el resultado de la aplicación de esta disposición es que las personas que cumplen los requisitos establecidos, están sujetas a impuestos sobre sus ingresos mundiales, independientemente del territorio donde tengan establecido su domicilio o su residencia efectiva, todo ello al margen de la posibilidad de aplicar una deducción por doble imposición internacional por los impuestos pagados en otros países[431].

La Ley del Impuesto sobre la renta (*Income Tax Act - ITA*) de Canadá[432] es la principal fuente legislativa que implanta las reglas de tributación federal por el Impuesto sobre la renta en este Estado[433]. La Sección "2. Sujeción al impuesto", artículo 1 de la ITA y la Sección "3. Rendimientos computables" establecen la tributación para cada año fiscal por el Impuesto sobre la renta sobre los ingresos imponibles de cada persona residente en Canadá en cualquier momento del año, de fuente en o fuera de Canadá, es decir, determinan la tributación por renta mundial del contribuyente - residente fiscal. Al mismo tiempo, la ITA utiliza los términos "residente" y "residente habitual" sin definirlos expresamente. Oats y otros, en su análisis de la problemática del concepto de "residente habitual", señalan que la legislación de Canadá no ha sido suficientemente clara en la definición

---

429 Dwyer, B. P., (Base de datos online). *Canada - Individual Taxation* sec. 1., Country Tax Guides IBFD. Capítulo 1.1.4.1. Definiton of residence / domicile. Última consulta: 19/03/2024.

430 Véase, en el presente trabajo, Capítulo I, 3.2. Principio de residencia, nota residencia presunta.

431 Neilson, H. (2009). Canadian Tax Issues for Immigrants. *Law now* (Vol. 34, Issue 2, pp. 1-). University of Alberta. Faculty of Extension.

432 Income Tax Act (R.S.C., 1985, c. 1 (5th Supp.)) Últimas modificaciones: 01/07/2024. Última consulta: 19/10/2024.

433 Dweyr indica que tanto el gobierno federal como los provinciales, establecen Impuesto sobre la renta, sin que sean deducibles uno del otro. Los contribuyentes tienen la obligación de presentar declaraciones separadas por el Impuesto sobre la renta federal y el Impuesto sobre la renta provincial, siendo Quebec la única provincia donde las personas físicas presentan una declaración para ambos impuestos. Dwyer, B. P., *Canada* ...Op. Cit. Capítulo 1.1.3.2. Federal and provincial income tax.

del concepto. Los autores indican que, a diferencia de la jurisprudencia del Reino Unido, según la cual se ha interpretado que "residente ordinario" es un concepto ligeramente más amplio que "residente", la autoridad canadiense se limita a contrastar "residente ordinario" con "residente ocasional"[434].

2.5.2. Definición de los conceptos a través de la doctrina jurisprudencial. Normativa nacional y convenios de doble imposición

Una definición ambigua de estos conceptos contiene el párrafo 3 del artículo "250. Residentes habituales", que declara que una persona residente en Canadá es la que reside habitualmente en Canadá en el periodo en cuestión. Al ser Canadá un país cuyo sistema de Derecho se basa en la tradición del *common law*, una parte importante de la interpretación de las normas tiene su origen en la jurisprudencia, por lo cual la Administración tributaria canadiense ha sistematizado la información relevante y las definiciones basadas en los distintos precedentes que forman parte de la jurisprudencia.

Según las Instrucciones al modelo "*Income Tax Folio S5-F1-C1, Determining an Individual's Residence Status*", una persona que reside en Canadá puede ser calificada como residente habitual - residente fáctico (*factual resident*)[435] o residente de hecho, cuyo concepto incluye a las personas físicas que residen en Canadá habitualmente; por otra parte, se establece el concepto de residente presunto (*deemed resident*). Una persona que reside habitualmente en Canadá estará sujeta al impuesto canadiense sobre sus ingresos mundiales durante la parte del año en que reside en Canadá; durante la otra parte del año, el individuo será gravado como no residente[436]. Si una persona no es residente de hecho en Canadá, aún puede ser considerada residente en Canadá a efectos fiscales en virtud del artículo 250(1) del ITA como *deemed resident*. Por otra parte, el artículo 250(5) recoge las situaciones, en las que una persona que de otro modo sería residente fáctico en Canadá, puede ser considerada no residente (*deemed non resident*).

434 Oats, L., Miller, A. & Mulligan, E. (2017). *Principles of International Taxation*. Sixth edition. Haywards Heath: Bloomsbury Professional. p. 52.

435 Dweyr define la residencia fáctica como "*un asunto de hechos y grado*". Dwyer, B. P., *Canada* ...Op. Cit. Capítulo Cap. 1.1.4.1.1. Factual residence. Última consulta: 1/01/2024.

436 Government of Canada, CRA, Income Tax Folio S5-F1-C1, Determining an Individual's Residence Status. Última consulta: 19/10/2024.

Uno de los asuntos más importantes que interpretan la "residencia fiscal" es el caso Thomson v Minister of National Revenue de 1946[437], analizado detalladamente por la Administración —la Agencia Canadiense de Ingresos (*the Canada Revenue Agency —CRA*). La CRA señala que el significado atribuido a las expresiones "residente" y "residente ordinario" por el Tribunal Supremo de Canadá en el caso Thomson, es el generalmente aceptado por los Tribunales[438], por lo cual, dentro de sus facultades la CRA ha emitido y divulgado una serie de instrucciones y preceptos de cumplimiento obligatorio aparte de la competencia judicial que ha resuelto casos relacionados con la residencia fiscal.

Durante el juicio se definieron y diferenciaron varios conceptos relacionados con la residencia. El Juez Estey sostuvo que "uno es 'residente ordinario' en el lugar donde en la rutina establecida de su vida vive regularmente, normal o habitualmente".

En la misma Sentencia, el Juez Rand de la Corte Suprema de Canadá sostuvo que la residencia era "una cuestión del grado en que una persona en mente y hecho se establece o mantiene o centraliza su modo ordinario de vida con sus accesorios en las relaciones sociales, intereses y conveniencias en el lugar en cuestión"[439]. Además, el Juez Rand declaró que la expresión "residente habitual" significa: "la residencia de acuerdo con la vida habitual de la persona de que se trate, y se contrasta con la residencia especial, ocasional o casual. El modo de vida general es, por lo tanto, relevante para la cuestión de su aplicación". El Juez Rand también continuó diciendo que "la residencia ordinaria puede apreciarse mejor considerando su antítesis, residencia ocasional o casual o esporádica. Esto último parecería claramente no sólo temporal en el tiempo y excepcional en las circunstancias, sino que también va acompañado de un sentido de transitoriedad y de retorno".

En el mismo sentido se pronunció el Juez Kerwin, pero reconociendo la posibilidad de que surgiera una residencia dual: "La frecuencia con que el apelante

---

437 Thomson v Minister of National Revenue, [1946] SCR 209 Supreme Court Judgments de 24/01/1946; Judges Kerwin, Patrick; Taschereau, Robert; Rand, Ivan Cleveland; Kellock, Roy Lindsay; Estey, James Wilfred; https://scc-csc.lexum.com/scc-csc/scc-csc/en/item/2786/index.do; Última consulta: 19/10/2024.

438 Government of Canada, CRA, Income Tax Folio S5-F1-C1, Determining ... Op. Cit. Última consulta: 19/10/2024.

439 Government of Canada, CRA, Income Tax Folio S5-F1-C1, Determining.... Op. Cit. Última consulta: 19/10/2024.

vino a Canadá, su "rutina de vida" ... los lazos familiares de su esposa, sino de sí mismo, la construcción y ocupación de su casa, la tenencia de sirvientes, junto con todas las circunstancias circundantes, dejan claro que estaba "residiendo" en el lugar y no que simplemente permanecía en Canadá de forma temporal. Suponiendo que era residente de los Estados Unidos a los efectos del impuesto sobre la renta allí, un hombre puede ser residente de más de un país a efectos de sus ingresos".[440] Asimismo reconoce el Juez que la Ley del impuesto sobre la renta no contiene una definición de "residente" o "residente ordinario", pero que estos conceptos deben recibir el significado que se les atribuye por el "uso común". "Cuando uno está considerando una Ley de Ingresos, es cierto afirmar, creo, como se pone en el Diccionario Estándar, que las palabras "residen" y "residencia" se refiere a "algo estable y no debería usarse indiscriminadamente para expresar "vivir", "casa" o "hogar"[441].

El Juez Kellock desarrolla el contenido de otra noción importante en la práctica tributaria canadiense que es el concepto de "quedarse" - *sojourn,* y contrasta su contenido con el concepto de "residencia". En este sentido, señala que: "Quedarse" se define en el *New English Dictionary* de Murray como, "hacer una estancia temporal en un lugar", "hacer una estancia", "demorarse", "retrasarse", mientras que "residir" se define como, "tomar la morada o estacionarse", "vivir permanentemente o por un tiempo considerable", "establecerse o tener un domicilio habitual", "vivir en o dentro de un lugar en particular".

"'Ordinariamente' se define como "de conformidad con la regla o costumbre o práctica establecida", "como una cuestión de práctica u ocurrencia regular", "en el curso ordinario o habitual de los acontecimientos", "generalmente", "comúnmente", "como es normal o habitual"[442].

En base a los detalles tenidos en cuenta en el caso Thomson, el Tribunal Fiscal de Canadá estableció el concepto de "residencia fáctica", y la CRA estableció un marco jurídico válido compuesto por dos pruebas (test) que se siguen utilizando en la actualidad. Como subraya Ault, en Canadá, la residencia se determina caso por caso, aplicando un conjunto de factores desarrollados por la

---

440 Caso Thomson. Op. Cit. p. 210.

441 Caso Thomson. Op. Cit. p. 212.

442 Caso Thomson. Op. Cit. p. 229.

jurisprudencia, mientras menciona las normas legales como adicionales[443]. No obstante, como señala el Juez Rand: "La ponderación de los factores de tiempo, objeto, intención, continuidad y otras circunstancias relevantes, muestra...que en el lenguaje común "residir" no es un término de elementos invariables, todos los cuales deben satisfacerse en cada caso".[444]

Cuando una persona física ya no está presente en Canadá durante un período de tiempo considerable (es decir, durante un período de tiempo que se extiende durante varios meses o años), pero no ha roto todos sus vínculos de residencia con Canadá, los tribunales generalmente se han centrado en el término de "residente habitual" para determinar el *status* de residencia de esta persona mientras se encuentra en el extranjero. Las sentencias de los tribunales sobre esta cuestión muestran una tendencia importante de considerar que la ausencia temporal de Canadá, incluso de forma prolongada, es insuficiente para evitar la residencia canadiense a efectos fiscales[445].

Según señala la CRA, "el hecho de que una persona tenga la intención de romper permanentemente sus relaciones de residencia con Canadá en el momento de su salida de Canadá es una cuestión de hecho que debe determinarse teniendo en cuenta todas las circunstancias de cada caso. Aunque la duración de la estancia en el extranjero es un factor que debe tenerse en cuenta a la hora de determinar la residencia (es decir, como prueba de las intenciones de la persona al salir de Canadá), los Tribunales han indicado que no hay una duración particular de la estancia en el extranjero que necesariamente resulte en que una persona se convierta en no residente. Por lo general, si hay pruebas de que el regreso de una persona a Canadá estaba previsto en el momento de su partida, la CRA atribuirá más importancia a los demás nexos residenciales de la persona con Canadá ... para determinar si la persona continuó siendo un residente de hecho de Canadá después de su partida... Sin embargo, la CRA tendría que examinar la situación de cada persona caso por caso para determinar si los vínculos residenciales res-

443 Ault, H. J. (1997). Chapter 3. Residence. Comparative Income Taxation: A A Structural Analysis 369-71, en: Graetz, M. J. (2003). *Foundations of international income taxation*. Foundation Press. p. 78.

444 Caso Thomson. Op. Cit. p. 224.

445 Government of Canada, CRA, Income Tax Folio S5-F1-C1, Determining...Op. Cit. párrafo 1.16. Última consulta: 19/10/2024.

tantes de la persona con Canadá, incluido el contrato de trabajo, son suficientes para concluir que la persona sigue siendo residente en Canadá".[446]

La prueba de residencia es una de las medidas adoptadas para cumplir con la ITA. Como señala la CRA, otro factor que tendría en cuenta esta para determinar si una persona tenía la intención de cortar permanentemente todos los nexos residenciales con Canadá en el momento de su salida del territorio de este país, es si la persona cumplió las disposiciones de la Ley relativas a la tributación de: 1) las personas físicas que dejan de ser residentes en Canadá; y 2) las personas que no son residentes en Canadá[447].

Respecto a la prueba de residencia basada en hechos, la residencia de un contribuyente se determina conforme a varios factores que se clasifican como primarios o secundarios.

Los vínculos residenciales de una persona, que casi siempre serán vínculos relevantes a los efectos de determinar la condición de residente, son los siguientes:

- El lugar de residencia de la persona física (domicilio físico).
- Su cónyuge o pareja de hecho.
- Las personas dependientes del contribuyente[448].

Cabe mencionar que los tres factores principales se identificaron en el anteriormente mencionado caso Thomson.

Los vínculos secundarios de residencia están definidos en el Párrafo 1.14 de las Instrucciones de la CRA. Esta dispone que los vínculos residenciales secundarios deben examinarse colectivamente para evaluar la importancia de cada uno de ellos, reconociendo, no obstante, que sería inusual que un solo vínculo residencial secundario con Canadá fuera suficiente por sí solo para que el contribuyente sea considerado residente de hecho en Canadá mientras está en el extranjero. Los vínculos secundarios de residencia relevantes para la determinación del Estado de residencia de una persona física mientras se encuentre fuera de Canadá son:

---

446 Government of Canada, CRA, Income Tax Folio S5-F1-C1, Determining ...Op. Cit. párrafo 1.17. Última consulta: 19/10/2024.

447 Government of Canada, CRA, Income Tax Folio S5-F1-C1, Determining...Op. Cit. párrafo 1.18. Última consulta: 19/10/2024.

448 Government of Canada, CRA, Income Tax Folio S5-F1-C1, Determining...Op. Cit. párrafo 1.11. Última consulta: 19/10/2024.

• bienes personales en Canadá (como muebles, ropa, automóviles y vehículos recreativos);

• vínculos sociales con Canadá (como membresías en organizaciones recreativas o religiosas canadienses);

• vínculos económicos con Canadá (como el empleo con un empleador canadiense y la participación activa en un negocio canadiense, cuentas bancarias canadienses, planes de ahorro para la jubilación, tarjetas de crédito y cuentas de valores);

• estatus de inmigrante o permisos de trabajo apropiados en Canadá;

• cobertura de hospitalización y seguro médico de una provincia o territorio de Canadá;

• la licencia de conducir de una provincia o territorio de Canadá;

• un vehículo matriculado en una provincia o territorio de Canadá;

• un lugar de vivienda estacional en Canadá o un lugar de vivienda arrendada;

• un pasaporte canadiense; y

• membresías en sindicatos canadienses u organizaciones profesionales[449].

En base al vínculo secundario "pasaporte canadiense" podemos relacionar la obligación de tributación en concepto de residente de los nacionales, aunque por ser un vínculo secundario, por sí mismo no constituye la determinación de una persona física como residente a efectos fiscales.

El artículo 250(1) ordena, para los fines de la tributación por el Impuesto sobre la renta, que se considerará que una persona es residente presunto (*deemed resident*) en Canadá durante todo un año fiscal si:

a) estuvo presente (se quedó - *sojourned*) en Canadá durante un período o períodos cuyo total sea de 183 días o más;

b) haya sido miembro de las Fuerzas Canadienses en cualquier momento del año;

c) ha sido, en cualquier momento del año,

(i) un embajador, ministro, alto comisionado, funcionario o funcionario de Canadá, o

---

449 Véase también Oats, L., Miller, A. & Mulligan, E. *Principles of*...Op. Cit. p. 52.

ii) un agente general, funcionario o agente de una provincia,

y residía en Canadá inmediatamente antes del nombramiento o el empleo por Canadá o la provincia, o recibía subsidios de representación con respecto al año;

d) prestó servicios, en cualquier momento del año, en un país que no sea Canadá bajo un programa prescrito de asistencia internacional para el desarrollo del Gobierno de Canadá y residió en Canadá en cualquier momento durante el período de 3 meses anterior al día en que comenzaron esos servicios;

d.1) ha sido, en cualquier momento del año, miembro del personal escolar de las Fuerzas Canadienses en el extranjero que presentó su declaración correspondiente al año sobre la base de que la persona residía en Canadá durante todo el período durante el cual la persona era miembro de ese tipo;

f) ha sido en cualquier momento del año, hijo de, y dependiente para su manutención, de una persona a la que se aplican los párrafos (b), (c), (d) o (d.1) y los ingresos de la persona para el año no excedieron la cantidad determinada en el párrafo F, subsección 118 (1.1) para el año; o

g) tuviera derecho, en cualquier momento del año, en virtud de un acuerdo o convenio con uno o más países con fuerza de ley en Canadá, a una exención de un impuesto sobre la renta pagadero en cualquiera de esos países con respecto a los ingresos procedentes de cualquier fuente (a menos que la totalidad o la parte sustancial de los ingresos de la persona procedentes de todas las fuentes no estuvieran exentos), porque en ese momento la persona estaba relacionada o era miembro de la familia de un individuo (que no fuera un fideicomiso) que residía en Canadá.

El artículo 250(2) decreta cuáles de los nexos enumerados en el artículo 250(1) definirán la persona como residente fiscal presunto en Canadá para todo el año o para una parte del año.

El hecho de que una persona es *deemed resident* y no es residente de hecho en Canadá significa que este contribuyente no será residente en una provincia en particular a efectos fiscales provinciales. Como consecuencia:

1. Esta persona deberá pagar la sobretasa federal de conformidad con el párrafo 1 del artículo 120, que puede ser superior o inferior a lo que la persona pagaría como impuesto provincial si residiera en una provincia determinada;

2. No tendrá derecho a ningún crédito fiscal provincial (reembolsable o de otro tipo) que de otro modo podría estar disponible para la persona; y

3. No tendrá derecho a ninguna prestación provincial directa basada en impuestos (por ejemplo, pagos provinciales con respecto a hijos a cargo o miembros de la familia enfermos)[450].

El artículo 250 (1) (a) define el concepto de "residente presunto", a la vista de la presencia en Canadá a efectos fiscales, cuando la persona física ha permanecido (*sojourned*) en el país durante 183 o más días durante el año fiscal, considerando cualquier parte del día como día entero de presencia. Cabe subrayar que el uso de la palabra *sojourned* conlleva una connotación de temporalidad, falta de continuidad determinada o establecimiento definido e intencional. Adicionalmente, la norma define los "vínculos residenciales" significativos y secundarios sobre la base de los cuales se consideraría residente a efectos fiscales incluso en los casos cuando no ha estado físicamente presente en Canadá durante 183 días o más durante el año fiscal. La existencia de la regla de residencia presunta repercute en la elevada posibilidad de considerar a una persona residente fiscal canadiense, cuando este contribuyente es, al mismo tiempo, residente habitual en otro país. Según Dweyr los tribunales determinarán la residencia fiscal de la persona física, teniendo en cuenta "los vínculos residenciales, sociales y económicos con Canadá"[451], por lo cual, la combinación de presencia determinada mediante el uso del concepto de residente temporal forastero, viajero, persona que pernocta - "*sojourner*" con "los vínculos residenciales, sociales y económicos con Canadá" convierte el domicilio —entendido en el sentido tradicional de *common law*— en un criterio irrelevante en cuanto a la definición de la residencia fiscal.

El concepto de "*sojourner*" es transcendental en la definición de la residencia fiscal en Canadá. Li y otros definen al residente temporal (*sojourner*) como una persona que está físicamente presente en Canadá, pero de forma más transitoria que un residente. Un *sojourner* carece de un hogar establecido en Canadá, hecho que lo convertiría en residente. Sin embargo, una persona que es residente en otro país y que viene a Canadá de vacaciones o viaje de negocios, sería un ejemplo de un *sojourner*[452].

---

[450] Government of Canada, CRA, Income Tax Folio S5-F1-C1, Determining ....Op. Cit. Párrafo 1.30: Última consulta: 19/10/2024.

[451] Dwyer, B. P., *Canada...* Op. Cit. Capítulo 1.1.4.1. Última consulta: 19/03/2024.

[452] Li, J. Magee, J. E. & Wilkie, J. S. (2017). *Principles of Canadian Income Tax Law*, 9th ed. Toronto: Thomson Reuters Canada. pp. 85-86.

En el artículo 250(5) se formula el concepto de "considerado no residente / no residente presunto" ("*deemed non-resident*") con el fin de determinar las personas que efectivamente viven en Canadá, pero a efectos fiscales se consideran no residentes. Se trata de las personas físicas que, de no ser por la existencia de un CDI, serían calificados como residentes en Canadá a los efectos de la sujeción al Impuesto sobre la renta, pero en virtud de un tratado fiscal con otro país, se califican como residentes en el otro país y no residentes en Canadá. La norma 250(5) incluye también la expresión "de no ser por este artículo y cualquier tratado fiscal", de esta forma, en la misma disposición antepone directamente la norma jurídica internacional a la normativa doméstica.

Aparte de la Ley del Impuesto sobre la Renta, otro acto jurídico en materia de residencia fiscal, especialmente importante en Canadá, como consecuencia de la elevada movilidad de personas y capitales entre los dos Estados, es el Convenio sobre el Impuesto sobre la Renta entre Estados Unidos y Canadá (1980) - *Income Tax Convention* (1980), conocido como el Tratado, que establece las "reglas de desempate" en los casos de doble residencia entre los dos Estados. Cabe resaltar que según las instrucciones de CRA[453] al respecto, la Administración determina de forma acertada que el empleo de los conceptos *deemed resident* y *deemed non-resident* como una medida antielusión fiscal, partiendo de la sujeción al impuesto sobre la renta como residente en el otro Estado. Como señala la indicación: "El hecho de que una persona sea considerada residente en un país a los efectos del párrafo 1 del artículo de residencia de un tratado fiscal particular entre Canadá y otro país generalmente depende de si la persona está sujeta a impuestos en ese país en el sentido del tratado en particular".

Por último, cabe mencionar un caso de 29 de abril de 2009[454] que forma parte de la jurisprudencia canadiense en materia tributaria, en el que, a nuestro juicio, el Canadian Federal Court se pronuncia de forma acertada en cuanto a la acreditación de la residencia con el fin de aplicar las normas de un CDI. El asunto se refería a un residente de Barbados que tenía la intención de vender acciones de una empresa canadiense a un comprador canadiense. La ganancia patrimonial

453 Government of Canada, CRA, Income Tax Folio S5-F1-C1, Determining ....Op. Cit. párrafo 1.40. Última consulta: 19/10/2024.

454 Boidman, N. & Kandev, M. (2009). Can a treaty override domestic backup withholding rules? The Canadian decision in RCI. *Tax notes international* (Vol. 54, Issue 10, p. 867-872). Tax Analysts.

realizada por la transmisión estaba sujeta a impuestos en virtud de la legislación nacional canadiense, pero estaba exenta en virtud del CDI aplicable.

Según las disposiciones de la legislación interna de Canadá respecto a las ganancias patrimoniales realizadas por la transmisión de acciones no cotizadas en aquel momento, el vendedor tenía la obligación de aportar un Certificado de autorización - *Certificate in respect of proposed disposition*, emitido por la autoridad canadiense que declare la exención de la ganancia patrimonial en aplicación del CDI. El artículo 116 de la Ley del Impuesto sobre la Renta de Canadá (ITA), actualmente modificado, exigía como norma general que el vendedor pagara una cantidad a cuenta de la posible obligación tributaria por la ganancia patrimonial obtenida. El obligado a retener el importe del precio de la venta e ingresarlo en el Tesoro público con el fin de cubrir la posible obligación tributaria del vendedor era el comprador, a no ser que el vendedor hubiese obtenido un "Certificado de autorización", emitido por la Canadian Revenue Agency (CRA) en virtud del artículo 116 mencionado.

El artículo 116 no se aplicaba, desde su aprobación inicial, cuando un no residente transmitía bienes calificados como "bienes excluidos" en el momento de la disposición, pero en el momento de la transmisión en cuestión las acciones de una entidad no cotizada suponían "propiedad canadiense sujeta a impuestos". A partir del 1 de enero de 2009, los "bienes excluidos" incluyen la propiedad calificada como una "propiedad exenta en virtud de tratado" de un contribuyente no residente[455].

En el caso objeto de litigio, al no aportar el Certificado de autorización, el comprador tenía la obligación de retener el 25% del valor de la transmisión y pagar el importe a las autoridades tributarias canadienses. Aunque el interesado solicitó a las autoridades el certificado, este no fue expedido. El contribuyente, residente fiscal en Barbados, llevó el caso ante el Tribunal, alegando que la ganancia patrimonial estaba exenta en virtud del CDI aplicable y que el vendedor había cumplido todos los requisitos de la legislación nacional canadiense y, por lo tanto, tenía derecho a recibir el certificado de autorización solicitado.

El Tribunal dictó una sentencia, declarando que prevalecía el CDI y que el contribuyente tenía derecho a aplicar el CDI basándose únicamente en las disposiciones del CDI ya que la legislación nacional canadiense aplicable se había aprobado antes de la conclusión del CDI pertinente, sin que el tratado abordase

455 Income Tax Act (R.S.C., 1985, c. 1 (5th Supp.)). Última consulta: 19/10/2024.

la cuestión. En consecuencia, el Tribunal ordenó a las autoridades fiscales canadienses que emitieran un Certificado de autorización que indicara que la ganancia de capital estaba exenta en virtud del tratado fiscal.

2.6. INDIA

2.6.1. Consideraciones generales

Como sucede en otras civilizaciones antiguas desarrolladas, India es un país que implantó la sujeción a impuestos en la antigüedad. Muestra de ello es la conocida obra del poeta clásico Kalidasa[456] del siglo V d.C., donde rememora la constitución de los impuestos por el rey Dileepa: "Fue solo por el bien de sus súbditos que recaudó impuestos de ellos, al igual que el Sol extrae la humedad de la Tierra para devolverla mil veces más"[457]. Sin embargo, el desarrollo político y económico del país ha repercutido en la demora del progreso contemporáneo del Sistema impositivo que en la actualidad contiene, en su mayoría, normas que representan una influencia significativa, incluso simultaneidad, con la legislación británica.

Como señala Devisingh Patil, en 1860 "por primera vez en la historia legislativa de la India, se aprobó un proyecto de ley que imponía el impuesto sobre la renta, en su forma contemporánea"[458]. .... No obstante, la Administración tributaria sigue trabajando en la adopción de medidas y habilidades con el fin de "garantizar la equidad y la eficiencia"[459] del sistema de imposición directa.

Los asuntos relacionados con la tributación directa están establecidos actualmente en la Ley del Impuesto sobre la Renta de 1961 (Income-tax Act 1961[460]).

456 Raghuvaṃśa (Devanagari: रघुवंशम्, lit. 'linaje de Raghu') es un poema épico sánscrito (mahakavya) del poeta sánscrito Kalidasa. Se considera que se trata del siglo V d.C.

457 Hariharan Iyer, Ch. (2016) Indirect taxes in ancient India - a conceptual review. *Episteme: an online interdisciplinary, multidisciplinary & multi-cultural journal.* Volume 5, Issue 1. p. 105.

458 Discurso de la Presidenta de India, Shrimati Pratibha Devisingh Patil, de 15 de julio de 2011 con motivo de la ceremonia de clausura de las celebraciones de un año de conmemoración de los 150 años del Impuesto sobre la renta en India.

459 Devisingh Patil, Sh. (2011). Op. Cit.

460 Ley del Impuesto sobre la Renta de 1961 (Income-tax Act, 1961 [43 of 1961]), con las modificaciones introducidas con los Finance Act de 2024 y Finance (N° 2) Act de 2024.

El año fiscal en la jurisdicción comienza el 1 de abril y termina al 31 de marzo del año posterior. La Sección 3 de la Ley define el concepto "Año anterior" como el ejercicio financiero inmediatamente anterior al ejercicio objeto de declaración.

En relación con la importancia del año anterior es necesario detallar que, como recoge el análisis de Shah, si una persona es residente en la India en el año anterior con respecto a una fuente de ingresos, también es residente en el año anterior con respecto a todos sus ingresos. Hasta el 1 de abril de 1962 era posible ser residente en virtud de una fuente y no residente con respecto a otra fuente de renta diferente[461].

La Sección 6 de la Ley recoge las condiciones que definen la residencia fiscal en India. Se puede distinguir entre "residentes - residentes habituales" (ROR), "residentes, pero residentes no habituales" (RNOR), no residentes (NR), aparte de la categoría de personas que tienen "residencia presunta *(deemed residence)*". Como consecuencia de la determinación de una persona como residente, el legislador establece el alcance de los rendimientos sujetos a impuestos en el país. Para estos fines, se determinan como ingresos de fuentes extranjeras los ingresos que se devengan u originan de fuente externa (excepto los ingresos derivados de un negocio controlado o procedentes del ejercicio de actividades profesionales independientes de un profesional establecido en la India). De esta forma, la sujeción a impuestos según el estatus de residencia fiscal de la persona física varía de la siguiente manera:

1. Los Residentes - residentes habituales (ROR) están sujetos a impuestos en India sobre sus rentas mundiales.

2. Los Residentes - residentes no habituales (RNOR) están sujetos a impuestos en India solo con respecto a los ingresos que se generan (o se considera que se generan) o se reciben (o se considera que se reciben) en India, o provienen de una empresa controlada o derivan del ejercicio de actividades profesionales establecidas en el territorio del Estado. Los RNOR no están sujetos a tributación por sus ingresos con fuente fuera del territorio indio.

3. Los no residentes (NR) están sujetos a impuestos en India solo por las rentas que se generan (o se considera que se generan), o se reciben (o se consideran recibidas) en India.

---

461 Shah, S., *India - Global Mobility*, Country Tax Guides IBFD. Cap. 1.1.4.1.1. Definition under domestic tax law. Última consulta: 19/03/ 2024.

Las personas físicas RNOR y NR no están sujetas a impuestos por sus ingresos obtenidos y recibidos fuera de la India.

La Sección 6, párrafo 1 del Impuesto sobre la Renta de 1961 (*Income-tax Act 1961*) establece la regla general para la definición de una persona física como residente en India en cualquier año anterior, cuando:

a) se encuentre en la India durante ese año durante uno o varios períodos que asciendan en total a ciento ochenta y dos días o más; o

b) [***]

c) habiendo estado en la India durante un período o períodos que asciendan en total a trescientos sesenta y cinco días o más, está en la India por un período o períodos que ascienden en total a sesenta días o más en este año.

Para determinar el Estado de residencia de una persona física, el primer paso es determinar si es residente o no residente. Si se define como residente, entonces el siguiente paso es determinar si es residente - residente habitual (ROR) o es residente, pero no residente habitual (RNOR). Es importante señalar a efectos de la tributación directa de las personas físicas las figuras de la "familia indivisa hindú"- Hindu Undivided Family (HUF)[462] y las asociaciones de personas cuyo estatus de residencia es susceptible a determinación en aplicación de las mismas pruebas. Una "familia hindú indivisa" se trata como una "persona" en virtud de según la Sección 2 de la Ley del Impuesto sobre la renta de 1961, es decir, se trata como una entidad separada para el propósito de la determinación de la residencia. Las mismas reglas se aplican para las asociaciones de personas. Se establece que una asociación de personas o una familia indivisa hindú reside en la India en todos los casos, excepto cuando el control y la gestión de sus asuntos se sitúan totalmente fuera de la India.

462 Según la ley hindú, una familia indivisa hindú"- *Hindu Undivided Family (HUF)* es una familia que consta de todas las personas que descienden linealmente de un antepasado común e incluye a sus esposas e hijas solteras. La HUF no se puede crear en virtud de un contrato, sino se crea automáticamente en una familia hindú. Las familias jainistas y sijs, aunque no se rigen por la ley hindú, se tratan como HUF según dicha ley. Fuente: Mishra, A. (2023). A Study of Residential Status of an Individual and Hindu Undivided Family in Accordance To Income Tax Act. https://taxguru.in/income-tax/study-residential-status-individual-hindu-undivided-family-accordance-income-tax-act.html. Última consulta: 31/05/2025.

El Departamento de Impuesto sobre la Renta de India establece las reglas para la determinación del estatus de la persona física de la siguiente forma[463].

Paso 1: Requiere determinar si la persona física es residente o no residente.

En virtud de la Ley del Impuesto sobre la Renta, una persona será tratada como residente en India durante el año si cumple cualquiera de las siguientes condiciones:

(1) Se encuentra en India por un período de 182 días o más en ese año; o

(2) Se encuentra en India por un período de 60 días o más en el año y por un período de 365 días o más en 4 años inmediatamente anteriores al año correspondiente.

Sin embargo, esta segunda regla contiene medidas basadas en la ciudadanía: si un ciudadano indio o una persona de origen indio que visita India durante el año, el período de 60 días mencionado en el párrafo (2) anterior se sustituirá por 182 días. Una concesión similar se otorga al ciudadano indio que abandona India en cualquier año anterior como miembro de una tripulación o con el propósito de trabajar fuera de India.

Respecto al año fiscal 2021-22, la Ley de Finanzas 2020 introdujo una excepción de la regla segunda de forma temporal. La enmienda estableció que la regla de los 60 días según la regla 2ª anterior se sustituirá por 120 días, si un ciudadano indio o una persona de origen indio cuyos ingresos totales, distintos de los ingresos de fuentes extranjeras, exceden 15 lakhs rupias (1.500.000 rupias) durante el año anterior.

2.6.2. Residencia presunta (Deemed residence)

La Ley de Finanzas de 2020 introdujo una nueva sección 6 (1A) en la Ley del Impuesto sobre la Renta del 1961. La nueva disposición establece el concepto de "residencia presunta" *(deemed residence)*. Según la norma de carácter antielusión fiscal, "una persona física - ciudadano de India, que tenga ingresos totales, distintos de los ingresos de fuentes extranjeras, que excedan de quince *lakh* rupias (INR 1,5 millones) durante el año anterior, se considerará residente en India en

463 Income Tax Department. How to determine the residential status of an individual? https://incometaxindia.gov.in/pages/acts/income-tax-act.aspx. Última consulta: 09/11/2024.

ese año anterior, si no está sujeto a impuestos en ningún otro país o territorio por razón de su domicilio o residencia o cualquier otro criterio de naturaleza similar".

Las características esenciales de la figura "residencia presunta" (*deemed residence*) son las siguientes:

– Se introduce la expresión **"sujeto a impuestos"** (***liable to tax***) con el fin de incluir a los contribuyentes que por alguna razón (exenciones, deducciones, etc.) no pagarán impuestos, aun estando sujetos a imposición.

– **Rango de rentas sujetas a imposición:** la figura del residente "presunto" es similar al RNOR ya que no estará sujeto a impuesto sobre sus rentas de fuente extranjera, pero sí sobre las rentas derivadas de una empresa controlada o una actividad profesional establecida en India.

– **Residencia en otro país:** dicha persona se considerará residente de la India solo cuando no esté sujeta a impuestos en ningún país o jurisdicción por razón de su domicilio o residencia o cualquier otro criterio de naturaleza similar.

– **Volumen de los ingresos:** se establece como umbral un nivel de rentas totales superiores a 15 lakhs rupias (INR 1.500.000).

2.6.2.1. Relevancia de la residencia en el año anterior

La Ley introduce una clarificación para la eliminación de dudas, según la cual se establece que la cláusula de "residencia presunta" no se aplicará en el caso de una persona que se declara residente en India, en cumplimiento de la regla general de residencia basada en la presencia física del contribuyente en la India durante el año anterior relevante y/o los últimos cuatro años fiscales.

Si una persona es residente en India en un año anterior relevante para el año objeto de declaración con respecto a cualquier fuente de ingresos, se considerará que es residente en India en el año anterior relevante para el año objeto de declaración con respecto a cada una de sus otras fuentes de ingresos.

Paso 2: Se realiza por las personas que han cumplido la prueba de residencia y se establece para determinar si es residente —residente habitual (ROR) o residente— no residente habitual (RNOR).

Una persona residente será tratada como residente - no residente habitual en India durante el año si cumple con las siguientes condiciones:

(1) No fue residente en la India en 9 de los últimos 10 años inmediatamente anteriores al año correspondiente; o

(2) Su estancia en la India fue de 729 días o menos durante los 7 años inmediatamente anteriores al año correspondiente.

Sin embargo, la Ley de Finanzas de 2020 (con efectos desde 1 de abril de 2020) introdujo dos situaciones más en las que se considera que una persona residente es "no residente habitual" en India:

a) Un ciudadano indio o una persona de origen indio cuyos ingresos totales (distintos de los ingresos de fuentes extranjeras) excedan de 15 lakhs rupias (INR 1,5 millones) durante el año anterior y que haya estado en la India por un período de 120 días o más, pero menos de 182 días;

b) Un ciudadano indio que se considera residente en India según la nueva sección 6 (1A) que introduce el concepto de "residencia presunta" (*deemed residence*).

Una persona residente que no cumple ninguna de las condiciones mencionadas anteriormente o cumple solo una de ellas, será tratada como residente - no residente habitual (RNOR).

En resumen, la siguiente prueba determinará el Estado de residencia de una persona física:

- Si la persona física cumple alguna o ambas condiciones especificadas en el paso 1 y cumple cualquiera de las condiciones especificadas en el paso 2, se considera residente - residente habitual (ROR) en India.

- Si la persona física cumple alguna o ambas condiciones especificadas en el paso 1 y no cumple ninguna de las condiciones especificadas en el paso 2, se considera residente, pero no residente habitual (RNOR) en India.

- Si la persona física no cumple ninguna de las condiciones del paso 1, se considera no residente (NR).

Como resultado de las reglas descritas, en la práctica, una persona física que cambia su residencia fiscal, obteniendo su nueva residencia fiscal en India, tributa como mínimo dos o tres años como no residente (NR) o residente, pero no como residente habitual (RNOR).

Por último, cabe mencionar que la carga de la prueba para demostrar su condición de residente recae sobre el contribuyente, tal y como se estableció en el asunto de Rai Bahadur Seth Teomal v. CIT. El Tribunal consideró que la determinación del estatus de residente de un contribuyente "es una cuestión de hecho y es deber del contribuyente presentar todos los hechos relevantes ante las autoridades del impuesto sobre la renta"[464].

2.6.2.2. Reglas técnicas para el cómputo de días

➢ Para el cómputo de días de presencia de las personas físicas en India, no es relevante el motivo de la estancia, su continuidad o coincidencia en el mismo lugar del territorio de la India.

➢ Las fechas de llegada y de salida se consideran días de estancia en el país.

No obstante, si no hay datos disponibles para calcular el período de estancia en la India en términos de horas, se considera que tanto el día de entrada, así como el día de salida computarán como días de presencia[465].

El análisis de las reglas de definición de la residencia fiscal en India muestra, en primer lugar, una similitud con la legislación tributaria británica relacionada con las personas físicas tanto antes de la reforma de 2013 como a la legislación británica actualmente vigente en cuanto a la *deemed residence*, aunque establece periodos anuales diferentes para la aplicación de esta presunción *iuris et de iure*. Cabe subrayar la precisión, simplicidad y transparencia de las normas establecidas que, al margen de su idoneidad económica, no dan lugar a interpretaciones conflictivas.

2.6.3. Análisis crítico

En cuanto a la presencia en territorio indio, resalta su configuración como presencia física objetiva, no condicionada por factores como la intencionalidad de la estancia o la residencia habitual. Además, el estricto control transfronterizo establecido en el país por razones ajenas a las fiscales facilita, en gran medida, la acreditación de la presencia física en el territorio del Estado.

---

464 Asunto de Rai Bahadur Seth Teomal v. CIT. Fuente: Mishra, A. (2023). A Study of… Op. Cit.

465 Advance Ruling P. No.7 de 199 re [1997] 90 Taxman 62. Fuente: Mishra, A. (2023). A Study of…Op. Cit.

Con respecto a los CDI entre India y otros Estados, es relevante mencionar que el país mantiene una extensa red de convenios fiscales[466], en la que constan 96 CDI[467], 8 CDI limitados que establecen deducciones relacionadas con los ingresos de las compañías aéreas y los buques mercantes con los otros Estados firmantes y 21 acuerdos de intercambio de información sobre cuestiones fiscales, aparte de los acuerdos en materia de Seguridad social.

El documento válido para la acreditación de la residencia en otro país es el Certificado de Residencia Fiscal (TRC) emitido por las autoridades fiscales del país de residencia fiscal del contribuyente. Además, para ser beneficiario de un CDI, se requiere la presentación del formulario 10F[468] que incluye los detalles sobre el número de identificación fiscal en el país de residencia, el domicilio en este país, los periodos concretos de presencia allí, así como la nacionalidad del contribuyente. Adicionalmente, con el fin de aplicar las deducciones detalladas en los CDI, los contribuyentes tienen que estar en posesión de las declaraciones de ingresos y sus correspondientes justificantes de pago para los que se reclaman los beneficios del CDI, además de los comprobantes de los impuestos abonados en el otro Estado. El contribuyente tiene la obligación de demostrar su identidad y nacionalidad si así lo requiere la Administración.

Como particularidad, cabe mencionar las extensas facultades de la Administración india para obtener información relevante relativa a los extranjeros. Según señala Shah, "Las autoridades fiscales indias están autorizadas a examinar los registros globales, como las cuentas bancarias, los detalles de los activos y los estados de resultados del año anterior, para garantizar que la divulgación de los ingresos procedentes del extranjero sea completa y precisa. Las autoridades fiscales también pueden solicitar información relevante a las autoridades fiscales de otro país".[469] A diferencia de otras jurisdicciones, cabe mencionar la amplia

---

466 PWC Worldwide Tax Summaries. https://taxsummaries.pwc.com/india/individual/foreign-tax-relief-and-tax-treaties. Última actualización: 15/05/2024. Última consulta: 31/05/2025.

467 Handbook on Advance Rulings, Ministerio de Finanzas, Junta Central de impuestos directos, Junta de Resoluciones Anticipadas. https://incometaxindia.gov.in/Documents/advance-ruling/handbook-advance-rulings.pdf. Última consulta: 09/11/2024.

468 Departamento de Impuestos sobre la Renta, Ministerio de Finanzas, Gobierno de la India. https://incometaxindia.gov.in/forms/income-tax%20rules/103120000000007197.pdf. Última consulta: 09/11/2024.

469 Shah, S. *India*... Op. Cit. Capítulo. Inward expatriates 3.3.1. General.

información al alcance de la Administración, aparte del registro obligatorio de la información correspondiente a varios ejercicios, resultado del efecto de la configuración de la legislación fiscal en función de varios ejercicios para tener en cuenta.

Por otra parte, la transparencia de las normas de carácter tributario y transcendencia internacional parece óptima.

En primer lugar, cabe señalar el sistema de resoluciones anticipadas *—advance rulings—* en virtud de la Ley del Impuesto sobre la Renta de la India de 1961 (la Ley). Además de la legislación y el procedimiento relativos a este plan, también se han incluido las disposiciones pertinentes de la Ley y el Reglamento del Impuesto sobre la Renta de 1962 (el Reglamento), los formularios reglamentarios, las notificaciones emitidas por la Junta Central de Impuestos Directos y otras órdenes, etc., del Gobierno de la India.

En virtud de la Notificación Nº 96/2021 de 1 de septiembre de 2021 se constituyeron tres Juntas de Resoluciones Anticipadas (BAR) con facultades de dictar resoluciones anticipadas. Además, mediante la Notificación Nº 07 de 2022[470], se introdujo el Esquema de Resoluciones Anticipadas Electrónicas, que permite un proceso completo de resoluciones anticipadas con una interfaz mínima y garantiza una mayor eficiencia. En la actualidad, la funcionalidad de BAR se está poniendo en práctica a través de un sistema de correo electrónico, estableciendo, en estos momentos, un portal electrónico específico para la solicitud y emisión de Resoluciones Anticipadas Electrónicas.

El poder y las funciones del BAR se establecen en el Capítulo XIX-B de la Ley, que consta de los artículos 245N a 245W. El artículo 245N establece que la resolución anticipada puede ser obtenida por los siguientes solicitantes:

(i) Un no residente en relación con una deuda tributaria derivada de una transacción realizada o propuesta de realizar;

ii) Una empresa residente o que se proponga realizar una transacción con un no residente para determinar la obligación tributaria del no residente derivada de dicha transacción;

---

470 Con fecha 18 de enero de 2022, mediante la Notificación Nº 07/2022/ F.Nº 370142/62/2021-TPL (Parte-I), el Gobierno Central publicó la notificación que rige los aspectos procesales de la Juntas de Resoluciones Anticipadas (BAR). E-advance Ruling Scheme (modificada), 2023 se introdujo por la Notificación emitida por el Deparmaneto de Ingresos del Ministerio de Finanzas del 12 de junio de 2023.

(iii) Un residente que haya realizado o proponga realizar una o más transacciones por un valor de 100 crore rupias[471] o más en total (en virtud de la Notificación Nº 73 de 28 de noviembre de 2014), para determinar la obligación fiscal que surja de dicha transacción;

(iv) Una Empresa del Sector Público también puede solicitar una decisión anticipada con respecto a cuestiones relacionadas con el cálculo de los ingresos totales que estén pendientes ante cualquier autoridad fiscal o Tribunal de Apelación[472];

(v) Cualquier persona, ya sea residente o no residente, puede obtener una decisión sobre si un acuerdo propuesto por ella es un acuerdo de anulación inadmisible para la emisión de una resolución anticipada[473].

La resolución anticipada se emitirá sobre las cuestiones especificadas por parte del solicitante, teniendo en cuenta dos aspectos:

"i) La pregunta debe referirse al propio solicitante y no a ninguna otra persona. De este modo, cuando la cuestión que se pretende plantear no se refiera al interesado, que es una sociedad no residente, sino a su filial india residente, la solicitud no será admitida.

(ii) La segunda es la "obligación tributaria". Un no residente puede solicitar una resolución anticipada sobre cuestiones relativas a su obligación tributaria sobre los ingresos procedentes de India".[474]

En segundo lugar, cabe mencionar la publicidad relativa a los CDI suscritos por India y la disponibilidad de una herramienta específica que permite la comparación de convenios, así como de conceptos específicos que se contienen en los mismos. Por último, la Administración mantiene una base de datos interpretativa de los términos en latín que podrían formar parte de la jurisprudencia existente.

El análisis de las reglas de sujeción al impuesto sobre la renta mundial en India revela que los tiempos son muy importantes tanto desde el punto de vista de la presencia en territorio indio tanto durante el año como en años anterio-

---

[471] 1.000.000.000 rupias, aproximadamente 10.695.356,01€ según el tipo de cambio de 28/09/2024.

[472] The Appellate Tribunal.

[473] Handbook on Advance rulings. Op. Cit. p. 10.

[474] Handbook on Advance rulings. Op. Cit. p. 19.

res. Como se puede observar, un no residente que traslada su residencia a India, puede no convertirse en residente desde la fecha del traslado, aunque sea con la intención de establecerse en India indefinidamente. Según señala Shah, dependiendo de la estancia total en años anteriores, los impatriados que se establecen en India podrían estar sujetos al impuesto indio por su renta mundial a partir del tercer o cuarto año después de su llegada. Shah advierte que, "podría haber un desajuste en el momento de la tributación en el país de origen del expatriado con respecto a India"[475].

Asimismo, quedan fuera del alcance de la norma de residencia presunta los nacionales indios que tienen ingresos totales (distintos de los ingresos de fuentes extranjeras) que no exceden de 15 lakhs rupias (INR 1,5 millones) durante el año anterior y que hayan estado en India por un período de 120 días o más, pero menos de 182 días. En nuestra opinión, esta segunda omisión de un grupo de contribuyentes se ha establecido como una medida antielusiva constituida con la limitación citada de forma deliberada, atendiendo la razonabilidad de los gastos necesarios para el mantenimiento de la Administración desde la óptica de la eficiencia recaudatoria. No obstante, consideramos conveniente tanto desde el punto de vista de la posibilidad de crear situaciones de doble no imposición internacional como en beneficio de los propios ingresos públicos del Estado indio, recapacitar sobre las condiciones determinantes de la residencia fiscal en India y prever nexos de conexión adicionales, como podrían ser los vínculos económicos o patrimoniales con el territorio o la existencia de vínculos personales con residentes del Estado indio.

2.7. REINO UNIDO

2.7.1. Disposiciones generales

La legislación del Reino Unido relacionada con la determinación y las consecuencias del estatus de residencia fiscal aplicable a los ejercicios anteriores a 2013-2014 difiere considerablemente de la legislación actualmente vigente. Anteriormente se diferenciaba entre "residentes ordinarios", "residentes no ordina-

[475] Shah, S., *India - Global Mobility*, Country Tax Guides IBFD. Última consulta: 19/03/2024. Capítulo. Inward expatriates 3.3.1. General.

rios" y "no residentes"[476]. Para los periodos fiscales hasta 5 de abril de 2013 el Reino Unido establecía tributación sobre: 1) las rentas obtenidas en el Reino Unido, independientemente de que la persona a la que pertenecían era o no residente en el Reino Unido; 2) las rentas procedentes de fuentes fuera del Reino Unido que pertenecían a personas residentes en el Reino Unido; 3) las ganancias devengadas por la enajenación de activos en cualquier parte del mundo obtenidas por personas residentes o residentes habituales en el Reino Unido.

En algunas circunstancias se aplicaban normas especiales, pero en general el importe del impuesto sobre la renta y del impuesto sobre las ganancias de capital dependían de la condición del contribuyente de residente y/o residente habitual en el Reino Unido y, en algunos casos, de su domicilio. Las reglas de definición de la residencia ordinaria no estaban definidas en la legislación fiscal[477] sino desarrolladas durante los últimos dos siglos como una "mezcla de leyes, decisiones judiciales y la práctica de HMRC"[478]. La determinación del estatus de residente tenía su fundamento exclusivamente en la jurisprudencia[479], circunstancia que

---

[476] Manuales relacionados: *Inland Revenue: IR20 Residents and non-residents Liability to tax in the United Kingdom; IR68 - Accrued income scheme. Taxing securities on transfer; IR138 - Living or retiring abroad? A guide to UK tax on your UK income and pension; IR139 - Income from abroad? A guide to UK tax on overseas income; IR140 - Non-resident landlords, their agents, and tenants CGT1 - Capital gains tax. An introduction; IHT18 - Inheritance tax. Foreign aspects P/S/E/1 - Thinking of working for yourself NI38 - Social Security abroad; NI132 - National insurance for employers of people working abroad; SA29 - Your social security insurance, benefits and health care rights in the European Community, and in Iceland, Liechtenstein and Norway.*

[477] Los términos "residencia" y "residencia habitual" no estaban definidos en las Leyes Tributarias. La Administración tributaria emitió directrices respecto a su contenido en el Manual *IR20 Residents and non-residents Liability to tax in the United Kingdom*, capítulo 1 (residencia y residencia habitual) y en los capítulos 2 (situación de residencia de las personas que abandonan el Reino Unido) y 3 (personas que llegan al Reino Unido) que se basan en gran medida en sentencias de los tribunales.

[478] Morris, B. (2010). "Residency in the UK Where are we?" *Accountancy Ireland* (Vol. 42, Issue 2). Institute of Chartered Accountants In Ireland. p. 72.

[479] "La legislación pasa por alto un sistema obsoleto y engorroso que se basaba en una jurisprudencia centenaria; es un paso positivo hacia una economía abierta", Véase: Barnett, J. del Chartered Institute of Taxation. Fuente: Bouvier, S. (2013). "Statutory Residence Test Becomes Law In U.K. With Passage of Finance Bill 2013". *Accounting Policy & Practice Report* 9.16. pp. 667-.; "HMRC: Update". Professional Adviser (2011): 32. Brown, G. (2011).

ha sido ampliamente recusada en el Reino Unido por ser las reglas de residencia anteriores imprecisas, complicadas y subjetivas[480]. En este sentido, Falcón y Tella y Pulido Guerra califican el sistema anglosajón como un Derecho abierto e inconcluso, frente a la plenitud, complejidad o cerramiento de los sistemas continentales[481]. Las consecuencias de la falta de normas estatuarias marcaron la imposición y los litigios contra la Administración tributaria, no únicamente en el Reino Unido, sino también en los países cuya legislación fiscal proviene de la británica[482].

Las leyes que citaban de alguna forma la definición de la residencia fiscal antes de la Ley de Finanzas de 2013 son escasas y las definiciones - parciales. Kessler define la introducción de las modificaciones como "un cambio para mejor"[483] con la idea de que en la mayoría de los casos los contribuyentes podrán, siguiendo las nuevas normas, definir su residencia fiscal "con una certeza razonable". El Impuesto sobre la Renta (ITA) de 2007, Parte 14, Capítulo 2, trata el concepto de residencia fiscal de las personas físicas en su artículo 829[484]:

"Residencia temporal de personas físicas en el extranjero

(1) Esta sección se aplica si:

a) un individuo ha abandonado el Reino Unido únicamente con el fin de residir ocasionalmente en el extranjero, y

b) en el momento de su salida, el individuo era residente del Reino Unido y además residente habitual en el Reino Unido.

(2) Se considerará al individuo residente del Reino Unido a efectos de determinar su obligación de pagar el impuesto sobre la renta para cualquier año

---

480 Véase también: Statutory Definition of Tax Residence: A Consultation, HM Treasury and HM Revenue & Customs (HMRC), párrafo 1.4, p. 3;
Murphy, B. (2011) "To Reside or Not to Reside?" *Professional Adviser* (2011). p. 20;
Banner, M. (2011). "Reforming the Rules on Residence". *Money Management*: n. pag. t.

481 Falcón y Tella, M. J. (2010). *La jurisprudencia en los Derechos romanos, anglosajón y continental* (1st ed.). Marcial Pons. p. 63.

482 Dirkis, M. (2020). "Moving to a More 'Certain' Test for Tax Residence in Australia: Lessons for Canada?" *Canadian tax journal* 68.1, p. 147.

483 Kessler, J. (2014). *Taxation of non-residents and foreign domiciliaries: 2014-2015 (13th ed).* Key Haven Publ. pp. 170-171.

484 Arts. 829 omitidos (17.7.2013) en virtud de la Ley de Finanzas de 2013 (c. 29), Sch. 45 párr. 152(6).

fiscal durante el cual, en su totalidad o en parte, el individuo permanezca fuera del Reino Unido únicamente con el fin de residir ocasionalmente en el extranjero[485]."

La falta de definición legislativa del concepto "residente ordinario" requería darle su significado natural y ordinario[486] y, según la jurisprudencia, en su sentido corriente y natural, las palabras [residente ordinario] significan "que la persona debe residir habitual y normalmente aquí, aparte de las ausencias temporales u ocasionales de larga o corta duración"[487]. En el mismo sentido, en base al caso R v Barnet, Ex p Shah de 1983, se estableció el test Shah, cuyos preceptos dictan que: "... "Residente ordinario" se refiere a la residencia de una persona en un lugar o país determinado que ha adoptado voluntariamente y con fines establecidos como parte del orden regular de su vida por el momento, ya sea de corta o larga duración"[488].

La definición de la residencia ocasional se discutió en varios casos judiciales:

1) Rogers v IRS (1879) 1 TC 225, fecha de la sentencia 28/06/1879 jurisdicción Escocia[489]. El contribuyente Rogers estuvo fuera del Reino Unido, viajando

---

485 Según establece la norma, una persona estaría sujeta a impuestos del Reino Unido por su renta mundial en el caso de que su salida del territorio fuese "con el fin de residir ocasionalmente en el extranjero".

486 *HMRC Internal Manual, National Insurance Manual NIM33555 —special cases: international— people going to or coming from abroad: row: meaning of "ordinarily resident"*, disponible en https://www.gov.uk/hmrc-internal-manuals/national-insurance-manual/nim33555, Última consulta: 09/11/2024.

487 Shah v Barnet Borough Council [1983] 1 All ER 226.

488 R v Barnet LBC, Ex p Shah [1983] AC 309.

489 Rogers v IRS (1879) 1 TC 225, fecha de la sentencia 28/06/1879 jurisdicción Escocia, *The Scottish Law Reporter*, Vol. XVI, p. 682. Hechos: El capitán de un barco británico, al que se aplicaba una liquidación del impuesto sobre la renta, estuvo ausente a cargo de su embarcación durante todo el año, pero su esposa y su familia vivían en su casa en este país. Sostuvo que estaba obligado a presentar liquidación. En este caso, David Rogers, maestro marinero, apeló ante los Comisarios del Impuesto sobre la Renta del distrito de Kirkcaldy de Fifeshire, contra una comprobación conforme al Anexo (D) de las Leyes del Impuesto sobre la Renta para el año que finalizó el 5 de abril de 1879, por la suma de 240 libras esterlinas. Parecía que había estado ausente de Gran Bretaña al mando de su embarcación durante todo el año objeto de comprobación, pero que era propietario de una casa en Innerleven, en Fifeshire, donde habían residido su esposa y su familia durante el año en cuestión; que no tenía vivienda en ningún otro país y que regresaría a Gran

como marinero, pero su mujer e hijos vivían en Escocia. El contribuyente no tenía otra vivienda habitual y fue definido como residente en el Reino Unido. Según la Sentencia, "Cada marinero tiene una residencia en tierra... Y la pregunta es, ¿dónde está esa residencia? La respuesta, sin duda, es que su residencia está en Gran Bretaña. No tiene otra residencia, y un hombre debe tener una residencia en alguna parte". El alegato del Lord Presidente de este caso determinó uno de los principios esenciales del concepto de "domicilio", cuya validez sigue incuestionable; este principio consiste en la tesis que ninguna persona física puede carecer de domicilio.

2) Reed v Clark (1986) Ch 1[490]. El contribuyente David Clark había sido residente y residente habitual en el Reino Unido. Se trasladó a Los Ángeles con fecha 3 de abril de 1978 y volvió el 2 de mayo de 1979; mantuvo su apartamento en Londres, pero se estableció en los EE.UU. de forma habitual. Según la sentencia, de acuerdo con las normas contenidas en la legislación nacional del Reino Unido, se declaró que el contribuyente fue residente y residente habitual en los EE. UU.

3) Lysaght v Commissioners of Inland Revenue [1928] 13 TC 511[491], fecha de la sentencia 09/03/1928, jurisdicción Reino Unido. El contribuyente

---

Bretaña cuando se lo ordenaran sus empleadores, ya que no tenía ninguna intención de residir fuera de allí.
Se declaró, en base al Cap. 35 (Ley del Impuesto sobre la Propiedad), art. 39 que, "cualquier súbdito de Su Majestad cuya residencia ordinaria haya sido en Gran Bretaña y haya salido de Gran Bretaña y haya ido a cualquier parte más allá de los mares, con el único propósito de residencia ocasional, en el momento de la ejecución de esta Ley, se considerará, a pesar de dicha ausencia temporal, una persona responsable de los deberes otorgados por la Ley como una persona que reside realmente en Gran Bretaña, y se le evaluará y cobrará en consecuencia... según la cantidad total de sus beneficios o ganancias, ya sea que surjan de propiedades de Gran Bretaña o en otro lugar, o de cualquier asignación, anualidad o remuneración...o de cualquier profesión, empleo, comercio o vocación en Gran Bretaña o cualquier otro lugar". Los Comisarios confirmaron la comprobación. El demandado no fue citado.

490 Reed v. Clark, 984 F.2d 209 (7th Cir. 1993).

491 Lysaght v Commissioners of Inland Revenue [1928] 13 TC 511, UKHL (1928), p. 511. El recurrente vivió en Inglaterra hasta 1919 y se dedicó a los negocios como director y director general de una empresa en el Reino Unido. Asistía regularmente a reuniones de directores de Inglaterra todos los meses durante aproximadamente una semana cada vez. Era dueño de un campo en Inglaterra que quería vender. No tenía ninguna actividad comercial en Irlanda excepto la gestión de su patrimonio. Su cuenta principal estaba en

Lysaght, residente irlandés, fue definido como residente del Reino Unido en base a los días pasados en el Reino Unido para la celebración de reuniones de negocios regulares, aproximadamente una semana cada mes, por lo cual pasó durante 3 años consecutivos 101, 94 y 84 días respectivamente, aparte de otra visita de 48 días. Según el fallo, el significado del concepto de "residencia" en la Ley del Impuesto sobre la Renta es una "cuestión de Derecho". El Tribunal determinó que los períodos cortos pero regulares de presencia física pueden equivaler a residencia, especialmente si se derivan del cumplimiento de una obligación continua y la secuencia de visitas excluye los elementos circunstanciales.

4) Levene v Commissioners of Inland Revenue [1928] 13 TC 486, 505[492]. Según las disposiciones de la sentencia, la palabra "residir" significa "habitar permanentemente o por un tiempo considerable, tener la residencia establecida o habitual, vivir en un lugar en particular".

Irlanda. El domicilio social de sus diversos valores estaba en Irlanda. Realizó tres largos viajes a Australia y Sudamérica en nombre de la empresa en los últimos años. El asunto en cuestión objeto de la disputa fue si el apelante era residente y residente habitual en el Reino Unido en los años en cuestión. Para determinar su situación de residencia se tuvieron en cuenta las visitas periódicas del apelante a Inglaterra con fines comerciales, su falta de actividades comerciales en Irlanda y su domicilio familiar permanente en Irlanda. El recurso fue desestimado.

492 Levene v Commissioners of Inland Revenue [1928] 13 TC 486, 505. Fuente: UKHL (1928), p. 486. https://www.casemine.com/judgement/uk/5a8ff70160d03e7f57ea5899#. Última consulta: 31/05/2025.

El fondo del asunto consiste en determinar si el apelante Levene está sujeto a impuesto sobre la renta. Al apelante, ciudadano británico, se le obligó tributar por el impuesto sobre la renta sobre sus dividendos procedentes de valores de posesiones británicas y de préstamos de guerra para los años fiscales 1921-22 y los tres años fiscales siguientes a este. El recurrente pretendía estar exento de pagar dicho impuesto sobre la renta por no ser residente en el Reino Unido en el sentido de las Normas Generales aplicables y que no era "residente habitual" en el Reino Unido según las definiciones de la Ley del Impuesto sobre la Renta de 1918. El apelante fue residente británico hasta marzo 1918, viviendo en alquiler en Londres. Entonces resolvió su contrato de alquiler, vendió sus muebles y desde marzo 1918 hasta enero de 1925 no ocupó ningún lugar fijo de residencia, sino que vivió en hoteles en el país o fuera de él. Los Comisionados Especiales desestimaron el recurso del apelante, y esta decisión fue confirmada por Rowlatt. J., posteriormente por el Tribunal de Apelación. El recurrente apeló ante la Cámara de Lores sin éxito.

Según el Tribunal, "La insinuación que para determinar si un hombre reside ordinariamente en este país, se deben contar los días que vive aquí y los días que vive en otro lugar, y que solo si en cualquier año los primeros son más numerosos que los segundos, puede considerarse residente habitual aquí, me parece carente de sustancia. La expresión "residencia ordinaria" se encuentra en la Ley del Impuesto sobre la Renta de 1806 y aparece una y otra vez en las Leyes del Impuesto sobre la Renta posteriores, donde se contrasta con la residencia habitual, ocasional o temporal; y creo que connota residencia en un lugar con cierto grado de continuidad y al margen de las ausencias accidentales o temporales. De esta forma, se formula la conexión entre "residencia" y "residencia ordinaria" desde el punto de vista de presencia física: "Me resulta difícil imaginar un caso en el que un hombre no reside aquí sí reside habitualmente aquí".

Asimismo, el apartado 15 trata el periodo de continuidad y su importancia en la definición de la residencia ordinaria. "...la exigibilidad del contribuyente en cada año de sujeción a impuestos constituye una cuestión separada, pero no creo que se cometa error de Derecho si los hechos aplicables a la totalidad del tiempo se encuentran en una historia continua. ...Sirven para mostrar el método y el sistema y así eliminar las dudas que podrían surgir si los años se examinaran aisladamente unos de otros".

Cabe mencionar que, una clarificación en el mismo sentido para la definición del concepto de "domicilio habitual", está incluida en los Comentarios al art. 4 del MC OCDE[493].

Antes de la modificación de la regulación del término de "residencia" en 2013, la Administración tributaria mantenía manuales internos que, además de contener toda la información relevante relacionada con la tributación directa de las personas físicas, recogían el posicionamiento de esta parte referente a los conceptos no definidos en la legislación. El IR20 de 1973 fue sustituido por el HMRC6, en vigor a partir del 6 de abril de 2009. La falta de claridad y, en algunos casos, el uso de este vacío jurídico por los contribuyentes para la evasión de impuestos[494], llevó a los tribunales a descalificar el contenido de estos manuales.

---

493 Véase, en el presente trabajo, Capítulo II. 2.3. Puntos clave para la calificación de una persona física como beneficiaria del CDI según el MC OCDE y el MC ONU.

494 Oats, Miller y Mulligan opinan que Clark ganó su caso a pesar de que había claramente un motivo de evasión de impuestos en su ausencia del Reino Unido. (caso Reed v Clark (1986) Ch 1), Véase: Oats, L., Miller, A. & Mulligan, E. (2017). *Principles of...* Op. Cit. p. 72.

Cabe señalar, en este sentido, la observación de Cape y Dayananda en su análisis de la sentencia de la Corte Suprema del caso Gaines-Cooper[495], que la misma es una nota de advertencia para los contribuyentes que desean confiar en la guía de HMRC[496].

Según el caso objeto de litigio, el Sr. Gaines-Cooper abandonó el Reino Unido en 1976 para vivir en el extranjero. Escribió a la Administración HMRC y después de cuatro años le preguntaron por el número de días que había pasado en el Reino Unido desde su partida. Les dio los detalles que mostraban que estaba por debajo del límite de 91 días para estos años. No tuvo más noticias de HMRC y no pensó más en ello porque, "como todo el mundo sabía", esa era la práctica para establecer la no residencia. Abandonó el Reino Unido y no regresó durante más de 90 días al año y, según la práctica de HMRC, se le trató como no residente. HMRC a menudo revisaba la posición después de 3 años para asegurarse de que lo que dijo se correspondía con lo que realmente hizo. Veinte años más tarde, HMRC decidió gravar al Sr. Gaines-Cooper considerando que era residente en el Reino Unido.

Durante la vista los Comisionados Especiales, en representación de HMRC, declararon que no tenían que considerar el Manual IR20 ya que era "simplemente una declaración de práctica y nada que ver con la ley". La posición formal que adoptó la Administración fue que el Manual IR20 no era vinculante para la Administración, sino que era simplemente una guía general. En cualquier caso, indicaron que todo el mundo había malinterpretado los términos del IR20 y los contribuyentes no podían confiar en él, ni debían hacerlo ya que esta guía simplemente establecía cómo HMRC podría abordar la condición de un contribuyente.

Finalmente, durante el periodo de consultas antes de la modificación de las normas relativas a la residencia fiscal, la HMRC reconoció que no existía una definición legal completa del concepto de "residencia fiscal" y que las normas eran complicadas y poco claras. "Existe una legislación muy limitada, pero la definición se basa en gran medida en sentencias judiciales durante un periodo de tiem-

495 Vaines, P. (2011). UK Tax Bulletin, July, Squire Sanders Hammonds, disponible en https://www.squirepattonboggs.com/-/media/files/insights/publications/2011/08/united-kingdom-tax-bulletin/files/july-tax-bulletin/fileattachment/july-tax-bulletin.pdf, p. 3. Última consulta: 31/05/2025.

496 Cape, J. & Dayananda., H. (2011). "The Futility of Guidance". *Financial Adviser*.

po muy largo y basados en hechos que surgen en un mundo muy diferente desde el punto de vista de la economía, la tecnología, los viajes y los patrones de trabajo globalizados de hoy. Las sentencias judiciales no han establecido principios claros o específicos que sean aplicables a todos los contribuyentes".[497] "Como resultado, puede ser difícil para las personas saber si residen en el Reino Unido o no. Otorgar un carácter legal a la residencia fiscal proporcionará certidumbre al contribuyente".[498] En el documento que anuncia las consultas declara que "El objetivo es sustituir las actuales normas de residencia, inciertas y complicadas, por una prueba de residencia legal clara que sea fácil de usar por el contribuyente"[499].

Legislación en vigor a partir del ejercicio fiscal 2013-14

La nueva legislación que eliminó el concepto de residencia ordinaria se introdujo con la Ley de Finanzas de 2013 (*Finance Bill 2013*) y entró en vigor para el ejercicio fiscal de 6 de abril de 2013 al 5 de abril de 2014[500]. El compromiso del Gobierno consistía en la introducción de un criterio legal transparente, objetivo y fácil de utilizar[501] por lo cual introdujo la prueba *Statutory Residence Test* (SRT) que se compone de tres partes: la prueba concluyente de no residencia, la prueba concluyente de residencia y la prueba de factores de conexión/cálculo de días[502].

La condición de residente y el estatus de domiciliado en el Reino Unido tienen consecuencias en dos aspectos: en primer lugar, determinan las obligaciones tributarias en el ámbito del impuesto sobre la renta y el impuesto sobre las ganancias patrimoniales y por otro lado, otorgan o no el derecho a aplicar los diferentes beneficios fiscales en el impuesto sobre la renta.

---

497 HM Treasury and HM Revenue & Customs (HMRC). Statutory Definition of Tax Residence: A Consultation. p. 3. Última consulta: 31/05/2025. www.gov.uk/government/uploads/system/uploads/attachment_data/file/81588/consult_condoc_statutory_residence.pdf

498 HM Treasury and HM Revenue & Customs (HMRC). Statutory Definition of Tax Residence: A Consultation. Op. Cit. p. 21.

499 HM Treasury and HM Revenue & Customs (HMRC). Statutory Definition of Tax Residence: A Consultation. Op. Cit. p. 2.

500 Oats, L, Miller, A. & Mulligan., E. (2017). *Principles of*...Op. Cit. p. 50.

501 HM Treasury and HM Revenue & Customs (HMRC). Statutory Definition of Tax Residence: A Consultation. Op. Cit. p. 3.

502 Westin, R. A. (2013). "U.K. Revises Statutory Residency Test". *Journal of International Taxation* 24.7: pp. 60 y sig.

Los **residentes fiscales domiciliados** en el Reino Unido normalmente tributan sobre la base impositiva mundial (*arising basis*) que incluye las rentas y ganancias patrimoniales procedentes de otros países.

Los **residentes no domiciliados** en el Reino Unido podían optar por tributar sobre la base impositiva resultante o la base impositiva remitida o derivada (*remittance basis*)[503]. Las personas que hayan utilizado la modalidad *remittance basis* pueden acogerse al Mecanismo de Repatriación Temporal (MRT) durante los años 2025-2026 a 2027-2028 para traer al Reino Unido importes de ingresos y ganancias históricas no remitidas con un tipo impositivo reducido[504]. En aplicación del régimen *remittance basis*, el contribuyente estaba sujeto a impuestos del Reino Unido sobre: la totalidad de los ingresos y ganancias con fuente en el Reino Unido; los ingresos y ganancias en el extranjero que el obligado tributario u otra persona relevante remita al Reino Unido, incluso si esa remesa se produce en un año fiscal posterior[505].

No podían optar por la base remitida los domiciliados en el Reino Unido que cumplieran la Condición A o la Condición B, en cuyo caso tributarían por la base total[506]. Si una persona no está domiciliada en el Reino Unido según el *common-law* inglés, se le considerará domiciliado en el Reino Unido a todos los efectos fiscales si se cumplen las circunstancias establecidas como la "Condición A" o la "Condición B". Si cumple con las nuevas reglas de domicilio presunto, no podía aplicar el régimen de la base remitida —*remittance basis*- y consecutivamente, tributaría sobre la base total— *arising basis*.

Para cumplir con la condición A, la persona debe: i) Haber nacido en el Reino Unido; ii) Tener el Reino Unido como domicilio de origen; iii) Haber residido en el Reino Unido entre 2017 y 2018, o años posteriores. La condición B se cumple cuando la persona ha sido residente del Reino Unido durante al menos 15 de los 20 años fiscales inmediatamente anteriores al año fiscal correspondiente.

---

503 Véase, en el presente trabajo, Subcapítulo 1.7.8. Tributación sobre la base remitida (base derivada - *remittance basis*)

504 Para más información sobre el Mecanismo de Repatriación Temporal, consulte RDRM71000 y siguientes.

505 Carr, J., Hoerner, J. & Martinez, A. (2009). 'New foreign dividend exemption systems in Japan and the U.K.: tax considerations for distributions from US subsidiaries', *Tax Management International Journal*, vol. 38(6), p. 319.

506 A partir del 6 de abril de 2017 entraron en vigor nuevas normas sobre domicilio presunto (*deemed domicile*).

La persona puede perder el estatus de domiciliado presunto en virtud de la Condición B, cuando sale del Reino Unido y permanece como no residente en el Reino Unido durante al menos 6 años fiscales en los 20 años fiscales anteriores al año fiscal correspondiente. Si la persona nació en el Reino Unido y tiene un domicilio de origen en el Reino Unido al nacer, puede adquirir un domicilio de elección fuera del Reino Unido según el *common-law*, si reside en otro país o jurisdicción con la intención de permanecer allí de forma permanente.

Los miembros de la Cámara de los Comunes (*MPs*) y la Cámara de los Lores (*Peers*) se consideran residentes y domiciliados en el Reino Unido a efectos del impuesto sobre la renta, el impuesto sobre sucesiones y el impuesto sobre las ganancias de capital en cada ejercicio fiscal en el que hayan ostentado esta condición, incluso cuando haya sido durante una parte del año fiscal o hayan disfrutado de algún permiso de ausencia.

En cambio, según la legislación interna, los **no residentes** a efectos fiscales en el Reino Unido están sujetos a impuestos sobre los rendimientos de trabajo realizado en el Reino Unido y sobre cualquier otro ingreso con fuente en el Reino Unido, sin perjuicio de las diferencias en el tratamiento interpuestas por la existencia de CDI.

Como posibilidad excepcional existe el "tratamiento de año dividido" (*split year treatment*), que permite en ciertos casos que la misma persona sea tratada durante una parte del ejercicio fiscal como residente y como no residente durante otra parte del ejercicio[507].

---

507 Existen 8 casos diferentes en los que se podría aplicar el "tratamiento de los ejercicios fiscales divididos" cuando la persona física abandona el Reino Unido o se traslada a su territorio. En los casos de una salida real o presunta del Reino Unido de un residente del Reino Unido es posible que sea de aplicación alguno de los casos de año dividido del N° 1 al N° 3. En cambio, cuando hay una llegada real o presunta al Reino Unido para un residente, serían de aplicación los casos del N° 4 al N° 8. Cuando sea aplicable más de un caso, las reglas de orden prioritario muestran qué caso de año dividido sería de aplicación.

- Si la persona sale del Reino Unido: Caso 1 - Comienza a trabajar a tiempo completo en el extranjero; Caso 2 - Acompañar a una pareja en el extranjero, y Caso 3: Deja de tener una vivienda en el Reino Unido.
- Si llega al Reino Unido: Caso 4: Comienza a tener un hogar solo en el Reino Unido; Caso 5 - Empieza a trabajar a tiempo completo en el Reino Unido; Caso 6 - Causa cese en el trabajo a tiempo completo en el extranjero; Caso 7 - Regresa o se traslada al Reino Unido con su pareja, y Caso 8: Empieza a tener una casa en el Reino Unido.

En cuanto a las pruebas determinantes para la definición de la condición de residente, en el caso de que la persona física haya estado en el Reino Unido durante 183 días o más, se considera residente del Reino Unido, sin que sea necesario en este caso realizar pruebas adicionales. Sin embargo, si ha permanecido en el Reino Unido menos de 183 días, habría que realizar la prueba de residencia legal (the *Statutory Residence Test (SRT))*.

La prueba SRT define la residencia a efectos fiscales en base a la cantidad de tiempo que permanece y, cuando sea el caso, trabaja en el Reino Unido la persona física, y los vínculos que tiene con el Reino Unido. La prueba se divide en las siguientes partes:

- Pruebas automáticas del extranjero *(the automatic overseas tests);*
- Pruebas automáticas del Reino Unido *(the automatic UK tests);*
- Prueba de vínculos suficientes *(the sufficient ties test).*

Además, la aplicación del SRT a personas fallecidas está definida con ciertas delimitaciones en la aplicación de las pruebas establecidas y el tratamiento del año dividido está concretado de forma específica.

2.7.2. Pruebas automáticas del extranjero

Si una persona ha permanecido en el Reino Unido 182 o menos días durante un año fiscal, debe realizar las pruebas automáticas del extranjero. Si cumple cualquiera de las pruebas automáticas del extranjero para el año fiscal correspondiente, será automáticamente no residente en el Reino Unido para ese año. Si, para un año fiscal determinado, una persona cumple cualquiera de las pruebas automáticas en el extranjero, será tratada como no residente en el Reino Unido para el año fiscal en cuestión, incluso si también cumple con alguna de las pruebas automáticas del Reino Unido. Por lo tanto, la prueba automática en el extranjero es el primer componente que debe tenerse en cuenta.

Si una persona no cumple con ninguna de las pruebas automáticas del extranjero y cumple una de las pruebas automáticas del Reino Unido o la prueba de vínculos suficientes, se considerará que esta persona es residente fiscal en el Reino Unido durante todo el año. En cambio, si no cumple con ninguna de las pruebas automáticas del extranjero, ni con las pruebas automáticas del Reino Unido o la prueba de vínculos suficientes, no se le considerará residente en el Reino Unido durante todo el año fiscal.

Existen 5 pruebas automáticas del extranjero, 2 de las cuales son aplicables a personas fallecidas. Únicamente la Primera prueba automática del extranjero no puede aplicarse a una persona fallecida, la Segunda y la Tercera son adaptables, por lo que se pueden utilizar, y la Cuarta y la Quinta prueba automática del extranjero solo se aplican a personas fallecidas.

Los factores determinantes para la evaluación son el número de días que la persona física estuvo presente en el Reino Unido, el número de años anteriores al año en cuestión en los que la persona ha sido residente fiscal en Reino Unido y el tiempo que ha trabajado en el Reino Unido. Si no se cumplen las condiciones de una prueba, la persona física debe realizar las siguientes pruebas automáticas en el extranjero. Las pruebas aplicables a personas que no han fallecido durante el año fiscal están recogidas en la Tabla siguiente:

Tabla 4. SRT: Overseas test (Pruebas automáticas del extranjero - personas no fallecidas).

Prueba / Factor determinante	1ª prueba del extranjero	2ª prueba del extranjero	3ª prueba del extranjero
	1st automatic overseas test	*2nd automatic overseas test*	*3rd automatic overseas test*
Residencia fiscal en el Reino Unido año/años anteriores	1 o más antes del año evaluable	Ningúno de los 3 antes del año evaluable	N/A
Días en el Reino Unido	Menos de 16	Menos de 46	Menos de 91
Trabajar en el Reino Unido	N/A	N/A	El número de días en los que trabaja más de 3 horas en el Reino Unido es inferior a 31
Condición especial 3ª prueba en el extranjero	N/A	N/A	No hay un **descanso significativo*** del trabajo que realiza en el extranjero
Calificación	No residente	No residente	No residente

*Un **descanso significativo** es cuando dentro de un periodo de 31 días consecutivos ninguno de esos días es un día en el que la persona física:

– Trabaja más de 3 horas en el extranjero;

– Habría trabajado durante más de 3 horas en el extranjero, pero no lo hizo porque estaba en situación de vacaciones anuales, baja médica o permiso por cuidado de hijos.

Si la persona tuvo un descanso significativo del trabajo en el extranjero, no será considerada una persona con trabajo a tiempo completo en el extranjero. Es aplicable a trabajadores por cuenta propia o cuenta ajena y no aplicable a voluntarios o empleados que ejercen su trabajo a bordo de un vehículo, avión o barco.

2.7.3. Pruebas automáticas del Reino Unido

Las pruebas automáticas del Reino Unido están basadas en la permanencia en el Reino Unido, la disposición y residencia en una vivienda y la realización de un trabajo en el Reino Unido. Si no se cumplen las condiciones de una prueba, la persona física debe realizar las siguientes pruebas automáticas del Reino Unido. Las pruebas aplicables a personas que no han fallecido durante el año fiscal están recogidas en la Tabla siguiente:

Tabla 5. SRT: UK test (pruebas automáticas del Reino Unido)

<table>
<tr><td rowspan="2">Prueba
Factor determinante</td><td>1ª prueba del Reino Unido</td><td>2ª prueba del Reino Unido</td><td>3ª prueba del Reino Unido</td></tr>
<tr><td>1st automatic UK test</td><td>2nd automatic UK test</td><td>3rd automatic UK test</td></tr>
<tr><td>Días en el Reino Unido</td><td>183 días o más</td><td>N/A</td><td>N/A</td></tr>
<tr><td rowspan="3">Tener una vivienda en el Reino Unido y permanecer en esta vivienda (Si tiene más de una vivienda en el Reino Unido, el contribuyente debe considerar cada una de esas viviendas por separado para ver si cumple la prueba. Si cumple esta prueba en relación con una de sus viviendas en el Reino Unido, se considera que ha cumplido la prueba de residencia)</td><td rowspan="3">N/A</td><td>Tener una vivienda por al menos un periodo de 91 días consecutivos, y</td><td rowspan="3">N/A</td></tr>
<tr><td>Al menos 30 de estos 91 días caen en el año fiscal cuando tuvo una vivienda en el Reino Unido y estuvo presente en esa casa durante al menos 30 días en cualquier momento durante el año, y</td></tr>
<tr><td>En ese momento no tenía una vivienda en el extranjero, o si tenía una vivienda en el extranjero, estuvo presente en ella por menos de 30 días en el año fiscal</td></tr>
<tr><td rowspan="3">Trabajar en el Reino Unido</td><td rowspan="3">N/A</td><td rowspan="3">N/A</td><td>Trabaja a tiempo completo en el Reino Unido durante cualquier período de 365 días que entra en el año fiscal y además,</td></tr>
<tr><td>Más del 75% del número total de días en el período de 365 días en los que trabaja más de 3 horas, tienen que ser días en los que trabaja más de 3 horas en el Reino Unido y además,</td></tr>
<tr><td>Al menos un día, que debe estar tanto dentro del periodo de 365 días como dentro del año fiscal, tiene que ser "un día en el que trabaja más de 3 horas en el Reino Unido".</td></tr>
<tr><td>Calificación</td><td>Residente</td><td>Residente</td><td>Residente</td></tr>
</table>

2.7.4. Prueba de vínculos suficientes

Si una persona física no cumple ninguna de las pruebas automáticas del extranjero y ninguna de las pruebas automáticas del Reino Unido, su estatus será determinado a través de la prueba de vínculos suficientes. La prueba de vínculos suficientes se basa en una combinación de las conexiones del contribuyente con el Reino Unido, conocidas como "vínculos", junto con la cantidad de días que permanece en el Reino Unido. Si la persona cumple la prueba de vínculos suficientes, será calificada como residente en el Reino Unido para ese año fiscal en particular.

Si el contribuyente **no fue residente del Reino Unido** en ninguno de los 3 años fiscales anteriores al año en cuestión, deberá verificar si tiene alguno de los siguientes vínculos:

- Un vínculo familiar;
- Un vínculo de alojamiento;
- Un vínculo laboral;
- El vínculo de los 90 días.

Si **fue residente en el Reino Unido** en uno o más de los 3 años fiscales anteriores al año evaluado, también tendrá que verificar si tiene un vínculo con el país.

Tabla 6. SRT: The ties test (prueba de vínculos suficientes)

Vínculos con el Reino Unido necesarios si fue residente del Reino Unido durante uno o más de los 3 años fiscales anteriores al año fiscal evaluado		Vínculos con el Reino Unido necesarios si NO fue residente del Reino Unido en ninguno de los 3 años fiscales anteriores al año fiscal evaluado	
Días pasados en el Reino Unido en el año fiscal evaluado	Vínculos con el Reino Unido necesarios	Días pasados en el Reino Unido en el año fiscal evaluado	Vínculos con el Reino Unido necesarios
16-45	Al menos 4		
46-90	Al menos 3	46-90	Todos los 4
91-120	Al menos 2	91-120	Al menos 3
Más de 120	Al menos 1	Más de 120	Al menos 2

Para una persona fallecida que se aplica la prueba de vínculos el número de días debe reducirse proporcionalmente.

Cada uno de los vínculos tiene su propio conjunto de condiciones o criterios de calificación:

2.7.4.1. Vínculos familiares

La persona tendrá un vínculo familiar para el año fiscal concreto si alguna de las siguientes personas, relacionadas con ella, es residente fiscal por derecho propio en el Reino Unido para este ejercicio fiscal:

- su esposo, esposa o pareja civil (a menos que estén separados);
- su pareja, si viven juntos como marido y mujer, o como parejas civiles;
- su hijo, si es menor de 18 años.

A los efectos del SRT, HMRC utilizará los mismos principios aplicados a los créditos fiscales para determinar si las personas viven juntas como marido y mujer, o como parejas civiles[508].

Las consideraciones para definir a dos personas como pareja están detalladas en el Manual Interno TCTM09340[509]. La definición legal de pareja se establece en base a la Ley de Créditos Fiscales, junto con los criterios inicialmente establecidos por los Comisionados de Seguridad Social en 1974 con la decisión R(G)3/71. Según el Manual, el Departamento de Trabajo y Pensiones (anteriormente, el Organismo de Prestaciones) modificó estos criterios desde la emisión de la Sentencia "Crake vs Supplementary Benefits 1982". Ahora estos se denominan "indicaciones" y se han mantenido sin cambios esenciales. HMRC los reconoce como "los únicos indicadores para ayudar a formar una visión sostenible de si dos personas viven juntas como marido y mujer o como pareja civil a los efectos de poder beneficiarse de créditos fiscales".

---

508 Los términos "convivencia como pareja casada" *(living together as a married couple - LTAMC)* y "convivencia como pareja civil" *(living together as civil partners -LTACP)* no están definidos en la legislación. Según la Guía TCTM09330 de HMRC, corresponde al responsable de la toma de decisiones decidir sobre todos los hechos si la relación entre dos personas que no están casadas o parejas civiles es la de una pareja que es LTAMC o LTACP.
Los diversos factores que deben tenerse en cuenta para decidir si dos personas que viven juntas son una pareja a efectos del crédito fiscal son los mismos, independientemente de si son LTAMC o LTACP.
Según la nota, para ser tratado como LTAMC, la relación debe ser similar a la de una pareja casada, pero no hay una plantilla única. Es una asociación estable, no solo basada en la dependencia económica, sino también en el apoyo emocional y el compañerismo.

509 HMRC Manual Interno TCTM09340 - Decision Making, Joint or Single claims, Considerations when deciding if two people should be treated as a couple: contents.

Estas indicaciones incluyen:

- Vivir en el mismo hogar;
- Estabilidad de la relación;
- Apoyo financiero;
- Relación sexual;
- Hijos dependientes;
- Reconocimiento público.

No se reconoce como vínculo familiar la conexión entre una persona física y un hijo menor de 18 años, si el tiempo que pasa con ese hijo en persona en el Reino Unido es inferior a 61 días en el año fiscal en cuestión. Si el hijo cumple 18 años durante ese año fiscal, la persona no tendrá un vínculo familiar con respecto a ese hijo, si lo ha visto en menos de 61 días en el Reino Unido en la parte del año anterior al cumpleaños del menor. Se considera que cualquier día o medio día en que la persona vea a su hijo en persona en el Reino Unido cuenta como un día entero.

Las parejas pueden vivir juntas tanto en el Reino Unido como en el extranjero y aun así cumplir con esta prueba.

Separado significa:

- separado en virtud de una orden judicial o jurisdicción competente;
- separado por escritura de separación;
- separado en circunstancias en las que es probable que la separación sea permanente.

Sin embargo, las ausencias a corto plazo del hogar ya sean ocasionales o regulares, no significan necesariamente que no se deba considerar que dos personas viven juntas como pareja casada (LTAMC) o como pareja civil (LTACP). Las ausencias pueden deberse a distintos factores:

- la realización de un trabajo en otra localidad;
- hospitalización;
- vacaciones;
- visitas a familiares;
- formación o educación;
- una pena privativa de libertad inferior a 52 semanas;

➢ la ocupación de un puesto en las fuerzas armadas.

Según el Manual *RDRM11540*[510] - *Residencia: La SRT: La educación a tiempo completo de los hijos y el vínculo familiar*, la persona física no tendrá un vínculo familiar con un hijo que:

➢ es residente del Reino Unido

➢ es menor de 18 años

➢ recibe educación a tiempo completo en el Reino Unido en cualquier momento del año fiscal

➢ no sería residente del Reino Unido si no se tuviera en cuenta el tiempo dedicado a la educación a tiempo completo en el Reino Unido, y

➢ pasa menos de 21 días en el Reino Unido fuera del período escolar.

El tiempo escolar incluye descansos entre semestres y cualquier otro descanso cuando no se proporciona enseñanza, como días *inset days*[511].

La educación a tiempo completo en el Reino Unido significa educación a tiempo completo en una universidad, colegio, escuela u otro establecimiento educativo en el Reino Unido. El tiempo dedicado a la educación a tiempo completo en el Reino Unido significa el tiempo pasado en el establecimiento durante el período lectivo.

2.7.4.2. Vínculo de alojamiento

Según el Manual *RDRM11550*[512] - *Residencia: El SRT: Vínculo de alojamiento*, el vínculo de alojamiento durante un año fiscal significa que la persona física dispone de una vivienda en el Reino Unido (una casa, casa de vacaciones o retiro temporal en el Reino Unido, u otro alojamiento en el que pueda vivir cuando esté en el Reino Unido) según las condiciones definidas. La vivienda debe estar disponible para la persona por un período continuo de 91 días o más

---

510 HMRC, Manual Interno RDRM11540 - Residence: The SRT: Full-time education of children and the family tie.

511 *In-service education and training*: días en los que los alumnos no asisten a clase por ser proporcionados estos días a los profesores con el fin de recibir Formación profesional continua (CPD) o realizar tareas administrativas.

512 HMRC, Manual Interno RDRM11550 - Residence: The SRT: Accommodation tie.

durante ese año fiscal y además se requiere que el contribuyente pase al menos una noche allí durante ese año. En el caso de que la vivienda pertenezca a un pariente cercano, se requiere que el contribuyente pase 16 o más noches en esa vivienda durante el año. Los periodos de menos de 16 días de disponibilidad del alojamiento contarán para el período continuo de disponibilidad.

A los efectos del vínculo de alojamiento, los parientes cercanos incluyen padres o abuelos, hermanos o hermanas, hijos o nietos de 18 años o más. Un pariente cercano puede ser un pariente por consanguinidad o afinidad, incluyendo la unión civil.

2.7.4.3. Vínculo laboral

El Manual interno *RDRM11560*[513] "Residencia: El SRT: Vínculo laboral" determina las condiciones en las que se considera que existe un vínculo laboral durante un año fiscal. Si el contribuyente realiza más de 3 horas de trabajo al día en el Reino Unido durante al menos 40 días en ese año, independientemente de la duración de los periodos, que podrían ser continuos o intermitentes, se considera que existe el vínculo laboral.

2.7.4.4. Vínculo de 90 días

Se determina según el Manual Interno *RDRM11570*[514] "Residencia: El SRT: vínculo de 90 días". Si el contribuyente ha pasado más de 90 días en el Reino Unido en uno o ambos de los 2 años fiscales inmediatamente anteriores al año evaluado, se considera que tiene un vínculo de 90 días para el año fiscal en cuestión.

2.7.4.5. Vínculo con el país

El vínculo con el país está establecido en el Manual Interno *RDRM11580: Residence: The SRT: Country tie*[515] . Se considera que la persona tiene un vínculo con el país para un año fiscal, si el Reino Unido es el país en el que estuvo pre-

513 HMRC, Manual Interno RDRM11560 - Residence: The SRT: Work tie.

514 HMRC, Manual Interno RDRM11570 - Residence: The SRT: 90 day tie.

515 HMRC, Manual Interno RDRM11580 - Residence: The SRT: Country tie.

sente a medianoche durante el mayor número de días durante ese año fiscal. Si el mayor número de días que el individuo estuvo presente en un país a medianoche es el mismo para 2 o más países en el mismo año fiscal, y 1 de esos países es el Reino Unido, se considera que existe el vínculo con el país para ese año fiscal y esta persona física. A los efectos de esta prueba de SRT la presencia a medianoche en cualquier estado, territorio o cantón en el que se subdivida un país, se considera presencia a medianoche en ese país.

2.7.5. Profesiones especiales

Existen normas especiales aplicables a la tributación de los ingresos de determinadas profesiones, cuando las personas físicas que los reciben son animadores y deportistas; los Miembros de las Fuerzas Armadas de Su Majestad y otros Sirvientes de la Corona o para los rendimientos de capital inmobiliario de los propietarios no residentes que tienen su residencia habitual fuera del Reino Unido que no analizaremos en más detalle por considerar este aspecto un tema ajeno a la finalidad de nuestro trabajo que indaga sobre las controversias relacionadas con las pruebas determinantes para la definición de la residencia fiscal.

2.7.6. Domicilio: características y efectos en el ámbito fiscal

2.7.6.1. Efecto del domicilio sobre la tributación

La importancia del uso del domicilio en los Sistemas tributarios estatales en la actualidad se debe, según Zelinsky, a su aplicación como "relleno de vacíos cuando las leyes de residencia más objetivas no asignan ningún Estado de residencia al contribuyente"[516]. Soler indica que la territorialidad determina el ámbito espacial de aplicación de las normas tributarias y constituye uno de los criterios de sujeción al poder tributario del Estado[517]. Por otra parte, en opinión de Brauner, aunque "el concepto de domicilio proyecta estabilidad y certeza", estas características suyas pueden ser adecuadas en diferentes ámbitos jurídicos. No obstante, en

---

516 Zelinsky, E. A. (2017). Defining residence...Op. Cit. p. 271.

517 Soler Roch, M. T y Núñez Grañón, M., "El Impuesto sobre la renta de no residentes: hecho imponible y criterios de sujeción", en: Serrano Antón, F. (2019). *Fiscalidad internacional* (7ª edición). Centro de Estudios Financieros, p. 23.

cuanto a su utilidad en el terreno fiscal "pueden haber sido percibidos como no compatibles con el derecho moderno del impuesto sobre la renta"[518].

En el caso del Reino Unido, el domicilio es otro factor que define la sujeción a impuestos de las personas físicas en el impuesto sobre la renta, el impuesto sobre las ganancias patrimoniales y el impuesto sobre sucesiones y donaciones; dentro de la tributación directa, también afecta a la posibilidad de utilizar la base remitida (*remittance basis*), aparte de causar otras consecuencias relacionadas con las medidas antielusión y las deducciones fiscales. La reforma tributaria prevé también la implementación de un nuevo sistema basado en la residencia para el impuesto de sucesiones.

El domicilio, según Kessler, es un concepto del Derecho Internacional Privado, cuyas reglas han sido introducidas por el *common-law*, pero modificadas por el *civil-law*[519]. El concepto de "domicilio" en el Reino Unido, señala el autor, tiene un contenido técnico que no se debe confundir con: 1) el concepto de "domicilio" en las jurisdicciones del *civil-law*; 2) el "domicilio" según las normas europeas y las disposiciones de los CDI (en cuyo caso el contenido del concepto generalmente anula el significado del "domicilio" según la legislación interna del Reino Unido; 3) el "domicilio" según el uso original del idioma inglés[520].

Para los fines de delimitar el concepto de "domicilio" a efectos fiscales, HMRC emitió un Manual, en el que puntualiza los factores a tener en cuenta en la designación de un domicilio. A diferencia de otras guías, el Manual Interno del domicilio reconoce que los elementos determinantes no son categóricos y pueden variar considerablemente de un caso a otro. Además, el Reino Unido tiene 3 territorios para el domicilio: Inglaterra y Gales; Escocia; e Irlanda del Norte.

Aunque "domiciliado en el Reino Unido" significa estar domiciliado en cualquiera de estos territorios, la legislación civil de estos difiere considerablemente, lo cual afecta la definición del **domicilio de origen** y el **domicilio de dependencia**, conceptos relevantes en el ámbito fiscal.

El Manual detalla el amplio significado del concepto de domicilio, indicando que este "vincula a una persona física con un territorio sujeto a un sistema

---

518 Brauner, Y. (2024). "Taxing People, Not Residents", http://dx.doi.org/10.2139/ssrn.4723636. p 18.

519 Kessler, J. (2014). Taxation of non-residents... Op. Cit. p. 55.

520 Kessler, J. (2014). Op. Cit. p. 55.

jurídico único. Lo hace con fines que afectan diversos aspectos personales de la vida y la relación jurídica de un individuo con la sociedad de ese territorio", como la validez de los matrimonios, los derechos de sucesión y los impuestos. En este sentido, el Manual RDRM20050[521] advierte que tanto la idea del "territorio de Derecho", propia del *common law,* como las circunstancias en las que la palabra "domicilio" adquiere un significado diferente del uso particular, que se le da en el *common law,* serán decisivas para su definición a efectos fiscales.

Milla Ibáñez sintetiza cinco principios básicos que caracterizan el concepto de "domicilio" en la jurisprudencia: i) ninguna persona física puede carecer de domicilio; ii) nadie puede tener, de forma simultánea, más de un domicilio; iii) el domicilio debe radicar en un territorio sujeto a un sistema legal, sin necesidad de que coincida con un Estado; iv) un cambio de domicilio nunca debe presumirse, debe probarse; v) el domicilio debe estar determinado de acuerdo con el concepto inglés de domicilio[522]. Sin embargo, según la Administración HMRC, el Estado de domicilio se decide según las normas de la ley general, lo que significa que debe interpretarse de acuerdo con las sentencias anteriores de los tribunales. HMRC establece como propiedades intrínsecas del término las siguientes: i) Una persona no puede no tener un domicilio establecido; ii) Solo se puede tener un domicilio a la vez; iii) Normalmente se considera que la persona física está domiciliada en el país donde tiene su hogar permanente. El concepto "hogar" tiene una interpretación más amplia en relación con el domicilio, que el domicilio a efectos de la prueba legal de residencia. En relación con la carga de prueba, Milla Ibáñez subraya la necesidad de probar el domicilio en general. Sin embargo, es importante recordar que el domicilio de origen no necesita de prueba alguna y la carga de probar un cambio de domicilio recae en la parte que afirma el cambio[523].

---

521 HMRC, Manual Interno RDRM20050 - Domicile: Introduction and Background: A background to domicile.

522 Milla Ibáñez, J. J. (2019). *L La residencia de las personas físicas en la tributación de la renta: el caso británico tras el Brexit (1a edición).* Tirant lo Blanch. p. 132.

523 HMRC, Manual Interno RDRM20080 - Domicilio: Introducción y antecedentes: Principios subyacentes del domicilio.

2.7.6.2. Relevancia del domicilio entre los puntos de conexión a efectos fiscales

El "Derecho interno" de un Estado es un conjunto de normas que rigen su organización dentro del espacio geográfico que representa el territorio de este Estado. Estos sistemas jurídicos varían de un territorio a otro y HMRC reconoce que los tribunales de un territorio deben tener en cuenta las leyes internas de otros territorios: "Cuando un tribunal se enfrenta a circunstancias suficientemente relacionadas con un sistema extranjero de Derecho interno, es necesario que ese tribunal tenga en cuenta el Derecho extranjero pertinente para elegir el Derecho interno apropiado por el que debe decidirse el caso. El objetivo del tribunal es, en términos generales, conectar a un individuo con un sistema o Estado de Derecho particular y el domicilio es uno de los posibles "factores de conexión" que pueden utilizar los tribunales".[524]

El Reino Unido no utiliza únicamente el domicilio como factor de conexión. En otros ámbitos jurídicos la conexión más relevante es la ciudadanía. Sin embargo, la validez formal de un matrimonio está regulada por la Ley del territorio donde tiene lugar la ceremonia, y la sucesión intestada de bienes inmuebles en el Reino Unido depende de la ubicación de la propiedad. Aunque ambos sean factores de conexión establecidos, el domicilio es el factor de conexión para la sucesión intestada de bienes muebles y, en algunos casos, para la capacidad para contraer matrimonio[525].

La primera condición para adquirir un domicilio de elección es que la persona ha de residir físicamente en este territorio. A diferencia del domicilio de origen o el domicilio de dependencia, es imposible adquirir un domicilio de elección en un territorio en el que la persona física nunca ha residido. Concretamente, el tipo de residencia exigido es la presencia física en un país como "habitante del mismo".

---

524 HMRC, Manual interno RDRM20050 - Domicile: Introduction and Background: A background to domicile.

525 En aplicacion de lex domicili [Latin]: La ley del domicilio. En el Derecho internacional privado, la ley del país de domicilio determina cuestiones tales como la capacidad para otorgar testamento con respecto a los bienes personales, la validez de dicho testamento, la sucesión de los bienes personales, el consentimiento para contraer matrimonio y la ley aplicable a un contrato o acuerdo matrimonial. Fuente: A Dictionary of Law (10 ed.), Edited by: Jonathan Law, Current Online Version: https://www.oxfordreference.com/display/10.1093/acref/9780192897497.001.0001/acref-9780192897497. Última consulta: 31/05/2025.

Esta es una cuestión de hecho y excluirá a los visitantes ocasionales. A efectos del domicilio, no importa si dicha "residencia" está legalmente reconocida o si está de alguna manera restringida o es ilegal, indica el Manual RDRM22310[526].

➢ El domicilio actual continuará vigente hasta que la persona física adquiera uno nuevo;

➢ El domicilio es un concepto distinto de la nacionalidad, la ciudadanía o el Estado de residencia, aunque estos pueden tener un impacto en la definición del domicilio. El hecho de que la persona se registre y sea votante en el extranjero normalmente no se tiene en cuenta al decidir si está o no domiciliada en el Reino Unido.

En cuanto a la asignación de las rentas entre el país de la fuente y el país de residencia, cabe recordar que es una característica de la mayoría de los sistemas tributarios que las rentas, y en la mayoría de los casos, las ganancias patrimoniales, que surgen de fuentes dentro de un Estado, están sujetos a impuestos según sus leyes internas. Pueden concederse exenciones y deducciones limitadas en virtud de la legislación nacional o pueden ser otorgados derechos fiscales en virtud de un CDI, pero el principio subyacente no se ve afectado.

Cuando los ingresos y las ganancias de capital provengan de fuentes ajenas a un país, la legislación interna de ese país, o bien no gravará esas partidas, o bien definirá uno o varios factores de conexión en función de los cuales nacerá la obligación tributaria.

La residencia es un factor de conexión ampliamente utilizado, y en muchos países es el único. En el Reino Unido es el factor básico. Los residentes del Reino Unido están sujetos a impuestos sobre sus ingresos y ganancias mundiales, pero esta regla general está sujeta a ciertas excepciones. El domicilio puede considerarse un factor de conexión para algunas personas con respecto a, por ejemplo, la tributación de los ingresos y ganancias extranjeros.

Aunque el domicilio en el sentido más amplio es el criterio adoptado por el *common-law* para vincular a la persona con un sistema de Derecho interno, ya sea directa o indirectamente a través de la dependencia de otro individuo, según la legislación del Reino Unido "domicilio" significa algo diferente y está disociado de otros factores de conexión, como la nacionalidad o la residencia.

---

526 HMRC, Manual Interno RDRM22310 Domicile: Categories of domicile: Domicile of choice - Residence.

HMRC advierte que "la existencia de un territorio sujeto a un único sistema jurídico, un territorio jurídico, es fundamental para el concepto de domicilio". Existen Estados plurilegislativos, compuestos por unidades territoriales con competencia normativa, siendo la mayoría de ellos federaciones. En este sentido, el Reino Unido no es una federación, pero comprende tres territorios de Derecho, Inglaterra y Gales, Escocia e Irlanda del Norte. Del mismo modo, la Bailía de Guernsey *(Bailiwick of Guernsey)* incluye Guernsey, Alderney y Sark, que son territorios legales separados.

Cuando una persona tiene vínculos con un Estado federal o compuesto, la determinación de su domicilio puede convertirse en un tema complicado[527].

El Manual Interno *RDRM20070*[528] *- Domicilio: Introducción y antecedentes: Terminología del domicilio* analiza los diferentes conceptos de Domicilio en varios ámbitos de la ley aplicable en el territorio del Reino Unido.

2.7.6.3. Concepto de domicilio en el *common-law*

Esta guía establece que el significado prevalente que se utilizará se refiere en gran medida a lo que puede denominarse el concepto de "domicilio" en el "Derecho consuetudinario" - el *common-law*. Sin embargo, en algunas situaciones el término "domicilio" podría utilizarse en un sentido diferente.

Por ejemplo, las Leyes de Jurisdicción Civil y Sentencias del Reino Unido de 1982 y 1991, y la Orden de Jurisdicción Civil y Sentencias de 2001 (S.I. 2001 Nº 3929), utilizan el domicilio en un sentido estricto y especializado definido por ellas.

Con respecto al uso del término "domicilio" fuera del Reino Unido, HMRC advierte que el concepto de "domicilio" se utiliza en varios países en un sentido diferente de su significado en los Sistemas jurídicos de los territorios que adoptan el domicilio como factor de conexión en materia de Derecho civil. Aunque declara que este condicionante no afectará al uso o a la definición del término por parte de HMRC para determinar la obligación tributaria de una persona en el Reino Unido, la Administración debe tener en cuenta que los contribu-

---

527 HMRC, Manual Interno RDRM20060 - Domicilio: Introducción y antecedentes: Domicilio y territorios legales.

528 HMRC, Manual Interno RDRM20070 - Domicilio: Introducción y antecedentes: Terminología del domicilio.

yentes pueden tener otra comprensión del término, particularmente cuando se considera el impacto de un CDI. Además, la legislación que se menciona en el Manual interno RDRM20070 tuvo efecto en la determinación del domicilio de una persona con arreglo a las leyes del Reino Unido, y en los casos de la Ley de domicilio y procedimientos matrimoniales de 1973 (*Domicile and Matrimonial Proceedings Act 1973*) y la Ley de Derecho de Familia (Escocia) de 2006 *(Family Law (Scotland) Act 2006*) sigue haciéndolo.

La Ley de Domicilio de 1861, ahora derogada, proporcionó facultades al gobierno británico en relación con los tratados internacionales que este podría celebrar. Se le facultó para impedir a los súbditos británicos adquirir un domicilio con respecto a los testamentos en el otro país, a menos que la persona hubiera residido allí durante un año o más y hubiera hecho una declaración en la que manifieste su intención por escrito. Esta exención de la regla general obligatoriamente tenía que ser recíproca.

A partir del 1 de enero de 1974, la Ley de domicilio y procedimientos matrimoniales de 1973 potencialmente podría tener efecto en la determinación del domicilio de todas las mujeres casadas y algunos hijos[529].

En relación con las reglas aplicables en Escocia, la Ley de Derecho de Familia (Escocia) de 2006 entró en vigor el 4 de mayo de 2006. Esta ley tuvo efecto sobre la forma en que se determina el domicilio de las personas menores de dieciséis años.

Al amparo de la Ley del impuesto de sucesiones de 1984, es posible que una persona física esté "considerada" domiciliada (según las reglas de domicilio presunto) en el Reino Unido únicamente a efectos del impuesto sobre sucesiones, mientras esté domiciliada según las normas del *common-law* en un territorio fuera del Reino Unido.

Además, según las normas introducidas mediante la Ley de adopción e infancia de 2002, se considera que un niño adoptado adquiere un nuevo domicilio de origen, siendo este el domicilio del padre adoptivo; en orden de primacía: este será el domicilio de su padre adoptivo o, si no hay padre adoptivo, el domicilio de su madre adoptiva en el momento de su adopción.

Por otra parte, de conformidad con la Ley de Fertilización Humana y Embriología de 2008, el domicilio de un hijo menor puede cambiarse como resul-

---

529 Véase HMRC, RDRM22250 y RDRM22210.

tado de la adopción o la emisión de una orden parental en virtud de la Ley de Fertilización Humana y Embriología de 2008, de la legitimación, o como consecuencia de un cambio en el domicilio de sus padres.

Como medida particular cabe mencionar la Ley de Reforma Constitucional y Gobernanza de 2010; según sus normas, si una persona es miembro de la Cámara de los Comunes o miembro de la Cámara de los Lores durante cualquier parte de un año fiscal, esta persona debe ser tratada para el impuesto sobre la renta, el impuesto sobre las ganancias patrimoniales y el impuesto sobre sucesiones como residente y domiciliada en el Reino Unido durante todo el año fiscal en cuestión.

Los cambios introducidos mediante la Ley del impuesto sobre la renta de 2017 implantaron el concepto de "**domicilio presunto**". Si una persona no está domiciliada según las normas del *common-law*, a partir de abril de 2017 existen disposiciones legales que anulan el efecto del concepto así determinado a efectos fiscales para el Reino Unido.

Considerando los principios subyacentes del domicilio[530], cabe especificar que, partiendo de la base de que cada individuo debe tener un domicilio en todo momento, la ley atribuye un domicilio a las personas que considera carentes de capacidad para elegirlo. Aunque este no pueda definirse con precisión, el Manual[531] recoge los principios básicos que lo definen.

En cuanto a la determinación del domicilio por el tribunal, la guía informa que, los tribunales del Reino Unido generalmente fallan por referencia a la ley nacional correspondiente si los hechos específicos constituyen o no domicilio. Por lo tanto, indica específicamente que es posible que un tribunal inglés decida que una persona está domiciliada en el Estado de Nueva York cuando un tribunal de Nueva York consideraría que esa persona está domiciliada en otro lugar.

En el Reino Unido, el domicilio se determina de acuerdo con el concepto de domicilio inglés, escocés o norirlandés. Además, en este Estado generalmente se considera aplicable la "teoría de la concepción única" del domicilio. Esta teoría lleva a la conclusión de que una persona física domiciliada en Escocia a efectos

530 HMRC, Manual Interno RDRM20080 - Domicilio: Introducción y antecedentes: Principios subyacentes del domicilio.

531 HMRC, Manual Interno RDRM20080 - Domicilio: Introducción y antecedentes: Principios subyacentes del domicilio.

de sucesión inmobiliaria está también domiciliada en Escocia a efectos de determinar la sujeción fiscal en el Reino Unido.

2.7.6.4. Jurisprudencia en materia de domicilio

La determinación del domicilio ha sido especialmente importante en los casos civiles y, en consecuencia, ha sido relevante en el tratamiento fiscal aplicable a la causa civil concreta. La determinación del domicilio ha experimentado un desarrollo en relación con su estructura objetiva y su reconocimiento práctico. Esta evolución se ha reflejado en los continuos cambios legislativos y la emisión de sentencias - precedentes, que han pasado a formar parte de la jurisprudencia. Especialmente relevantes han sido las conclusiones procedentes de la valoración de factores objetivos (número de días de residencia, propiedades a disposición de la persona, nacionalidad y ciudadanía, etc.) y subjetivos (intencionalidad, dependencia económica, lazos familiares y su continuidad). Actualmente la importancia del factor subjetivo varía de país a país, pero es especialmente relevante en los países donde se aplica el *common-law*, entre los cuales se encuentran el Reino Unido y los Estados cuyo ordenamiento tributario procede de la legislación tributaria británica.

Los razonamientos expresados por los jueces en los casos considerados y citados como precedentes representan una base sólida de reflexiones abstractas. Estos criterios y ponderaciones que recogen a veces toda la vida de la persona para definir su domicilio o residencia en un momento concreto en realidad podrían ser una herramienta útil para la definición de la residencia fiscal de una forma que permita incluir la valoración del factor subjetivo. La diferenciación y las consideraciones son especialmente relevantes en jurisdicciones como el Reino Unido, donde ambos conceptos forman parte de la legislación fiscal actual. Cabe mencionar, en este sentido, los siguientes casos relevantes:

A) Caso Forbes v Forbes 1854[532]

El General Forbes, nacido en Escocia, donde tenía propiedades ancestrales, pero sin ninguna casa en su país natal, se trasladó a la India, donde sirvió en el

---

532 Caso Forbes v Forbes 1854 (1854) Kay 341, 69 E.R. 145 Forbes v. Forbes. 16, 17, 18, 23 y 24 de enero, 9 de febrero de 1854. Disponible en: http://www.uniset.ca/other/css/69ER145.html

ejército durante 35 años. Cuando se retiró, volvió a Gran Bretaña donde vivió parte del año en una casa que había construido en su finca en Escocia, y otra parte del año en una casa alquilada en Londres. Su esposa residía constantemente en la casa de Londres, y contaba con empleados domésticos.

Según el fallo, fue probada su intención de residir permanentemente en Inglaterra; y, por lo tanto, el juez consideró que el difunto había abandonado su domicilio adquirido en la India y adquirió, por elección, uno nuevo en Inglaterra.

En 1812 el General Nathaniel Forbes tomó medidas, con el consentimiento de su esposa y su hijo, para revocar su contrato matrimonial, diciendo que deseaba por testamento hacer una provisión adecuada para su esposa y eliminar "el acuerdo insignificante" hecho en su matrimonio. En 1825 el único hijo legítimo de Nathaniel Forbes murió soltero y sin descendencia en Inglaterra. En 1835 Nathaniel Forbes compró una vivienda en Escocia.

En su viaje desde la India, en 1822, el general Forbes entabló una relación con una mujer con la que tuvo posteriormente tres hijos extramatrimoniales.

Después de la muerte de su único hijo legítimo el general intentó restablecer su acuerdo matrimonial y, con ese fin, lo registró en Aberdeen, con el propósito, como se alegó, de "derrotar las reclamaciones de su esposa sobre su propiedad según la Ley escocesa, si ella lo sobrevivía. Después de haber hecho esto, el general Forbes ejecutó ciertas escrituras de primogenitura de acuerdo con la Ley escocesa, por las cuales estableció como herederos de sus propiedades a sus hijos ilegítimos.

Mediante su testamento de 8 de enero de 1840 el general Forbes entregó a sus fideicomisarios todos sus bienes, reales y personales, en fideicomiso para pagar sus deudas, gastos funerarios y legados, y para hacer una adición a las disposiciones ya hechas para su esposa que "le permitiera disfrutar de una renta vitalicia", además de establecer una mejora de lo que anteriormente había estipulado.

La demanda en este caso fue interpuesta por la viuda del general Forbes contra sus albaceas, insistiendo en que el contrato matrimonial había sido revocado y alegando que tenía derecho, según la ley de Escocia, a una parte del resto del patrimonio personal de su difunto marido, una vez pagadas sus deudas. Por otra parte, uno de los hijos ilegítimos del testador también presentó alegaciones en contra para establecer la vigencia del testamento que resolvía para la viuda las rentas vitalicias concretadas en el propio testamento. Los Juzgados tuvieron que decidir cuál era su domicilio a la fecha de su muerte.

Los puntos relevantes de la sentencia, que han trascendido a la práctica jurídica posterior e incluso forman parte de la jurisprudencia británica en materia fiscal, son los siguientes:

"Una persona no puede tener dos domicilios, al menos en lo que se refiere a la sucesión de su patrimonio personal.

Los hijos legítimos adquieren por nacimiento el domicilio de su padre.

Un infante no puede cambiar de domicilio por su propio acto.

Un nuevo domicilio no puede adquirirse sino por intención y acto; pero, estando *in itinere* al domicilio pretendido, es acto suficiente para este fin....

Pero la intención más fuerte de abandonar un domicilio, y el abandono efectivo de la residencia, no privará a un hombre de ese domicilio, a menos que haya adquirido otro.

...el punto principal a considerar (dentro de los once criterios de domicilio recogidos en The Law of Domicile) es el *animus manendi*. (La intención de permanecer en algún lugar indefinidamente)[533].

B) El caso Udny v Udny HL 1869[534]

El razonamiento del Lord Westbury en relación con el domicilio de elección ha sido relevante como precedente en los casos posteriores relacionados con este concepto. Su exposición tiene como puntos clave los siguientes: la voluntad de la persona de establecer su domicilio particular de forma indefinida; la relevancia de su voluntad expresa de realizar tal cambio y la no concurrencia de condiciones externas que lo presionen a la variación; reconocer la firmeza de un domicilio de elección cuando inicialmente ha habido una formulación expresa de considerar el cambio temporal y limitado en el tiempo hasta que dicha elección no se haya unido con el cambio de propósito inicial, convirtiendo la elección de domicilio temporal en una elección indefinida en el tiempo.

---

533 Fellmeth, A. X. & Horwitz, M. (2009). *Guide to Latin in International Law* (1 ed), Publisher: Oxford University Press.

534 Caso Udny v Udny, Jurisdicción: England & Wales, Emisor: House of Lords, Fecha de sentencia: 03 Junio 1869, Reported In: [] 7 M HL 89, Número de expediente: No. 5, Fecha: 3 de junio de 1869.

Los criterios de Lord Westbury han sido citados reiteradamente en casos posteriores: "'Domicilio de elección es una conclusión o inferencia que la ley deriva del hecho de que un hombre fija voluntariamente su única o principal residencia en un lugar particular, con la intención de continuar residiendo allí por un tiempo ilimitado. Esta es una descripción de las circunstancias que crean o constituyen un domicilio, y no una definición del término. Debe haber una residencia libremente elegida, y no prescrita o dictada por ninguna necesidad externa, como los deberes del cargo, las exigencias de los acreedores o el alivio de la enfermedad; y debe ser residencia fijada no por tiempo limitado o propósito particular, sino general e indefinida en su contemplación futura. Es cierto que la residencia originalmente temporal, o destinada a un período limitado, puede luego convertirse en general e ilimitada, y en tal caso, tan pronto como cambie de propósito, o *animus manendi,* se establece el hecho del domicilio".

C) Caso Winans v Fiscal general, encuestado 1904[535]

Según lo dispuesto en la Sentencia, un domicilio de origen solo puede ser reemplazado por evidencia clara, convincente y categórica de que la persona en cuestión tenía la intención de establecerse de manera permanente e indefinida en el supuesto domicilio elegido. Se enfatiza sobre la permanencia del domicilio de origen y se reivindica que este es "más duradero, su arraigo más fuerte y menos fácil de eliminar" que el domicilio de elección, porque un cambio de domicilio puede implicar "consecuencias de gran alcance con respecto a la sucesión, la distribución (del patrimonio) y otros asuntos que dependen del domicilio".

El juez Conde de Halsbury L. C. declaró que "la ley es clara, cuando se prueba un domicilio de origen, recae sobre la persona que afirma un cambio de domicilio demostrar su establecimiento, y que, para probar que la persona que supuestamente ha cambiado su domicilio es necesario demostrar que tuviera un propósito fijo y determinado de hacer del lugar de su nuevo domicilio su hogar permanente".

De especial relevancia en esta sentencia son las declaraciones realizadas sobre la prueba y la carga de la prueba. Los jueces analizaron si quedaba demostrado "con perfecta claridad y satisfacción" que la persona tenía "un propósito fijo y establecido", "una determinación" o "una intención fija y deliberada" de abandonar

535 House of Lords. Winans and another, appellants; and Attorney-General, Respondent. Date: 1904 May 10. [1904] A.C. 287.

su domicilio estadounidense y establecerse en Inglaterra. El Tribunal falló que "la responsabilidad de mostrar un cambio de domicilio recaía sobre la Corona...El propósito no estaba claramente establecido, y ese impuesto sobre sucesiones no resultaba exigible" (en Inglaterra).

D) Caso Hartley and another v. Fuld and others 1967[536]

En este caso, el fallecido había vivido en países diferentes durante periodos de tiempo relativamente iguales. Las partes discutieron su domicilio en base a los conceptos "domicilio de origen" y "domicilio de elección". El Juez Scarman, citando el caso Udny contra Udny, manifestó que el domicilio se rige por dos puntos clave: en primer lugar, a falta de elección, el "domicilio de origen" prevalece al "domicilio de elección"; en segundo lugar, indicó que un domicilio de elección se adquiere cuando "un hombre fija voluntariamente su residencia única o principal en un lugar determinado con la intención de continuar residiendo en aquel lugar por un tiempo ilimitado"[537].

El juez citó a Lord Chelmsford que aceptó esta descripción y dio su opinión sobre su significado con estas palabras: "La intención actual de hacer de un lugar el hogar permanente de una persona puede existir solo cuando no tiene otra idea que continuar en aquel lugar, sin esperar ningún evento, cierto o incierto, que pueda inducirlo a cambiar su residencia"[538].

E) Caso Inland Revenue Commissioners v Bullock CA 1976[539]

En el caso indicado, el esposo, un ciudadano canadiense nacido en Halifax, Nueva Escocia, en agosto de 1910, se trasladó por trabajo; llegó al Reino Unido en 1932, contrajo matrimonio con una mujer británica en 1946 y el matrimonio estableció su domicilio matrimonial en el Reino Unido. Él trabajó en Royal Air Force y posteriormente —como empleado civil en el Reino Unido— hasta 1961.

---

536 Caso Hartley and another v. Fuld and others 1967.

537 Caso Hartley and another v. Fuld and others 1967. Op. Cit. p. 682. D-E.

538 Caso Hartley and another v. Fuld and others 1967. Op. Cit. 10 H.L.Cas. 272, 285.

539 Caso Inland Revenue Commissioners v Bullock CA 1976, Jurisdicción Inglaterra & Wales, Tribunal Court of Appeal (Civil Division), Jueces Lord Justice Buckley, Lord Justice Roskill, Lord Justice Goff, Fecha del juicio 25 de junio de 1976,[1976] EWCA Civ J0625-2.

Aunque el deseo del esposo era trasladar la residencia a Canadá, la esposa no estaba de acuerdo debido a las circunstancias familiares: la falta de una propiedad donde vivir en Canadá, además de sus preferencias culturales y sociales. En 1960 el esposo recibió como herencia de su padre la propiedad familiar en Canadá, por lo cual en 1961 se retiró y trató de convencer de nuevo a su esposa para trasladar el domicilio familiar a Canadá. Al no poder convencerla, él se resignó y decidió quedarse en el Reino Unido por el resto de la vida de su esposa. Procedió a firmar un testamento en Canadá donde declaró: "Por la presente declaro que mi domicilio es y sigue siendo la Provincia de Nueva Escocia, Dominio de Canadá, donde nací y crecí, a cuya Provincia tengo la intención de regresar y permanecer permanentemente después de la muerte de mi esposa".

El juez Lord Justice Buckley discutió la naturaleza del concepto de "residencia": 'Un hombre puede tener casas en más de un país al mismo tiempo. En tal caso, con el fin de determinar su domicilio, es posible que se deba realizar una investigación adicional para decidir cuál, en su caso, debe considerarse su hogar principal" y "No creo que sea necesario demostrar que la intención de formar un hogar en el nuevo país es irrevocable o que la persona cuya intención se está considerando no tendrá oportunidad de cambiar de opinión por razones de salud o de otro tipo. A mi juicio, la verdadera prueba es si tiene la intención de establecer su hogar en el nuevo país hasta el final de sus días a menos que suceda algo que le haga cambiar de opinión".

En la Sentencia se sostuvo que la persona nunca tuvo la intención de formar en el Reino Unido su hogar permanente y que no había cortado sus lazos con Canadá lo suficiente como para perder su domicilio de origen, por lo tanto, no había adquirido un domicilio de elección en el Reino Unido.

F) Agulian and Another v Cyganik: CA 24 Feb 2006[540]

A la fecha de su muerte el Sr. Andreas Nathanael (Andreas) estaba domiciliado en Inglaterra. El asunto objeto de litigio fue si el difunto, nacido en Chipre el 6 de octubre de 1939, había perdido su domicilio de nacimiento y adquirido uno

540 Agulian and Another v Cyganik: CA 24 Feb 2006, Jurisdicción Inglaterra & Wales, Tribunal Court of Appeal (Civil Division), Jueces Lord Justice Mummery, Lord Justice Longmore, Mr. Justice Lewison, Fecha del juicio 24 de febrero de 2006, Neutral Citation [2006] EWCA Civ 129, Docket Number Case No: A3/2005/0927, de 24 de febrero de 2006.

de elección en Inglaterra, donde vivió y trabajó durante 43 años desde la edad de 19 años hasta su muerte a la edad de 63. Había mantenido sus propiedades en Chipre, pero vivía en Inglaterra.

Según la sentencia, el difunto había conservado su domicilio de nacimiento: "el matrimonio de un hombre con domicilio de origen en un país con una mujer domiciliada en otro país y la residencia postmatrimonial con su esposa en ese otro país durante muchos años son consideraciones importantes, pero no son concluyentes". Una elección posterior del demandado no fue suficiente para desplazar su domicilio de origen: "Si, como se acuerda, Andreas no adquirió un domicilio de elección en Inglaterra entre 1958 y 1995, porque no tenía la intención de vivir en Inglaterra de forma permanente o indefinida, no se puede deducir razonablemente de lo que sucedió después de 1995 que tenía una intención diferente sobre su hogar permanente antes de morir." y "...Es más fácil mostrar un cambio de un domicilio de elección a otro domicilio de elección que mostrar un cambio a un domicilio de elección desde un domicilio de origen".

El juez Lord Justice Mummery senaló: "Posicionado en la fecha de la muerte en febrero de 2003, el tribunal debe mirar hacia atrás toda la vida del difunto, lo que había hecho con su vida, lo que la vida le había hecho y cuáles eran sus intenciones derivadas para decidir si había adquirido un domicilio de elección en Inglaterra a la fecha de su muerte".

G) Caso Gaines-Cooper v HM Revenue and Customs 2007[541]

En el caso indicado las partes disputaron el domicilio del contribuyente. Este tenía un domicilio de origen en el Reino Unido, pero afirmó que había adquirido un domicilio de elección en las Islas Seychelles. La sentencia considera la prueba legal de domicilio tal y como viene formulada en el caso Udny v Udny (1869) LR 1 HL 441,458 y analiza los conceptos de residencia; residencia principal; la residencia de la esposa e hijos y los nexos con Inglaterra. Especialmente relevantes para la jurisprudencia fueron los razonamientos del juez sobre las características y requisitos del concepto de residencia, la intención y la prueba de acuerdo con los cuales desestima el caso contra la Administración.

541 Gaines-Cooper v HM Revenue and Customs ChD, 13 de noviembre de 2007, Jurisdicción: England & Wales, Emisor: Chancery Division, Cita neutral [2007] EWHC 2617 (Ch), Número de expediente: Case No: CH/2007/APP/0894.

H) Caso Barlow Clowes International Ltd and Others contra Henwood [2008] EWCA Civ 377 2008[542]

El presente caso no pertenece al ámbito fiscal, sino mercantil, sin embargo, tiene relevancia tributaria. Trata el domicilio de origen, el domicilio de elección y el cambio de domicilio, haciendo importantes anotaciones en relación con la permanencia y la intención como condicionantes del cambio de domicilio. El deudor tenía un domicilio de origen en Inglaterra, pero posteriormente había adquirido un domicilio de elección en la Isla de Man. Posteriormente adquirió una casa en Mauricio y dejó la Isla de Man. El acreedor dijo que el nuevo domicilio era solo una vivienda de vacaciones, y que por tanto se recuperó el domicilio de origen. El juez había desacreditado la versión del deudor. Según el fallo de la sentencia, el deudor no había adquirido un domicilio de elección en Mauricio, y su domicilio de origen fue restablecido al salir de la Isla de Man. Por lo tanto, en este caso tenía competencia el tribunal de quiebras. La prueba decisiva sobre el domicilio fue situada sobre la definición del domicilio "real" y "principal" del deudor: "El juez se preguntó erróneamente si el Sr. Henwood tenía la intención de residir permanentemente en Mauricio, pero no preguntó si Mauricio era la residencia principal del Sr. Henwood. El juez no llegó a ninguna conclusión sobre dónde estaba la residencia principal del señor Henwood".

Según las disposiciones de la sentencia, cualquier prueba de residencia principal es circunstancial: "No puede ser simplemente una referencia a la casa principal en términos de tamaño o comodidades. Tampoco puede ser una referencia al hogar en el que el sujeto pasa más tiempo. El tribunal tiene que considerar la naturaleza de la residencia para decidir en qué país el sujeto tiene la intención de residir permanentemente. Siempre que se lleve a cabo esa tarea, la residencia principal en el sentido en que se usa el término en este contexto ha sido de hecho identificada".

Una importante aportación en la exposición de este caso, además de los criterios ya comentados en relación con el domicilio de origen y el domicilio de elección, es que "Ninguna persona puede estar sin domicilio" y que "Ninguna persona puede tener al mismo tiempo, con el mismo fin, más de un domicilio".

---

542 English Court's jurisdiction for bankruptcy proceedings, Technical Bulletin No: 160, Case Barlow Clowes International Ltd (in liquidation) and Others v Henwood [2008] EWCA Civ 377.

2.7.6.5. Cambio de domicilio

Aunque el domicilio puede cambiar, existe una presunción a favor de la continuación de un domicilio existente. Es importante recordar que la carga de probar un cambio de domicilio recae en la parte que afirma el cambio[543]. En algunos casos, la cuestión de si ha habido o no un cambio en el domicilio de una persona dependerá del domicilio de otra persona. En esos casos tal vez sea necesario abordar las cuestiones subsidiarias del domicilio a fin de determinar dónde recae la carga de la prueba en el asunto principal.

En relación con la posibilidad de existencia de dos domicilios, se considera que una persona no puede tener más de un domicilio al mismo tiempo para el mismo propósito. Sin embargo, en determinadas circunstancias, es posible que una persona domiciliada en uno de los territorios legales de un Estado federal tenga un domicilio en ese territorio para la mayoría de los fines, pero un domicilio federal para otros específicos.

El Manual de HMRC expone un ejemplo derivado de la legislación federal australiana relativa al divorcio y los procedimientos matrimoniales según la Ley australiana de Derecho de familia de 1975. En tales situaciones, una persona puede tener dos domicilios concurrentes; por ejemplo, uno australiano para fines de divorcio y uno de Nueva Gales del Sur en general.

2.7.7. Tipos de domicilio

Las Guías RDRM22000[544] y RDRM22010 establecen tres categorías de domicilio.

2.7.7.1. Domicilio de origen

Según las normas del *common-law*, a toda persona se le atribuye un domicilio de origen al nacer. El domicilio de origen de una persona sólo puede modificarse posteriormente por adopción. Cuando una persona adquiere un domicilio de dependencia o un domicilio de elección, el domicilio de origen permanece en se-

---

543 HMRC, Manual Interno RDRM23030 - Domicile: Enquiries into domicile status: Burden and standard of proof.

544 RDRM22000 - Domicile: Categories of domicile: Contents.

gundo plano con el fin de llenar cualquier vacío en la continuidad del domicilio. Cuando una persona física abandona un domicilio de elección sin adquirir otro, se considerará domiciliada en su domicilio de origen durante cualquier período intermedio, porque una persona debe tener siempre un domicilio.

El domicilio de origen de una persona depende en prácticamente todos los casos, del domicilio de uno de sus progenitores y se determina según la existencia o no de vínculo matrimonial entre ellos en el momento del nacimiento del sujeto. En el caso de existencia de matrimonio formal entre los progenitores, el domicilio de origen es el mismo que el domicilio de su padre en el momento de su nacimiento. Si los progenitores del neonato no estaban casados en el momento del nacimiento, o si la madre enviudó antes del nacimiento, entonces el domicilio de origen del recién nacido es el mismo que el domicilio de su madre en el momento de su nacimiento.

Es posible que el domicilio parental tenga que ser demostrado por evidencia y, en algunos casos, el proceso de determinar el domicilio de una persona requerirá el examen del domicilio de generaciones anteriores de su familia. Para un menor abandonado, cuyos progenitores son desconocidos, se asigna el domicilio donde fue encontrado. Es probable que un menor, cuyo domicilio parental no pueda determinarse, sea tratado de la misma manera que un menor de edad abandonado, cuyos progenitores son desconocidos.

Por otra parte, la Ley de adopción e infancia de 2002 establece que se considera que un menor de edad adoptado adquiere un nuevo domicilio de origen. Este será el domicilio de su padre adoptivo o, si no hay padre adoptivo, el de su madre adoptiva, en el momento de su adopción. Esta es la principal circunstancia en la que un domicilio de origen puede cambiar el adquirido al nacer. Esto se debe a que un niño adoptado es tratado por ley como "nacido" de su madre y / o padre adoptivo.

La Ley de Derecho de Familia (Escocia) de 2006 [FL(S)A 2006] entró en vigor el 4 de mayo de 2006. El artículo 22 de la Ley establece una nueva forma de domicilio en Escocia para las personas menores de dieciséis años. La legitimidad ha dejado de ser un factor para determinar el domicilio en la legislación escocesa en virtud de la FL(S)A 2006, ya que el artículo 21 de la Ley ha suprimido el estatuto de ilegitimidad. Solo en Escocia, desde el 4 de mayo de 2006, cuando los progenitores de un menor comparten domicilio y el hijo tiene convive en el mismo hogar con uno o ambos de ellos, el hijo está domiciliado en el mismo país que sus progenitores.

Cuando los progenitores de un menor están domiciliados en países diferentes, o el menor tiene un hogar sin ninguno de los progenitores, el menor está domiciliado en el país con el que tiene "*una conexión más estrecha por el momento*".

La redacción de Family Law (Scotland) Act 2006[545] (FL(S)A 2006) indica que en cualquier procedimiento iniciado a partir del 4 de mayo de 2006 la legislación debe aplicarse retrospectivamente para determinar el domicilio de una persona menor de dieciséis años.

2.7.7.2. Domicilio de dependencia

El domicilio de dependencia es el domicilio que la ley atribuye a un individuo debido a su falta de capacidad legal y su dependencia legal de otra persona.

Las personas dependientes se dividen en tres clases:

Hijos. El Manual especifica que la palabra "hijos" se utiliza para abarcar a los "alumnos" y "menores" del Derecho escocés, los "bebés" a efectos de la ley inglesa y las personas que están por debajo de la edad de capacidad legal para adquirir un domicilio de elección independiente. Factores relevantes en la determinación como "hijo" son las condiciones de legitimidad y legitimación[546], la edad legal y la edad de capacidad legal[547].

A efectos de la condición de "persona con domicilio presunto", a partir de abril de 2017 generalmente se considera que la edad legal capacitante para establecer un domicilio de elección son 18 años[548].

Hijos cuyos padres viven separados - Inglaterra, Gales e Irlanda del Norte:

El artículo 4 de la Ley de domicilio y procedimientos matrimoniales (*Domicile and Matrimonial Proceedings Act 1973- DMPA 1973*)[549] se aplica únicamen-

---

545 Family Law (Scotland) Act 2006.

546 HMRC, Manual Interno RDRM22210 - Domicile: Categories of domicile: Domicile of dependence - Position of children.

547 HMRC, Manual Interno RDRM22020 - Domicile: Categories of domicile: Age of legal capacity.

548 HMRC, Manual Interno RDRM25040 - Domicile: Deemed domicile: Counting the number of years.

549 Domicile and Matrimonial Proceedings Act 1973, S. 4 repealed (S.) (4.5.2006) by Family Law (Scotland) Act 2006 (asp 2), s. 46(2), Sch. 3; S.S.I. 2006/212, art. 2.

te en Inglaterra, Gales e Irlanda del Norte. Esta legislación preserva y amplía las circunstancias en las que el domicilio de un hijo legítimo o legitimado dependerá del domicilio de su madre. Para que la legislación se aplique, los progenitores tienen que estar separados. Cuando un hijo tiene un hogar con su madre y no tiene un hogar con su padre, el domicilio del hijo depende del domicilio de su madre. Esta regla también se aplica cuando el hijo ha dejado de tener un hogar con su madre, pero desde entonces no ha tenido un hogar con su padre.

Si la madre fallece y por referencia a los criterios del párrafo anterior el domicilio del hijo habría dependido del domicilio de su madre en el momento de su muerte, el hijo conserva el domicilio que su madre tenía inmediatamente antes de su muerte. En cualquier otro caso, el domicilio del menor sigue al de su padre. La Administración considera que la cuestión de si un hijo tiene o no un hogar con uno o ambos de sus padres es sustancialmente un hecho.

Domicilio de dependencia de los hijos en Escocia:

Los artículos 21 y 22 de la FL(S)A 2006 afectan al domicilio de dependencia de la misma manera que al domicilio de origen[550]. La legislación anula efectivamente estos conceptos de legitimidad y proporciona una base legal integral para la determinación del domicilio de cualquier persona menor de dieciséis años[551]. El menor se considera domiciliado en el mismo país que sus progenitores. Cuando la regla general no se puede aplicar, se considerará que el menor esta domiciliado en el país con el que tenga por el momento el vínculo más estrecho.

Mujeres casadas, antes del 1 de enero de 1974.

Con efecto a partir del 1 de enero de 1974, la posición del *common law* fue modificada por el artículo 4 de la Ley de domicilio y procedimientos matrimoniales (DMPA) de 1973. La posición del *common law* sobre el domicilio de las mujeres casadas antes del 1 de enero de 1974, aplicable en todo el Reino Unido, era que el domicilio de una mujer casada era el domicilio de su marido. De esta forma al contraer matrimonio, la mujer obtenía un domicilio de dependencia basado en el domicilio de su cónyuge. El cambio de domicilio de su cónyuge suponía un cambio de domicilio para la mujer casada.

---

550 HMRC, Manual Interno RDRM22120 - Domicile: Categories of domicile: Domicile of origin - The Family Law (Scotland) Act 2006.

551 Family Law (Scotland) Act 2006.

Un matrimonio nulo no tiene ningún efecto legal, por lo que una mujer no podría adquirir un domicilio de dependencia durante tal "matrimonio". Sin embargo, incluso si el matrimonio fuera nulo, la mujer podría haber adquirido su propio domicilio de elección, que en muchos casos habría sido el mismo que el de su esposo putativo, viviendo con él y con la intención de permanecer en su lugar de residencia indefinidamente. Las viudas, los divorciados y las mujeres cuyos matrimonios han sido anulados tienen capacidad jurídica plena para cambiar de domicilio. Sin embargo, la mera separación, incluida la separación judicial, no afecta al domicilio de la mujer. Una divorciada que siguiera viviendo en el domicilio legal de su excónyuge, no perdería su antiguo domicilio de dependencia. De esta forma, aunque ya no depende de su excónyuge formalmente, la mujer divorciada no volvería a su domicilio de origen mientras permaneciera en el antiguo domicilio conyugal.

Para los matrimonios celebrados antes del 1 de enero de 1974, el artículo 4 de la DMPA de 1973 volvió a imponer efectivamente el domicilio de dependencia de la esposa al 31 de diciembre de 1973 como domicilio de elección, que podía perderse de la misma manera que cualquier otro domicilio de elección. En el caso de los matrimonios celebrados a partir del 1 de enero de 1974, el domicilio de la mujer no se ve afectado por el matrimonio. No obstante, el matrimonio forma parte de las pruebas pertinentes para determinar el domicilio de una mujer.

Mujeres que son ciudadanas estadounidenses. El artículo 4, apartado 4, del CDI entre el Reino Unido y los Estados Unidos se refiere al domicilio de una mujer nacional estadounidense casada, antes del 1 de enero de 1974, con un hombre domiciliado en el Reino Unido. Al determinar el domicilio de la esposa a efectos fiscales en el Reino Unido, en o después de la fecha en que el CDI tuvo efecto por primera vez en relación con esta disposición, se considera que el matrimonio tuvo lugar el 1 de enero de 1974. Esta condición no se ve afectada por la terminación del matrimonio, por cualquier razón, antes del 1 de enero de 1974.

En la práctica, esto significa que una mujer que es nacional de los Estados Unidos será tratada a efectos fiscales en el Reino Unido como si nunca hubiera tenido un domicilio de dependencia, obtenido como consecuencia de un matrimonio con un cónyuge domiciliado en cualquier parte del Reino Unido. El CDI no afecta a los factores pertinentes para determinar el domicilio elegido por esa mujer antes del 1 de enero de 1974.

Personas que carecen de capacidad mental suficiente. El Manual admite que la ley relativa a las personas que carecen de capacidad mental no es del todo clara, particularmente cuando la persona ha quedado incapacitada o lo está temporalmente. Una persona que haya alcanzado la edad de capacidad legal según las normas establecidas en el Manual RDRM22020, pero que carezca de capacidad mental suficiente, se considera una persona que no tiene capacidad legal plena, por lo cual no podrá adquirir un domicilio de elección, pero conservará el domicilio que existía en la fecha en que comenzó la incapacidad. Un progenitor o tutor tiene la facultad de cambiar el domicilio de una persona incapacitada, cuando esta fue incapacitada antes de cumplir la edad de capacidad legal.

Por lo que concierne a la edad y capacidad legal, el Manual RDRM22020[552] - Domicilio: Categorías de domicilio: Edad de capacidad jurídica, analiza las fechas en que se habría alcanzado en general la capacidad legal para adquirir un domicilio independiente de elección. La posibilidad de que el *common-law* le atribuya un domicilio de dependencia plantea obviamente la cuestión de si una persona tiene o no capacidad jurídica.

Para tener capacidad legal, una persona debe haber alcanzado una edad específica[553], establecida según las normas jurídicas del sistema pertinente de Derecho interno, y poseer la capacidad mental necesaria. Consecutivamente, para tener capacidad legal, una persona debe haber alcanzado una edad específica (generalmente 16, 18 o 21 años, según el sistema pertinente de Derecho interno) y poseer la capacidad mental necesaria. En general, para determinar la edad de una persona física, se utiliza el método de aniversario que se basa en la fecha de cumpleaños.

La ley en Escocia anteriormente calculaba la edad legal de un individuo desde la hora exacta del nacimiento. Esta disposición que imponía el método de aniversario detallado anteriormente fue modificada por la Ley de Edad de Capacidad Legal (Escocia) de 1991, por lo que una persona nacida, por ejemplo, el 5 de octubre de 1997, cumplirá dieciséis años al comienzo del 5 de octubre de 2013. Cuando una persona nace el 29 de febrero, se considera que el aniversario pertinente de su nacimiento es el 1 de marzo en años distintos de los años bisiestos.

Inglaterra y Gales, Escocia e Irlanda del Norte

Una persona nacida antes del 1 de enero de 1949 alcanzó la capacidad jurídica en su vigésimo primer cumpleaños. Una persona nacida entre el 1 de enero de

552 RDRM22020 - Domicile: Categories of domicile: Age of legal capacity.

553 RDRM22020 - Domicile: Categories ... Op. Cit.

1949 y el 31 de diciembre de 1951 inclusive alcanzó la capacidad jurídica el 1 de enero de 1970 debido a la reducción de la mayoría de edad.

Inglaterra, Gales e Irlanda del Norte

Una persona nacida entre el 1 de enero de 1952 y el 31 de diciembre de 1955 inclusive alcanzó la capacidad jurídica al cumplir dieciocho años.

Una persona nacida entre el 1 de enero de 1956 y el 31 de diciembre de 1957 inclusive adquirió capacidad jurídica el 1 de enero de 1974, fecha en que entró en vigor la Ley de domicilio y procedimientos matrimoniales de 1973 (DMPA 1973).

Una persona nacida a partir del 1 de enero de 1958 adquiere capacidad legal al cumplir dieciséis años.

Escocia

En general, la situación en Escocia era la misma que en el resto del Reino Unido para las personas nacidas antes del 1 de enero de 1952. Sin embargo, la ley escocesa permitía la emancipación de los menores, lo que significaba que los varones de catorce años o más y las mujeres de doce años o más podían, en determinadas circunstancias, adquirir un domicilio de elección.

Actualmente la edad a la que se puede adquirir domicilio independiente está establecida en el artículo 3 de la DMPA de 1973: "El momento en que una persona pueda tener por primera vez un domicilio independiente será cuando cumpla dieciséis años o contraiga matrimonio antes de esa edad; y en el caso de una persona que inmediatamente antes del 1 de enero de 1974 era incapaz de tener un domicilio independiente, pero que entonces había cumplido dieciséis años o había estado casada, será esa fecha".

El artículo 3 de la DPMA de 1973 no se aplica en Escocia. Una persona nacida en una fecha comprendida entre el 1 de enero de 1952 y el 24 de septiembre de 1973 inclusive alcanzó la capacidad jurídica al cumplir dieciocho años.

Una persona nacida entre el 25 de septiembre de 1973 y el 24 de septiembre de 1975 inclusive adquirió capacidad jurídica el 25 de septiembre de 1991, cuando entró en vigor la Ley de edad de capacidad jurídica (Escocia) de 1991. Una persona nacida a partir del 25 de septiembre de 1975 adquiere capacidad jurídica al cumplir dieciséis años[554].

554 HMRC, Manual Interno RDRM22020 - Domicile: Categories of domicile: Age of legal capacity.

2.7.7.3. Domicilio de elección

Cualquier persona física que tenga capacidad legal puede adquirir un domicilio de elección. Los requisitos para la validez de la elección son:

➢ la presencia física en una jurisdicción sujeta a un ordenamiento jurídico distintivo o "Derecho interno" como habitante real[555], y

➢ la intención de permanecer en ese territorio de forma permanente o indefinida[556].

Ostaszewska y Obuoforibo[557] indican que el "domicilio" en el *common-law* debe ser algo más que una simple "residencia habitual" o un "hogar permanente". La residencia debe responder a una prueba cualitativa y cuantitativa. La persona debe residir en el Estado en el que fija su residencia y debe tener la intención de permanecer allí de forma permanente. Debe haber una intención fija en ese momento de considerar el lugar de residencia o asentamiento como el hogar permanente para siempre. Es el establecimiento de esta intención lo que presenta la mayor dificultad para determinar el "domicilio".

Un domicilio de elección se pierde cuando no concurren estos dos factores. Dado que un cambio de intención por sí solo es insuficiente para poner fin a un domicilio de elección, puede ser necesario examinar no sólo las intenciones de una persona en el momento de una investigación, sino también las intenciones de esa persona durante un período más largo.

En relación con la residencia física en el domicilio de elección, a diferencia de un domicilio de origen o dependencia, es imposible adquirir un domicilio de elección en un territorio en el que el individuo nunca ha residido.

La intención requerida implica la contemplación de un período ilimitado de residencia. La intención debe formarse independientemente de la presión externa. Esto no significa que un individuo tenga que estar libre de cualquier restricción práctica o límites sobre sus acciones antes de que tal intención pueda ser formada.

---

555 HMRC, Manual Interno RDRM22310 - Domicile: Categories of domicile: Domicile of choice - Residence.

556 HMRC, Manual Interno RDRM22320 - Domicile: Categories of domicile: Domicile of choice - Intention to Reside Indefinitely.

557 Ostaszewska, O., & Obuoforibo, B. (2018). Op. Cit. p. 14.

La intención no depende de los deseos de la persona con respecto a su domicilio; el domicilio de elección no surge como consecuencia de la intención de adquirir un domicilio, sino por la intención de residir en un determinado territorio indefinidamente. Es importante mencionar el aspecto objetivo que se manifiesta en relación con la intención subjetiva de establecer un domicilio de elección permanente, que es si existe o no una contingencia en el caso de cuyo cumplimiento se prevé que la residencia en el nuevo domicilio terminará en un momento determinado. En este sentido, si existe la intención de regresar al domicilio de origen como una eventualidad claramente prevista y razonablemente anticipada, se considera que no hay intención de permanecer indefinidamente en el nuevo domicilio. Sin embargo, si la contingencia es vaga o suficientemente condicional, podría existir una intención de permanecer indefinidamente y adquirir un domicilio de elección.

La permanencia del domicilio de origen, cuando no se haya establecido un domicilio de elección, es especialmente importante en relación con el estatus de residente no domiciliado y los beneficios que podría obtener un residente por la aplicación del régimen de bases remitidas. Generalmente el estatus fiscal de residente no domiciliado (*non-dom*) se aplica a alguien que nació en el extranjero, pasa gran parte de su tiempo en el Reino Unido, pero aún considera que otro país es su residencia permanente o "domicilio". Otros también pueden heredar su domicilio de sus padres, lo que significa que pueden haber nacido en el Reino Unido y aun así tener el estatus de residente no domiciliado[558].

Las **declaraciones de intenciones** deben considerarse en el contexto de todas las pruebas pertinentes para establecer las intenciones de una persona. Las meras declaraciones son generalmente menos importantes que la conducta real y pueden tener poco peso si la declaración no se correlaciona con las acciones tomadas.

No se puede pasar por alto la posibilidad de que exista un sesgo natural. Los tribunales del Reino Unido han indicado que la creencia de una persona puede afectar a la declaración de sus intenciones. Un individuo podría creer genuinamente que está domiciliado en un territorio en particular, pero el análisis objeti-

---

558 Véase: Neville, S. (2022) "Akshata Murty: What Is Non-Dom Status?", *London: Press Association Limited.*
Lynch, D. (2023). "Rishi Sunak Accused of Protecting 'Beloved' Non-Dom Status". *London Press Association Limited.*

vo de los hechos podría probar que esa creencia es errónea. En una situación, en la que el testimonio no está respaldado por otras pruebas, es necesario considerar de manera objetiva la veracidad y exactitud del testigo. Si el testimonio se relaciona con las intenciones de un individuo, la realidad de las intenciones es un punto relevante. Los motivos de una persona también deben tenerse en cuenta al evaluar sus declaraciones relacionadas con otros asuntos relevantes. Los motivos, como la huida de la familia o de los acreedores, o la evasión o elusión fiscal, pueden arrojar luz sobre la permanencia prevista.

Una declaración de domicilio puede ser ignorada si hay pruebas de que el declarante no entendió la ley pertinente o lo que significaba su declaración. Esto no quiere decir que las declaraciones probatorias deban ignorarse, simplemente que una declaración explícita, especialmente si utiliza el término "domicilio" o se hace deliberadamente, solo debe tener peso cuando la persona que la hace puede demostrar que entendía la ley pertinente en el momento en que se hizo la declaración.

La adquisición de un domicilio de elección requiere la concurrencia de dos circunstancias: residencia e intención, aunque cualquiera puede existir independientemente antes que la otra. La intención requerida no es irrevocable.

La pérdida del domicilio de elección requiere el cese tanto de la residencia como de la intención.

Las leyes del Reino Unido emplean la doctrina del "**renacimiento del domicilio de origen**" en situaciones en las que un domicilio de elección ha sido abandonado sin la adquisición de otro domicilio de elección. Otros países no utilizan este enfoque, prefiriendo tratar un domicilio de elección como continuo hasta que sea reemplazado por uno nuevo.

2.7.7.4. Domicilio presunto: *Deeemed domicile* (Residentes considerados domiciliados) a efectos del Impuesto sobre la renta y el Impuesto sobre las ganancias patrimoniales

A partir del 6 de abril de 2017, la Ley de finanzas (Finance Bill) introdujo la legislación para el domicilio presunto *(deemed domicile)*. Este concepto ya existía para los efectos del impuesto sobre sucesiones[559].

559 HMRC, Manual Interno RDRM20040 - Domicilio: Introducción y antecedentes: «Domicilio considerado» a efectos del impuesto sobre sucesiones.

En relación con el Impuesto sobre la renta de las personas físicas y el Impuesto sobre las ganancias patrimoniales, antes del 6 de abril de 2017, las personas físicas residentes, pero no domiciliadas en el Reino Unido en virtud del Derecho común:

➢ estaban sujetos al impuesto del Reino Unido sobre todos los ingresos y ganancias de capital que surgieron en el Reino Unido

➢ podrían reclamar la base de remesas y solo pagarían impuestos del Reino Unido sobre sus ingresos extranjeros y ganancias de capital si/cuando fueran remitidos al Reino Unido

➢ pudieron reclamar desgravaciones fiscales en días laborables en el extranjero durante los primeros 3 años de residencia en el Reino Unido.

A) Cambios en vigor desde 2017

A partir del 6 de abril de 2017 entraron en vigor nuevas normas de domicilio presunto que cambian la sujeción a impuestos de los residentes considerados domiciliados (*deemed domicile*). Según las nuevas disposiciones de domicilio presunto una persona que no esté domiciliada en el Reino Unido según el Derecho común será tratada como domiciliada en el Reino Unido a todos los efectos fiscales. Para ser un residente considerado domiciliado en el Reino Unido, este debe cumplir una de las dos condiciones: Condición A o Condición B[560].

Estas normas sobre los residentes considerados domiciliados (residentes con domicilio presunto) cambiaron la forma en que se trata a una persona previamente residente en el Reino Unido, pero no domiciliada en el Reino Unido.

Una persona física es residente domiciliado presunto con Condición A si:

- nació en el Reino Unido;
- su domicilio de origen estaba en el Reino Unido;
- fue residente en el Reino Unido de 2017 a 2018 o años posteriores.

Una persona física es residente domiciliado presunto con Condición B si:

- ha sido residente del Reino Unido durante al menos 15 de los 20 años inmediatamente anteriores al año fiscal correspondiente.

---

560 Capítulo 2 Parte 14 ITA 2007 sección 835BA, Income Tax Act 2007.

B) Domicilio presunto en el ámbito del Impuesto sobre sucesiones (*Inheritance tax*)[561]

Las reglas aplicables en relación con el Impuesto sobre sucesiones difieren de las reglas del Impuesto sobre la renta y del Impuesto sobre las ganancias patrimoniales.

Es posible que una persona física esté "considerada" domiciliada en el Reino Unido únicamente a efectos del impuesto sobre sucesiones, y al mismo tiempo estar domiciliada en el *common-law* en un territorio fuera del Reino Unido.

Según las normas anteriores el domicilio presunto en el Reino Unido se adquiere en dos casos:

1) El artículo 267, apartado 1, letra a), de la IHTA de 1984[562] establece la norma de los "tres años". La regla de los tres años se aplicaba cuando la persona estaba domiciliada en el Reino Unido a partir del 10 de diciembre de 1974 y dentro de los tres años naturales anteriores al evento en cuestión.

2) El artículo 267, apartado 1, letra b), de la IHTA de 1984 es la base de la norma de los "17 de 20 años". Para que se aplique la norma, la persona física debe haber sido residente, a efectos del Impuesto sobre la renta, en el Reino Unido a partir del 10 de diciembre de 1974 y en no menos de diecisiete de los veinte años de liquidación que terminan en aquel en el que se produce el hecho relevante.

Estas reglas se modificaron con la introducción del domicilio presunto a partir del 6 de abril de 2017, y la regla de "17 de 20" se redujo a "15 de 20 años" a partir de esta fecha[563]. Los casos que suponen domicilio presunto a efectos de Impuesto sobre Sucesiones (IHT) están estipulados en el artículo 267, párrafo 1 e incluyen:

➢ la regla de los 3 años: "a) haber estado domiciliado en el Reino Unido en los tres años inmediatamente anteriores al momento pertinente",

➢ Se introdujo la letra a bis) en el artículo 267 de la Ley sobre el Impuesto sobre sucesiones de 1984 "ser residente anteriormente domiciliado durante el

561 HMRC, Manual Interno RDRM20040 - Domicilio: Introducción y antecedentes: «Domicilio considerado» a efectos del impuesto sobre sucesiones.

562 Inheritance Tax Act 1984.

563 HMRC, Manual Interno RDRM25000 - Domicile: Deemed domicile: Contents.

ejercicio fiscal en el que se encuentre el momento pertinente ("el ejercicio fiscal pertinente"), o

➢ la regla de los 15 años

"b) residía en el Reino Unido:

i)durante al menos quince de los veinte ejercicios fiscales inmediatamente anteriores al ejercicio fiscal correspondiente, y

ii) durante al menos uno de los cuatro ejercicios fiscales anteriores al ejercicio fiscal correspondiente"[564].

Estas normas suelen aplicarse tanto a las transmisiones *inter vivos* como a transmisiones *mortis causa*, estando ambas sujetas al Impuesto sobre Sucesiones (IHT). La única excepción se establece para las transferencias *mortis causa*, cuando el domicilio de la persona fallecida era Italia, Francia, India o Pakistán.

Los artículos 267, apartado 2, y 158, apartado 6, de la IHTA 1984 se oponen a la aplicación del artículo 267, apartado 1, a los convenios para evitar la doble imposición "con respecto a los impuestos sobre las sucesiones de personas fallecidas" entre el Reino Unido y los países mencionados en el apartado anterior por ser estos convenios concluidos antes de 1975. Los CDI más recientes contemplan esta restricción.

2.7.8. Tributación sobre la base remitida (base derivada - remittance basis)[565]

Las reglas del régimen de remisión (tributación sobre la base remitida - *remittance basis*) introducidas por la Ley de Finanzas de 2008 y sus enmiendas posteriores suponían una alternativa de tributación que se aplicaba a los residentes no domiciliados en las condiciones definidas anteriormente. La Ley de Finanzas de 2025 eliminó el régimen *remittance basis*, sustituyéndolo por un régimen basado en la residencia, con efecto a partir del 6 de abril de 2025. Un Mecanismo de Repatriación Temporal permitirá a quienes utilizaban el régimen tributario

---

564 S. 267(1)(b) substituted (with effect in accordance with s. 30(9)-(12) of the amending Act) by Finance (No. 2) Act 2017 (c. 32), s. 30(1)(c).

565 HMRC, Manual Interno RDRM30005 - Remittance Basis: About the Remittance Basis Chapters - Introduction.

basado en las remesas traer al Reino Unido los ingresos y ganancias extranjeras de años anteriores con una carga fiscal reducida.

2.7.8.1. Ley de Bases de Envío de Remesas y Finanzas de 2008

La tributación sobre la base remitida estuvo disponible durante muchos años, apareciendo por primera vez en la legislación fiscal hace más de 200 años[566]. En años más recientes, se ha aplicado en gran medida a la tributación de los ingresos y ganancias extranjeras que obtienen los residentes del Reino Unido que no son residentes habituales y / o no están domiciliados en el Reino Unido. Sin embargo, había algunas diferencias entre el trato de los ingresos extranjeros derivados del empleo y los derivados de las inversiones, y entre la posibilidad de tributar por la base remitida con respecto a las ganancias de capital (restringida únicamente a las personas físicas no domiciliadas). Desde el 6 de abril de 2013, la tributación sobre base remitida estaba restringida a las personas que no estaban domiciliadas en el Reino Unido, ya que la introducción de la Prueba de Residencia Estatutaria (SRT) hizo obsoleto el concepto de residente, pero no residente habitual.

El Anexo 7 de la Ley de Finanzas de 2008 introdujo nuevas normas en el capítulo A1, parte 14 de la ITA 2007 sobre el régimen de bases remitidas. Estas se aplican a partir del 6 de abril de 2008 e incluyen una serie de disposiciones transitorias que se refieren a las rentas y ganancias extranjeras que surjan en años anteriores a 2008-09 y se "remitan" en 2008-09 o posteriormente.

2.7.8.2. La base remitida (remittance basis)[567]

Si se aplica la tributación sobre la base remitida, las rentas (sujetas a impuesto sobre la renta) y las ganancias de origen británico (sujetas a impuesto sobre las ganancias patrimoniales) tributaban a medida que surgían, pero la mayoría de los tipos de rentas y ganancias en el extranjero solo estaban sujetas a imposición si se remitían al Reino Unido[568]. Si no se aplica la tributación sobre la base remitida, se aplica en su lugar la tributación sobre los ingresos y ganancias mundiales.

---

566 HMRC Manual Interno RDRM30005 - Remittance Basis: About the Remittance Basis Chapters - Introduction.

567 Véase: Kessler, J. (2014). *Taxation of*...Op. Cit. Capítulo 10. The remittance basis.

568 Las rentas y ganancias pueden ser remitidas al Reino Unido en el año fiscal en el que se hayan obtenido en el extranjero o en un año fiscal posterior.

2.7.8.3. Aplicación del régimen de bases remitidas (remittance basis)

Durante la vigencia del régimen, existían dos supuestos en los que el régimen de bases remitidas se aplicaba automáticamente, en un año fiscal determinado, a un residente del Reino Unido que no estaba domiciliado en el país, sin que el contribuyente tuviera la obligación de ejercer ninguna opción. En primer lugar, si tenía rentas y ganancias extranjeras remitidas en el año fiscal por valor no superior a 2.000 libras esterlinas. Además, el régimen estaba disponible para los contribuyentes que: i) no habían realizado ninguna remesa sujeta a impuestos al Reino Unido; ii) no tenían ganancias en el Reino Unido o ingresos de fuente en el Reino Unido con un máximo de 100 libras esterlinas de rentas gravables, iii) no se consideraban domiciliados (*deemed resident*) en el Reino Unido y; iv) no habían sido residentes en el Reino Unido en 6 o menos de los 9 años fiscales anteriores, o eran menores de 18 años durante todo el año fiscal.

En los demás casos el contribuyente podía ejercer la opción de aplicar este régimen. La elección es anual y se puede realizar por personas físicas residentes en el Reino Unido, pero no domiciliadas en el Reino Unido, siempre y cuando no se sobreponga el régimen de residencia presunta. En este último caso la persona se consideraría domiciliada en el Reino Unido.

2.7.8.4. El cargo por la aplicación de bases remitidas (RBC)

Las personas residentes, pero no domiciliadas en el Reino Unido que opten por la aplicación del régimen de bases remitidas, tienen la obligación de pagar el cargo por bases remitidas (RBC), si han sido residentes en el Reino Unido durante un periodo de tiempo estrictamente definido y suficientemente largo para situarles dentro del alcance del cargo[569].

---

[569] Un régimen similar se aplica en Suiza. Las personas de nacionalidad extranjera que no hayan realizado nunca una actividad económica en Suiza pueden acogerse, si es la primera vez que solicitan la residencia, al llamado método del "convenio fiscal" (Fiscal Deal) o de «liquidación a tanto alzado» *(lump sum assessment)*. Para ello, hay que acreditar un patrimonio neto de al menos dos millones de francos suizos (aproximadamente 1,3 millones de euros al cambio de 2009). Este método consiste en la determinación de una renta presunta, que es la que servirá de base para la aplicación del impuesto, la cual debe pactarse con las autoridades fiscales cantonales. Esta renta presunta refleja normalmente los gastos anuales en que se incurre en Suiza por todos los conceptos (vivienda, alimentación, vestido, personal de servicio, educación, ocio, viajes, caballos, coches, aviones,

El RBC se debe por las personas mayores de 18 años que optan por la aplicación del régimen y cumplen con los siguientes requisitos de residencia:

1. Si la persona fue residente en el Reino Unido en 7 de los 9 años fiscales anteriores, el RBC es de 30.000 libras esterlinas.

2. Si la persona fue residente en el Reino Unido en 12 de los 14 años fiscales anteriores, el RBC es de 60.000 libras esterlinas.

3. Si la persona fue residente en al menos 17 de los 20 años fiscales anteriores (solo para 2015-2016 y 2016-2017), el RBC es 90.000 libras esterlinas.

La posibilidad de ser residente no domiciliado en el Reino Unido es objeto de continuas discusiones en el ámbito político y social. Las ventajas potenciales del Reino Unido para las personas no domiciliadas residentes en el Reino Unido, conocidas popularmente como "*non-doms*", convierten al Reino Unido en un "paraíso fiscal"[570] y supone un vacío legal[571] que, según algunos políticos, se tiene que eliminar.

Según Summers, los residentes no domiciliados en el Reino Unido reciben al menos 10.900 millones de libras esterlinas en ingresos y ganancias de capital en el extranjero cada año, que no están obligados a declarar a HMRC ni pagar impuestos en el Reino Unido. "Gravar estos ingresos recaudaría más de 3.200

---

etc.). Sobre dicha renta presunta se aplican las escalas de gravamen correspondientes (cantonal, municipal y federal), sin especialidad alguna en este punto (la especialidad está en la base imponible, no en el tipo de gravamen aplicado). La renta presunta debe ser, como mínimo, aproximadamente cinco veces la renta anual —excluidos los gastos de calefacción— de la vivienda (o dos veces el importe anual de la pensión completa si el contribuyente vive en un hotel). En algunos cantones hay un tope mínimo. Además, el impuesto resultante no puede ser inferior al impuesto que se pagaría bajo el régimen ordinario de imposición sobre la renta y sobre el patrimonio, en relación con los ingresos de fuente suiza y con el patrimonio localizado en Suiza. Si el impuesto determinado a tanto alzado resultase inferior al que resulta del cálculo «de control» al que acaba de hacerse referencia, se paga la cantidad resultante de este cálculo «de control». Véase: Falcón y Tella (2010), Op. Cit. pp. 58-59.

570 Véase: Abraham, J. (2007). "The UK 'Non-Dom' and Non-Resident Trusts". *Trusts & trustees* 13.4. pp. 119-120.
McKeever, M. (2008). "The New UK Tax Rules for Non-Domiciliaries: Tax Haven or No-Go Area?" Tax planning international review 35.3.

571 Gibbons, A. (2022). "Chancellor Asks Treasury to Look into Value of Closing Non-Dom Loophole". *London: Press Association Limited.*

millones de libras esterlinas en ingresos fiscales adicionales cada año y también eliminaría el actual desincentivo para invertir en el Reino Unido. Refutando las preocupaciones de que la abolición del estatus de non-dom podría conducir a un éxodo masivo del Reino Unido, los investigadores calculan que solo el 0,3% de los afectados abandonaría el país (menos de 100 personas), la mayoría de los cuales apenas pagan impuestos bajo el régimen actual".[572].

Sin embargo, en el año 2012, cuando se desarrolló la ley actual, las reglas de residente no domiciliado fueron bien acogidas, porque la medida permitió a personas adineradas "traer todo el dinero que quisieran al Reino Unido sin un cargo fiscal en el Reino Unido, siempre que invirtieran en empresas del Reino Unido"[573]. Además, como concluye la investigación de Advani, Burgherr and Summers[574], con la derogación del régimen *remitannce basis* se prevé, incluso con la salida de un pequeño número de contribuyentes por la *remittance basis*, un efecto negativo sobre los ingresos fiscales que históricamente ha sido una de las preocupaciones relevantes en los debates relacionados con este régimen.

Según los citados autores: "Los ingresos totales de las inversiones en el extranjero que se benefician de la base de remesas ascienden a 4.600 millones de libras esterlinas, con otros 6.300 millones de libras esterlinas en ganancias en el extranjero. En conjunto, el impuesto adicional que probablemente pagarían los non-doms, si permanecieran en el Reino Unido, es de 3.260 millones de libras. ... Después de tener en cuenta esta respuesta migratoria limitada, incluida la pérdida de impuestos existentes pagados por los non-doms que se van, el impuesto adicional que se recibiría es de 3.230 millones de libras esterlinas. Los ingresos netos adicionales para el gobierno, después de contabilizar también la pérdida de los recibos de cargos basados en remesas, es de 3.160 millones de libras esterlinas. Sobre la base del límite superior de los efectos migratorios esperados, podemos descartar aumentos en los ingresos por debajo de los 2.400 millones de libras".[575]

---

572 Summers, A. (2022). "Abolishing the non-dom regime would raise more than £3.2 billion each year, finds new report". *News LSE*. Disponible en: https://www.lse.ac.uk.

573 Fuller, C. (2015). "Non-Dom Remittance Proposals May Cause Exodus". *Accountancy age*.

574 Advani, A., Burgherr, D. & Summers, A. (2022). Reforming the non-dom regime: revenue estimates. *CAGE Policy Briefing* no. 38 September. LSE International Inequalities Institute. p. 13.

575 El estudio, realizado por investigadores de la Universidad de Warwick y la Escuela de Economía y Ciencias Políticas de Londres (LSE), analizó las declaraciones anónimas

Por último, los estudiosos mencionados descartan la preocupación de que eliminar el régimen *non-dom* "le costara dinero a Gran Bretaña": "Para que la reforma no genere ingresos, la respuesta migratoria tendría que ser más de 15 veces mayor que la respuesta emigratoria que observamos después de las reformas de 2017. Sigue existiendo incertidumbre sobre el alcance preciso de cualquier respuesta a la inmigración y los impactos económicos más amplios asociados con la abolición o restricción del régimen *non-dom*, pero estos tendrían que ser muy grandes para compensar las ganancias de ingresos incluso bajo nuestra estimación del límite superior (para la migración). Por lo tanto, las objeciones a la restricción o eliminación de la base de las remesas no pueden basarse en sus efectos fiscales".

Por otra parte, otra investigación de personas que no eran residentes en el Reino Unido en 2018 o que habían solicitado la condición de *non-dom* a partir del 1997 determinó que "alrededor del 80% de los no domiciliados tienen ingresos provenientes de algún tipo de trabajo (o ingresos por pensiones) como su principal fuente de ingresos"[576], determinando que "la población no domiciliada es claramente una élite económica", con "un trabajo remunerado sustancial en el Reino Unido, en lugar de ser rentistas pasivos". Por otro lado, el estudio demuestra que una minoría significativa de los *non-dom* recibe la mayor parte de sus ingresos en el Reino Unido de inversiones.

A mayor abundamiento, los investigadores hablan de un "estereotipo" de contribuyentes que se benefician del estatus *non-dom*, y resaltan las siguientes características de este grupo:

"Los *non-doms* están conectados globalmente, ya sea por nacimiento o por el tiempo que han vivido en el extranjero. Más del 93% de los que clasificamos como *non-doms* en 2018 nacieron en el extranjero. Un 4% adicional ha vivido en el extranjero durante un período considerable.

---

de impuestos personales de todas las personas que reclamaron el estatus de *non dom* a efectos fiscales entre 1997 y 2018. Los investigadores utilizaron datos relativos a las reformas de las reglas *non-dom* en 2017 para estimar cuántos *non-doms* abandonarían el Reino Unido como resultado de derogar el régimen por completo o restringirlo en función del número de años de residencia. La investigación utilizó datos confidenciales y no identificados a los que accede el HMRC para analizar a todas las personas que han reclamado el estatus de *non dom* entre 1997 y 2018, por lo que se señala como un estudio sin precedentes. Summers, A. (2022). Abolishing...Op. Cit.

576 Advani, A., Burgherr, D., Savage, M. & Andy Summers, A. (2024). The UK's 'non-doms': Who are they, what do they do, and where do they live?

La proporción de personas que reclaman el estatus *non-dom* aumenta rápidamente con el aumento de los ingresos. Tres de cada diez personas que ganaron 5 millones de libras esterlinas o más optaron por el estatus de *non-dom* en 2018, y otra de cada diez había reclamado el estatus de *non-dom* en algún momento en el pasado. Esto se compara con menos de tres de cada mil que alguna vez han reclamado el estatus de non-dom entre aquellos que ganan menos de 100.000 libras esterlinas.

Más de uno de cada cinco banqueros con mayores ingresos es *non-dom*. Alrededor del 22% de los banqueros del 1% superior (ingresos superiores a 125.000 libras) han reclamado el estatus *non-dom* en algún momento. Los non-doms también representan una gran proporción de otros empleos financieros.

La mayoría de los *non-doms* provienen de Europa Occidental, India y Estados Unidos. También hay minorías considerables de otros países de habla inglesa. Desde 2001, ha habido un rápido aumento en el número de *non-doms* de la India, China y los antiguos Estados soviéticos.

La mayoría de los *non-doms* residen en Londres y sus alrededores...;

Dentro de Londres, los *non-doms* tienden a vivir en los distritos más caros...;

Los *non-doms* se ubican dentro de regiones nacionales exclusivos..."

De acuerdo con las conclusiones de ambas investigaciones, no podemos omitir que, en primer lugar, se trata de un régimen que establece privilegios significativos para un grupo determinado de contribuyentes "ricos", considerado discriminatorio, elitista y políticamente protegido. Por otra parte, su eliminación conlleva un beneficio considerable desde el punto de vista del aumento de los ingresos públicos. Además, parece que ambos partidos políticos han cedido ante la opinión pública y, han asumido, aunque de forma diferente, que el régimen de los non-doms tiene que ser suprimido.

2.7.9. Reformas recientes en relación con el estatus del residente non-dom

En su programa electoral el Partido Laborista anunció un cambio en el estatus de los residentes *non-dom* y el régimen de tributación *remittance basis*. En marzo de 2024, el entonces Ministro de Hacienda conservador Jeremy Hunt ya había anunciado que el régimen fiscal de los no residentes se eliminaría gradualmente, sin embargo, el Partido Laboralista se comprometió a endurecer los planes conservadores, eliminando el estatus fiscal de los no-domiciliados. Las previsiones de recaudación como resultado de la reforma prevista por los gobernantes anteriores se estimaron en 2,7 mil millones de libras esterlinas al año para el periodo 2028-29[577]. El Gobierno actual publicó su propia política en el verano del 2024, indicando sus estimaciones de recaudar alrededor de 4.000 millones de libras esterlinas en 2026/27 y 6.000 millones de libras en 2027/28, con cantidades reducidas en años posteriores[578].

La Ley de Finanzas de 2025 eliminó el régimen *remittance basis* para las personas no domiciliadas en el Reino Unido, sustituyéndolo por un régimen basado en la residencia - Ingresos y ganancias extranjeras (FIG)[579], con efecto a partir del 6 de abril de 2025. Una persona puede presentar una solicitud bajo el régimen FIG para un año fiscal si es un "nuevo residente calificado" para ese año. En muchos casos, los nuevos residentes calificados son personas que se convierten en residentes del Reino Unido por primera vez, pero una persona puede ser un nuevo residente calificado si ha vivido previamente en el Reino Unido, pero luego ha trasladado su residencia al extranjero por un período prolongado y posteriormente regresa al Reino Unido.

El nuevo régimen FIG será aplicado independientemente de la nacionalidad o el domicilio del contribuyente. La no residencia por convenio[580] y el tratamiento de año fraccionado[581] se ignoran a efectos de los criterios de residencia, tanto al considerar el año fiscal de la solicitud como los 10 o más años fiscales consecutivos de residencia fuera del Reino Unido. Cualquier año en el que se aplique el tratamiento de año fraccionado se considerará un año completo de residencia en el Reino Unido a efectos de los criterios de residencia, aunque exista una parte del año en el extranjero para el tratamiento de año fraccionado, ya que la persona es residente según el SRT durante todo el año fiscal.

---

577 Véase BBC News de 30 de octubre de 2024. What does non-dom mean and how are the rules changing? Disponible en: https://www.bbc.com/news/business-32216346. Última consulta: 31/05/2025.

578 HM Treasury, Autumn Budget 2024 - policy decisions table 5.1. Disponible en: https://www.gov.uk/government/publications/autumn-budget-2024. Última consulta: 31/05/2025.

579 HMRC internal manual Residence and FIG Regime Manual. Publicado: 4 April 2025 y modificado: 7 de abril 2025. Última consulta: 31/05/2025.

580 Véase HMRC: RFIG50300.

581 Véase HMRC: RFIG21010.

La prueba de residencia legal se utilizará para determinar la residencia fiscal, sin tener en cuenta la residencia o no residencia en virtud de un CDI y el tratamiento de los años fraccionados - *split-year treatment*. Será necesario presentar una solicitud por cada año en el que se aplicará el nuevo régimen de cuatro años y es posible elegir el régimen concreto. Por ejemplo, será posible aplicar el régimen a una fuente de ingresos extranjeros, pero no a otras, o a los ingresos extranjeros, pero no a las ganancias extranjeras[582]. Esto significa que una persona residente en el Reino Unido según el SRT será residente en el Reino Unido de acuerdo con estos criterios, independientemente de si pudiera haber sido considerada residente en otra jurisdicción como resultado de cualquier prueba de desempate en el CDI que el Reino Unido tenga con la otra jurisdicción, o de cualquier desgravación que pudiera haber solicitado en virtud del artículo 6 de la TIOPA[583] de 2010.

A modo de conclusión debemos mencionar que, en nuestra opinión, las acciones adoptadas y las consideraciones relacionadas con la eliminación del régimen anterior están influidos significativamente por la situación económica post-Brexit y la elevada presión pública que reclama una mejora financiera de la población en general. En otro orden de ideas, debemos reconocer que la existencia de este régimen resultó en el crecimiento extraordinario de las inversiones en propiedades inmobiliarias, sobre todo en las zonas señaladas en el estudio, así como del *London City* como centro de inversiones financieras. Además, atrajo al país como residentes, aunque residentes no domiciliados, a un grupo de personas que podrían reconsiderar su residencia fiscal efectiva como consecuencia de la eliminación del régimen. Todo ello podría tener un efecto negativo sobre las inversiones globales a largo plazo, lo cual pone de relieve, por un lado, la tendencia a tomar decisiones políticas "a corto plazo" y, por otro, evidencia el uso sesgado de la información investigadora y su publicidad de forma transversal según las conveniencias puntuales.

---

582 Despacho Stephenson Harwood SSP (2024) Stephenson Harwood SSP (2024). "Autumn Budget 2024: Farewell to non-doms; hello to new residents". Disponible en: https://www.shlegal.com/insights/autumn-budget-2024-farewell-to-non-doms-hello-to-new-residents

583 Taxation (International and Other Provisions) Act 2010.

3. PRINCIPIO DE CIUDADANÍA

3.1. ESTADOS UNIDOS DE AMÉRICA

El concepto de obligación tributaria basada en la ciudadanía, según el cual los Estados gravan a sus ciudadanos sobre sus ingresos mundiales, independientemente de su residencia fiscal, es relativamente poco común. Una de las jurisdicciones que aplica el principio de la ciudadanía como principio de tributación, son los Estados Unidos de América (EE.UU.).

3.1.1. Obligación fiscal total por ciudadanía

Los EE.UU. han introducido una Observación sobre el comentario del artículo 24 del MC OCDE que indica lo siguiente: "83. Los Estados Unidos observan que sus ciudadanos no residentes no se encuentran en las mismas circunstancias que los demás no residentes, ya que los Estados Unidos gravan a sus ciudadanos no residentes sobre sus ingresos mundiales".[584]

Son obligados tributarios ante el Estado norteamericano los ciudadanos estadounidenses y los extranjeros residentes, independientemente de su domicilio o el lugar donde viven; ambas figuras jurídicas están sujetas al impuesto sobre la renta de los Estados Unidos, generalmente por sus ingresos mundiales.

El Código de Estados Unidos, Título 26 / Subtítulo F / Capítulo 79 / § 7701clasifica como una "Persona de los Estados Unidos" a: 1)los ciudadanos o residentes de los Estados Unidos; 2) las *partnerships* nacionales[585]; 3) las corpo-

---

584 OECD (2017), Model Tax Convention on Income and on Capital: Condensed Version 2017, OECD Publishing. http://dx.doi.org/10.1787/mtc_cond-2017-en, p. 427.

585 La figura jurídica proviene del Derecho anglosajón y no tiene correspondencia directa con las entidades comprendidas en la legislación mercantil española. Existen varias modalidades de sociedades de este tipo en los EE.UU., que incluyen sociedades generales ("general partnership"), sociedades limitadas ("limited partnerships") y sociedades de responsabilidad limitada ("limited liability partnerships"). En una sociedad general, cada socio es personalmente responsable de las deudas y obligaciones de la empresa, es decir, los socios de una sociedad colectiva comparten la responsabilidad por las deudas y obligaciones de la empresa, asumiendo una responsabilidad personal ilimitada por sus acciones, las acciones de todos los demás socios y las de todos los empleados. La forma más parecida en el Derecho mercantil español sería la entidad en atribución de rentas. En una sociedad limitada, hay uno o más socios generales que

raciones nacionales; 4) cualquier patrimonio que no sea un patrimonio extranjero, y 5) cualquier trust controlado por personas de EE.UU. o supervisado por juzgados de EE.UU.

En relación con la otra figura sujeta al impuesto sobre la renta de los Estados Unidos - el residente extranjero, está contemplada en el Código de los Estados Unidos, Título 26 / Subtítulo F / Capítulo 79, Párrafo 7701 b)[586]:

"a) Extranjero residente

Una persona extranjera será tratada como residente de los Estados Unidos con respecto a cualquier año natural si (y solo si) dicha persona cumple con los requisitos de las cláusulas (i), (ii) o (iii):

i) Admitidos legalmente para la residencia permanente

Dicho individuo es un residente permanente legal de los Estados Unidos en cualquier momento durante dicho año natural.

---

tienen responsabilidad ilimitada y uno o más socios *limitados* que tienen responsabilidad limitada. En una sociedad de responsabilidad limitada, todos los socios tienen responsabilidad limitada y no son personalmente responsables de las deudas y obligaciones de la sociedad.

En los Estados Unidos, los diferentes Estados tienen sus propias leyes que regulan las uniones conocidas como "parthnership", por lo cual las normas aplicables varían de un Estado a otro. Las normas generales se basan en el Acta Uniforme de asociación - *Uniform Partnership Act (UPA),* adoptada en 1914 y el Acta Uniforme Revisada de Partnership: *Revised Uniform Partnership Act (RUPA),* revisada en 2013 y con últimas modificaciones de 2022. La última está aprobada por aproximadamente 44 Estados y distritos y regula las unidades asociadas llamadas "partnership", excluyendo la limitada LPs. El acta estipula reglas que se aplican en ausencia de Estatutos o cuando estos existen, pero no tratan ningún asunto en concreto. Las reglas incluidas tratan la constitución, la responsabilidad, los activos, la disolución, etc. Aparte, serían aplicables otras leyes del ámbito tributario federal y estatal, las leyes en materia contractual, empleo, seguridad social, etc. Véase: Fox, R. (2013). *Tax Strategies for the Small Business Owner Reduce Your Taxes and Fatten Your Profits* (1st ed.). Apress. Uniform Partnership Act; Uniform Limited Partnership Act;

Kessler, J. (2014). *Taxation of...Op. Cit.*

Willis, E. [et al.], (1998). West federal taxation, Comprehensive Volume. Edition. Cincinnati: West Educational Publishing Company. Chapter 22. Parthnerships 22-1 - 22-65.

586 US Code, Title 26 / Subtitle F / Chapter 79 / § 7701.

ii) Prueba de presencia sustancial

Esa persona cumple la prueba de presencia sustancial del párrafo 3).

iii) Elección del primer año

Las personas que carecen de ciudadanía norteamericana se consideran no residentes a efectos fiscales hasta que cumplan alguna de las pruebas previstas para su calificación como residentes fiscales[587].

Existen reglas especiales para la calificación de los residentes extranjeros como residentes fiscales en Estados Unidos. Un extranjero residente es una persona física que no es ciudadano o nacional de los Estados Unidos y que cumple cualquiera de las pruebas de residencia fiscal para el año natural: la prueba (test) de la tarjeta verde, la prueba de presencia sustancial para el año natural o la elección en el primer año de residencia. Otra prueba indicada para la calificación de una persona física como no residente es la prueba de "conexión más estrecha con un país extranjero".

Las disposiciones legales para la definición de la residencia fiscal de los extranjeros están comprendidas en el Capítulo 1 de la Publicación 519 de IRS[588].

La práctica distintiva de los Estados Unidos de imponer impuestos sobre la renta mundial, en aplicación del principio de la ciudadanía[589], ha sido analizada

---

587 La condición de ciudadano también tiene relevancia respecto a las deducciones que el contribuyente podría aplicar. Por lo general, el contribuyente no se puede beneficiar, indicando una persona como dependiente a menos que sea ciudadano estadounidense, extranjero residente en los EE. UU., nacional de los EE. UU. o residente de Canadá o México. Sin embargo, existe una excepción para ciertos niños adoptados. Los residentes de Puerto Rico no cumplen con el examen de ciudadanía a menos que también sean ciudadanos estadounidenses. Véase LLP, E. & Y. (2017). *Ernst and Young Tax Guide 2018* (33rd ed.). John Wiley & Sons, Incorporated., Chapter 3.

588 Department of the Treasury, Internal Revenue Service, Publication 519 Cat. No. 15023T U.S. Tax Guide for Aliens For use in preparing 2023 Returns. Última consulta: 10/11/2024.

589 Véase: Serrano Antón, F. (2019). "Los principios básicos de la fiscalidad internacional y los convenios para evitar la doble imposición internacional: historia, tipos, fines, estructura y aplicación". En: Serrano Antón, F. (Dir.) *Fiscalidad Internacional* (7ª ed.). CEF. pp. 290-291.

en numerosas ocasiones[590]. Mason[591] indica que los EE.UU. son el único país que grava los ingresos mundiales de sus ciudadanos, incluso cuando esos ciudadanos viven indefinidamente en el extranjero. Tanto Mason[592] como Shaviro[593] mencionan Eritrea[594], destacando la diferencia de que Eritrea aplica el tipo proporcional del 2%, mientras los EE.UU. gravan a los ciudadanos americanos no residentes aplicando la escala progresiva. El enfoque de los Estados Unidos combina pruebas objetivas y pruebas de hechos y circunstancias[595].

Como señala Bühler, "En el sistema tributario de los Estados Unidos, el principio de nacionalidad ha conservado en el sistema de la renta mundial la siguiente función secundaria: la extensión de la obligación fiscal a las rentas de todos los países del mundo —y con ello la aplicación del "*Foreign Tax Credit*" correspondiente— afecta fundamentalmente solo a los "*citizens of the U.S.A*".; a los "*alien*" por el contrario solamente en cuanto son "*residents in the U.S.A*".[596]. Asimismo, la importante excepción al principio de la renta mundial del art. 911 de la IRC —la exención de las rentas del trabajo extranjero— se establece solamente en

590 Shaviro, D. (2016). "Taxing Potential Community Members' Foreign Source Income". *Tax Law Review* 70.1 (2016): 75-109, Cit. Avi-Yonah, R. S. (2014). "And Yet it Moves: Taxation and Labor Mobility in the Twenty-First Century", 67 *Tax L. Rev.* 169; Avi-Yonah, R. S. (2010) "The Case Against Taxing Citizens," 58 *Tax Notes Int'l* 389; Blum C. & Singer, P. N. (2008) "A Coherent Policy Proposal for U.S. Residence-Based Taxation of Individuals", 41 *Vand. J. Transnat'l L.* 705; Kirsch, M. S. (2014) "Revisiting the Tax Treatment of Citizens Abroad: Reconciling Principle and Practice", 16 *Fla. Tax Rev.* 117; Kirsch, M. S. (2016) "Taxing Citizens in a Global Economy", 82 *N.Y.U. L. Rev.* 443; Mason, R. (2016) "Citizenship Taxation", 89 *S. Cal. L. Rev.* 169; Schneider, B. (2012) "The End of Taxation Without End: A New Tax Regime for U.S. Expatriates", 32 *Va. Tax Rev.* 1; Zelinsky, E. A. (2011) *Citizenship and Worldwide Taxation: Citizenship as an Administrable Proxy for Domicile,* 96 Iowa L. Rev. 1289.

591 Mason, R. (2016). "Citizenship Taxation". *Southern California law review* 89.2 (2016): 169-240. p. 169.

592 Mason, R. (2016). Op. Cit. p. 172.

593 Shaviro, D. (2016). Op. Cit. p. 80.

594 Véase, en el presente trabajo, el Capítulo IV. 2.3. Eritrea.

595 Ault, H. J. en: Graetz, M. J. (2003). *Foundations of international income taxation*. Foundation Press. pp. 77-78.

596 IRC art. 910, Regulations 1871, 1.

favor del ciudadano no solo si él no es ya "residente en Estados Unidos", sino si es "*bona fide*[597]" "*resident of a foreign country*"[598].

Si bien Bühler juzga el efecto de la aplicación del principio de ciudadanía como extensión de la responsabilidad fiscal, Avi-Yonah expone una opinión diametralmente opuesta. Según precisa este autor, la residencia es "una definición de nacionalidad a efectos fiscales que es mucho más amplia de lo que se entiende comúnmente por nacionalidad"[599], incluso que es "una notable expansión del concepto de nacionalidad".

No obstante, la reflexión de Avi-Yonah deriva de una comparación del Derecho internacional con el Derecho internacional tributario en particular. Como consecuencia, aceptando como fundamentos tradicionales de jurisdicción desde el punto de vista del Derecho internacional la nacionalidad y la territorialidad, reconoce la territorialidad como un concepto más extenso dentro del ámbito del Derecho internacional tributario. En cuanto a ello, es importante señalar que, en opinión de Pistone, la ampliación de la potestad tributaria que carece de coherencia en cuanto a los límites del nexo fiscal es un "ejercicio esquizofrénico" de esta, que, aun así, "sigue estando en consonancia con los objetivos de maximizar los ingresos recaudados"[600]. Además, en su análisis de la territorialidad ampliada o la nueva "extraterritorialidad", Kokott advierte sobre la existencia de acciones respecto a la constitucionalidad contra los efectos extraterritoriales de la legislación en varios países[601].

Volviendo al tema que nos ocupa, debemos señalar la inclinación de Avi-Yonah - una idea que rechazamos categóricamente, por reemplazar el concepto de nacionalidad, utilizado en el Derecho internacional con el de residencia, en el

---

597 Véase, en el presente trabajo, Capítulo IV: 2.1.4. Prueba de residencia "Bona fide"

598 Bühler, O. & Cervera Torrejón, F. (1968) Op. Cit. Pp. 216-217.

599 Avi-Yonah, R. S. (2024) "International Tax and International Law Revisited". University of Michigan Public Law Research Paper Forthcoming, *University of Michigan Law & Econ Research Paper Forthcoming.*

600 Pistone, P. (2022). EU Law and Tax Nexus in Changing Times, En: *Tax Nexus and Jurisdiction in International and EU Law*, Traversa, E. (Ed.). IBFD Publications USA, Incorporated. p. 196.

601 Kokott, J. (2022). Public international law and taxation: Nexus and territoriality. En: Traversa, E. (Ed.), Tax nexus and jurisdiction in international and EU law, IBFD. p. 12.

campo del Derecho internacional tributario[602]. En nuestra opinión, en cuanto a los aspectos internacionales del Derecho tributario, los criterios de residencia y de nacionalidad representan nexos irreemplazables. Un Estado puede gravar sus nacionales o ciudadanos, aunque no sean residentes y viceversa. En este sentido, no solo discrepamos del autor sobre cómo se "redefine" la nacionalidad en el ámbito del Derecho internacional tributario[603], sino, como analizaremos más adelante, apreciamos la conveniencia de utilizar el uso subsidiario de estos criterios distintos como una adecuada medida antielusión fiscal en los casos de doble no imposición. Cabe tener presente, en este contexto, el riesgo inminente de que surja la doble no imposición cuando la sujeción a impuestos de las personas físicas está condicionada únicamente a la residencia, sin emplear algún instrumento supletorio empleable cuando fallen las pruebas de residencia. Como consecuencia de ello, como indica Kokott: "La actual lucha contra la elusión fiscal indica que el enfoque del derecho fiscal internacional se ha desplazado desde evitar la doble imposición a evitar la doble no imposición".[604]

Por otra parte, Avi-Yonah señala que algunos países siguen "una regla similar" de sujeción a impuestos, es decir, utilizan este concepto de nacionalidad ampliada que es, según el autor, la residencia, complementándolo con una prueba de "domicilio fiscal"[605]. Cabe recordar que, como afirma Brauner, la residencia como criterio de sujeción a imposición directa surgió probablemente del con-

---

602 Avi-Yonah, R. S. (2024). Op. Cit.

603 Por otra parte, discrepamos de Avi-Yonah cuando señala que: "*Por supuesto*, el derecho tributario internacional es parte del derecho internacional, al igual que los tratados fiscales son tratados". Avi-Yonah, R. S. (2024). Op. Cit.
A nuestro juicio, aunque apreciamos la existencia del *soft law* en el ámbito del Derecho tributario en cuanto a su aspecto internacional, suscribimos la opinión del sector de la doctrina científica que reconoce utilizar el término "tributación internacional" "por comodidad". En este sentido, compartimos la opinión de Arnold cuando señala que: "es más correcto decir que el Derecho tributario internacional se refiere a los aspectos internacionales de las leyes de impuestos sobre la renta de países particulares. Con pequeñas excepciones, las leyes tributarias no son "internacionales": son creaciones de Estados soberanos. Se podría decir, al menos, que no existe un Derecho tributario internacional que prevalezca ni de la práctica consuetudinaria de Estados soberanos ni de las acciones de algún organismo internacional como la ONU o la OCDE". Arnold, B. R. (2019). Op. Cit. p. 3.

604 Kokott, J. (2022). Public international law and Op. Cit. p. 2.

605 Avi-Yonah, R. S. (2024). Op. Cit.

cepto de domicilio[606]. Precisamente en el uso del domicilio como factor determinante de la residencia fiscal Zelinsky encuentra una aproximación entre los dos puntos de conexión que representan la residencia y la ciudadanía. Es más, el autor señala que cuando uno observa los casos en el mundo de habla inglesa, la ley estadounidense de sujeción al impuesto por razón de ciudadanía no es tan insólita como algunos sugieren. En opinión del autor, cuando la residencia se define, explícita o implícitamente, como domicilio, los resultados suelen ser similares a los que logra la tributación basada en la ciudadanía de una manera más eficiente[607]. Como señala Zelinsky, cuya opinión suscribimos por completo: "la ciudadanía sirve como un sustituto administrable del domicilio y cumple la misma función de llenar vacíos que desempeña el domicilio en virtud de los impuestos sobre la renta de los Estados"[608].

Por otra parte, Mason y Knoll subrayan la complejidad relacionada con la no discriminación dentro de los EE.UU. Los Estados individuales de EE.UU. que gravan los ingresos interestatales se enfrentan a retos similares a los de los Estados-nación que gravan los ingresos internacionales[609]. Además, un sector de la doctrina científica rechaza rotundamente el principio de ciudadanía aplicado en los EE.UU. Como expone Avi-Yonah: "Hay tres argumentos que se pueden emplear a favor de gravar a los ciudadanos que viven permanentemente en el extranjero [los argumentos del beneficio, de la capacidad de pago y de la administración], pero todos ellos son débiles[610].

No obstante, las circunstancias ocasionadas por la elevada movilidad de las personas físicas durante la última década determinaron el cambio de perspectiva del mismo autor, cuya posición posterior fue defender el enfoque de los EE.UU. de gravar a sus ciudadanos sobre la renta mundial en el caso de los nómadas digitales, justificando este cambio de visión con el segundo argumento - el principio

606 Brauner, Y. (2024). "Taxing People...Op. Cit. p. 16.

607 Zelinsky, E. A. (2011). Citizenship and worldwide taxation: citizenship as an administrable proxy for domicile, 96 *Iowa L. Rev.* 1291-93 (2011), citado en: Zelinsky, E. A. (2017). Defining Residence ...Op. Cit. p. 272.

608 Zelinsky, E. A. (2017). Defining Residence ...Op. Cit. p. 272.

609 Mason, R. & Knoll, M. S. (2012), *What is Tax Discrimination?* Yale Law Journal, Vol. 121, Pg. 1014, University of Pennsylvania Carey Law School, Law & Economics Research Paper Series, Law & Econ Research Paper No. 12-17, p. 1107.

610 Avi-Yonah, (R. S. (2010). "The Case Against Taxing Citizens". Tax Notes Int'l 58, no. 5: 389-94. p. 389.

de capacidad de pago[611]. En opinión del autor: "si la tributación se basa en la capacidad contributiva, la capacidad contributiva pertinente es la de los miembros adultos de una comunidad política, que tienen derecho a votar y, por lo tanto, determinan los tipos impositivos adecuados y el grado de progresividad de la escala de tipos impositivos". No obstante, según Avi-Yonah, estos ciudadanos no obtienen beneficios significativos, si es que obtienen alguno, de su ciudadanía. Como consecuencia, "deberían estar sujetos a impuestos estadounidenses en función de su capacidad contributiva, es decir, de los ingresos globales de cualquier fuente que deriven". Por otra parte, considera que: "la tributación de los residentes no ciudadanos debería basarse en el principio de beneficios, ya que no tienen derecho a votar y, por lo tanto, no son miembros de la comunidad política en la que residen"[612].

Sin embargo, en cuanto a la "insistencia" de los EE.UU. en su "derecho a gravar a sus ciudadanos sobre los ingresos mundiales, sin importar dónde vivan" excepto para este grupo de contribuyentes, Avi-Yonah opina que es "una regla a seguir dudosa"[613]. Si bien el Estado se basa en el criterio de la ciudadanía atendiendo el principio del beneficio, el autor refuta con firmeza la importancia de este beneficio. Cabe mencionar que motiva su punto de vista cuestionando al Tribunal Supremo en el caso Cook v. Tait[614]. Según el autor: "la opinión es débil, su razonamiento subyacente es dudoso (¿son estos beneficios realmente tan grandes?)"[615]. En este orden de ideas, Patton ya cuestionó en 1975 los beneficios manifestados por el Tribunal, especialmente en cuanto a la protección, dada la evolución hasta una actualidad más "civilizada"[616].

---

611 Avi-Yonah, R. S. (2022). "Taxing Nomads: Reviving Citizenship-Based Taxation for the 21st Century", en: *Taxing People: the next 100 years*. Facultad de Derecho de la Universidad de Michigan. Repositorio de Becas: Facultad de Derecho de la Universidad de Michigan, Repositorio de Becas, Documentos de Trabajo de Derecho y Economía. Disponible en: https://ssrn.com/abstract=4181471Avi-Yonah. p. 2. Última consulta: 18/11/2024.

612 Avi-Yonah, R. S. (2022). "Taxing Nomads...". Op. Cit. p. 2.

613 Avi-Yonah, R. S. (2024). Op. Cit.

614 Supreme Court of the United States. Cook v. Tait, 265 U.S. 47 (1924).

615 Avi-Yonah, R. S. (2024). Op. Cit.

616 Patton Jr., B. L. (1975), United States Individual Income Tax Policy as It Appears to Americans Resident Overseas: Or, If I'm Paying Taxes Equal to 72 Percent of My Gross Income, I Must Be Living in Sweden, *Duke Law Journal*. p. 700.

A nuestro juicio, al dictar su Sentencia en el caso indicado el Tribunal enfoca su argumento sobre la potestad tributaria y la soberanía, tratando primordialmente "el alcance y la extensión del poder soberano de los Estados Unidos como nación y las relaciones entre el Estado y sus ciudadanos". De esta forma el asunto del beneficio queda periférico, expuestas, sin embargo, en forma de lema "las ventajas y bendiciones" que proporciona la ciudadanía por la "naturaleza" de esta conexión. En cuanto a estos beneficios, Kirsch resume los siguientes: (i) la protección personal; (ii) la protección de la propiedad; (iii) el derecho a voto; (iv) el derecho a entrar a Estados Unidos en cualquier momento y sin restricciones; y (v) los beneficios pasados[617].

Por otra parte, no es de extrañar que la presunción del beneficio se estimó irrefutable por el U.S. Supreme Court case Cook v. Tait (1924), que está siendo cuestionada desde el punto de vista de la seguridad civil actual de la que se benefician algunos Pueblos. Sin embargo, no debemos darla por sentada, ni omitir su relatividad que sí depende de la ciudadanía y, en nuestra opinión, es una cuestión que recobra importancia en el presente.

En cuanto a la residencia, el principio del beneficio se basa en el argumento de que el contribuyente debe pagar impuestos de acuerdo con los beneficios que recibe de los servicios públicos[618]. En el mismo sentido Schön declara el principio del beneficio como el principio material superior "en el corazón del sistema tributario internacional"[619]. Según el autor, "debe existir un "vínculo real" entre un Estado y una persona o un hecho económico que justifique la imposición tributaria. Este vínculo genuino puede ser proporcionado por un vínculo per-

---

617 Kirsch, M. S. (2007). Taxing citizens in a global economy. New York University Law Review, 82. pp. 471-477.
Véase también: García Antón, R. (2025). "Does EU Citizenship Justify Taxing Individuals in the European Union?", en: Lazarov, I. & van der Vlucht, S. (Eds). *Blueprint for Individual Taxation Reform in a Globalized World.* IBFD. (próximamente, manuscrito pendiente de publicación en 2025 con el Capítulo elaborado por el autor). 8.3. Taxing citizens: Membership as a benchmark.

618 Véase: Schwartz, C. (2018). Taxation of Remote Workers - Is the Allocation of Taxation Rights in Line with the Benefit Principle?, 15 *World Tax* J. 4 (2023), *Journal Articles & Opinion Pieces IBFD* Cap. 4.3. The Benefit Principle.
Castelon, M. (2018). *International Taxation of Income from Services under Double Taxation Conventions - Development, Practice and Policy.* Wolters Kluwer. p. 378.

619 Schön, W. (2021). "Is There Finally an International Tax System?", 13 *World Tax J.* 3 (2021), Journal Articles & Opinion Pieces IBFD. 3.1.1.1. Benefit principle.

sonal con un Estado, es decir, por una nacionalidad, o por algún tipo de lealtad económica. En resumen, un Estado no tiene, en general, derecho a gravar a los extranjeros residentes sobre sus activos o ingresos basados en el extranjero"[620].

Siguiendo el hilo de estas ideas, cabe mencionar que, en opinión de García Antón, "el principio de beneficios junto con la capacidad de pago no explica cómo y por qué la residencia debería generar derechos tributarios (por ejemplo, la imposibilidad de medir los beneficios, su ventajosa naturaleza pública, la extensión de los beneficios a los no residentes, etc.)"[621], sin que quede justificada la sujeción a impuestos sobre la renta mundial basada en la residencia.

Ahora bien, con todo lo hasta aquí expuesto, nuestro trabajo no pretende proporcionar argumentos para la elección unitaria de un criterio de sujeción a impuestos, prescindiendo de las ventajas que proporcionan los demás criterios, sino desafiar la opinión extendida de que la residencia fiscal, aplicada por sí sola, es un nexo suficiente, congruente y acertado para la imposición directa de las personas físicas.

3.1.2. Pruebas legales para determinar los Estados Unidos como el Estado de residencia fiscal de una persona física

3.1.2.1. Prueba de la tarjeta verde

Es condición obligatoria para la estancia legal de los extranjeros residentes en Estados Unidos que se encuentren en posesión de la visa de inmigrante *Form I-551, U.S. Permanent Resident Card,* conocida como "tarjeta verde".

Un inmigrante es un residente permanente legal de los Estados Unidos en cualquier momento si se le ha dado el derecho, de acuerdo con las leyes de inmigración, de residir permanentemente en los Estados Unidos como inmigrante. Por lo general, tiene este estatus si el Servicio de Ciudadanía e Inmigración de los Estados Unidos (USCIS) (o su organización predecesora) le ha concedido la visa de inmigrante, conocida como "tarjeta verde"; este documento en materia de extranjería proporciona la denominación de la primera prueba de residencia fiscal.

---

620 Schön, W. (2015). "Neutrality and Territory," *Bulletin for International Taxation* (April/May 2015): pp. 271-93, p. 280.

621 García Antón, R. (2025). "Does EU Citizenship ... Op. Cit. 8.3. Taxing citizens: Membership as a benchmark.

Se considera que un extranjero es residente de los Estados Unidos si fue residente permanente legal de los Estados Unidos en cualquier momento durante el año natural.

Teniendo en cuenta que la residencia a efectos fiscales se determina en base a la prueba de la tarjeta verde, que es una prueba de residencia permanente legal, cabe mencionar que el legislador posiciona la legalidad de la residencia por encima de la presencia física efectiva, estableciendo que el estatus de residente fiscal bajo esta prueba está condicionado a la posesión legal de la visa de inmigrante. "El extranjero continuará teniendo estatus de residente bajo esta prueba a menos que se le retire el estatus o se determine administrativa o judicialmente, que ha sido abandonado".[622]

3.1.2.2. Prueba de presencia sustancial

Se le considera residente de los Estados Unidos al extranjero persona física si cumple con la prueba de presencia sustancial para el año natural. La presencia sustancial requiere presencia física efectiva en el territorio de Estados Unidos en al menos:

31 días durante el año natural en cuestión; y

Un total de 183 días durante el año en curso y los 2 años anteriores, contando todos los días de presencia física en el año en curso, pero solo 1/3 del número de días de presencia en el primer año anterior, y solo 1/6 del número de días en el segundo año anterior.

Reglas especiales, establecidas en las disposiciones del impuesto de expatriación, rigen la determinación de la residencia a efectos fiscales de los ciudadanos estadounidenses que han renunciado a su ciudadanía y a los residentes a largo plazo que han terminado su residencia[623].

A las personas físicas que no son ciudadanos estadounidenses, se les considera no residentes de los Estados Unidos a efectos fiscales a menos que cumplan con una de las dos pruebas.

Según la regla general se computará cada día en el que la persona física haya estado presente en el territorio de los Estados Unidos, establecido como: 1) los

---

622 Green Card Test, Parra. 1, Publ. 519.

623 Department of the Treasury, Internal Revenue Service, Publication 519 Cat. No. 15023T U.S. Tax Guide for Aliens For use in preparing 2023 Returns, Capítulo 4. Última consulta: 10/11/2024.

50 Estados y el Distrito de Columbia; 2) las aguas territoriales de los Estados Unidos y 3) el lecho marino y el subsuelo de las zonas submarinas adyacentes a las aguas territoriales de los Estados Unidos y sobre las cuales los Estados Unidos tienen derechos exclusivos en virtud del Derecho internacional para explorar y explotar los recursos naturales. El término no incluye otros territorios bajo soberanía estadounidense diferentes de los mencionados anteriormente, ni el espacio aéreo de los Estados Unidos.

Sin embargo, la regla general tiene algunas excepciones. La regla específica enumera los días de presencia en Estados Unidos que no computan a efectos de la determinación de la residencia fiscal en la realización de la prueba de presencia sustancial:

1. No computan los días cuando la persona física viaja con el fin de realizar un trabajo desde su residencia en Canadá o México cuando viaja regularmente desde Canadá o México[624]. A efectos de la clasificación en cuestión, se considera que una persona viaja por trabajo de forma regular cuando viaja por trabajo en más de 75% de los días laborales durante el periodo de realización del trabajo. Para este propósito, "viaje" significa viajar al trabajo y regresar al domicilio de residencia dentro de un período de 24 horas.

2. No computan, según el *US Code, Title 26 / Subtitle F / Chapter 79 / § 7701 (7) (C),* los días en los que la persona física está en los Estados Unidos por menos de 24 horas y está en tránsito entre dos lugares fuera de los Estados Unidos. Se considera que está en tránsito si participa en actividades que están sustancialmente relacionadas con completar el viaje a su destino extranjero. Por ejemplo, si viaja entre aeropuertos en los Estados Unidos para cambiar de avión en ruta a su destino extranjero, se considera que está en tránsito. Sin embargo, no se considera que esté en tránsito si asiste a una reunión de negocios mientras se encuentra en los Estados Unidos. Esto se cumple incluso si la reunión se lleva a cabo en el aeropuerto.

3. No computan los días que está en los Estados Unidos como miembro de la tripulación de un buque extranjero[625].

4. Los días en que no puede salir de los Estados Unidos debido a una afección médica que surgió mientras se encuentra en los Estados Unidos. Si no pudo salir

---

624 US Code, Title 26 / Subtitle F / Chapter 79 / § 7701 (7) (B).

625 US Code, Title 26 / Subtitle F / Chapter 79 / § 7701 b) (7) (D).

de los Estados Unidos debido a interrupciones de viaje por COVID-19, puede ser elegible para excluir hasta 60 días consecutivos en los Estados Unidos durante un período determinado.

Independientemente de la situación especial creada por COVID-19, se prevé una excepción para individuos "exentos" o para ciertas condiciones médicas[626]: una persona no será considerada como presente en los Estados Unidos ningún día si dicha persona es una "persona exenta" para ese día, o si dicha persona no pudo salir de los Estados Unidos ese día debido a una condición médica que surgió mientras dicha persona estaba presente en los Estados Unidos.

Si una persona física excluye los días de presencia en los Estados Unidos para fines de la prueba de presencia sustancial, porque era una "persona exenta", o no pudo salir de los Estados Unidos debido a una condición médica o problema médico, tiene la obligación de presentar el Formulario 8843: Declaración para personas exentas y personas con una condición médica, con su declaración de impuestos independientemente de su obligación de presentar una declaración de impuestos. La presentación del Formulario 8843 debe ser realizada antes de la fecha de vencimiento para presentar una declaración de impuestos, en caso contrario no puede excluir los días que estuvo presente en los Estados Unidos como persona exenta debido a una condición médica que surgió mientras estaba en los Estados Unidos. Esto no se aplica si puede demostrar, mediante evidencia clara y convincente, que tomó medidas razonables para conocer los requisitos de presentación y los pasos significativos para cumplir con esos requisitos.

La guía *Revenue Procedure 2020-20*[627], proporciona una aclaración importante en relación con la Excepción por Condición Médica que el Tesoro emitió conjuntamente con las aclaraciones respecto a la respuesta a la situación creada por el COVID-19. La regla general[628] indica que una persona extranjera no se considerará "presente" en los Estados Unidos en los días en que tenía la intención de salir de los Estados Unidos, pero no pudo hacerlo debido a una condición médica que surgió mientras la persona estaba presente en dicho territorio. Sin embargo, no se considerará que surge una condición médica mientras el individuo está presente en los Estados Unidos, si la condición o problema existía

626 US Code, Title 26 / Subtitle F / Chapter 79 / § 7701 b) (3) (D):

627 Revenue Procedure 2020-20, Disponible en: https://www.irs.gov/pub/irs-drop/rp-20-20.pdf. Última consulta: 10/11/2024.

628 Reg. § 301.7701(b)3(c)(1).

antes de la llegada de esta persona a los Estados Unidos y esta estaba al tanto de la condición o problema[629].

5. Días en los que la persona se considera **persona exenta**. El término "persona física exenta" no se refiere a una persona no sujeta a los impuestos estadounidenses, sino a una persona que en la realización de la prueba de presencia sustancial no computará los días en el territorio de los Estados Unidos, mientras ostentaba la condición de "persona exenta". Se considera "persona exenta" cualquier persona en las siguientes categorías:

A) Una persona presente temporalmente en los Estados Unidos como una **persona relacionada con un gobierno extranjero** bajo una visa "A" o "G", que no sean personas con visas de clase "A-3" o "G-5"[630].

En detalle, una persona física relacionada con un gobierno extranjero es una persona (o un miembro de la familia inmediata de esta persona) que está temporalmente presente en los Estados Unidos como empleado a tiempo completo de una organización internacional[631]. Se considera que una persona física es un empleado a tiempo completo, si su horario de trabajo cumple con el horario normal de trabajo a tiempo completo de la organización.

i) Una persona con estatus diplomático si ha sido acreditada por un gobierno extranjero reconocido por los Estados Unidos, tiene la intención de participar principalmente en actividades oficiales para el gobierno extranjero mientras esté en los Estados Unidos y, además, ha sido reconocida por el Presidente, el Secretario de Estado o un funcionario consular como beneficiaria de ese estatus; o

---

629 Reg. del Tesoro § 301.7701(b)-3(c)(3).

630 Una persona que está presente en los Estados Unidos con visado de clase "A" o "G" se considera una persona relacionada con el gobierno extranjero (con estatus diplomático o consular a tiempo completo) y ninguno de sus días cuenta a efectos de la prueba de presencia sustancial. Por otro lado, una persona presente en los Estados Unidos con un visado de tipo "A-3" o "G-5" como empleado personal, asistente o trabajador doméstico para un gobierno extranjero o funcionario de una organización internacional no se considera una persona relacionada con el gobierno extranjero y debe contar todos sus días de presencia en los Estados Unidos para fines de la prueba de presencia sustancial.

631 Según la Publicación 519, U.S. Tax Guide for Aliens. el término "organización internacional" significa una organización internacional pública que el Presidente de los Estados Unidos ha designado por Orden Ejecutiva como una organización con derecho a los privilegios, exenciones e inmunidades previstos en la Ley de Inmunidades de las Organizaciones Internacionales (22 U.S.C. 288-288f).

ii) Por razón de una visa (que no sea una visa que otorgue residencia permanente legal), que el Secretario del Tesoro determine que representa un estatus diplomático o consular a tiempo completo.

Los miembros de la familia inmediata de las personas empleadas a tiempo completo en gobiernos extranjeros o con estatus diplomático incluyen al cónyuge y a los hijos solteros (ya sea por sangre o adopción), pero solo si los estados de visa del cónyuge o de los hijos solteros se derivan y dependen de la clasificación de visa de la persona exenta. Los hijos solteros se incluyen solo si son menores de 21 años de edad, residen regularmente en el hogar de la persona exenta y no son miembros de otro hogar. La familia inmediata de una persona exenta no incluye asistentes, sirvientes o empleados personales.

Una persona relacionada con un gobierno extranjero se considera temporalmente presente en los Estados Unidos, independientemente de la cantidad real de tiempo presente en los Estados Unidos. En relación con este grupo de personas exentas es importante mencionar, al margen de la regla interna, que es posible que sea permitida una exención sobre sus rentas recibidas del gobierno extranjero del Impuesto sobre la renta de los Estados Unidos, ya sea en virtud de una disposición, si existe, en un tratado fiscal aplicable u otro acuerdo internacional como podría ser la Convención de Viena o un acuerdo consular bilateral, o cumpliendo con los requisitos de la ley tributaria de los Estados Unidos.

De la misma forma, si la persona es un empleado de una organización internacional, es posible que resulten exentas las rentas que percibe como remuneración de su organización internacional del Impuesto sobre la renta de los Estados Unidos, ya sea en virtud de una disposición, si existe, en el acuerdo internacional que crea la organización internacional, o cumpliendo con los requisitos de la ley fiscal de los Estados Unidos. Las organizaciones internacionales públicas con derecho a gozar de estos y otros privilegios, exenciones e inmunidades han sido designadas por orden ejecutiva y conferidos por la Ley de inmunidades de las organizaciones internacionales[632].

B) Un **profesor o entrenador** presente temporalmente en los Estados Unidos con una visa "J" o "Q", que cumpla sustancialmente con los requisitos de la visa, así como sus familiares inmediatos. Los miembros de la familia inmediata incluyen al cónyuge del profesor o entrenador y a los hijos solteros, pero solo si

---

632 *US Code*, Capítulo 7, Subcapítulo XVIII: Privilegios e inmunidades de organizaciones internacionales.

sus estatus de no inmigrante se derivan y dependen de, la clasificación del visado de la persona exenta. Los hijos solteros se incluyen solo si son menores de 21 años de edad, residen regularmente en el hogar de la persona exenta y no son miembros de otro hogar.

C) Un **estudiante** presente temporalmente en los Estados Unidos con un visado "F", "J", "M" o "Q", que cumpla sustancialmente con los requisitos del visado y los miembros de su familia inmediata en las mismas condiciones que los familiares de una persona relacionada con un gobierno extranjero (incluidos en la letra A arriba mencionada) y profesores y entrenadores (incluidos en la letra B).

D) Un **atleta profesional** que se encuentra temporalmente en los Estados Unidos para competir en un evento deportivo benéfico.

Las personas exentas incluidas en las letras B), C) y D) tienen la obligación de declarar tal condición ante IRS mediante la presentación del Formulario 8843. En relación con los atletas profesionales que se encuentran temporalmente en los Estados Unidos para competir en un evento deportivo benéfico, si no cumplen con esta obligación, no pueden excluir los días que estuvieron presentes en los Estados Unidos como atletas profesionales. Esta regla no se aplica si puede demostrar, mediante evidencia clara y convincente, que tomó medidas razonables para conocer los requisitos de presentación y los pasos significativos para cumplir con esos requisitos.

La Publicación 519[633] indica que no presentar oportunamente el Formulario 8843 podría hacer que un atleta profesional pase la prueba de presencia sustancial. En consecuencia, si un atleta profesional pasa la prueba de presencia sustancial, se convierte en extranjero residente y estaría sujeto a los impuestos estadounidenses por todos sus ingresos mundiales.

3.1.3. Anulación de los efectos de las pruebas de tarjeta verde o presencia sustancial

En algunos casos, la persona física tiene el derecho de hacer elecciones que anulan las pruebas de la tarjeta verde y la prueba de presencia sustancial. La elección cabe en los siguientes casos:

633 IRS, Publication 519. Op. Cit.

3.1.3.1. Elección de primer año para ser tratado como residente el primer y el último año de residencia en el territorio de los Estados Unidos

A) Primer año de residencia

Como regla general, el año natural cuando una persona extranjera se convierte en residente de los Estados Unidos y no era residente de los Estados Unidos en ningún momento durante el año natural anterior, dicha persona extranjera será tratada como residente de los Estados Unidos sólo durante la parte de dicho año natural que comienza en la fecha de inicio de la residencia.

En el caso de una persona que es residente legalmente permanente de los Estados Unidos en cualquier momento durante el año natural, pero no cumple con la prueba de presencia sustancial, la fecha de inicio de residencia será el primer día de dicho año natural en el que estuvo presente en los Estados Unidos mientras era residente permanente legal de los Estados Unidos.

En el caso de una persona que cumpla con la prueba de presencia sustancial con respecto a cualquier año natural, la fecha de inicio de residencia será el primer día durante dicho año natural, en el que la persona esté presente en los Estados Unidos. En el caso de una persona que haga la elección prevista en el párrafo (4) con respecto a cualquier año natural, la fecha de inicio de la residencia será el primer día durante dicho año natural, en el que la persona es tratada como residente de los Estados Unidos bajo ese párrafo.

B) Último año de residencia

Una persona física extranjera no será tratada como residente de los Estados Unidos durante una parte de cualquier año natural si: (i) este periodo es posterior al último día del año natural en el que la persona estuvo presente en los Estados Unidos, (ii) durante este periodo la persona tiene una conexión más cercana con un país extranjero que con los Estados Unidos, y (iii) la persona física no es residente de los Estados Unidos en ningún momento durante el próximo año natural[634].

634 Código de los Estados Unidos, TÍTULO 26 / Subtítulo F / CAPÍTULO 79 / § 7701 b) (2) (A).

3.1.3.2. Cónyuge no residente tratado como residente

La norma 26 US Code 6013 delimita las personas físicas que podrían ejercer la elección en cuestión. La norma se puede aplicar a cualquier persona que, al cierre del año fiscal para el cual se realizó una elección bajo esta subsección, era una persona extranjera no residente casada con un ciudadano o residente de los Estados Unidos, siempre que ambos escojan esta opción para que se les aplicaran los beneficios propios de la elección. Esto incluye situaciones en las que uno de los cónyuges no era residente de los Estados Unidos al comienzo del año fiscal, pero lo era al final del año, o cuando uno de los cónyuges era residente de los Estados Unidos y el otro no era residente de los Estados Unidos al final del año.

En relación con el periodo de aplicación de esta elección, esta se aplicará en el año fiscal para el cual se realizó y a todos los años fiscales subsiguientes. La opción de ser tratado como residente de los Estados Unidos no se aplica en ningún año fiscal posterior si ninguno de los cónyuges es ciudadano estadounidense o residente de los Estados Unidos[635].

Si realiza esta elección, se aplican las siguientes reglas:

➢ Los cónyuges serán tratados, para los fines del impuesto federal sobre la renta, como **residentes** de los Estados Unidos para **todos los años fiscales** en los que la elección esté vigente.

➢ Deben presentar una **declaración conjunta** del impuesto sobre la renta para el año en que hacen la elección, independientemente de la posibilidad de presentar declaraciones conjuntas o separadas en años posteriores.

➢ Cada cónyuge debe informar sobre todos sus **ingresos mundiales** para el año de la elección y para todos los años posteriores, a menos que la elección se revoque o se suspenda.

➢ En general, **ninguno de los cónyuges puede reclamar beneficios a razón de tratados fiscales** como residente de un país extranjero durante un año fiscal para el cual la elección esté vigente. Sin embargo, la excepción a la cláusula de salvaguardia de un tratado fiscal podría permitir que se beneficie de ciertos ingresos específicos por un tratado fiscal.

---

635 En el sentido de la sección 7701 (b) (1) (A) del IRC en cualquier momento durante el año fiscal posterior.

3.1.3.3. La regla de la "Conexión más estrecha con un país extranjero"

A) Presupuestos necesarios

Una persona física que cumple con la prueba de presencia sustancial aún puede ser tratada como un extranjero no residente, si cumple los siguientes requisitos para cada una de las opciones[636].

Se considera que tiene una conexión más estrecha con un país extranjero, si cumple cumulativamente las siguientes condiciones: 1) si estuvo presente en los Estados Unidos menos de 183 días durante el año; 2) tuvo una conexión más cercana durante el año con un país extranjero que con los Estados Unidos y tiene un domicilio fiscal en ese otro país (a menos que tenga una conexión más cercana con dos países extranjeros, que se analizan a continuación); 3) mantuvo un domicilio fiscal en ese país extranjero durante todo el año, y 4) no había tomado medidas y no tenía una solicitud pendiente para el estatus de residente permanente legal (tarjeta verde).

En segundo lugar, la persona física puede demostrar que tenía una conexión más estrecha con dos países extranjeros (pero no más de dos), si cumple con todas las condiciones siguientes: 1) si mantuvo un domicilio (hogar) fiscal a partir del primer día del año en un país extranjero; 2) cambió su domicilio (hogar) fiscal durante el año a un segundo país extranjero; 3) continuó manteniendo su domicilio (hogar) fiscal en el segundo país extranjero durante el resto del año; 4) si tuvo una conexión más estrecha con cada país extranjero que con los Estados Unidos durante el período en el cual mantuvo un domicilio (hogar) fiscal en ese país extranjero, y 5) si estuvo sujeta a impuestos como residente a razón de las leyes fiscales de cualquier país extranjero durante todo el año o sujeto a impuestos como residente en ambos países extranjeros durante el período en el cual mantuvo un domicilio (hogar) fiscal en cada país extranjero.

La circunstancia de considerarse como una persona que tiene una conexión más estrecha con un país extranjero que con los Estados Unidos, puede ser determinada tanto por la persona física interesada como por los IRS. Para determinar el estatus habría que considerar los hechos y circunstancias enumerados por los IRS en una lista abierta que incluye:

1. El país de residencia que designe en los formularios y documentos;

---

636 IRS, disponible en: https://www.irs.gov/individuals/international-taxpayers/closer-connection-exception-to-the-substantial-presence-test. Última consulta: 31/05/2025.

2. Los tipos de formularios y documentos oficiales que presenta, prioritariamente formularios relevantes a efectos fiscales (el Formulario W-9, la Solicitud de Número de Identificación y Certificación del Contribuyente, el Formulario W-8 BEN, el Certificado de Estatus Extranjero de Beneficiario Efectivo para la Retención de Impuestos de los Estados Unidos, o el Formulario W-8 ECI, etc.);

3. Considerar la ubicación de:

a) Su hogar permanente,

b) Su familia,

c) Sus pertenencias personales, como automóviles, muebles, ropa y joyas,

d) Sus afiliaciones sociales, políticas, culturales o religiosas actuales,

e) Sus actividades comerciales (distintas de las que constituyen su domicilio fiscal),

f) La jurisdicción en la que posee una licencia de conducir,

g) La jurisdicción en la que vota, y

h) Las organizaciones benéficas a las que contribuye.

En relación con el domicilio o hogar permanente, su naturaleza es indiferente. Podría ser una casa, un apartamento o una habitación amueblada, propiedad de la persona física o alquilada. La condición determinante es que este inmueble o parte de inmueble esté disponible para la persona física en todo momento, de forma continua, y no solo para estancias cortas.

B) Los conceptos de domicilio fiscal y vivienda habitual[637]

i) Domicilio fiscal

El domicilio fiscal es el área general del lugar principal de negocios, empleo o puesto de servicio de una persona física, independientemente del lugar donde esté ubicado el hogar familiar. Se considera que el domicilio fiscal es el lugar donde está comprometido permanente o indefinidamente para trabajar como empleado o trabajador por cuenta propia. Adicionalmente, declarar un "domicilio fiscal" en un lugar determinado no significa necesariamente que la ubicación indicada sea la residencia o domicilio a efectos fiscales.

---

637 IRS, disponible en: https://www.irs.gov/individuals/international-taxpayers/foreign-earned-income-exclusion-tax-home-in-foreign-country. Última consulta: 31/05/2025.

Si una persona física no tiene un lugar de negocios regular o principal debido a la naturaleza de su trabajo, su domicilio fiscal puede ser el lugar donde vive regularmente. Si no tiene un lugar de negocios regular o principal, ni un lugar donde vive regularmente, se le considera un itinerante y su domicilio fiscal será el lugar donde sea que trabaje.

ii) Vivienda habitual

No se considera que una persona física tenga un domicilio fiscal en un país extranjero durante ningún período en el que su vivienda habitual esté en los Estados Unidos a menos que, para los años fiscales que comiencen después del 31 de diciembre de 2017, esté sirviendo en apoyo de las Fuerzas Armadas de los Estados Unidos en un área designada como zona de combate.

La ubicación de la vivienda habitual, según la interpretación proporcionada por la página oficial de los IRS, se basa en la definición del lugar dónde mantiene sus lazos familiares, económicos y personales. Especialmente se acentúa sobre ciertas circunstancias que pueden contribuir, aunque no definir la ubicación de la vivienda habitual. En este sentido, si la persona mantiene una vivienda a su disposición en los Estados Unidos, esta vivienda no será necesariamente su vivienda habitual, con independencia de que su cónyuge o dependientes usen o no la vivienda. La residencia de la persona, mientras se encuentre temporalmente en los Estados Unidos, tampoco es necesariamente su vivienda habitual. Sin embargo, indican los IRS, que estos factores pueden contribuir a la determinación de esta vivienda en los Estados Unidos como la residencia habitual de la persona.

El concepto de **"vivienda habitual"** ha sido definido de diversas maneras como el hogar, habitación, residencia, domicilio o morada. No significa su lugar principal de negocios. "Vivienda" tiene un significado más semejante a "hogar" que relacionado con la actividad profesional y no significa lo mismo que "domicilio fiscal". La ubicación de la vivienda a menudo dependerá de dónde mantenga sus nexos económicos, familiares y personales[638].

iii) Asignación temporal o indefinida

La definición de la ubicación del domicilio fiscal a menudo depende de la duración de su asignación como tal: temporal o indefinida. Si una persona está

---

638 IRS, disponible en: https://www.irs.gov/individuals/international-taxpayers/foreign-earned-income-exclusion-tax-home-in-foreign-country. Última consulta: 31/05/2025.

temporalmente ausente de su domicilio fiscal en los Estados Unidos por negocios, no le permitirá beneficiarse de la exención de los ingresos obtenidos en el extranjero. Si su asignación de trabajo en el extranjero es por un período indefinido y su vivienda habitual no está en los Estados Unidos, su domicilio fiscal se considera ubicado en un país extranjero.

Si las expectativas son que el empleo de la persona fuera de casa en un solo lugar dure, y realmente dura, 1 año o menos, es temporal a menos que los hechos y circunstancias indiquen lo contrario. Si las expectativas son que dure más de 1 año, es indefinido.

Si el contribuyente estima que su empleo dure 1 año o menos, pero en una fecha posterior las expectativas cambian y la persona espera que su empleo fuera dure más de 1 año, la estancia se considera temporal hasta que cambie su expectativa respecto a la duración.

3.1.3.4. Tratados fiscales

Cuando existe un CDI, como regla general y dependiendo de la aplicación del principio monista o dualista en la jurisdicción en cuestión, este tiene rango de ley superior a la legislación doméstica. El concepto de residencia fiscal a efectos del tratado para evitar la doble imposición internacional se determinará de acuerdo con las disposiciones legales establecidas en el CDI, que a su vez incluirán una remisión a las legislaciones tributarias nacionales de los dos Estados.

Como comentamos en el Capítulo II, en el caso de los Estados Unidos se trata de un país que generalmente no sigue los modelos de convenio de la OCDE o Naciones Unidas. Los Estados Unidos de América tienen su propio modelo de convenio que está publicado en la página de los IRS y que sirve como borrador en el proceso de negociación de sus CDI.

Los CDI están diseñados de forma que resuelven situaciones en las que pueden surgir conflictos de doble tributación internacional. La distinción, en el caso de los Estados Unidos de América proviene del hecho que, aparte de los dos conflictos principales que requieren resolver la situación mediante la aplicación de las reglas de desempate previstas en el artículo 4, apartado 2, se añaden dificultades adicionales. Estas provienen de la superposición del principio de tributación por ciudadanía por parte de los Estados Unidos y la incertidumbre que deriva de su organización federal, que resulta relevante no únicamente por la fiscalidad no uniforme, sino por el tratamiento diferenciado de los tratados internacionales en los Estados federados.

3.1.4. Prueba de residencia "Bona Fide"[639]

3.1.4.1. Definición general

Una persona física cumple con la **prueba de residencia de buena fe** si es residente de buena fe de un país o países extranjeros por un período ininterrumpido que incluye un año fiscal completo. Durante su período de residencia de buena fe en un país extranjero, la persona puede salir de ese país extranjero para viajes de regreso a los Estados Unidos o a otro lugar, breves o temporales, siempre y cuando tenga la clara intención de regresar a su residencia extranjera o a una nueva residencia extranjera de buena fe sin demora moderada.

La prueba de residencia de buena fe le permite a la persona física ser elegible para la exención de los ingresos del trabajo en el extranjero, la exención de la vivienda extranjera y / o la deducción de vivienda extranjera solo si la persona física es un ciudadano estadounidense, o un residente de los Estados Unidos en el sentido de la sección 7701 (b) (1) (A) del Código de Rentas Internas (IRC) que es ciudadano o nacional de un país con el que los Estados Unidos tienen un tratado vigente que incluye el impuesto sobre la renta.

La persona física no adquiere automáticamente el estatus de residente de buena fe simplemente por el hecho de estar viviendo en un país o países extranjeros durante un año. Para realizar la prueba de residencia de buena fe en un país extranjero, se debe averiguar si la persona ha establecido dicha residencia en ese territorio. Si se ha desplazado al país extranjero con el fin de trabajar por un período indefinido o prolongado y establece en ese país una vivienda permanente para sí mismo y su familia, probablemente haya establecido una residencia de buena fe en un país extranjero, aunque tenga la intención de regresar eventualmente a los Estados Unidos.

3.1.4.2. Determinación

Factores clave a considerar para definir a una persona como residente de buena fe en un país extranjero, entre otras circunstancias y hechos, son su intención o propósito de estar en el país extranjero, sus actividades en el país extranjero y si está sujeto a impuestos en este país, además de cumplir el requisito de mantener

---

639 IRS. Disponible en: https://www.irs.gov/individuals/international-taxpayers/foreign-earned-income-exclusion-bona-fide-residence-test. Última consulta: 31/05/2025.

tal condición durante un año fiscal completo. Para el cómputo de la duración de este periodo se puede considerar el año anterior o posterior al año en el que reclama un beneficio fiscal, por el tiempo que ha residido en el extranjero como residente de buena fe.

3.1.4.3. Declaración a las autoridades extranjeras

A la persona física no se le considera residente de buena fe de un país extranjero si hace una declaración a las autoridades de ese país manifestando que no será residente de ese país, y las autoridades no tienen pretensiones de que esté sujeto a su impuesto sobre la renta como residente según la legislación interna de ese país. Es necesario también, si ha hecho tal declaración, que las autoridades del otro país hayan adoptado una decisión final sobre su estatus. Hasta que las autoridades tributarias del otro país no aprueben su condición como residente, no se le considera un residente de buena fe de ese país extranjero.

3.1.4.4. Acuerdos y Tratados Especiales

Una exención del impuesto sobre la renta prevista en un tratado u otro acuerdo internacional no le impedirá a una persona física ser un residente de buena fe de un país extranjero. Si un tratado le impide convertirse en residente de buena fe de un país extranjero, este asunto será determinado de forma separada para cada una de las disposiciones del tratado, incluidas las disposiciones específicas relacionadas con la residencia o los privilegios y exenciones.

3.1.4.5. Período ininterrumpido, incluido todo el año fiscal

Para que una persona pueda beneficiarse del estatus de residente de buena fe en otro Estado, debe residir en un país extranjero por un período ininterrumpido que **incluya un año fiscal completo**. Un año tributario completo comprende el periodo del 1 de enero al 31 de diciembre para los contribuyentes que presentan sus declaraciones del Impuesto sobre la renta correspondiente a año natural. Por lo cual, aunque la estancia en el extranjero completa dura más de un año, si no incluye un año fiscal completo, la persona no sería elegible para la exención de residente de buena fe en un país extranjero. Por otro lado, durante el período de residencia de buena fe en un país extranjero, la persona física puede salir de este país para viajes breves o temporales de regreso a los Estados Unidos o a otro lugar por vacaciones o negocios. Adicionalmente, para mantener su condición de residente de buena fe de un país extranjero, debe tener una **clara intención de regresar** de dichos viajes, sin demora irrazonable, **a su residencia extranjera** o a una nueva residencia de buena fe en otro país extranjero.

3.1.4.6. Residente de buena fe durante parte de un año

Una vez que haya establecido la residencia de buena fe en un país extranjero por un período ininterrumpido que incluye un año fiscal completo, la persona será calificada como residente de buena fe para el período que comienza con la fecha en que se inició su residencia allí y termina con la fecha en que abandona la residencia extranjera. Podría ser calificada como residente de buena fe durante todo un año fiscal más partes de otros 1 o 2 años fiscales.

3.1.5. Análisis crítico de las problemáticas resultantes del principio de ciudadanía en los EE.UU.

En nuestra opinión, por lo expuesto anteriormente, se pueden producir los siguientes casos de conflicto:

3.1.5.1. Conflictos de residencia dual

Una persona podría ser considerada residente fiscal de ambos Estados contratantes sobre la base de las legislaciones internas de cada uno de los Estados. En este caso, la doble imposición internacional se resolverá mediante la aplicación de las reglas de desempate según lo indicado en la comparativa del artículo 4 de los Modelos de convenio y CDI del Capítulo II del presente trabajo.

Conforme a las instrucciones de IRS, cuando un ciudadano de los Estados Unidos o un residente extranjero según la legislación doméstica, al mismo tiempo es calificado como residente fiscal sobre la base de las normas de un convenio internacional, y no tratado como residente de los Estados Unidos en aplicación de la norma internacional (es decir, no se trata de un residente dual a efectos fiscales), prevalecerá la norma jurídica internacional y este contribuyente será tratado como residente fiscal del otro país independientemente del hecho de que para otros fines seguiría siendo calificado como residente de los Estados Unidos. En estos casos la IRS indica que "las reglas discutidas aquí no afectan sus períodos de tiempo de residencia para determinar si la persona (el contribuyente) es un extranjero residente o extranjero no residente durante un año fiscal"[640].

Es posible que las reglas de desempate determinadas en el CDI no consigan resolver el conflicto de residencia dual. Normalmente los tratados fiscales contienen una disposición que prevé la resolución de conflictos en las reclamaciones y discrepancias en la definición de la residencia fiscal del individuo. Además, según las Instrucciones del IRS, el contribuyente de doble residencia aún puede reclamar los beneficios de un tratado sobre el Impuesto de la renta[641].

Rohatgi[642] señala que, como regla general, un CDI es una parte de la legislación federal que puede ser ejecutada por los tribunales de los EE. UU. y tiene el mismo estatus que otras leyes federales[643], por lo cual, en caso de conflicto entre las normas del CDI y el Derecho federal, los tribunales y las autoridades fiscales están obligados a aplicar la medida que sea posterior[644] ("*lex posterior derogat legi priori*"). Sin embargo, en opinión del autor, los tribunales de los Estados Unidos intentan evitar anulaciones de tratados. En este sentido, el Tribunal Supremo de los Estados Unidos, en el caso Cook c. Estados Unidos, estableció que la intención del Congreso de anular las obligaciones internacionales de los Estados Unidos mediante legislación federal debe "expresarse claramente"[645]. En opinión del autor, la Administración también exige que esas exenciones de los tratados sean coherentes.

Por último, señala que: "El Congreso de los Estados Unidos ha rechazado la opinión de que los tratados solo pueden alinearse con las cambiantes leyes fiscales mediante una renegociación, ya que podría proporcionar a los Estados extranjeros un veto efectivo sobre los cambios en la legislación interna de los

---

640 IRS, disponible en: https://www.irs.gov/individuals/international-taxpayers/tax-treaties. Última consulta: 31/05/2025.

641 IRS, disponible en: https://www.irs.gov/individuals/international-taxpayers/tax-treaties

642 Rohatgi, R. (2005). *Basic international taxation (2nd ed.).* Richmond Law & Tax. pp. 18-21.

643 IRS Code, Sec. 7852 (d) (1), modificado en virtud de Technical and Miscellaneous Revenue Act of 1988.

644 La IRS cita el caso Whitney v Robertson (1988) 124 U.S. 188, 190 (US)).

645 Rohatgi, R. (2005). Op. Cit. pp. 18-21, Cit. Cook v United States (1933) 288 US 102 (US).

Estados Unidos aplicables a los negocios internacionales[646], especificando que algunas anulaciones de tratados se han permitido específicamente en varias leyes fiscales de los EE. UU[647].

3.1.5.2. Tratamiento como residente y no residente en el mismo año fiscal

Existe también la posibilidad de que una persona física sea tratada como residente y como no residente a efectos fiscales durante el mismo año fiscal en los Estados Unidos. Esta circunstancia se puede dar en los ejercicios fiscales cuando la persona se establece en el territorio de los Estados Unidos o en el ejercicio cuando da por concluida su residencia fiscal. En estos casos surge la tributación como persona física con doble estatus, y tiene la obligación de presentar una declaración-autoliquidación como residente y otra como no residente fiscal.

3.1.5.3. Conflictos residencia-fuente

Una persona podría estar sujeta a impuestos en el Estado de fuente y posteriormente en el Estado de residencia. Estos conflictos se resuelven de forma satisfactoria mediante las exenciones y deducciones internacionales previstas tanto en los CDI como en las legislaciones domésticas.

3.1.5.4. Reconocimiento de los tratados internacionales

IRS advierte que algunos Estados federados de los Estados Unidos respetan las disposiciones de los tratados fiscales internacionales y otros no[648].

---

646 Rohatgi, R. (2005). Op. Cit. pp. 18-21. Cit. Picciotto, S. International Business Taxation, pp. 331.

647 Rohatgi, R. (2005). Op. Cit. pp. 18-21. El autor cita como ejemplos de anulación de convenio: la *Foreign Investment in Real Property Tax Act of 1980 (FIRPTA)* contiene disposiciones para la anulación del tratado. Otro ejemplo se relaciona con la *Tax Reform Act of 1984*, que permitía la anulación del tratado en los casos de acciones "stapled" emitidas por empresas extranjeras. Cit. Sol Picciotto, International Business Taxation, (Weidenfeld and Nicholson, 1992), pp. 325-332.

648 El artículo VI de la Constitución de los EEUU —otorga a los CDI igual rango que una ley normal— no tiene carácter especial y, consecuentemente, las leyes "posteriores" derogan, en caso de conflicto irreconciliable, los CDI. Véase: De Juan Peñalosa, J.

Los CDI generalmente reducen los impuestos estadounidenses de los residentes en países extranjeros según lo estipulado en el tratado aplicable, pero, con ciertas excepciones, no reducen los impuestos estadounidenses de los ciudadanos estadounidenses o residentes en países con CDI con los Estados Unidos. Los ciudadanos estadounidenses y los residentes en países con CDI con los Estados Unidos están sujetos al impuesto sobre la renta de los Estados Unidos sobre sus ingresos mundiales[649].

Ring[650] reconoce que ciertamente se pueden identificar ejemplos de invalidaciones de tratados estadounidenses, pero excusa la práctica por el hecho de que estas invalidaciones son muy públicas y no plantean problemas de seguimiento. Además, la legislación estadounidense busca minimizar la probabilidad de anulación de tratados, al menos las explícitas[651]. La autora considera las invalidaciones de tratado (*treaty override*) "renegociaciones unilaterales de las reglas que correrán el riesgo de desencadenar represalias" que en todo caso sería decisión del Estado contratante basado en un análisis independiente de los riesgos y beneficios. En ningún momento considera la posición del contribuyente afectado al margen de la postura gubernamental del Estado implicado.

3.1.5.5. La cláusula de reserva

Las disposiciones de los CDI generalmente son recíprocas, por lo cual se proporcionan deducciones por los impuestos pagados en el otro Estado contratante. Sin embargo, en el caso concreto de los Estados Unidos surge una causa adicional

---

L., Raventós Calvo, S., & Rodríguez Rodríguez, J. F. (2004). *Fiscalidad internacional: convenios de doble imposición: doctrina y jurisprudencia de los tribunales españoles (años 2001, 2002, 2003)*. Thomson-Aranzadi. p. 26

649 IRS, disponible en: https://www.irs.gov/individuals/international-taxpayers/tax-treaties. Última consulta: 31/05/2025.

650 Ring, D. (2007). International tax relations: Theory and implications. *Tax Law Review, 60*(2), 83.

651 Véase: IRS, § 7852. Ver también, S. Rep. No. 100-445 (100th Cong., 2d Sess. 1988) ("ni el tratado ni la ley [impositiva estadounidense] tendrán estatus preferencial por ser un tratado o un derecho... [el] comité no pretende que esta codificación altere la presunción inicial de armonía entre, por ejemplo, tratados anteriores y estatutos posteriores").

de doble imposición internacional que proviene de la cláusula de reserva que contienen los tratados estadounidenses[652].

Según el Convenio entre el Reino de España y los Estados Unidos de América[653], existe una cláusula de reserva referente a los ciudadanos. Si los Estados Unidos gravan una renta haciendo uso de la "cláusula de reserva", quedan obligados a proporcionar una medida con el fin de reducir o eliminar la doble imposición internacional. Según lo dispuesto en el artículo 1.3 del Convenio, Estados Unidos podrá someter a imposición a las personas físicas por razón de ciudadanía como si el Convenio no hubiese entrado en vigor.

3.1.5.6. Las reglas de residencia anti-intervalo (residence anti-lapse rules)

Hay dos reglas anti-intervalo (*anti-lapse rules*)[654] que se aplican en los casos en que un residente en los EE. UU. termina su residencia y posteriormente la reestablece.

Según la primera regla, en los casos en que un individuo tiene períodos de residencia en los EE. UU. en 2 años consecutivos, ya sea en virtud de la prueba de presencia sustancial o la prueba de residencia permanente legal, se considerará que la ausencia no computará para el cálculo de los períodos de residencia en los EE. UU. y las reglas normales de definición de las fechas de inicio y finalización de la residencia no serán de aplicación. Los 3 años consecutivos de residencia en los EE. UU. durante el período de residencia inicial deben incluir al menos 183 días de residencia en los EE. UU. en cada uno de dichos años[655].

---

652 Véase, en el presente trabajo, Capítulo II. 1.3. Modelo de Convenio Tributario de los Estados Unidos de América (Versión 2016).

653 Convenio entre el Reino de España y los Estados Unidos de América para evitar la doble imposición y prevenir la evasión fiscal respecto de los impuestos sobre la renta, hecho en Madrid el 22 de febrero de 1990.

654 Choi, W. (Base de datos online), *United States - Individual Taxation* sec. 1., Country Tax Guides IBFD. Última consulta: 19/03/2024. Capítulo 1.1.4.1.3.5. Residence anti-lapse rules.

655 Véase el ejemplo en: Title 26 Chapter I Subchapter F Part 301 Definitions § 301.7701(b)-5, (c) Example, Última consulta: 31/05/2025.
"B, ciudadano del país extranjero F, ingresa a los Estados Unidos el 1 de abril de 1985 como residente permanente legal. El 1 de agosto de 1987, B deja de ser residente permanente legal y regresa al país F. B cumple con el requisito del período de residencia inicial

Una persona que cumpla con estas condiciones será gravada durante el período de ausencia de los Estados Unidos sobre la base de rentas con fuente en los EE.UU. y determinadas rentas pasivas de origen extranjero. La norma establece que, "si el impuesto federal sobre la renta de EE. UU. calculado sobre esta base excede el importe del impuesto calculado según las reglas normales para la tributación de los no residentes de EE. UU., se debe pagar la cantidad más alta del impuesto[656]. De esta forma, como indica Choi, la finalidad de la segunda norma anti-intervalo es una medida antielusión fiscal para los casos de finalización deliberada de la residencia fiscal en plazos cortos de tiempo con fines de elusión fiscal, aunque no se requiere la demostración de un motivo de elusión fiscal[657].

3.2. FILIPINAS

La fuente principal de normas jurídico-tributarias de la República de Filipinas es el Código Nacional de Ingresos Internos de 1997 (*National Internal Revenue Code (NIRC) of 1997*).

El Sistema tributario de Filipinas está basado en una combinación de los principios de ciudadanía y residencia; siguiendo las normas del Código Tributario de la República de Filipinas, los ciudadanos y los residentes extranjeros son sujetos de tributación sobre sus rentas mundiales, mientras los no residentes extranjeros son sujetos de tributación sobre sus rentas de fuente en Filipinas. El término "extranjero residente" se refiere a una persona física que, sin ser ciudadano filipino, ha establecido un hogar o lugar de negocios permanente en el país, o ha perma-

---

porque es residente de los Estados Unidos durante al menos 183 días en cada uno de tres años consecutivos (1985, 1986 y 1987). B regresa a los Estados Unidos el 5 de octubre de 1990 como residente permanente legal. Debido a que B se convirtió en residente de los Estados Unidos antes del cierre del tercer año natural (1990) que comienza después del cierre del período de residencia inicial (1 de agosto de 1987), está sujeto a impuestos según la sección 877(b) durante el período intermedio. período de no residencia, del 2 de agosto de 1987 al 4 de octubre de 1990, si la cantidad del impuesto debido en virtud de la sección 877 es mayor que el impuesto debido en virtud de la sección 871".

656 Title 26 Chapter I Subchapter F Part 301 Definitions § 301.7701(b)-5. (b) Tax imposed.

657 Choi, W., (Base de datos online), *United States - Individual Taxation* sec. 1., Country Tax Guides IBFD. Última consulta: 19/03/2024.

necido en el país por un período de 180 días o más durante el año natural. Por lo tanto, los extranjeros residentes están sujetos a impuestos de la misma manera que los ciudadanos filipinos, sobre sus ingresos mundiales[658].

Falcón y Tella y Pulido Guerra puntualizan que, en el caso de Filipinas, se utiliza la nacionalidad como criterio de sujeción al impuesto, pero no para extender el ámbito del gravamen por la renta mundial (como hace Estados Unidos), sino para restringirlo, en el sentido de que sólo se grava la renta mundial de los residentes que sean al mismo tiempo nacionales, mientras que los nacionales no residentes y los no nacionales (aunque sean residentes) sólo se gravan por la renta de fuente filipina[659].

Según la legislación en vigor hasta 31 de diciembre de 1997[660], los ingresos brutos de fuente extranjera obtenidos por un ciudadano no residente estaban sujetos a imposición según una escala específica, definida en el art. 21 (b) de Código Nacional de Rentas Internas (NIRC) de 1977, también conocido como Decreto Presidencial Nº 1158 de 03/06/1977[661] y sus ingresos de fuente de Filipinas - según las disposiciones del art. 22[662]. Lanaspa Sanjuan detalla que la

---

658 Si bien no existe un período estipulado dentro del cual un extranjero pueda ser considerado residente, la Administración filipina - el Bureau of Internal Revenue - ha dictaminado que, un extranjero que ha permanecido en Filipinas durante casi dos años y medio sigue siendo un no residente a efectos del impuesto sobre la renta, aunque haya emprendido un comercio o negocio, es decir, un no residente extranjero que realiza actividad comercial o negocio en Filipinas (Non-resident alien engaged in trade or business in the Philippines - NRAETB). Fuente: Ocampo J. & Ocampo, K. Philippines - Individual Taxation sec. 1., *Country Tax Guides IBFD*. Capítulo 1.1.4.1. Última consulta: 19/03/2024.

659 Falcón y Tella, R. & Pulido Guerra, E. (2018). *Derecho fiscal internacional (Tercera edición)*. Marcial Pons, p. 48.

660 National Internal Revenue Code (NIRC) of 1977, also known as Presidential Decree No. 1158 de 03/06/1977, derogado con Tax Reform Act of 1997: Tax Reform Act of 1997, Rep. Act No. 8424, sec. 23(b) and (c)).

661 Section 21 as last updated by RA 7717 (1994), National Internal Revenue Code (NIRC) of 1977 (Presidential Decree No. 1158 de 03/06/1977).

662 Sección 22 actualizada por última vez por EO 37 (1986), National Internal Revenue Code (NIRC) of 1977, also known as Presidential Decree No. 1158 de 03/06/1977, http://source.gosupra.com/docs/statute/467#! Última consulta: 31/05/2025.

renuncia de la tributación en aplicación del principio de nacionalidad[663] deja como vigentes en la actualidad únicamente a los EE.UU. y la tributación en virtud de la ciudadanía en Eritrea, como analizaremos en el epígrafe siguiente[664]. Hasta 1997, Filipinas solía imponer el impuesto sobre la renta a los ciudadanos / nacionales no residentes.

3.3. ERITREA

La Ley tributaria de Eritrea impone un impuesto del 2% sobre los ingresos mundiales de sus ciudadanos no residentes, que se establece en la Proclamación No. 67/1995: *Proclamation to Provide for the Collection of Tax from Eritreans who Earn Income while Living Abroad* (10 February 1995)[665]. Por consiguiente, cabe afirmar que en la actualidad solo dos Estados en el mundo, Estados Unidos y Eritrea, someten a sus ciudadanos al impuesto sobre la renta mundial, independientemente del país donde vivan[666].

Como señala Beretta, ningún otro país industrializado cobra impuestos a sus ciudadanos dondequiera que vivan. Actualmente, después de los cambios señalados en la legislación tributaria de las Filipinas, sólo Eritrea sigue gravando los

663 El principio de nacionalidad se aplicó en Filipinas hasta 1997 incl., modif. Tax Reform Act of 1997, Rep. Act No. 8424, § 23(B), 94:22 O.G. 1, 11 (11 Dec. 1997). Véase también: Lanaspa Sanjuán, S. (2017). La prueba de las ausencias no esporádicas en la residencia habitual de las personas físicas. *Crónica Tributaria*, 164(3), p. 137.

664 Falcón y Tella, R., & Pulido Guerra, E. (2018). *Derecho* ...Op. Cit. p. 48. Los autores señalan que Méjico aplicaba el criterio de la nacionalidad hasta 1984. Posteriormente este fue sustituido por la existencia de una Vivienda en el país y por el centro de intereses vitales (el ejercicio de actividades económicas profesionales o la obtención de la mayor parte de los ingresos).

665 DSP-groep Amsterdam, Tilburg School of Humanities, Department of Culture Studies (2017), "The 2% Tax for Eritreans in the diaspora Facts, figures and experiences in seven European countries", DSP-groep Amsterdam, Tilburg School of Humanities, Department of Culture Studies, pp. 8 y 133. Véase también Mason (2016, p. 172) y Shaviro (2016, p. 80) que comparan la tributación por ciudadanía aplicada en Eritrea con la tributación por ciudadanía de los EE.UU., destacando la diferencia de que Eritrea aplica el tipo proporcional del 2%, mientras los EE.UU. gravan los ciudadanos americanos no residentes aplicando la escala progresiva.

666 Nightingale, K. &Turchen, D., Expatriation: The American's Tax Experience in Canada. *Canadian tax journal / revue fiscale canadienne* (2013) 61:1, pp. 1 - 40.

ingresos extranjeros de sus ciudadanos que viven en el extranjero. Ahora bien, en este caso, aunque la base sigue siendo la renta mundial de los ciudadanos eritreos, el tipo de gravamen está limitado a un tipo fijo del 2 por ciento[667].

De conformidad con las disposiciones de la Proclamación, los eritreos que reúnan las condiciones necesarias y vivan en el extranjero, aportan el 2% de sus ingresos netos a la "reconstrucción" de Eritrea. El pago del impuesto les otorga derechos políticos y económicos equivalentes a los derechos de los que residen en el país y han cumplido con sus obligaciones como, por ejemplo, con el derecho a adquirir tierras para fines comerciales o residenciales[668].

Algunos estudios[669] concluyen que la recaudación del impuesto del 2% "puede ser una práctica ilegal si su recaudación viola los derechos humanos fundamentales y otros principios legales, como el Estado de Derecho, y si se recauda con coerción", señalando que la base legal y la obligatoriedad del Impuesto del 2% no está clara (no está claro en qué Proclamación se basa). Por otra parte, la definición de sujeto pasivo no es clara y es incoherente en la práctica, siendo que la evaluación del monto pagadero en virtud del impuesto del 2% está sujeta a la discreción del personal de la embajada..."[670]

---

667 Beretta, G. (2018). Mobility of Individuals after BEPS: The Persistent Conflict between Jurisdictions, 72 *Bull. Intl. Taxn.* 7. Notas finales.

668 Embassy of the State of Eritrea in Washington, DC-USA, https://us.embassyeritrea.org/rrt/. Última consulta: 10/11/2024.

669 El estudio "*The 2% Tax for Eritreans in the diaspora Facts, figures and experiences in seven European countries*" de "DSP-groep Amsterdam, Tilburg School of Humanities, Department of Culture Studies" analiza en profundidad el impuesto del 2% a los eritreos en la diáspora. Según el análisis de las bases legales, el impuesto del 2% es un impuesto sobre la renta y su base legal son dos proclamaciones eritreas. Sin embargo, de la investigación, "... se desprende que la Proclamación de 1991 está destinada a las personas que viven en Eritrea (no en la diáspora) y que la Proclamación de 1995, aunque está destinada a las personas que viven en la diáspora, no contiene un objetivo claramente establecido. Además, según la Constitución eritrea, ratificada en 1997, sólo la Asamblea Nacional está facultada para imponer impuestos. No obstante, la Constitución nunca entró en vigor y la Asamblea Nacional no se ha reunido desde 1998. Por lo tanto, el Impuesto del 2% tiene una base legal incierta. "DSP-groep Amsterdam, Tilburg School of Humanities, Department of Culture Studies (2017). Op. Cit. p. 8.

670 DSP-groep Amsterdam, Tilburg School of Humanities, Department of Culture Studies (2017). Op. Cit. p. 11.

"...parece que la sanción implementada en las embajadas es negar todos los servicios administrativos y consulares, incluida la obtención de una tarjeta de identificación, que es un requisito previo para obtener cualquier otro servicio. Además, el incumplimiento del impuesto del 2% puede dar lugar a una serie de medidas punitivas más amplias, que se imponen a las personas en la diáspora, así como a sus familiares en Eritrea".[671]

Por lo cual, el impuesto por razón de ciudadanía establecido en Eritrea parece, en nuestra opinión, un impuesto cuya finalidad, su forma de gestión y recaudación lo asemejan a las tasas que podría establecer un Gobierno por los servicios de los que podrían beneficiarse los usuarios de estos, sin que el legislador se haya preocupado por el establecimiento de un Sistema de tributación con el ánimo de cumplir los principios fundamentales impositivos. Es más, parece que el establecimiento de la base como la renta neta anual de un colectivo concreto, en este caso, los ciudadanos eritreos que residen en el extranjero, no tiene los objetivos que ostenta la tributación por razón de la ciudadanía; más bien, parece que tiene un perfil circunstancial, eligiendo para su imposición a un grupo de contribuyentes de poder adquisitivo supuestamente más alto para la creación de un impuesto con fines puramente recaudatorios. En este sentido, nos abstenemos de un análisis más profundo del impuesto eritreo ya que los hallazgos de este no podrían proporcionar conclusiones indicativas, ni relevantes, con respecto al objetivo de este trabajo, que es evaluar la residencia fiscal como un criterio adecuado y suficiente, para la sujeción a impuestos y la asignación de las rentas entre las jurisdicciones.

---

671 DSP-groep Amsterdam, Tilburg School of Humanities, Department of Culture Studies (2017). Op. Cit. p. 139.

CONCLUSIONES Y PROPUESTAS DE MEJORA

Partiendo del análisis comparativo de las diferentes jurisdicciones se hace evidente que la tributación directa de las personas físicas, utilizada de forma generalizada a nivel mundial, se lleva a cabo a través de la sujeción al Impuesto sobre la renta por los rendimientos globales del contribuyente - persona física, obtenidos o devengados durante el año fiscal en cuestión, por razón de su residencia fiscal.

Como señala Brauner, la sujeción a impuestos sobre la renta de las personas físicas naturalmente supone la existencia de "una conexión personal entre ese Estado y la persona... nacionalidad, domicilio o residencia ...y ...todas se han utilizado; sin embargo, con el tiempo, la residencia surgió como el conector más popular y la base universalmente aceptada para la tributación".[672]

El criterio de ciudadanía, reemplazado históricamente por el de residencia, representa, en la actualidad, "una clara excepción"[673] en la sujeción directa de las personas físicas. Objetivamente, debemos reconocer que, como criterio de alcance general, está siendo utilizado por los EE.UU. y, en cierta medida, por Hungría[674]; además, varios Estados utilizan este criterio para la evaluación global de otros factores de conexión o como medida antielusiva en relación con la residencia presunta.

---

672 Brauner, Y. (2024). Op. Cit. p. 16.

673 García Antón, R. (2025). Op. Cit. Capítulo 8.3. Taxing citizens: Membership as a benchmark.

674 De acuerdo con las disposiciones del apartado (2) del artículo 3 de la Ley CXVII de 1995 sobre el impuesto sobre la renta de las personas físicas, se considera residente fiscal a "cualquier ciudadano de Hungría (con excepción de los ciudadanos con doble nacionalidad que no tengan residencia permanente o habitual, que se ajuste a la definición establecida en la Ley sobre el mantenimiento de registros de datos personales y domicilios de los ciudadanos en Hungría)". OECD. Hungary: Information on Residency for tax purposes. Disponible en: https://www.oecd.org/content/dam/oecd/en/topics/policy-issue-focus/aeoi/hungary-tax-residence.pdf. Última consulta: 31/05/2025.

1. RESUMEN DE LAS PRINCIPALES LIMITACIONES DEL USO DE LA RESIDENCIA FISCAL COMO CRITERIO ÚNICO DE SUJECIÓN IMPOSITIVA

El análisis y la valoración crítica de las diferentes reglas de definición de la residencia fiscal de las personas físicas fueron realizados a lo largo del presente trabajo a través del examen comparativo de la legislación jurídico-tributaria de los Estados seleccionados. Centrándonos ahora en las observaciones sobre las normas jurídicas de estos países, no obstante sus aspiraciones de establecer una tributación justa, generalizada y equitativa para sus contribuyentes, debemos reconocer que la residencia fiscal, aplicada por sí sola, no cumple con la finalidad perseguida de establecer un nexo para la imposición directa de las personas físicas que resulte suficiente, preciso y congruente para este fin.

En contraste con el objetivo internacional de instaurar el criterio que permita la eliminación o la reducción de la doble imposición internacional, cumpliendo asimismo con los principios de tributación, tanto los legalmente establecidos como los generalmente aceptados a nivel mundial, obviamos numerosos casos, del todo inaceptables e ilegítimos, de doble no imposición. Independientemente de los distintos matices que presenta la residencia fiscal en los países analizados, se ponen de manifiesto situaciones, causadas por los vacíos legales originados por este criterio, que evidencian su insuficiencia y limitaciones en el contexto de su implantación como criterio de sujeción de carácter único y funcionamiento aislado. Por otra parte, como advierte Soler Roch, la interpretación señalada en el párrafo 8.1. a los Comentarios al art. 4 del MC OCDE "...da un margen a la legislación interna para establecer el tipo de vínculo personal...", abarcando "criterios relacionados de una u otra manera con los vínculos personales y permanentes con el Estado (como el domicilio, el período de tiempo residiendo en el Estado o en la vivienda permanente). Todos estos requisitos relacionados con la situación física y geográfica con respecto al territorio del Estado significan que otros tipos de vínculos de naturaleza política y jurídica, como la nacionalidad, pueden no ser relevantes..."[675]. No obstante, un sector de la doctrina científica plantea la posibilidad de que la ciudadanía actuara como nexo fiscal complementario en algunos casos[676].

---

675 Soler Roch, M. T. (2022). "Individuals...". p. 199.

676 Soler Roch, M. T. (2022). "Individuals.... Op. Cit. p. 199. Véase también Beretta, G. (2019). Citizenship... Op. Cit.

En este contexto, resulta imprescindible cuestionar la eficacia de las regulaciones internacionales establecidas como modelo para la conclusión de los CDI. Es importante señalar, en tales circunstancias, que las reglas de desempate contenidas en los modelos de convenio no cumplen adecuadamente con su propósito.

En este contexto, teniendo en cuenta el análisis de las normas jurídico-tributarias de distintos países y la jurisprudencia al respecto, podemos deducir que la primera regla de desempate que contempla la disponibilidad de una vivienda permanente a disposición del contribuyente reviste determinaciones distintas si se aplica de modo prospectivo o, a la inversa, retrospectivamente. Tanto los Comentarios de los MC como la jurisprudencia de varios países, parece que tienen en cuenta la disponibilidad de la vivienda como una noción relacionada con la posibilidad formal del contribuyente de hacer uso o de disponer de una vivienda permanente, bien como propietario, bien como inquilino o familiar del propietario. Un avance, a nuestro juicio, representa la legislación nacional del Reino Unido, estableciendo, dentro de las pruebas de residencia fiscal, el *test* de vínculos suficientes. Según la prueba, en lo que respecta al vínculo de alojamiento, una persona dispone de una vivienda en el Reino Unido (una casa, casa de vacaciones o retiro temporal en el Reino Unido, u otro alojamiento en el que pueda vivir cuando esté en el Reino Unido), si esta vivienda está disponible para esta persona por un período continuo de 91 días o más durante ese año fiscal; además se requiere que el contribuyente pase al menos una noche allí durante ese año. En el caso de que la vivienda pertenezca a un pariente cercano, se requiere que el contribuyente pase 16 o más noches en esa vivienda durante el año. Según la norma, los periodos de menos de 16 días en la disponibilidad del alojamiento cuentan para el período continuo de disponibilidad. A los efectos del vínculo de alojamiento, los parientes cercanos incluyen padres o abuelos, hermanos o hermanas, hijos o nietos de 18 años o más. Un pariente cercano puede ser un pariente por consanguinidad o afinidad, incluyendo la unión civil[677].

No obstante, debemos reconocer que, de forma retrospectiva, si una persona ha ocupado efectivamente una vivienda durante un periodo significa que la tenía a su disposición independientemente de la forma o la legalidad de la ocupación. En este sentido, definir a una persona como no residente a efectos de un CDI por el hecho de haber estado presente en el Estado, ocupando una vivienda de forma ilegal, es, en nuestra opinión, totalmente erróneo e inoportuno porque atiende

677 Véase, en el presente trabajo, Capítulo IV. 1.7.4.2. Vínculo de alojamiento.

la forma, pero no realidad de la situación. Además, incita a la planificación fiscal agresiva y posibilita la simulación de la residencia fiscal a efectos del CDI.

Por otra parte, es una regla que deriva en conflictos de residencia dual en un contexto de cambio de residencia en el periodo entre el sexto y el séptimo mes del año fiscal cuando ambos Estados contemplan la presencia en su territorio por un periodo de más de 183 días. Como hemos analizado en el caso de España, una persona física que es considerada residente fiscal a fecha 1 de enero y puede acreditar su presencia en su territorio durante los primeros meses del año natural, pero traslada su residencia a otro Estado, independientemente del hecho de que haya declarado su cambio de residencia ante las Administraciones tributarias de los dos países, la española considera el traslado una ausencia esporádica, atendiendo además la jurisprudencia del TS con respecto a la subjetividad de la intención de trasladar la residencia a otro Estado. Más aún, si el cambio viene acompañado de la formalización posterior de la disponibilidad de una vivienda en el otro país y la salida ulterior de la familia inmediata del contribuyente, la determinación del Estado de residencia suele ser errónea o por lo menos deriva en la apreciación, por parte de cada una de las dos Administraciones, de la residencia en su respectivo territorio, lo que resulta en una residencia fiscal dual. Cabe añadir, que el escenario resumido describe una dificultad usual, aunque desafortunada, en el contexto de la tributación de los deportistas profesionales que frecuentemente cambian de equipo en circunstancias similares.

Por otra parte, consideramos conveniente poner de relieve la problemática de la doble no imposición, analizada también con respecto a la jurisprudencia española como resultado de la aplicación de un régimen de tributación parcial en el otro Estado que emite, sin embargo, un certificado de residencia fiscal al contribuyente en cuestión. A nuestro juicio, la existencia de estos casos es del todo inadmisible y, independientemente de la posibilidad de modificación de las normas internacionales, el Estado español debe hacer uso de sus facultades legislativas con el fin de solventar el efecto perjudicial de la actuación, deliberada o en forma de omisión, de la Administración tributaria del otro país.

Cabe puntualizar que la reforma tributaria del Reino Unido, siendo relativamente reciente, destaca, en primer lugar, por su carácter de reforma radical que ocasionó efectos transcendentales. En nuestra opinión, lejos de implantar medidas parciales con el fin de cubrir las deficiencias detectadas, el legislador británico, en base a las recomendaciones y las conclusiones obtenidas durante el periodo de consultas, realizó una transformación cardinal de las pruebas de residencia fiscal, implantando reglas precisas, individualizadas y puntualizadas al máximo detalle.

Del mismo modo, contrastando con la normativa de los países europeos analizados, mención aparte requiere la implantación del concepto de residencia presunta - *deemed residence*, en el Reino Unido, Canadá, India y otros países de influencia británica. Al margen de la presunción "relativa" de residencia basada en la inscripción en el registro de la población residente de Italia, que apreciamos válida, pero insuficiente, o la presunción española *iuris et de iure* contenida en el artículo 8.2 de la LIRPF, muy cuestionada por su carácter discriminatorio, el concepto de *deemed residence* británico está configurado como una medida antielusiva apropiadamente diseñada e instaurada en la legislación nacional de los países enumerados, sobre todo en el Reino Unido, con una precisión pulcra y cuidada. A nuestro modo de ver las cosas, junto con la sujeción impositiva por razón de ciudadanía, es una de las regulaciones que cualquier Estado, sin necesidad de consenso internacional o armonización, puede introducir como medida antielusiva con efecto inmediato y objetivamente beneficioso.

Destaca, a su vez, como medida antielusiva, el uso de la ciudadanía como criterio de sujeción a impuestos, de forma conjunta con la tributación por razón de residencia. Nos hemos referido a lo largo del presente trabajo a numerosas citaciones de diferentes autores que definen la sujeción impositiva practicada por los EE.UU. como aplicación directa del criterio de ciudadanía. Cabe puntualizar que, aunque parcialmente acertada, esta definición es absolutamente imprecisa. Como detallamos en el Capítulo IV. 2, EE.UU., este país, al margen de algunas exclusiones de índole distinto, impone la sujeción a impuestos tanto a los residentes extranjeros como a los ciudadanos estadounidenses. Ciñéndonos ahora en la tributación de las personas físicas establecida en los EE.UU., es relevante recordar que se trata de un Estado con amplia red de tratados internacionales que contemplan, por lo cual, obligan al país, a proporcionar las deducciones establecidas por los impuestos pagados en el país extranjero. En este orden de ideas, aunque los EE.UU. teóricamente gravan a sus ciudadanos, o tienen la posibilidad de hacerse valer de la cláusula de reserva contenida en sus CDI, la imposición efectiva se produce en los casos de una tributación inferior en el Estado de residencia del ciudadano estadounidense o en las situaciones en las que el contribuyente no cumple los requisitos para ser definido como residente fiscal en otro Estado. Como consecuencia, podemos deducir que en su aplicación práctica se parece considerablemente a la figura de la residencia presunta.

Por último, cabe mencionar el "impuesto universal", propuesto por el legislador francés que, según lo previsto, tenía que surtir efectos desde 1 de enero de 2025. No obstante, la medida finalmente no fue aprobada. El proyecto representaba, en nuestra opinión, una medida antielusiva que cualquier Estado podría implantar con el fin de combatir la tributación escasa, nula, o la no imposición en ningún territorio por la renta mundial, sin requerimiento de consenso internacional al respecto.

Para concluir, es importante poner de relieve que, independientemente de los beneficios y las controversias que puede presentar cualquiera de los criterios de sujeción impositiva, uno de los conflictos que puede originar su uso es la duplicidad de la calificación como tal, es decir, la apreciación de un contribuyente como residente dual, o la calificación de una renta como obtenida en dos jurisdicciones diferentes, etc. En este contexto, la ciudadanía / la nacionalidad es un nexo cuya duplicidad en más de un Estado es un escenario legal, incluso frecuente.

Además, cabe mencionar que incluso en los casos en los que la doble nacionalidad no está admitida, la renuncia de la nacionalidad anterior es un proceso generalmente ambiguo, sin que sea requerida, como norma general, la acreditación de la renuncia de la antigua nacionalidad. En el caso de España, aparte de los países con los que se permite la doble nacionalidad, la "renuncia a la nacionalidad anterior" en el caso de naturalización estipulado en el artículo 23.b del Código Civil, no está regulada la obligación de acreditación de la renuncia de la nacionalidad anterior. Por otra parte, la obtención de la nacionalidad española en virtud de las disposiciones de la Ley 20/2022, de 19 de octubre, de Memoria Democrática conlleva la posibilidad de mantener la nacionalidad anterior.

En cuanto a la solución de esta ambigüedad a escala internacional, es importante tener en cuenta que cada Estado es competente para regular las cuestiones relacionadas con la renuncia de la nacionalidad de ese Estado[678], su definición y su pérdida, sin que exista acuerdo internacional para el intercambio de información sobre estos asuntos.

Con respecto a las diferencias entre los conceptos de ciudadanía y nacionalidad, sin profundizar en este asunto, analizado en el Capítulo I del presente trabajo, cabe mencionar que los Estados examinados que diferencian entre ambos conceptos se basan en la presunción según la cual el nacional no ciudadano es na-

---

678 Artículo 6 de la Convención de La Haya sobre ciertas cuestiones relativas al conflicto de leyes de nacionalidad de 1930.

cional de pleno derecho en otro Estado. Cabe resaltar, sin embargo, en relación con el principio del beneficio que analizaremos posteriormente, que el concepto de "ciudadanía" en estos Estados reviste cierta exclusividad en el sentido de un beneficio adicional y privilegiado que le atribuye esta.

Finalmente, conviene concluir con una limitación respecto a la ciudadanía o la nacionalidad, representada por la necesidad de intercambio de información relativa a la nacionalidad y la doble nacionalidad, no resuelta en la actualidad.

La problemática de la falta de un acuerdo internacional que contemple expresamente, al margen de la información con relevancia tributaria, la obligación de intercambio de información sobre la nacionalidad provoca, en primer lugar, las consecuencias negativas señaladas en el epígrafe anterior. Por otra parte, es una cuestión cuya falta de resolución dificulta el correcto funcionamiento de la asignación de rentas según las normas vigentes de los CDI concluidos.

Se ha de subrayar, en este sentido, la tributación de las pensiones pagadas por un Estado por la prestación de un empleo gubernamental. En virtud del artículo 19.2b) del MC OCDE, "dichas pensiones y otras remuneraciones similares serán gravables solamente en el otro Estado Contratante si la persona física es residente y nacional de ese Estado". Sin embargo, la ambigüedad en cuanto a la acreditación de la renuncia y la pérdida de la nacionalidad anterior, así como la obtención de una nueva nacionalidad conlleva la imposibilidad de obtener datos auténticos e incuestionables referentes a esta condición pese a su relevancia tributaria.

2. CONSIDERACIONES PREVIAS A NUESTRAS PROPUESTAS

Con carácter previo a la formulación de las propuestas de nuestro trabajo, consideramos relevante sistematizar algunos de los factores que afectan a la sujeción tributaria desde el punto de vista del cumplimiento de los principios de la sujeción impositiva. Estos pueden variar de un país a otro, por lo cual estimamos procedente ponderarlos y manifestar las consideraciones que originan los planteamientos de mejora que pretendemos aportar como resultado del presente trabajo:

A) El principio del beneficio ha sido criticado por un sector de la doctrina científica[679], atendiendo a argumentos como "la imposibilidad de medir los be-

679 Véase Brauner, Y. (2024). Op. Cit. p. 21, nota al pie 87.

neficios, el carácter de bien público de los beneficios, la extensión de los beneficios a varios grupos de personas más allá de los residentes"[680]. A nuestro juicio, los razonamientos expuestos son válidos y legítimos en cuanto a la posibilidad de cuantificar el beneficio. No obstante, no es menos evidente la existencia de este que es objetivamente irrefutable.

B) En cuanto a la teoría de la capacidad de pago, Brauner la califica como otra "teoría dogmática"[681], basada en la "facultad" del Estado de residencia de revisar y gravar adecuadamente la renta mundial. Por otra parte, en palabras de Seligman: "...pagamos impuestos no porque recibamos beneficios del Estado, sino porque es nuestro deber apoyar al Estado tanto como apoyarnos a nosotros mismos o a nuestra familia; porque, en resumen, el Estado es parte integral de nosotros"[682]. Abordando la idoneidad de esta formulación tanto indiscutible como populista, cabe recordar que tampoco es cuantificable el deber de apoyar al Estado al que pertenece el contribuyente, independientemente del nexo que lo une a la jurisdicción.

C) En tercer lugar, Soler Roch advierte que: "La creciente movilidad y ubicuidad de las personas suscita preocupaciones sobre BEPS y muestra los defectos de algunas disposiciones de los tratados fiscales, los regímenes fiscales preferenciales para los nuevos residentes y el trabajo en línea en situaciones transfronterizas son ejemplos de la insuficiencia de las normas actuales"[683]. En el mismo sentido, cabe señalar que, en opinión de Brauner: "El aumento reciente de la movilidad (en particular, la movilidad de las personas ricas motivada por los impuestos) y la creciente importancia del trabajo a distancia y el nomadismo digital plantean un serio desafío a esta vinculación de los derechos de residencia y tributación".[684], lo cual afecta en cierta medida a la imposición por razón de residencia.

D) Contrastando con la opinión de Brauner, cabe mencionar el estudio empírico[685] de la movilidad internacional de las personas físicas ricas y ultra ricas que demuestra que la movilidad no es tan significante como podríamos pen-

---

680 Brauner, Y. (2024). Op. Cit. p. 21.

681 Brauner, Y. (2024). Op. Cit. p. 22.

682 Seligman, E. (1895). *Essays in Taxation*. Digital edition 2023, grundskyld.dk. Chapter III—The Single Tax, II. The General Theory, p. 82.

683 Soler Roch, M. T. (2022). "Individuals.... Op. Cit. p. 197.

684 Brauner, Y. (2024). Op. Cit. p. 1.

685 Kleven, H. et al. (2020). Op. Cit.

sar. En este sentido, Landáis[686] señaló que "la evidencia empírica no sugeriría una fuga masiva de capitales ni una fuga de cerebros de talento empresarial en respuesta a diseños impositivos más progresivos"[687]. Independientemente de las pruebas de que los impuestos pueden afectar la ubicación geográfica de las personas, el estudio no sólo demuestra que la movilidad inducida por los impuestos no es alarmante, sino que advierte sobre el riesgo "del uso excesivo de estos hallazgos empíricos para argumentar a favor de una reducción ineludible en el nivel de impuestos o la progresividad"[688]. Los investigadores señalan, por una parte, la limitación relacionada con la evidencia sistemática sobre las elasticidades de la movilidad de la población; por otra parte, indican que la fuerza de la respuesta de la movilidad a los impuestos no es una entidad exógena y estructural y depende de otros factores como el tamaño de la jurisdicción fiscal, el grado de coordinación fiscal internacional o subnacional y de la prevalencia de otras fuerzas que fomentan o limitan el movimiento de las personas[689]. Además, en otro orden de las cosas, como señala Soler Roch: "...la intención de elusión fiscal, como objetivo principal de la inmigración, será difícil de comprobar, y los derechos fundamentales básicos pueden ser ciertamente un obstáculo..."[690].

E) En relación con las aspiraciones de armonización del Impuesto sobre la renta de las personas físicas, cabe reflexionar sobre los siguientes aspectos[691]:

i) La equidad horizontal y la justicia fiscal. En primer lugar, atendiendo al principio de la equidad horizontal y la justicia fiscal, es relevante señalar que los Estados aplican tanto la tributación individual como la tributación conjunta

---

686 Opinión expresada por uno de los investigadores participantes Camille Landais, Profesor de Economía del London School of Economics, en el EU Tax Symposium que tuvo lugar en Bruselas los días 24-25 October 2023 durante la sesión "Balancing incentives and redistribution: The future of Personal Income Taxation (PIT)".

687 Resumen de la sesión disponible en: https://taxation-customs.ec.europa.eu/road-2050-tax-mix-future/eu-tax-symposium-2023_en#programme Última consulta: 31/05/2025.

688 Kleven, H. et al. (2020). Op. Cit. p. 140.

689 Kleven, H. et al. (2020). Op. Cit. p. 140.

690 Soler Roch, M.T. (2022). "Individuals...". p. 204.

691 Véase el análisis del Consejo Económico y Social (Bulgaria). Análisis del Consejo Económico y Social de la Tributación sobre la Renta de las Personas Físicaspara los p. i) - iv). Икономически и социален съвет. (2007). Анализ на Икономически и социален съвет по данъчното облагане на доходите на физическите лица. ИСС/024.

obligatoria para la unidad familiar o, en algunas jurisdicciones, proporcionan la opción por una u otra, sin que exista armonización con respecto a la modalidad de tributación.

ii) La equidad vertical. El principio de la equidad vertical requiere una tributación progresiva, es decir, que los contribuyentes con mayor capacidad contributiva paguen impuestos más altos.

iii) La equidad y las modalidades de tributación. La equidad horizontal y la equidad vertical no pueden cumplirse simultáneamente en aplicación de una imposición progresiva con la posibilidad de optar por la tributación conjunta o individual. De esta forma, el cumplimiento simultáneo de los principios de equidad y progresividad requieren implantar la tributación individual o la conjunta de forma obligatoria. Proporcionar al contribuyente la posibilidad de optar por una modalidad de tributación (individual o conjunta) requiere el establecimiento de un impuesto proporcional con el fin de cumplir con los principios de equidad y justicia.

iv) Neutralidad. El impuesto sobre la renta debería ser neutral con respecto al matrimonio, con lo cual "la obligación tributaria combinada de dos personas no debería depender de si están casadas o no".

v) La unidad familiar[692]. Cabe mencionar que la unidad familiar, como hemos analizado en los capítulos anteriores de este trabajo en relación con España y Francia, es un concepto no armonizado a escala internacional (puede variar desde un matrimonio formalizado (España), hasta parejas de hecho registradas (Francia), personas que viven juntas (Reino Unido), unidades familiares con o sin matrimonio, pero incluyendo a ascendientes y descendientes). Es importante añadir que, incluso a nivel europeo estos conceptos no están armonizados en el ámbito fiscal, con la dificultad añadida de la falta de armonización en el ámbito civil (por ejemplo, algunos países europeos no contemplan los matrimonios entre parejas del mismo género, ni la formalización de parejas de hecho sin mediar matrimonio entre ellos). Cabe mencionar que, en este contexto, el Plan de recuperación, transformación y resiliencia de 27 de abril de 2021 incluía una propuesta sobre "la paulatina desaparición de la reducción por tributación conjunta mediante el establecimiento de un régimen transitorio, debido a que genera un

692 Véase Alm, J., & Melnik, M. I. (2005). "Taxing the "Family" in the Individual Income Tax". *Public Finance and Management*, 5(1), 67-109. Table 3. Filing Status and Income Treatment of Married Couples.

desincentivo a la participación laboral del segundo perceptor de renta (principalmente mujeres)".[693] La propuesta que se sigue debatiendo en la actualidad, está destinada a la prevención y erradicación de las desigualdades de género con el planteamiento de que la reducción por tributación conjunta no facilita el acceso al mercado laboral. Esta propuesta no fue implantada pese al análisis Spending Review: Beneficios fiscales de julio de 2020. Según el estudio de AIReF sobre España: "La evaluación concluye que el beneficio fiscal sí consigue su objetivo al beneficiar a los hogares que solo tienen un perceptor de rentas... pero genera un desincentivo a la participación laboral de las mujeres, acentuando los problemas de brecha de género de la economía española. También se encuentra un desincentivo en las rentas declaradas de las mujeres, especialmente las de las mujeres jóvenes. Además, la tributación conjunta está desapareciendo progresivamente en las economías de nuestro entorno".[694]

Por otra parte, según los datos relativos a la tributación individual o conjunta el estudio indicado señaló el diferente tratamiento en varios países[695]: tributación conjunta obligatoria mediante la aplicación del sistema *splitting* en Francia, declaración conjunta opcional mediante *splitting* en Alemania y Portugal; mediante escala diferenciada en los EE.UU. e Irlanda; mediante la aplicación de una reducción en la declaración conjunta en España y Luxemburgo, mientras la mayoría de los países examinados establecen la tributación individual de forma obligatoria[696].

Del mismo modo, algunos países, entre los cuales España, proporcionan un beneficio fiscal por los descendientes mayores de edad sin rentas o con rentas bajas. Contrastando con otras jurisdicciones, se trata de un beneficio fiscal que en otros Estados no se considera aceptable ya que favorece la emancipación tardía de los jóvenes y desincentiva su acceso al mercado laboral.

---

693 Gobierno de España, Plan de recuperación, transformación y resiliencia de 27 de abril de 2021. p. 341.

694 AIReF. Spending Review 2019/2020. Beneficios Fiscales. Julio 2020.

695 AIReF. Spending Review 2019/2020. Beneficios Fiscales. Julio 2020. p. 32.

696 Austria, Bélgica, Estonia, Grecia, Letonia, Países Bajos, Eslovenia, Australia, Canadá, Finlandia, Italia, Lituania, Eslovaquia, Reino Unido. Véase: AIReF. Spending Review 2019/2020. Beneficios Fiscales. Julio 2020. p. 32. Fuente utilizado por AIRepara el estudio: Taxing Wages, 2019 OCDE y legislación propia de cada país.

vi) Las aspiraciones de armonización en este contexto. En este sentido, es importante recordar las significativas diferencias que presentan los sistemas impositivos de los diferentes países y reconocer que no existe una posibilidad fiable de armonización en el futuro inmediato. Sin embargo, el riesgo de doble no imposición de las personas físicas ya existe objetivamente y el análisis llevado a cabo en capítulos anteriores demuestra su efecto nocivo en la práctica impositiva a escala internacional. Por consiguiente, no existe razonamiento justificado para la tardanza de los países individuales de hacer lo necesario dentro de sus competencias como Estados soberanos y de reformar sus sistemas impositivos con el fin de evolucionar de manera paralela a la globalización y a la elevada movilidad de las personas físicas.

Por otra parte, al realizar las propuestas contenidas en el epígrafe siguiente del presente trabajo, es importante señalar que compartimos la opinión del sector de la doctrina científica según el cual el futuro de la tributación comprende salvaguardar la soberanía de los Estados y el aumento de la cooperación internacional[697]. Cabe añadir que parece evidente, si observamos las propuestas fallidas de armonización de diferentes medidas fiscales a nivel europeo, que la armonización no es aceptable para todos los Estados involucrados o, de ser aceptable, no es proporcionalmente beneficiosa para todos ellos.

En este orden de ideas, procedemos a resumir nuestras propuestas para la instauración de diferentes medidas con el fin de aliviar los conflictos detectados en los países analizados. Para ello, apreciamos la dificultad añadida del consenso internacional, por lo cual formulamos nuestro planteamiento con preferencia del establecimiento de normas y herramientas antielusivas que pueden ser implantadas por cada Estado soberano sin necesidad de aceptación y cooperación internacional. No obstante, pese a los efectos que se producirán como resultado de cada acción individual, nos decantamos por medidas que pueden ser introducidas con carácter casi inmediato, surtiendo efectos sobre los ciudadanos y los residentes del Estado soberano que las introduce.

---

697 Opinión compartida por Pascal Saint-Amans, Profesor de Tributación en la Universidad de Lausana, en la Conferencia del Centre of Business Taxation de Säid Business School, University of Oxford, "International Business Taxation: Looking Back to Look Forward", de 30 de junio de 2023. Grabación disponible en: https://oxfordtax.sbs.ox.ac.uk/event/cbt-summer-conference-2023

3. PROPUESTAS DE MEJORA

3.1. ESPAÑA: ELIMINACIÓN DE LA DOBLE NO IMPOSICIÓN POR LA RENTA MUNDIAL ORIGINADA POR LA APLICACIÓN DE REGÍMENES DE TRIBUTACIÓN PARCIAL EN EL OTRO ESTADO

– Habiendo analizado previamente la problemática española en torno a la calificación como residente en el otro Estado a los efectos del CDI de un contribuyente acogido a un régimen de tributación parcial en su país de residencia, que deriva en la no imposición por la renta mundial en ninguno de los Estados involucrados; y,

– Al no ser posible requerir formalmente al otro país acogerse a la definición de la residencia fiscal en virtud del concepto de "responsabilidad fiscal plena", sistemáticamente utilizado por la OCDE, aunque no se haya registrado ninguna Observación al respecto por parte del otro Estado, consideramos conveniente registrar una:

3.1.1. Reserva al artículo 4 del MC OCDE

En relación con los nuevos CDI que España procederá a negociar y concluir en el futuro, consideramos conveniente registrar una Reserva al artículo 4 por parte del Estado español en el sentido de reservar su derecho a gravar por la renta mundial a los contribuyentes residentes en el otro Estado contratante cuando este no ha sido gravado en este otro Estado por su renta mundial, reconociéndole, en todo caso, un crédito fiscal por los impuestos extranjeros:

"España no está de acuerdo con la calificación como residente y beneficiario del Convenio de los contribuyentes que, siendo residentes, no tributan por su renta mundial en su país de residencia, por lo que se reserva el derecho de incluir en el párrafo 1 del artículo 4 como disposición adicional las palabras "sobre su renta mundial", ("está sujeto a imposición en dicho país por razón de su domicilio, residencia, sede de dirección o cualquier otro criterio de análoga naturaleza, ***sobre su renta mundial****")".*

Como hemos evidenciado, el Estado español no tiene la potestad de asegurar el correcto cumplimiento de la emisión de certificados de residencia fiscal por el otro Estado, ni de efectuar control sobre los procedimientos internos de la Administración tributaria extranjera, aun cuando, en un principio, este otro Estado no haya registrado ninguna Observación al artículo 4 del MC OCDE en relación con la "responsabilidad fiscal plena". Por otra parte, el Estado español debe asegurar el cumplimiento de los principios de igualdad y progresividad establecidos por la CE, artículo 31.1.

3.1.2. Observación al artículo 4 del MC OCDE

En relación con los CDI concluidos, realizar una Observación, como sigue:

"España desea aclarar que, debido a que su Derecho interno comprende la sujeción a impuestos con respecto al párrafo 1 como una sujeción impositiva total y progresiva, no puede compartir íntegramente el reconocimiento como residente fiscal pleno a los efectos del CDI de un contribuyente que no tributa en el otro Estado por su renta mundial, por lo que no será posible definir a tal contribuyente como residente fiscal de pleno derecho a los efectos del CDI".

3.2. ESPAÑA: ELIMINACIÓN DE LA DOBLE NO IMPOSICIÓN POR LA RENTA MUNDIAL A TRAVÉS DE UNA MODIFICACIÓN DE LA LEGISLACIÓN NACIONAL

Conscientes de las dificultades de la implantación práctica de nuestra propuesta que anunciaremos en el epígrafe posterior, al requerir esta una cooperación internacional y, dada la urgencia de reaccionar frente a las frecuentes situaciones de no imposición por la renta mundial en ningún Estado, urge introducir una medida antielusiva a través de la legislación interna española en materia fiscal cuya finalidad sería combatir la deslocalización de las personas físicas, con el establecimiento de la residencia fiscal presunta con las siguientes características:

i) Comprenderá a los nacionales españoles y los residentes fiscales sin que se contemple un periodo mínimo de permanencia como residente. En nuestra opinión, la deslocalización puede ser continua y recurrente, además de suceder en un escenario de alternancia de territorios diferentes por lo que, a nuestro juicio, establecer la medida solo para los nacionales y los residentes de larga duración no cumpliría con la finalidad de esta medida;

ii) Actuará en situaciones, en las que el nacional o antiguo residente no demuestra fehacientemente ser residente fiscal en otro Estado, en el que está sujeto al Impuesto por su renta mundial;

iii) Se establecerá una tributación mínima requerida en el Estado de la nueva residencia fiscal.

A nuestro modo de ver, a la luz del elevado movimiento de personas físicas, además, sin posibilidad real de rastrear estos movimientos dentro de la UE, se trata de una medida que se debería emplear con cierta urgencia por cualquier Estado a través de una modificación de las normas internas de imposición directa de las personas físicas.

3.3. MC OCDE: ELIMINACIÓN DE LA EXPRESIÓN "SE CONSIDERARÁ RESIDENTE ÚNICAMENTE DEL ESTADO DONDE TENGA UNA VIVIENDA PERMANENTE A SU DISPOSICIÓN" DE LA REGLA DE DESEMPATE N° 1

Se ha de advertir que, en nuestra opinión, en los escenarios de simulación de la residencia fiscal y deslocalización, la regla de desempate comprendida en la letra a) del artículo 4.2 del MC OCDE representa una herramienta al alcance del obligado tributario que favorece y facilita la acreditación de la residencia simulada cuando existe animo defraudador. Con arreglo a este razonamiento cabe mencionar lo siguiente:

1) La vivienda permanente a disposición del contribuyente no cumple con la finalidad de la regla de desempate en su aspecto retrospectivo. En base a la jurisprudencia analizada anteriormente cabe reconocer que factores como la propiedad sobre esta vivienda "permanente", los derechos de uso, las relaciones familiares o formalizadas con el propietario de la vivienda que otorgan el derecho de su uso son irrelevantes con respecto a la valoración de un periodo concluido, es decir, si el contribuyente residió efectivamente en una vivienda, esta estuvo a su disposición, independientemente de si la ocupó como propietario, inquilino, familiar, ocupante formalmente establecido, como turista o por ocupación ilegal.

2) No podemos omitir la existencia de los nómadas - *smart workers* o inversores ultra ricos, que no desean mantener propiedades en su cartera de inversiones. En escenarios de aspiraciones de simulación de residencia, deslocalización o aprovechamiento ilegítimo de las lagunas fiscales procedentes del empleo de la residencia como criterio de sujeción a impuestos único y de funcionamiento aislado de otros nexos de conexión, esta regla de desempate favorece el cumplimiento de la acción evasiva.

3) Cabe mencionar la facilidad y la inversión insignificante necesaria para el mantenimiento de "una vivienda permanente a su disposición", para el contribuyente con pretensión de defraudar a través de la deslocalización, todo ello en un contexto cada vez más frecuente de personas físicas que no se establecen en un lugar fijo durante un año fiscal.

A efectos de combatir estas prácticas abusivas, nos parece razonable eliminar la expresión "se considerará residente únicamente del Estado donde tenga una vivienda permanente a su disposición" por completo, sin tenerla en cuenta siquiera en el proceso de valoración global del "Estado con el que sus relaciones personales y económicas son más estrechas (centro de intereses vitales)".

3.4. PROPUESTA DE UNIFICACIÓN DE LA SUJECIÓN A IMPUESTOS A NIVEL INTERNACIONAL

Nuestra propuesta más ambiciosa que pretendemos aportar mediante este trabajo consiste en el establecimiento de unas reglas de sujeción a impuestos de las personas físicas de forma unificada a nivel internacional. Conocedores de las dificultades empíricas y las previsiones de su realización alargadas en el tiempo, en base al análisis detallado de los países examinados anteriormente, consideramos adecuada su implantación por los Estados soberanos individuales incluso en la ausencia de consenso internacional para su implementación.

Basándonos en las herramientas utilizadas por algunas de las jurisdicciones que parecen adecuadas partiendo del objetivo de reducir y eliminar las prácticas defraudadoras y, teniendo en cuenta asimismo las consideraciones previas enumeradas en el epígrafe anterior del presente capítulo, consideramos oportuna la implantación de un sistema impositivo basado en el principio del beneficio. En nuestra opinión, en el beneficio, aunque difícil de cuantificar, reside el fundamento primordial para la sujeción impositiva de las personas físicas, por lo cual lo reconocemos como el principio primordial y preferente que lo asienta:

3.4.1 Tributación del patrimonio y tributación directa de las rentas pasivas de las personas físicas

Proponemos la delimitación del uso de la **residencia fiscal** a la tributación del patrimonio y la tributación directa de las rentas pasivas de las personas físicas, en aplicación directa del principio del beneficio del país elegido como país de residencia, con motivo, asimismo, de los gastos públicos que realiza este con el fin de convertirlo en codiciado y preferido por sus residentes. El cumplimiento práctico está vinculado a la obtención de información relevante relacionada con la titularidad real de las inversiones[698]. En cuanto a su eficacia, se debería contemplar la tributación de las ganancias patrimoniales no realizadas y los beneficios no distribuidos como dividendos[699], sin perjuicio de la posibilidad de registrar su deterioro posterior, además de reconocer un crédito fiscal por los impuestos anticipados.

3.4.2 Tributación de las rentas del trabajo y de otras rentas activas de las personas físicas

En relación con las rentas activas entendemos el principio del beneficio en dos aspectos entrelazados. Por una parte, reconocemos el beneficio como el lucro de la persona física que obtiene la renta activa. Por otra parte, consideramos que el principio del beneficio está principalmente fundamentado a través del sector empresarial que produce estas rentas, favoreciéndose del entorno propicio, protegido y oportuno para el desarrollo de la actividad económica y la competitividad.

En este contexto, proponemos dos niveles de tributación de las rentas activas:

---

698 Una propuesta en relación con la obtención de la información relevante proporciona Zucman, G. (2024). Blueprint for a Coordinated Minimum Effective Taxation Standard for Ultra-High-Net-Worth Individuals, propuesta realizada en junio del 2024 con ocasión del encargo de la presidencia brasileña del G20. Disponible en: https://gabriel-zucman.eu/files/report-g20.pdf. Última consulta: 31/05/2025.
La Directiva sobre información pública por país (Directive (EU) 2021/2101 amending Directive 2013/34/EU as regards disclosure of income tax information by certain undertakings and branches [2021] OJ L 429/1) que modifica la Directiva contable (Directive 2013/34/EU on the annual financial statements, consolidated financial statements and related reports of certain types of undertakings, amending Directive 2006/43/EC and repealing Directives 78/660/EEC and 83/349/EEC [2013] OJ L 182/19) introduce un nuevo requierimiento para determinadas empresas multinacionales para la publicación un informe con información relativa al Impuesto sobre la renta por país para los ejercicio que comienzan a partir de junio de 2024. Como señala Traut, las modificaciones representan un escalón más alto en las obligaciones en virtud de las normas existentes introducidas anteriormente como resultado del proyecto de Erosión de la Base Imponible y Traslado de Beneficios (BEPS Acción 13) y la modificación de la Directiva sobre Cooperación Administrativa en el Ámbito de la Fiscalidad (DAC4) en la UE.6. Fuente: Traut, N. (2024). The EU Public Country-by-Country Reporting Directive: legislative and policy comments, *British Tax Review 2024*, pp. 359-370.

699 Soler Roch, M. T., opinión expresada en este sentido en el IEF-AEDF Seminario: Algunas cuestiones de actualidad en la fiscalidad internacional, del 25 de noviembre de 2024.

1º nivel: tributación mínima de la renta activa en la fuente con aplicación de las asignaciones personales y familiares independientemente de la condición de residente. Objetivo: no discriminación entre residentes y no residentes[700].

2º nivel: utilización del desarrollo más eficaz del sistema bancario producido como consecuencia de la lucha contra el terrorismo y el blanqueo de capitales y la introducción de la base imponible de las remesas (concepto utilizado en la legislación fiscal del Reino Unido) como tributación secundaria basada en la residencia habitual (domicilio). Objetivo: cumplir con el principio del beneficio y proteger a los países con mayor inversión en gastos públicos (asistencia sanitaria, educación y servicios públicos).

3.4.3 Implantación del criterio de ciudadanía como una medida antielusión fiscal para las rentas residuales

Por último, proponemos establecer un sistema internacional y como mínimo, consolidado a nivel de la UE, de información sobre el domicilio habitual con el fin de registrar formalmente la intención de la persona en relación con la fijación de su residencia. En consecuencia, se aconseja restringir la posibilidad de no ser sujeto al impuesto sobre la renta pasiva y/o impuesto sobre el patrimonio en cualquier país mediante la división artificial de rentas, realizada con el único fin de evadir o eludir impuestos. En este último nivel, una persona física que no cumpla los requisitos de residencia fiscal (nivel 1º) o domicilio (nivel 2º) en cualquier país, deberá tributar en su país de ciudadanía.

Cabe mencionar que, al igual que el *treaty shopping*, esta tributación residual por razón de ciudadanía conlleva el riesgo de "comercio de nacionalidades", además de las dificultades analizadas anteriormente. No obstante, consideramos que estas divergencias no serían significativas teniendo en cuenta que se trata de una tributación establecida para las rentas residuales y las situaciones específicas de evasión fiscal a través de la deslocalización. En estos casos, que estimamos que serán escasos, los contribuyentes podrían recurrir al procedimiento amistoso.

700 Referente a la eliminación del trato diferenciado entre residentes y no residentes, resultado de la aplicación de tributación en la fuente (en palabras de Kemmeren, *origin-based system*), véase también su análisis en Kemmeren, E. C. C. M. (2001). *Principle of Origin in Tax Conventions: A Rethinking of Models.* Mr. Eric C.C.M. Kemmeren/Pijnenburg vormgevers.uitgevers. p. 264.

REFERENCIAS BIBLIOGRÁFICAS

Abraham, J. (2007). "The UK 'Non-Dom' and Non-Resident Trusts". *Trusts & trustees* 13.4. pp. 119-120.

Advani, A., Burgherr, D. & Summers, A. (2022). Reforming the non-dom regime: revenue estimates. *CAGE Policy Briefing* no. 38 September. LSE International Inequalities Institute.

Advani, A., Burgherr, D., Savage, M. & Andy Summers, A. (2024). The UK's 'non-doms': Who are they, what do they do, and where do they live?

Aguilera Fernández, P. M. (2022). "La residencia fiscal y la cláusula del beneficiario efectivo en el Modelo de Convenio de la OCDE". *Cuadernos de Formación. Colaboración* 1/22. Vol. 28.

AIReF. Spending Review 2019/2020. Beneficios Fiscales. Julio 2020.

Алексеева Д. Г., Антропцева И. О., Бергер Е. В., Игнатьева Е. А., Кальней М. Г., Шаповалов, М. А. (2013). Комментарий к Федеральному закону от 10.12.2003 N 173-ФЗ «О валютном регулировании и валютном контроле».

Alm, J., & Melnik, M. I. (2005). "Taxing the "Family" in the Individual Income Tax". *Public Finance and Management*, 5(1), 67-109.

Alm, J., & Wallace, S. (2007). Which elasticity? Estimating the responsiveness of taxpayer reporting decisions. *International Advances in Economic Research*, 13(3), 255-267.

Almudí Cid, J. & Serrano Antón, F. (2001). "La residencia fiscal de las personas físicas en los convenios de doble imposición internacional y en la normativa interna española". *Revista de Contabilidad y Tributación*, números 221-222.

Álvarez Martínez, J., Herrera Molina, P. M., García Moreno, V. A. & Herrera Molina, P. M. (Dir.) (2023). *Manual de Derecho tributario. Parte especial* (Vigésima edición). Aranzadi.

Álvarez Martínez, J. (2024). La pretendida gratuidad del procedimiento económico-administrativo: especial referencia al régimen jurídico de las costas en el mencionado procedimiento. *Revista de contabilidad y tributación*. CEF. Núms. 497-498. pp. 27-62.

Aneiros Pereira, J. (2019) en: Lucas Durán, M. (Dir.) Residencia fiscal: problemática y cuestiones actuales. *Documentos de trabajo. CEF.* Núm. 6.

Arnold, B. J. (2019). *International tax primer* (Fourth edition.). Wolters Kluwer.

Ault, H .J. (1997). Chapter 3. Residence. Comparative Income Taxation: A A Structural Analysis 369-71, en: Graetz, M. J. (2003). *Foundations of international income taxation*. Foundation Press.

Avi-Yonah, R. S. (2010). "The Case Against Taxing Citizens," 58, Nº 5 *Tax Notes Int'l* 389-94.

Avi-Yonah, R. S. (2014). "And Yet it Moves: Taxation and Labor Mobility in the Twenty-First Century", 67 *Tax L. Rev.* 169.

Avi-Yonah, R. S. (2022). "Taxing Nomads: Reviving Citizenship-Based Taxation for the 21st Century", en: *Taxing People: the next 100 years*. Facultad de Derecho de la Universidad de Michigan. Repositorio de Becas: Facultad de Derecho de la Universidad de Michigan, Repositorio de Becas, Documentos de Trabajo de Derecho y Economía.

Avi-Yonah, R. S. (2024). "International Tax and International Law Revisited". University of Michigan Public Law Research Paper Forthcoming, *University of Michigan Law & Econ Research Paper Forthcoming.*

Baena Aguilar, Á. (1995). *El domicilio tributario en Derecho español.* Aranzadi.

Baker, P. (2021). Multilateral Tax Treaties, 75 *Bull. Intl. Taxn*. 11/12. Capítulo 4.2. Advantages.

Banner, M. (2011). "Reforming the Rules on Residence". *Money Management*: n. pag. t.

Barba, A. (2023) Convenios de doble imposición. La validez de los certificados de residencia fiscal a la vista de la Sentencia del Tribunal Supremo 778/2023. Nota AEDAF del 7 de noviembre.

Beretta, G. (2015). "Tax Residence of Individuals in Italy: the Determination of the Notion of Centre of Vital Interests". *European Taxation*, 55(8).

Beretta, G. (2018). "Tax Residence of Individuals in Italy: The Availability of a Permanent Home". *European Taxation*, 58(4).

Beretta, G., (2018) "Mobility of Individuals after BEPS: The Persistent Conflict between Jurisdictions", 72 *Bull. Intl. Taxn.* 7 (2018).

Berliri, A., Palao Taboada, C., Amoros, N., & González, E. (1971). *Principios de Derecho tributario*. Derecho Financiero.

Bieber, R. (1984). "The settlement of institutional conflicts on the basis of Article 4 of the EEC Treaty". *Common Market Law Review*, 21(3), 505-523.

Blum C. & Singer, P. N. (2008) "A Coherent Policy Proposal for U.S. Residence-Based Taxation of Individuals", 41 *Vand. J. Transnat'l L.* 705.

Boidman, & Kandev, M. N. (2009). "Can a treaty override domestic backup withholding rules? The Canadian decision in RCI". *Tax notes international* (Vol. 54, Issue 10, p. 867-872). Tax Analysts.

Bouvier, S. "Statutory Residence Test Becomes Law In U.K. With Passage of Finance Bill 2013"., en: Accounting Policy & Practice Report 9.16: 667-.

Brauner, Y. (2024). "Taxing People, Not Residents". Disponible en: http://dx.doi.org/10.2139/ssrn.4723636.

Brokelind, C. (2017). *France in Towards a Homogeneous EC Direct Tax Law: An Assessment of the Member States' Responses to the ECJ's Case Law.* C. Brokelind ed., Books IBFD.

Brown, G. (2011). "HMRC: Update". *Professional Adviser*. 32-.

Bühler, O. & Cervera Torrejón, F. (1968). *Principios de Derecho internacional tributario*. Madrid: Editorial de Derecho Financiero.

Calderón Carrero, J. M., & Caamaño Anido, M. Á. (1997). *La doble imposición internacional en los convenios de doble imposición y en la Unión Europea*. Aranzadi.

Cañal García, F. J., Unión Euroepa: Prohibición de discriminar fiscalmente a los no residentes. Análisis de la Sentencia del Tribunal de Justicia de la Unión Europea, de 9 de febrero de 2017, X/Staatssecretaris van Financiën, asunto C283/15. *Dipòsit Digital de la Universitat de Barcelona.*Disponible en: https://diposit.ub.edu/dspace/handle/2445/169217

Cape, J. & Dayananda, H. (2011). "The Futility of Guidance". *Financial Adviser*.

Carmona Fernández, N. (2019). Residencia fiscal de personas físicas y entidades, cambios de residencia y estatutos singulares", en: Serrano Antón, F. (Dir.). *Fiscalidad Internacional* (7ª ed.). CEF.

Carr, J., Hoerner, J. & Martinez, A. (2009). 'New foreign dividend exemption systems in Japan and the U.K.: tax considerations for distributions from US subsidiaries', *Tax Management International Journal*, vol. 38(6).

Carrascosa, J. (2015). "El concepto de residencia habitual del causante en el Reglamento Sucesorio europeo". *Revista Barataria. Revista Castellano-Manchega de Ciencias sociales*. Núm. 19.

Castelon, M. (2018). *International Taxation of Income from Services under Double Taxation Conventions - Development, Practice and Policy.* Wolters Kluwer.

Chico de la Cámara, P. (2010). Cuestiones problemáticas de la residencia fiscal de los deportistas: medios tasados de prueba y traslados a paraísos fiscales. *Revista Aranzadi de derecho de deporte y entretenimiento*, Nº 29.

Choi, W. (Base de datos online), *United States - Individual Taxation* sec. 1., Country Tax Guides IBFD. Última consulta: 19/03/2024.

Comín Comín, F. & Vallejo Pousada, R. (2012). "La reforma tributaria de 1957 en las Cortes franquistas". *Investigaciones de historia económica* núm. 8.3: 154-163.

Coomes, P. A., & Hoyt, W. H. (2008). Income taxes and the destination of movers to multistate MSAs. *Journal of Urban Economics*, 63(3), 920-937.

Cordón Moreno, F. (2022). "Precisiones sobre las presunciones judiciales y su control". Disponible en: https://ga-p.com/publicaciones/precisiones-sobre-las-presunciones-judiciales-y-su-control/

Cruz Padial, I., Hinojosa Torralvo, J. J., Sánchez-Archidona Hidalgo, G., Bahía Almansa, B., Grau Ruiz, M. Amparo., Cruz Padial, I., Sánchez-Archidona Hidalgo, G., Cruz Padial, I., & Sánchez-Archidona Hidalgo, G. (2019). *Cuestiones actuales de planificación fiscal internacional.* Atelier Libros Jurídicos.

De Juan Peñalosa, J. L., Raventós Calvo, S., & Rodríguez Rodríguez, J. F. (2004). *Fiscalidad internacional: convenios de doble imposición: doctrina y jurisprudencia de los tribunales españoles (años 2001, 2002, 2003).* Thomson-Aranzadi.

De Vita, M. (2020). Flat Tax for "New Residents": A Comparison between the Italian and Portuguese Regimes, 60 *Eur. Taxn.* 10.

De Vries, A. (2004). *Part II: Running a Business in France - Tax, Social Security and Other Matters.* Richmond: Crimson Business Ltd, pp. 230-276.

Delgado Pacheco, A. (2023). "La doctrina del TEAC sobre la residencia fiscal de personas físicas". *Revista Técnica Tributaria.* 142: pp. 243-254.

Denza, E. (2010). "Convención de Viena sobre relaciones diplomáticas", *United Nations Audiovisual Library of International Law,* https://legal.un.org/avl/pdf/ha/vcdr/vcdr_s.pdf, Última consulta: 21/11/2024.

Devisingh Patil, Sh. (2011). Discurso de la Presidenta de India, Shrimati Pratibha Devisingh Patil, de 15 de julio de 2011 con motivo de la ceremonia de clausura de las celebraciones de un año de conmemoración de los 150 años del Impuesto sobre la renta en India.

Джальчинов, Д. & Чарикова, А. (2021). "Развитие судебной практики по вопросам подтверждения налогового резидентства физического лица". Disponible en: https://russiantaxandcustoms.com/news/chastnoe-blagosostoyanie/razvitie-sudebnoy-praktiki-po-voprosam-podtverzhdeniya-nalogovogo-rezidentstva-fizicheskogo-litsa/

Dirkis, M. (2020). "Moving to a More 'Certain' Test for Tax Residence in Australia: Lessons for Canada?" *Canadian tax journal* 68.1: 143-168.

Domínguez Rodicio, J. R. (2018) Capítulo 14. El fraude fiscal en el IRPF. Apartado. 3.2. Deslocalización, en: Giménez-Reyna Rodríguez, E., Ruiz Gallud, S., Zornoza Pérez, J. (2018). *El fraude fiscal en España* (Primera edición). Aranzadi.

DSP-groep Amsterdam, Tilburg School of Humanities, Department of Culture Studies (2017), The 2% Tax for Eritreans in the diaspora Facts, figures and experiences in seven European countries"

Dwyer, B. P., *Canada - Individual Taxation* sec. 1., Country Tax Guides IBFD.

Elkins, D. (2022). "A Scalar Conception of Tax Residence". *Virginia tax review* 41.2: 149-201.

Escribano, E. (2024). "A New Model Tax Convention for a World of Increasing Remote Work and Mobility of Individuals", 16 *World Tax J.* 2.

Espinosa de los Monteros Garde, S. y Ortiz García, A. (2019) "Implicaciones fiscales relativas a desplazamientos internacionales de los trabajadores", en: Serrano Antón, F. (Dir.). *Fiscalidad internacional.* CEF.

Falcón y Tella, M. J. (2010). *La jurisprudencia en los Derechos romanos, anglosajón y continental* (1st ed.). Marcial Pons, ediciones jurídicas y sociales.

Falcón y Tella, R., & Pulido Guerra, E. (2010). *Derecho fiscal internacional.* Marcial Pons Ediciones Jurídicas y Sociales.

Falcón y Tella, R. & Pulido Guerra, E. (2018). *Derecho fiscal internacional (Tercera edición).* Marcial Pons.

Fellmeth, A. X. & Horwitz, M. (2009). *Guide to Latin in International Law* (1 ed), Publisher: Oxford University Press

Fox, R. (2013). *Tax Strategies for the Small Business Owner Reduce Your Taxes and Fatten Your Profits (1st ed.).* Uniform Partnership Act; Uniform Limited Partnership Act.

Fuller, C. (2015). "Non-Dom Remittance Proposals May Cause Exodus". *Accountancy age.*

Galapero Flores, R. (2019). "La residencia fiscal como criterio determinante para sujeción a los tributos. Estudio de la relevancia de la residencia fiscal en el impuesto sobre la renta de personas físicas y el Impuesto sobre Sucesiones y Donaciones". *Revista jurídica de la Comunidad de Madrid.* S/n.

García Antón, R. (2025). "Does EU Citizenship Justify Taxing Individuals in the European Union?", en: Lazarov, I. & van der Vlucht, S. (Eds). *Blueprint for Individual Taxation Reform in a Globalized World.* IBFD. (próximamente, manuscrito pendiente de publicación en 2025 con el Capítulo elaborado por el autor).

García Carretero, B. (2008). "La presunción de residencia fiscal introducida por la Ley 36/2006, de Medidas para la prevención del Fraude Fiscal con relación a las entidades radicadas en países o territorios de nula tributación o considerados como paraísos fiscales". *Quincena Fiscal,* 12, 13-33.

García Moreno, A. (2023), Capítulo ii. Impuesto sobre la renta de las personas físicas (residentes), en: Álvarez Martínez, J. et al. *Manual de Derecho tributario. Parte Especial (Vigésima edición).* Aranzadi.

García Novoa, C. (2006). "El proyecto de Ley de Prevención del Fraude (I)". *Quincena Fiscal,* 9, 11-28.

García Prats, F. A. (2013). "Revisiting "Schumacker": Source, Residence and Citizenship in the ECJ Case Law on Direct Taxation", en: *Allocating Taxing Powers within the European Union* (pp. 1-42). Springer Berlin Heidelberg.

Gibbons, A. (2022). "Chancellor Asks Treasury to Look into Value of Closing Non-Dom Loophole". *London: Press Association Limited.*

Graetz, M. J. (2003). *Foundations of international income taxation*. Foundation Press.

Granet, F. & Hilt, P. (2018). *Droit de la famille.* 6e edition. Fontaine: Presses Universitaires de Grenoble. Capítulo *La pareja casada*.

Greggi, M. (2013). "Revisiting "Schumacker": The Role of Limited Tax Liability in EU Law", en: Richelle, I., Schön, W. & Traversa. E. *Allocating Taxing Powers Within the European Union*. Vol. 2. Berlin, Heidelberg: Springer Berlin / Heidelberg.

Gukova, O. (2024). Кто такой налоговый резидент. Disponible en: https://ndflka.ru/article/nalogovaya-deklaratsiya/kto-takoy-nalogovyiy-rezident-i-kak-im-stat/

Gutiérrez Argüello, M.S. (2015). *Algunos conflictos de la regla de residencia y del régimen de tributación de las personas naturales*. Estudios de Derecho Tributario, Derecho Aduanero y Comercio Exterior.

Helminen, M. (2014). *The Nordic Multilateral Tax Treaty as a Model for a Multilateral EU Tax Treaty*. IBFD.

Hengsle, O. (2002). The Nordic Multilateral Tax Treaties - for the Avoidance of Double Taxation and on Mutual Assistance. *IBFD Bulletin* August-September. pp. 371-376.

Ismer, R.& Blank, M. (2022), Chapter II. Definitions. Article 4. Resident, en: *Klaus Vogel on double taxation conventions*. Editor(s): Rust, A. & Reimer, E., 5th ed. Alphen aan den Rijn: Kluwer Law International. pp. 241-330.

Икономически и социален съвет. (2007). Анализ на Икономически и социален съвет по данъчното облагане на доходите на физическите лица. ИСС/024. Consejo Económico y Social (Bulgaria). (2007). Análisis del Consejo Económico y Social de la Tributación sobre la Renta de las Personas Físicas.

Jonathan Law (2022), A Dictionary of Law (10 ed.), Edited by: Jonathan Law, Current Online Version: 2022DOI: 10.1093/acref/9780192897497.001.0001eISBN: 9780191923883

Kemmeren, E. C. C. M. (2001). *Principle of Origin in Tax Conventions: A Rethinking of Models*. Mr. Eric C.C.M. Kemmeren/Pijnenburg vormgevers.uitgevers.

Kessler, J. (2014). *Taxation of non-residents and foreign domiciliaries: 2014-2015 (13th ed)*. Key Haven Publ.

Kirsch, M. S. (2007). Taxing citizens in a global economy. New York University Law Review, 82, 443-530.

Kirsch, M. S. (2014) "Revisiting the Tax Treatment of Citizens Abroad: Reconciling Principle and Practice", 16 *Fla. Tax Rev.* 117.

Kirsch, M. S. (2016) "Taxing Citizens in a Global Economy", 82 *N.Y.U. L. Rev.* 443.

Kleven, H. et al. (2020). "Taxation and Migration: Evidence and Policy Implications", *The Journal of Economic Perspectives*, Vol. 34, No. 2 (Spring), pp. 119-142.

Kogut, T., Russia - Individual Taxation sec. 1., Country Tax Guides IBFD. Última consulta: 18/03/2024.

Kokott, J. (2022). Public international law and taxation: Nexus and territoriality. En: Traversa, E. (Ed.), Tax nexus and jurisdiction in international and EU law, IBFD.

Kopina, A. A.& Reut, A. V. (2016). *Международное налоговое право. Учебник и практикум для бакалавриата и магистратуры.* Title (transliteration): *Mezhdunarodnoe nalogovoe pravo: uchebnik i praktikum dlya bakalavriata i magistratury.* Moskva: Yurait.

Куранова М. В. (2013). Комментарий к Федеральному закону от 10.12.2003 N 173-ФЗ «О валютном регулировании и валютном контроле». Система ГАРАНТ.

Lanaspa Sanjuán, S. (2017). La prueba de las ausencias no esporádicas en la residencia habitual de las personas físicas. *Crónica Tributaria, 164*(3), 133-153.

Li, J., Magee, J. E. & Wilkie, J. S. (2017). *Principles of Canadian Income Tax Law*, 9th ed. Toronto: Thomson Reuters Canada.

Li, K. (2022). "Should Low-Income Countries Sign Tax Treaties?", 76 *Bull. Intl. Taxn.* 9. Capítulo 5.2. Restrictive effect of tax treaties.

LLP, E. & Y. (2017). *Ernst and Young Tax Guide 2018 (33rd ed.).* John Wiley & Sons, Incorporated.

Lucas Durán, M. (Dir.) (2019). Residencia fiscal: problemática y cuestiones actuales. *Documentos de trabajo. CEF.* Núm. 6.

Lynch, D. (2023). "Rishi Sunak Accused of Protecting 'Beloved' Non-Dom Status". *London Press Association Limited.*

McKeever, M. (2008). "The New UK Tax Rules for Non-Domiciliaries: Tax Haven or No-Go Area?", *Tax planning international review* 35.3 (2008): 3-.

Martín-Abril Calvo, D. y Santos Fresco, E. (2019). "Obligaciones formales en el Impuesto sobre la Renta de no residentes", en: Serrano Antón, F. (Dir.). *Fiscalidad internacional.* (7ª ed.). CEF.

Martín Jiménez, A.J. & Calderón Carrero, J.M. (2007). "Los impuestos de salida y el Derecho Comunitario europeo a la luz de la legislación española". *Crónica Tributaria.* Núm. 125.

Martínez de Morentin Llamas, M. L. (2007). *Régimen jurídico de las presunciones.* Dykinson.

Mascareñas, C. E., & Pellisé Prats, B. (1950). *Nueva enciclopedia jurídica.* Francisco Seix.

Mason, R. and Knoll, M. S. (2012), *What is Tax Discrimination?* Yale Law Journal, Vol. 121, Pg. 1014, University of Pennsylvania Carey Law School, Law & Economics Research Paper Series, Law & Econ Research Paper No. 12-17.

Mason, R. (2016). "Citizenship Taxation". *Southern California law review* 89.2: 169-240.

Milla Ibáñez, J. J. (2019). *La residencia de las personas físicas en la tributación de la renta: el caso británico tras el Brexit* (1ª edición). Tirant lo Blanch.

Milogolov, N. (2018). International Tax Rules in Russia: Analysis and Conceptual Findings, 58 *Eur. Taxn.* 9.

Mishra, A. (2023). "A Study of Residential Status of an Individual and Hindu Undivided Family in Accordance To Income Tax Act". Disponible en: https://taxguru.in/income-tax/study-residential-status-individual-hindu-undivided-family-accordance-income-tax-act.html

Morillas Cueva, L. (2017). *Respuestas jurídicas al fraude en el deporte.* Dykinson.

Morris, B. (2010). "Residency in the UK Where Are We?" Vol. 42, Issue 2. *Dublin: Institute of Chartered Accountants In Ireland.*

Munévar, Ó. (2016). "La residencia fiscal en Colombia, problemáticas de la normativa actual y propuestas desde la óptica internacional". *Revista de Derecho Fiscal.* 9, 63-76.

Muñoz, M. (2023). "Do European top earners respond to taxation through migration?", Working paper. Cit. en: Muñoz, M. (2023). "Taxing Labor in a Globalized World: What Do We Know and Why Should We Care?". *IEB Report* nº 2.

Muñoz, M. (2023). "Taxing Labor in a Globalized World: What Do We Know and Why Should We Care?", *IEB Report* 2.

Murphy, B. (2011). "To Reside or Not to Reside?" *Professional Adviser* (2011): 20-.

Navarro Faure, A. (1994). *El domicilio tributario.* Universidad de Alicante.

Navarro Faure, A. (2022). "Principios y fuentes del derecho financiero" en Navarro Faure, A. (Dir.) (2022*). Manual de derecho financiero y tributario: parte general* (5a edición). Tirant lo Blanch.

Neilson, H. (2009). "Canadian Tax Issues for Immigrants". *Law now* (Vol. 34, Issue 2, pp. 1-). University of Alberta. Faculty of Extension.

Neville, S. (2022). "Akshata Murty: What Is Non-Dom Status?" *London: Press Association Limited.*

Nicod, M. (2019). "Liberté de preuve de la propriété pour les époux séparés de biens". *Revue trimestrielle de droit civil,* 1.

Nightingale, K. &Turchen, D., Expatriation: The American's Tax Experience in Canada. *Canadian tax journal / revue fiscale canadienne* (2013) 61:1

Núñez Grañón, M. (2021). Algunas reflexiones sobre la residencia habitual como criterio para la aplicación de los impuestos directos en el ámbito estatal y autonómico, en: Navarro Faure, A. (Dir.). *Estudios de Derecho Financiero y Tributario: Reflexiones sobre la obra de la profesora María Teresa Soler Roch.* Tirant lo Blanch.

Oats, L., Miller, A. & Mulligan, E. (2017). *Principles of International Taxation.* Sixth edition. Haywards Heath: Bloomsbury Professional.

Obuoforibo, B. R. (2014, base de datos, últimas modificaciones 01/08/2022) en *Global Tax Treaty Commentaries.* Global Topics IBFD.

Ocampo, J. & Ocampo, K., Philippines - Individual Taxation sec. 1., Country Tax Guides IBFD. Última consulta: 19/03/2024.

Ostaszewska, O., & Obuoforibo, B. (2018). *Roy Rohatgi on International Taxation: Volume 1: Principles* (1st ed.). IBFD Publications USA, Incorporated.

Patton Jr., B. L. (1975), United States Individual Income Tax Policy as It Appears to Americans Resident Overseas: Or, If I'm Paying Taxes Equal to 72 Percent of My Gross Income, I Must Be Living in Sweden, *Duke Law Journal* 691-740.

Pistone, P. (2022). EU Law and Tax Nexus in Changing Times, En: *Tax Nexus and Jurisdiction in International and EU Law*, Traversa, E. (Ed.). IBFD Publications USA, Incorporated.

Pita Grandal, A., & Clavijo Hernández, F. (1998). *La prueba en el procedimiento de gestión tributaria*. Marcial Pons.

PWC Worldwide Tax Summaries. Disponible en: https://taxsummaries.pwc.com/india/individual/foreign-tax-relief-and-tax-treaties. Última actualización: 15/05/2024.

Ribes Ribes, A. (2003). *Convenios para evitar la doble imposición internacional: interpretación, procedimiento amistoso y arbitraje*. EDERSA.

Ribes Ribes, A. (2005). "La problemática de los certificados de residencia en el Impuesto sobre la Renta de No Residentes". *Quincena Fiscal*, 21-22: 11-23

Ribes Ribes, A. (2010): "Recent application of the dynamic interpretation for royalties by the Spanish Tax Administration", *Intertax* vol.38, nº 1.

Ribes Ribes, A. (2014). *Los impuestos de salida*. Tirant lo Blanch.

Richelle, I., Schön, W., & Traversa, E. (2013). *Allocating Taxing Powers Within the European Union* (Vol. 2, pp. xi-xi). Springer Berlin / Heidelberg.

Riera Pastor, V. (2024): *El régimen fiscal de los funcionarios y agentes de las instituciones de la Unión Europea*, Tirant lo blanch.

Rifa Soler, M. A. (2001). *Comentarios a la nueva ley de enjuiciamiento civil*. (2001). Consejo General del Poder Judicial.

Ring, D. (2007). International Tax Relations: Theory and Implications. *Tax Law Review*, 60(2), 83-.

Rohatgi, R. (2005). *Basic international taxation* (2nd ed.). Richmond Law & Tax.

Schaper, M. (2013). *The Structure and Organization of EU Law in the Field of Direct Taxes*. 1st ed. Amsterdam: IBFD Publications USA, Incorporated.

Schneider, B. (2012) "The End of Taxation Without End: A New Tax Regime for U.S. Expatriates", 32 *Va. Tax Rev.* 1.

Schön, W. (2015). "Neutrality and Territory," *Bulletin for International Taxation* (April/May): pp. 271-93.

Schön, W. (2021). "Is There Finally an International Tax System?", 13 *World Tax J.* 3.

Schwartz, C. (2018). Taxation of Remote Workers - Is the Allocation of Taxation Rights in Line with the Benefit Principle?, 15 *World Tax* J. 4 (2023), *Journal Articles & Opinion Pieces IBFD* Cap. 4.3. The Benefit Principle.

Seligman, E. (1895). *Essays in Taxation*. Digital edition 2023, grundskyld.dk. Chapter III—The Single Tax, II. The General Theory.

Serrano Antón, F. (2001). "Cuestiones relevantes sobre la residencia fiscal de las personas físicas en la tributación española e internacional" en Carmona Fernández, N., Serrano Antón, F. & Bustos Buiza, J.A. *Algunos aspectos problemáticos en la fiscalidad de no residentes. Comunicaciones de los autores a la sesión de la XLVIII Semana de Estudios de Derecho Financiero*. IEF. Doc. Nº 24/02. Pp. 15-33.

Serrano Antón, F. (2019). "Los principios básicos de la fiscalidad internacional y los convenios para evitar la doble imposición internacional: historia, tipos, fines, estructura y aplicación". En: Serrano Antón, F. (Dir.) *Fiscalidad Internacional* (7ª ed.). CEF.

Shah, S., *India - Global Mobility*, Country Tax Guides IBFD (base de datos).

Shatalov, S. (2001). Комментарий к Налоговому кодексу Российской Федерации: части первой. Title (transliteration): Kommentariy k nalogovomu kodeksu Rossiyskoy Federatsyi: chasti pervoy. Commentary on the first part of the Tax Code [variant title], Moscow: MCFER.

Shaviro, D. (2016). "Taxing Potential Community Members' Foreign Source Income". *Tax Law Review* 70.1 (2016): 75-109.

Shishkova, D. & Pandelieva, S. (2023). Bulgaria - Individual Taxation sec. 7., Country Tax Guides IBFD. Última consulta: 19/03/ 2024.

Sjaastad, L. A. (1962). "The Costs and Returns of Human Migration". *The journal of political economy* 70.5, Part 2 (1962): 80-93.

Silva Cimma, E. (1974). "Problemática administrativa del Pacto Andino", *Revista de Administración Pública, (75). CEPC - Centro de Estudios Políticos y Constitucionales*. Pp. 499-507.

Simón Acosta, E. (1999). *El nuevo impuesto sobre la renta de las personas físicas*. Elcano: Aranzadi.

Siota Álvarez, M. (2013). "La residencia fiscal en el impuesto sobre sociedades". *Crónica tributaria*. Núm. 149 (199-236).

Soler Roch, M. T. (1997). "Una reflexión sobre el principio de residencia como criterio de sujeción al poder tributario del Estado", en: Agulló Agüero, A., Arrieta Martínez de Pisón, J., & Cayón Galiardo, A. *Presente y futuro de la imposición directa en España*. Lex Nova.

Soler Roch, M. T. (2002). *Tax law in Spain*. Kluwer Law International.

Soler Roch, M. T.: Prólogo a la obra de Moreno González, S. (2017). *Tax rulings: intercambio de información y ayudas de estado en el contexto post-BEPS,* (1a ed.). Tirant lo Blanch.

Soler Roch, M. T y Núñez Grañón, M., "El Impuesto sobre la renta de no residentes: hecho imponible y criterios de sujeción", en: Serrano Antón, F. (2019). *Fiscalidad internacional* (7a edición). Centro de Estudios Financieros.

Soler Roch, M. T. (2022). "Individuals: The Forgotten Taxpayers in a BEPS Scenario", en Pistone, P. (Ed.): "Building Global International Tax Law - Essays in Honour of Guglielmo Maisto". IBFD.

Soler Roch, M. T. (2023). "La prevención del fraude en relación con la residencia", en: VVAA: "*Sobre la prevención y lucha contra el fraude fiscal*", Estudios en homenaje al Profesor Dr. D. Alejandro Menéndez Moreno, Aranzadi.

Solovyova, N. A. [et al.] (2019). 111 терминов налогового права: новый взгляд. Title (transliteration):111 terminov nalogovogo prava: novyy vzglyad. Moskva: Unity-Dana, *Zakon i parvo.*

Stephenson Harwood SSP (2024). "Autumn Budget 2024: Farewell to non-doms; hello to new residents". Disponible en: https://www.shlegal.com/insights/autumn-budget-2024-farewell-to-non-doms-hello-to-new-residents

Summers, A. (2022). "Abolishing the non-dom regime would raise more than £3.2 billion each year, finds new report". *News LSE*. Disponible en: https://www.lse.ac.uk.

Traut, N. (2024). The EU Public Country-by-Country Reporting Directive: legislative and policy comments, *British Tax Review 2024*, pp. 359-370.

Trouch, K. Russia - Private Investment Income, *Country Tax Guides IBFD.* Última consulta: 18/03/2024

Tyutyuryukov, V. (2012). Chapter 18 Russia, en: M. Lang et al. eds., *Tax Rules in Non-Tax Agreements*, Books IBFD.

Vaines, P. (2011). UK Tax Bulletin, July 2011, Squire Sanders Hammonds, disponible en https://www.squirepattonboggs.com/-/media/files/insights/publications/2011/08/united-kingdom-tax-bulletin/files/july-tax-bulletin/fileattachment/july-tax-bulletin.pdf

Vega Borrego, F. A. (2003). *Las cláusulas de limitación de beneficios en los convenios para evitar la doble imposición*. Instituto de Estudios Fiscales.

Vega Borrego, F. A. (2004). Capítulo II. Definiciones incluidas en los Convenios de doble imposición. Artículo 4., en Ruiz García, J. R., & Calderón Carrero, J. M. (2004). *Comentarios a los convenios para evitar la doble imposición y prevenir la evasión fiscal concluidos por España: (análisis a la luz del Modelo de Convenio de la OCDE y de la legislación y jurisprudencia española)*. Fundación Pedro Barrié de la Maza.

Villagra Cayamana, R. A. (2005). "Los Convenios Bilaterales para evitar la Doble Imposición suscritos por los países Miembros de la Comunidad Andina con terceros países. Evaluación de la aplicación del Anexo II de la Decisión 40 a los 33 años de su aprobación". *Derecho & Sociedad*, Nº. 24, pp. 116-136.

Westin, R. A. (2013). "U.K. Revises Statutory Residency Test". *Journal of International Taxation* 24.7: pp. 60 y sig.

Wheeler, J. (última modificación 15/11/2011). *The Missing Keystone of Income Tax Treaties.* IBFD Books.

Willis, E. [et al.], (1998). *West federal taxation, Comprehensive Volume*. Edition. Cincinnati: West Educational Publishing Company.

Young, C., y Varner, C. (2011). "Millionaire migration and State Taxation of Top Incomes Evidence from a Natural Experiment". *National Tax Journal*, 64(2), 255-283.

Zelinsky, E. A. (2011). Citizenship and worldwide taxation: citizenship as an administrable proxy for domicile. *Iowa Law Review*, *96*(4), 1289-.

Zelinsly, E. A. (2017). Defining Residence for Income Tax Purposes: Domicile as Gap-Filler, Citizenship as Proxy and Gap-Filler. *Michigan Journal of International Law*, Vol. 38, N.º 2, (Winter): 271-285.

DICCIONARIOS

A Dictionary of Law (10 ed.), Edited by: Jonathan Law, Current Online Version: https://www.oxfordreference.com/display/10.1093/acref/9780192897497.001.0001/acref-9780192897497

Cambridge University Press & Assessment 2023 (n.d.). Cambridge Dictionary, en Cambridge University Press & Assessment 2023. Recuperado 2 de julio, 2024, de https://dictionary.cambridge.org/es/diccionario/ingles/residence.

Lex posterior derogat (legi) priori. (2021). In *Guide to Latin in International Law* (2nd ed.). Oxford University Press.

RAE. (n.d). Diccionario de la lengua española, RAE. Recuperado 2 de julio, 2024, de https://dle.rae.es/residencia:

WEBGRAFÍA

ALADI. Quienes somos. Disponible en https://www.aladi.org/sitioaladi/quienes-somos-2/. Última consulta: 31/05/2025

ALADI (2012). Análisis comparativo de los modelos de convenios de Doble Tributación en materia de comercio de servicios profesionales. *ALADI /SEC/Estudio 202/*Rev. 1. Disponible en: https://www.aladi.org/sitioaladi/convenios-para-evitar-la-doble-imposicion. Última consulta: 31/05/2025.

Conferencia del Centre of Business Taxation. Säid Business School, University of Oxford: "International Business Taxation: Looking Back to Look Forward", de 30 de junio de 2023. Grabación disponible en: https://oxfordtax.sbs.ox.ac.uk/event/cbt-summer-conference-2023.

EU Tax Symposium, Bruselas, 24-25 de octubre de 2023. Grabaciones disponibles en: https://taxation-customs.ec.europa.eu/road-2050-tax-mix-future/eu-tax-symposium-2023_en#programme

Office for National Statistics, Guidance on using country of birth, nationality, and passports held data https://www.ons.gov.uk/peoplepopulationandcommunity/populationandmigration/internationalmigration/methodologies/guidanceonusingcountryofbirthnationalityandpassportsheldddata#glossary

ARTÍCULOS EN PERIÓDICOS

BBC News de 30 de octubre de 2024. What does non-dom mean and how are the rules changing? Disponible en: https://www.bbc.com/news/business-32216346